LE

CHATEAU D'ARDENNE

ET LA

SEIGNEURIE DE MOULIDARS EN ANGOUMOIS

(Généralité de La Rochelle)

HISTOIRE, GÉNÉALOGIES, ARCHIVES, AVEC DES NOTICES SUR QUELQUES
SEIGNEURIES VOISINES,
OU UNIES HISTORIQUEMENT A MOULIDARS

Par M. l'abbé TRICOIRE

Membre de la Société archéologique de la Charente et de la Société
des Archives de Saintonge et d'Aunis,
Membre honoraire du Conseil héraldique de France,
Curé de Moulidars

LA ROCHELLE

IMPRIMERIE NOUVELLE NOEL TEXIER

—

1890

LE

CHATEAU D'ARDENNE

LE CHASTEAV DE MOLIDAR

Reproduction d'un Dessin du XVI.ᵉ Siècle par l'Ingénieur Claude-Chastillon
1547 – 1615

(C'est aujourd'hui la Métairie de la Cour)

LE
CHATEAU D'ARDENNE

ET LA

SEIGNEURIE DE MOULIDARS EN ANGOUMOIS

(Généralité de La Rochelle)

HISTOIRE, GÉNÉALOGIES, ARCHIVES, AVEC DES NOTICES SUR QUELQUES
SEIGNEURIES VOISINES,

OU UNIES HISTORIQUEMENT A MOULIDARS

Par M. l'abbé TRICOIRE

Membre de la Société archéologique de la Charente et de la Société
des Archives de Saintonge et d'Aunis,
Membre honoraire du Conseil héraldique de France,
Curé de Moulidars

LA ROCHELLE
IMPRIMERIE NOUVELLE NOEL TEXIER
—
1890

INTRODUCTION

Au chef-lieu de la commune de Moulidars, canton d'Hiersac (Charente), s'élève, isolé de toute
autre habitation, le château d'Ardenne, vieille forteresse bâtie sur une colline d'où la vue s'étend à
plusieurs lieues aux environs.

Après la mort du dernier possesseur de cette
demeure féodale, M. Charles-Marie-Cyprien-Gabriel de Terrasson, qui y est décédé le 25 avril
1884, domaine et château furent vendus par ses
héritiers. Il s'y trouvait alors une quantité considérable de papiers et de parchemins, dont nous
avons demandé communication, dans l'espoir de
trouver peut-être des choses intéressantes pour
l'histoire locale. Nous les avons consciencieuse-
ment dépouillés, lus, classés, et, afin que notre
travail fût utile à quelque chose, nous en avons
extrait des notes qui ont servi à composer ce volume.

Il est divisé en trois parties. 1ʳᵉ partie : Notices

historiques sur la seigneurie de Moulidars, le château d'Ardenne, et quelques autres fiefs voisins ou ayant appartenu à différentes époques aux mêmes seigneurs ; 2e partie : Recherches généalogiques sur les familles qui ont possédé Moulidars à titre héréditaire, depuis le XVIIe siècle jusqu'à nos jours ; nous y avons joint un armorial des maisons nobles qui figurent dans ces deux premières parties ; 3e partie : Archives ; nous avons réuni sous cette dénomination : 1o les chartes, documents justificatifs et titres de familles, qui se rapportent à notre travail ; 2o une liste alphabétique des personnages les plus remarquables qui paraissent dans nos papiers et n'ont pas trouvé place dans le cours de l'ouvrage, avec l'indication des documents où ils figurent. Ces noms et ces dates pourront peut-être offrir quelque intérêt comme renseignements.

Les archives du château d'Ardenne sont de beaucoup la principale source où nous avons puisé ; aussi croyons-nous inutile de le répéter à chaque page. Nous indiquerons seulement la provenance des renseignements tirés d'ailleurs : à chacun le sien. Tout ce que nous écrivons, nous l'avons lu et vérifié plusieurs fois dans les pièces que nous avions entre mains. Ce qui n'est que probable ou même douteux est donné comme tel ; notre unique préoccupation a été d'être exact, afin d'être utile. Cette considération nous fera pardonner, par les érudits en ces matières, les fautes que, malgré tous nos soins, nous avons sûrement commises.

Nous n'avons point la prétention, comme le poëte latin, d'avoir élevé un monument ; notre seul mérite, si mérite il y a, est celui du travailleur qui tire de l'obscurité d'une mine, avec ses bras, des matériaux que l'artiste utilise ensuite au grand jour, avec son génie.

Moulidars, le 1er novembre 1889.

PREMIÈRE PARTIE

NOTICES HISTORIQUES

MOULIDARS ET ARDENNE

I

ORIGINES. — RICHARD DE MONTBRUN
(Xᵉ-XIIᵉ siècles).

Moulidars, anciennement Molidar (*Molidarnum*) [1], était du domaine des comtes d'Angoulême et de la châtellenie de Châteauneuf. Divers documents semblent indiquer que nos vieux comtes donnèrent cette terre et celle de Mosnac aux mêmes seigneurs [2]. Ils en distribuèrent aussi quelques fiefs à différentes abbayes, telles que Saint-Cybard, Saint-Ausone, etc. Corlieu dit que Geoffroy Taillefer, 7ᵉ comte d'Angoulême, mort en 1048, fit don à l'abbaye de Saint-Cybard de ce qu'il

---

1. On trouve aussi *Montliard*, mais l'autre forme a prévalu depuis long-temps.

2. Citons entre autres : 1º une baillette du 11 février 1457, où *Charlot de Mosnac* est dit possédant des terres dans la paroisse de Moulidars ; 2º un mémoire présenté en 1756, par les héritiers Terrasson, à la seconde Chambre des enquêtes du Parlement de Paris, où nous lisons que, lors de la fondation de l'abbaye de Bassac, les seigneurs de Moulidars et de *Mosnac* lui assignèrent une rente annuelle à prendre sur « *l'hôtel de Moulidars et ses appartenances* » ; 3º une transaction du 27 juin 1479, au sujet de ladite rente ; 4º le dénombrement de la seigneurie de Moulidars, rendu au roi le 8 avril 1765, dans lequel l'abbé Méhée d'Anqueville déclare posséder cette terre, à titre successif, de dame Anne Le Musnier, sa mère, et, par représentation, de

avait « es paroisses de Saincte-Arede (Saint-Yrieix), Champ-millon et Mont-liard (Moulidars) [1] ».

Les seigneurs de Moulidars construisirent le château à l'extrémité du haut plateau qui dominait la forêt de Marange. De grands souterrains partant de là et se prolongeant dans la campagne, attestent l'antiquité de ce premier manoir, qui remonte peut-être au xe siècle. Celui qui subsiste aujourd'hui est du xve. Depuis 1633, il sert de métairie au château d'Ardenne, situé à trois cents mètres de là [2].

Ce dernier castel fut bâti vers le commencement du xiie siècle. Guillaume III Taillefer, comte d'Angoulême, désirant faire élever une forteresse dans une situation aussi avantageuse, et sur les confins de son domaine [3], chargea de ce soin un certain Richard de Montbrun [4]. Comme le fonds appartenait à Saint-Cybard, le comte promit à l'abbé de lui rendre sur ses propres terres, dans la paroisse, tout ce qu'il céderait à Richard. Mais, la forteresse construite, le comte ne voulut rien donner, et Richard garda ce qu'il avait. Une transaction régularisa dans la suite cette usurpation. Par acte de l'an 1117 [5], il fut convenu que Richard de Montbrun et ses successeurs tiendraient ladite forteresse de l'abbaye de

---

Jean Vigier et de *Bertrand de Mosnac*, vivants écuyers, seigneurs desdites terres de Moulidars et de Mosnac, etc., etc. De même, dans plusieurs titres touchant la seigneurie de Mosnac au xve siècle, il est question des terres qu'y possédaient Jean Vigier et Jean Dexmier, de Moulidars.

Les deux seigneuries, de bonne heure divisées, furent réunies de nouveau de 1612 à 1633, par l'acquisition que fit de Moulidars, Jacques Le Musnier, déjà seigneur de Mosnac. L'acte de 1633, dont nous parlerons plus loin, les sépara définitivement.

1. Corlieu, *Recueil en forme d'histoire*, éd. Michon, page 19.

2. « La seigneurie de Moulidars existoit avant que le fief d'Ardenne fût connu, et que la Tour qui en fait partie et lui sert de manoir fût bâtie. » (Mém. de 1756 déjà cité).

3. L'ancien *Fossé du Comte* passait au pied de la colline où s'élève le château d'Ardenne.

4. Ce personnage ne nous est pas autrement connu.

5. *Pièces justificatives*, no I.

Saint-Cybard, sous l'hommage féodal, et moyennant la rente annuelle de 5 sols, laquelle s'est réduite plus tard au devoir de 5 sols *à muance de seigneur et de vassal.*

Comme on le voit, le château d'Ardenne, qui longtemps fut la résidence des seigneurs de Moulidars et est aujourd'hui le seul connu, ne doit pas être confondu avec le château de Moulidars. Les deux manoirs, quoique souvent dans les mêmes mains, ont été constamment distincts l'un de l'autre : Moulidars ou *la Cour de Moulidars,* relevant du château de Châteauneuf, au devoir de 12 boisseaux froment et 5 sols de rente, et Ardenne, de l'abbaye de Saint-Cybard, au devoir de 5 sols à muance de seigneur et de vassal, ainsi qu'il a été dit.

II

GUY ou GUIDON D'ARDENNE
(XIVᵉ siècle).

Jusqu'en 1482, les deux seigneuries existèrent séparément. La Tour d'Ardenne eut pour premiers possesseurs les descendants de Richard de Montbrun ; il nous est permis du moins de le conjecturer, en l'absence de tout document dans le courant des XIIᵉ et XIIIᵉ siècles. Quelques chartes, une du XIIIᵉ et deux du XIVᵉ siècle, nous montrent une famille *Amblard* comme possédant de nombreuses terres en Moulidars. La première est un acte passé le samedi après la Purification 1258, où nous voyons figurer, entre autres tenanciers de Saint-Cybard, Jean et Hélie Amblard, paroissiens de Moulidars[1]. La seconde est un dénombrement fourni à Hélie Charel, abbé de Saint-Cybard, par Pierre Amblard, fils aîné d'Hélie

---

1. *Arch. de la Charente,* Abbaye de Saint-Cybard, pièces diverses.

Amblard, des terres qu'il tient de lui dans la même paroisse. Ce dénombrement est daté du samedi après le carnaval (23 février) 1303[1]. La troisième est aussi un dénombrement des mêmes terres et d'autres encore, donné le jeudi d'avant la fête de l'Annonciation (19 mars) de l'an 1327, par Itier Amblard et Pierre Amblard, père et fils [2]. Toutes les terres dénombrées sont bien celles que nous retrouvons plus tard faisant partie du domaine d'Ardenne ; mais, le château lui-même n'étant point désigné, peut-on conclure que ces Amblard étaient seigneurs d'Ardenne ? L'affirmative et la négative ont été soutenues au dernier siècle, dans un long procès touchant les préclôtures du château et leur étendue. Pierre Méhée, l'une des parties, produit même un vidimus et une traduction française du dénombrement de 1327, qu'il appelle « *Version du titre en latin de la forteresse de Molidars, autrement d'Ardenne* ». Sur quoi, les adversaires font remarquer avec assez de raison, que Pierre Amblard, qui prend la qualité noble de « valet », ne s'intitule que « paroissien » de Moulidars, et non seigneur d'Ardenne, ce qu'il n'aurait pas manqué de faire s'il l'eût été réellement [3]. Il nous est permis de croire, à nous, que ces Amblard, tout en étant tenanciers de Saint-Cybard, en Moulidars, avaient leur principale résidence ailleurs. Le nom d'Amblard était fréquent alors dans la contrée. Un Guillaume Amblard était en 1320 receveur de la sénéchaussée de Poitou et de Saintonge [4]. Dans la charte de fondation de l'Aumônerie de Saint-Michel, paroisse de Saint-André d'Angoulême, par le chanoine Pierre de Meung, le 21 octobre 1371, nous lisons cette phrase : « *Item, domos meas (dono), quas habeo prope Paletum Engolisme, quas ad presens inhabitat* HELIAS AMBLARDI : Je donne également les

---

1. *Pièces justif.*, nᵒ II.
2. *Item*, nᵒ III.
3. Mémoire de 1756 cité précédemment, *passim*.
4. *Arch. hist. de la Saintonge*, XII, *passim*.

maisons que je possède à Angoulême, près du Palet, et qu'habite actuellement Hélie Amblard [1]. » Voici, au surplus, un document important dans la question : c'est un papier censif des rentes dues à Saint-Cybard, dans la paroisse de Moulidars, en l'an 1349. En tête nous lisons :

Census in festo beati Ypoliti apud Molidarnum :

GUIDO DE ARDENA V solid. pro magnamento suo.

Iterius Audouyn VI den.

JOHANES AMBLARDI cum parsionariis VI den.

Guillelmus Servientis, etc., etc. [2].

Ce Guy d'Ardenne est bien le seigneur de la terre et du château dont il porte le nom ; nous le retrouvons dans d'autres titres indiqué comme tel [3]. Le fait de le voir ici en même temps qu'un Jean Amblard paraît trancher le problème : les Amblard n'étaient point seigneurs d'Ardenne. Et nous ajoutons : ils ne l'étaient pas davantage de Moulidars [4]. Si nous voyons leurs terres, tenues autrefois de Saint-Cybard, faire partie de la seigneurie de Moulidars, et relever des comtes d'Angoulême (dénomb. du 2 oct. 1476 et autres), c'est à la suite des changements amenés dans les possessions territoriales, par les malheurs de la guerre de Cent Ans, changements dont l'histoire de la localité nous fournit d'autres exemples [5].

---

1. *Bull. de la Soc. archéologique de la Charente*, 1870, p. 444.

2. *Archiv. de la Char.*, Abb. de Saint-Cyb., cart. F ; *Archiv. du Chapitre de Saint-Pierre d'Angoulême*.

3. D'après La Chesnaye-Desbois, Guidon d'Ardenne épousa Isabeau de Rabaine, fille de Geoffroy de Rabaine, II° du nom, seigneur de Pisanny, en Saintonge, et d'Alinode de Montausier. (*Dict. de la Noblesse* : RABAINE).

4. Le nom « des Amblards » s'est perpétué à Moulidars dans deux *prises* : l'une aux confins de la paroisse vers Bassac, l'autre au bourg même. (*Dénomb. divers ; papier censif de la seign. de Moulid.*, 1791).

5. 1° Enquête ordonnée le 1er mars 1461 par Henri de Courbon, abbé de Bassac, pour la preuve de la consistance des revenus de l'abbaye, à cause de la perte des titres arrivée *à l'occasion de la guerre* ; 2° baillette déjà citée du 11 février 1457, par laquelle Jean Dexmier, seigneur de Moulidars, re-

Voilà tout ce que nous avons sur Ardenne au XIVe siècle et durant la première partie du XVe. Nous le regrettons ; car, pendant cette période, nous aimerions à savoir le rôle qu'a pu jouer notre forteresse dans l'histoire militaire de la contrée. Angoulême, pris par les Anglais en 1345, repris sur eux en 1346, cédé de nouveau par le traité de Brétigny en 1361, puis recouvré par Charles V en 1372 ; les châteaux des environs occupés tour à tour par les deux partis ; les grandes compagnies ravageant le pays, et y exerçant des brigandages, dont notre historien angoumoisin nous fait la plus lamentable peinture [1] : tout cela n'a pu avoir lieu sans que le château d'Ardenne et celui de Moulidars en aient eu leur large part. Dominant toute la plaine, ils devaient attirer les regards. La destruction d'une partie de l'église paroissiale date sans doute de cette époque désastreuse. Le style ogival employé dans la reconstruction semble le démontrer, mais les documents qui pourraient nous éclairer sont perdus comme tant d'autres.

---

nouvelle à Jean et à Guillaume Claveau, l'arrentement de quatre journaux de pré fait autrefois à leur père : « *Cùm ipsi Clavelli*, y est-il dit, *causantibus diris guerris, mortalitatibus et pestis* (sic), *quæ diù, proh dolor! in partibus istis viguerunt, litteras quas de premissis habere sibi concessas consueverant, perdiderunt*, etc... Les dits Claveau ayant perdu, par les désastres de la guerre, les mortalités, les pestes qui ont longtemps, hélas ! sévi dans ce pays, les lettres à eux concédées touchant les terres ci-dessus... »

1. « De ce temps la et plusieurs années suyuantes, le plat païs d'Engoumois fut estrangement molesté des coureurs et pillards qui tenoyent les forteresses, tant d'vn que d'autre costé ; ils voloient, saccageoient, et rançonnoient qui pouuoient : les garnisons faisoient courses tous les iours par le païs, surprenoient villes et chasteaux, tailloient les laboureurs et marchans, et le premier qui se pouuoit emparer d'une place, s'y fortifioit sans en vouloir partir fust elle au roy, et en prenoit le reuenu, voire que le roy estoit quelque fois contrainct de racheter à purs deniers ses villes et forts, des compagnons qui les tenoient. » (Corl., *Recueil*, p. 45).

III

VIGIER ET DEXMIER
(XIIIᵉ-XVIIᵉ siècles).

Reprenons l'histoire du château de Moulidars où nous l'avons laissée.

Le nom seul des anciens seigneurs nous a été conservé. Ils s'appelaient Vigier. Deux chartes, l'une du mois de février 1258, l'autre du vendredi avant la Pentecôte 1279, parlent de Pierre Vigier de Moulidars, chevalier : « *Petrus Vigerii, miles, de Molidarno* [1]. » Un dénombrement du fief de Bouchauds en Saint-Cybardeaux, nous donne cette confrontation : « *Juxtà vineas et terras Guillelmi Vigerii de Molidarno.* » Il est du 24 octobre 1293 [2]. Dans deux articles du dénombrement de Pierre et Itier Amblard, nous retrouvons en 1327 le même personnage. Les terres sont dites confronter à celles de Guillaume Vigier, chevalier : « *Juxtà terras domini Guillermi Vigerii militis.* » Dans une « donation en latin estant dans un cayer de parchemin, intitulé *Cartulaire de la copie de plusieurs lettres, protocolles et autres enseignements concernant les censive, revenus et émoluments de l'abbaye de Bassac* », il était dit que « *Renaud Guesdon auroit fait don à lad. abbaye de vingt boisseaux froment, mesure de Jarnac, de rente à luy dûe par Mesnard Vigier, de Moulidars (1364)* [3] ».

---

1. *Arch. de la Char.*, Abb. de Saint-Cybard.
2. *Bull. de la Soc. archéol. de la Char.*, année 1870. — Le nom de Vigier s'est perpétué dans la *Font-Vigier* et la *Vigerie*, deux hameaux de la paroisse de Moulidars.
3. *Inventaire analytique* de divers contrats et sentences produits dans les procès entre les religieux de Bassac et les seigneurs de Moulidars.

Un autre contrat étant au même Cartulaire, contenait que ledit Vigier, débiteur de la ladite rente, « *auroit recognu le devoir, et promis d'en faire le payement ; au bas duquel est une sentence soufferte par Yolande Espagnolle, femme de Guillaume Vigier, pour les arrérages qui avoient couru de lad. rente (1366)* [1]. »

Au XVe siècle nous trouvons, comme seigneur de Moulidars, JEAN VIGIER. Il était mort sans enfants avant 1438, et avait eu pour héritiers MARGUERITE DE MONTIGNY, peut-être sa veuve, remariée ensuite à PERRINET DU BOIS, sieur du Fresne, et JEAN DEXMIER, son cousin, déjà héritier de Bertrand de Mosnac, seigneur dudit lieu, et de Moulidars en partie. Les premiers ne nous sont connus que par une transaction passée entre eux et Henri de Courbon, abbé de Bassac, le 26 juin 1458, au sujet d'une rente due sur l'hôtel de Moulidars à l'abbaye de Bassac [2]. Perrinet du Bois s'intitule seigneur de Moulidars, *à cause de sa femme.*

Nous avons de Jean Dexmier une pièce importante. C'est un contrat du 30 avril 1438, par lequel le seigneur de Moulidars cède à Jean Gervais, doyen du chapitre de Saint-Pierre d'Angoulême, à cause de l'église paroissiale de Moulidars, annexée au doyenné, toutes les dîmes inféodées à lui appartenant sur le territoire de la paroisse, moyennant le droit de sépulture dans ladite église, devant le maître-autel, et un service anniversaire perpétuel pour lui et ses successeurs [3]. Cet acte fut vidimé le 10 avril 1489, à la requête d'Hélie Dexmier, fils de Jean, et reconnu en 1518 par Gabriel Dexmier, fils d'Hélie, et Jacques de Saint-Gelais, évêque d'Uzès et doyen d'Angoulême [4].

---

1. *Inventaire analytique* cité.
2. Citée dans une autre transaction entre Claude Nourrigier et l'abbaye de Bassac, du 27 juin 1479. (Voir p. 11, note 2).
3. *Pièces justif.*, n° IX.
4. *Ibid.*, n° X.

Après Jean Dexmier, Claud Nourrigier devint seigneur de Moulidars par héritage et acquisition tout à la fois. L'héritage lui venait, par sa femme, de Perrinet du Bois et Marguerite de Montigny, nommés plus haut. Peut-être se trouvait-il aussi parent du premier, comme étant fils de Colas Nourrigier, seigneur de Montaigon en Gourville, et de damoiselle *Isabeau du Bois*, lesquels rendirent hommage à Saint-Cybard pour leur terre de Montaigon, le 24 mai 1444 [1], et étaient morts à la date du 2 janvier 1476. Il se trouvait avoir, de ce chef, des intérêts à débattre avec Jean Dexmier. Une transaction eut lieu entre eux le 31 décembre 1467 [2], par aquelle ledit Dexmier délaissait audit Nourrigier une certaine quantité de terres en Moulidars. D'un autre côté, il semble résulter du contenu des chartes, que Claud Nourrigier, qui était pourvu de l'office de Receveur des terres de Barbezieux, Roissac et autres, pour et au nom des sieurs de la Rochefoucauld, seigneurs desdits lieux [3], acquit dans la paroisse de Moulidars ce qui appartenait aux Dexmier, lesquels continuèrent à posséder en arrière-fief la seigneurie de la Cour. Voici quels sont les termes du dénombrement rendu au comte d'Angoulême le 2 octobre 1476 :

« *Claud Nourrigier, seigneur de Moulidars, au diocèse d'Angoulême, tant en nom que comme ayant droit de feu Jean Dexmier, bien tenant de feu Jean Vigier, écuyer, en son vivant seigneur dudit lieu de Moulidars..., tiens et avoue..., tant pour moi que pour ce que j'ai à cause de ma femme, et par les héritiers dudit feu Jean Dexmier, qui tiennent de moi et sous mon gariment ; et aussi les choses*

---

1. *Archives de la Char.*, Abb. de Saint-Cyb.: *Copies et extrait des actes les plus précieux du Trésor abbatial du monastère de Saint-Cybard-sous-Angoulême...* par Berthé, art. Gourville.

2. *Inventaire analyt.* cité précédemment.

3. *Archiv. de la Char.*, série E ; pièces diverses ; *Biblioth. de Cognac*: pièces du 8 juin 1458 et du 27 septembre 1471.

toutes et chacunes que j'ai et qu'avaient anciennement, au temps qu'ils vivaient, feu Guillien et Jean Vigier, père et fils..., des prédécesseurs de mondit seigneur, à cause de sa seigneurie dudit lieu de Châteauneuf, etc... »

HÉLIE DEXMIER succéda donc à son père. Nous avons de lui plusieurs titres, comme contrats de vente ou d'échange, déclarations de tenanciers, où il est qualifié *« écuyer, seigneur de Moulidars ».* Il était mort en 1513; nous le savons par une baillette du 14 novembre de cette année, consentie par *Gabriel Dexmier et messire Ypolite Dexmier, prêtre, frères, et enffans naturels et légitimes de noble homme feu Hélies Dexmier. »*

GABRIEL DEXMIER, seigneur de la Cour de Moulidars, rendit en 1518, à Jacques de Saint-Gelais, évêque d'Uzès et doyen du Chapitre, aveu et dénombrement pour les terres de sa seigneurie exemptes de dîmes, selon la teneur de l'acte du 30 avril 1438. Le doyen en fit l'acceptation le 7 novembre de la même année, et reconnut de nouveau les droits de la famille Dexmier dans l'église de Moulidars [1].

Il existe un contrat d'échange du 29 mai 1532, entre Gabriel Dexmier, sieur de la Cour de Moulidars, et Berthoumé Paulte, marchand, de la ville d'Angoulême [2].

Gabriel Dexmier était mort à la date du 11 août 1556. Il avait pour héritiers Christophe et Philibert Dexmier.

CHRISTOPHE DEXMIER, écuyer, seigneur de Moulidars en partie, de la Tour-Blanche et d'Auge, nous est connu par divers actes des 1er avril 1552, 28 septembre 1563, 3 décembre 1565, etc. Il est dit demeurant au bourg de Moulidars ; c'est là, en effet, que sont encore aujourd'hui les anciens logis nobles d'Auge et de la Tour-Blanche [3].

1. *Pièces justif.,* n° X.
2. *Archiv. de la Char.,* P. Trigeau, notaire à Angoulême.
3. La Tour-Blanche et Auge, deux seigneuries relevant, la première du château de Moulidars, la seconde de Barqueville, en Châteauneuf. Nous en reparlerons.

Il eut pour femme CATHERINE JOURDAIN, qualifiée « dame de la Tour-Blanche, d'Auges et partie de Moulidars » dans un contrat d'acquisition du 2 mai 1573, ce qui suppose qu'elle était veuve à cette époque. Ils laissèrent deux filles : l'une mariée à un seigneur de Germeville [1] ; l'autre, JEANNE DEXMIER, qui épousa PIERRE DE GIRARD, écuyer, sieur de l'Isle [2]. Leur fils, RENÉ DE GIRARD, fut le dernier possesseur de la Tour-Blanche, qui passa, comme nous le verrons, à Jacques Le Musnier.

PHILIBERT DEXMIER, écuyer, seigneur de la Cour de Moulidars, frère du précédent, épousa demoiselle JEANNE DE VILLARS. Il était mort en 1560. Nous le savons par plusieurs titres, entre autres une pièce de procédure entre Nicolas Bénureau et Henri d'Ingrandes, seigneur de Rouffignac; ce dernier fait citer « Jehanne de Villars, veufve de feu Phillibert Dexmier ». Dans un autre document du 7 novembre 1566, elle est qualifiée encore « damoiselle, dame de la Cour de Moulidars ». Quelques années après, le 18 janvier 1578 (Nadaud, *Nobiliaire du Diocèse et de la Généralité de Limoges*, III, 365), elle se remaria à Pierre de Ponlevin, écuyer, sieur dudit lieu [3], et, le même jour, fut aussi conclu le mariage de François Dexmier, son fils, avec Jeanne de Ponlevin, fille de Pierre de Ponlevin et de sa première femme, Honorée de la Nauve. (Nad. *ibid.*) *

---

1. Probablement Germeville, commune d'Oradour, canton d'Aigre, arrondissement de Ruffec.

2. Reconnaissance du 30 mai 1593, à dame Catherine Jourdain et son gendre, Pierre de Girard.

3. Commune de Champmillon, canton d'Hiersac, arrondissement d'Angoulême (Charente) ; a été longtemps possédé par une famille qui en portait le nom.

* **Ponlevin.** *Jean de Ponlevin*, écuyer, sieur dudit lieu, était mort à la date du 21 avril 1567 (Mousnier, notaire à Angoulême) : *Madeleine de Villedon*, sa veuve, et *André de Ponlevin*, leur fils.

Pierre de Ponlevin, écuyer, sieur dudit lieu, y demeurant, épousa, le

FRANÇOIS DEXMIER, écuyer, seigneur de la Cour de Moulidars, eut de JEANNE DE PONLEVIN une fille. Il était mort à
la date du 27 avril 1585. Nous avons une reconnaissance
rendue le 2 mars 1590, à «damoyselle Jehanne de Ponlevin,
dame de la Cour de Moullidar, tant en son nom, que comme
ayant la garde noble de damoiselle Anne Dexmier, sa fille,
et de feu Françoys Dexmier, en son vivant escuyer, seigneur
de ladite Cour ».

Cette ANNE DEXMIER épousa ISAAC LUCREAU, écuyer, sieur
du Portal [1], qui vendit également à Jacques Le Musnier.

IV

SAINT-MARTIN. — DE LOUSME. — VICTOR.

(xvᵉ siècle).

Revenons à Ardenne. Vers la fin de la guerre de Cent
Ans, nous trouvons, comme possesseur du château d'Ardenne, REGNAULD DE LOUSME qui, dans une baillette de l'an

---

18 avril 1559, *Honorée de la Nauve*, dont Paul ; et, en secondes noces, le
18 janvier 1578, Jeanne de Villars (Nad., *loc. cit.*). Il vivait encore en 1595
et était mort en 1602 (Mousnier).

Paul de Ponlevin, écuyer, sieur dudit lieu, y demeurant encore en 1602,
épousa demoiselle *Léa de Lestang*, fille de Charles de Lestang, écuyer, seigneur de Richemont, et de Suzanne d'Aubeterre, sa seconde femme. Il fut
le dernier seigneur du nom de *Ponlevin*, qui posséda cette terre (*Dénombrements de Rouffignac de 1620 et de 1671* ; nous y lisons : « Une pièce
de terre ci-devant acquise par Paul de Ponlevin, écuyer, seigneur dudit lieu,
dernier seigneur dudit Ponlevin). Les Lestang étant seigneurs de Saint-
André et de Saint-Laurent de Cognac, son mariage l'obligea à aller habiter
cette contrée, et Ponlevin fut acquis par les Guy de Ferrière, qui en prirent
le nom.

1. Le Portal, commune de Saint-Genès de Lombaud, canton de Créon,
arrondissement de Bordeaux (Gironde).

1443, accordée à Guillaume Cartelesche, de Moulidars, s'intitule « escuyer, sieur d'Ardenne et de Prunelar » [1].

Le 20 avril 1446, ce même seigneur fournit aveu et dénombrement à Raymond, abbé de Saint-Cybard, pour sa tour ou forteresse appelée anciennement de Montlyart, autrement d'Ardenne. Il se déclare héritier de Guy d'Ardenne, par l'intermédiaire des personnes dites de Saint-Martin, *mediantibus personis dictis de Sancto Martino* [2]. Cette phrase est le seul renseignement que nous ayons sur les possesseurs d'Ardenne, de 1349 à 1443. Nous conjecturons que ces familles de Saint-Martin et de Lousme étaient unies par des alliances, puisque, d'une part, Regnauld de Lousme hérita la terre d'Ardenne, des seigneurs de Saint-Martin, et que, d'autre part, nous voyons figurer à la succession de Marguerite de Lousme, petite-fille de Regnauld, Geoffroy et Hélix de Saint-Martin, frère et sœur. Cette dernière devint alors dame de Mazotte, une des terres qui étaient en partage (1495) [3].

Quoi qu'il en soit, à partir de Regnauld de Lousme [4], il nous

---

1. Le Prunelas, commune de Pérignac, canton de Pons, arrondissement de Jonzac (Charente-Inférieure).

2. *Pièces justificatives*, n° IV.

3. *Archives de la Charente*, série D ; *Bibliothèque de Cognac, collection Albert*. Mazotte, ancienne seigneurie, aujourd'hui hameau de la commune de Segonzac, arrondissement de Cognac (Charente).

4. Cette famille de Lousme était saintongeaise. Regnauld, ici nommé, est appelé « bourgeois de Saintes ». Il épousa, à la fin du XIVe siècle, Jeanne Barbe, veuve de Pierre Caille, bourgeois d'Angoulême. (*Bulletin de la Société archéol. de la Charente*, 1868-69 : chartes des 18 avril 1396, 5 avril 1397, 12 septembre 1398). C'est le même sans doute qui est qualifié *notable escuyer ayant été capitaine des ville et pont de Saintes l'espace de 23 ans.* (*Bulletin de la Société des Archives de la Saintonge et de l'Aunis*, 1886, p. 67). La baillette de 1443, indiquée ci-dessus, est donnée à Saintes, mais la signature du notaire est déchirée. Jean de Lousme est dit demeurant à Pons. Il devint seigneur de Mazotte (dont il rendit hommage au comte d'Angoulême le 20 novembre 1445) par son mariage avec Marguerite Foucaut, fille d'Hélie Foucaut, de Pons, lequel l'était par sa femme, Marie des

est donné de suivre sans interruption la succession des seigneurs d'Ardenne.

JEAN DE LOUSME, fils et héritier de Regnauld, rendit hommage en 1447 à Raymond, abbé de Saint-Cybard, qui l'accepta le 8 juin de cette année [1]. Le 15 janvier 1459, nouvel hommage par le même Jean de Lousme, pour sa *Tour et fortillesce de Montlyart, aliàs d'Ardeyne* [2].

Quelques années plus tard, le 17 septembre 1476, Ardenne fut saisi féodalement sur Jean de Lousme, par défaut d'hommage, à la requête de Raymond, vicaire de Guy de Montbrun, évêque de Condom et abbé de Saint-Cybard [3]. Le gendre de Jean de Lousme, GEORGES VICTOR, qui était en 1463 écuyer tranchant, et en 1471 écuyer d'écurie de la comtesse d'Angoulême [4], s'acquitta de ce devoir en 1480, après la mort de son beau-père [5]. Mais, deux ans après, il vendit à Claud Nourrigier, déjà seigneur de Moulidars, le château et la terre d'Ardenne. Celui-ci en rendit aveu et dénombrement à l'abbé de Saint-Cybard, le 10 juin 1482 [6].

Moustiers, dont le père, Hugues des Moustiers, tenait cette seigneurie de la libéralité de Charles II, roi de Navarre et comte d'Angoulême, qui la lui avait donnée par lettres patentes du 27 décembre 1365, afin de reconnaître ses bons services. C'est par Hélix de Saint-Martin, nommée ci-dessus, que Mazotte passa aux Green de Saint-Marsault, qui vendirent cette terre, le 24 février 1668, aux Jésuites d'Angoulême. (*Archives de la Charente*, série D, 10, fonds du collége des Jésuites d'Angoulême).

1. *Archives de la Charente;* Abbaye de Saint-Cybard, cart. CCC, fol. 93.

2. *Pièces justificatives*, n° V.

3. *Ibid.*, n° VI.

4. Bibl. nat., cabinet des titres, *Pièces orig.*, t. 2984, doss. 66,313, n°s 12, 13. (Communic. de M le vicomte de Poli, président du Conseil héraldique de France).

5. *Pièces justif.*, n° VII.

6. *Ibid.*, n° VIII.

V

NOURRIGIER

(xvᵉ-xviiᵉ siècles).

Les deux seigneuries d'Ardenne et de Moulidars étaient donc réunies en 1482 dans les mains de Claud Nourrigier. Il paraît y avoir peu séjourné, sa résidence habituelle étant à Barbezieux où le retenait son emploi. Presque tous les actes qui nous restent de lui sont passés à Barbezieux, par des notaires du lieu. Sa femme, Marguerite Guillard, lui survécut [1]. Il vivait encore le 10 janvier 1491, et était mort à la date du 22 janvier 1497.

François du Nourrigier, son fils et héritier, fournit aveu et dénombrement pour sa seigneurie de Moulidars à Louise de Savoie, comtesse d'Angoulême, le 4 août de cette même année 1497. Il eut pour femme, d'après Nadaud [2], Guillemette de Barbezières.

Louis du Nourrigier, écuyer, seigneur de Moulidars et de Laage de Chasseneuil [3], fils du précédent, avait succédé à son père dès le 19 avril 1520. Le 21 mai 1524, il rendit hommage de sa terre de Moulidars à la même comtesse, devenue alors duchesse d'Angoulême. Certificat de réception dudit hommage lui fut délivré à sa requête, le 24 mai 1539, par Cybard Couillaud, conseiller du roi, lieutenant général d'Angoumois. Louis du Nourrigier avait épousé, le 20 décembre 1518 [4], Marie-Françoise de la Porte, d'une fa-

1. Baillette d'arrentement donnée par elle le 12 juin 1506.
2. *Nobiliaire du Diocèse et de la Généralité de Limoges*, III, 356.
3. Commune du canton de Saint-Claud (Charente).
4. Nadaud, *loc. cit.*

mille qui, au XVIᵉ siècle, possédait plusieurs fiefs aux environs, entre autres Fleurac [1], Boisderet [2], Fontguyon [3], etc.

JEAN DU NOURRIGIER, écuyer, sieur de Moulidars, de Montaigon et de Laage de Chasseneuil, leur fils, fournit au roi
le dénombrement de Moulidars, le 11 août 1556. Un mandement du lieutenant général d'Angoumois, Jean Arnauld,
du 18 juillet 1554, lui donne déjà le titre de seigneur de Moulidars. Il épousa MARGUERITE DE FÉDIC ou FEYDIT [4], qui lui survécut très longtemps. Elle était veuve de lui le 24 juin
1566 [5], et vivait encore le 26 avril 1596. Leurs deux fils
furent Pierre et Jacques du Nourrigier.

PIERRE DU NOURRIGIER, écuyer, sieur de Moulidars, l'aîné,
eut d'un premier mariage avec JEANNE DE CHAMBES, une fille,
MARIE DU NOURRIGIER, mariée à ISAAC MÉHÉE, fils de Didier
Méhée, écuyer, sieur de Lestang [6], et de Marguerite de Men-

---

1. *Commune du canton de Jarnac.*
2. Hameau de la commune de Moulidars.
3. Fontguyon, commune de Saint-Amant-de-Nouère, canton d'Hiersac.
4. Le 11 septembre 1561, d'après Nadaud, *loc. cit.*; mais cette date est inconci-
liable avec beaucoup d'autres, données par plusieurs pièces authentiques et
par cet auteur lui-même. Il est inadmissible, en effet : 1° que leur fils aîné,
Pierre du Nourrigier, eût sa fille, Marie, mariée en 1590 à Isaac Méhée, ce
qui est cependant certain ; 2° que le cadet, Jacques du Nourrigier, fût marié
à Bertrande des Ages, le 15 avril 1579, date donnée par Nadaud. Une obligation
hypothécaire fut souscrite par Jean Hastier, de Moulidars, au profit de
Pierre du Nourrigier, écuyer, seigneur de Moulidars, le 7 octobre 1577, reçu
Rullier, notaire royal. Ce seigneur aurait eu à peine 15 ans ! La date de 1551,
au lieu de 1561, semblerait plus conforme à la vérité. Au surplus, la filiation
donnée par l'érudit généalogiste est ici fautive. Jacques du Nourrigier était
frère puîné, et non *fils* de Pierre ; *Marie* était fille du premier mariage de
Pierre du Nourrigier avec Jeanne de Chambes, et *Espérance*, fille du second
mariage du même avec Marguerite Chasteigner.
5. A cette date, Philippe Desbordes, marchand, de Châteauneuf, opéra, en
qualité de fermier judiciaire de la seigneurie de Moulidars, le retrait féodal
d'un tonneau de froment de rente, cédé ci-devant par ledit Nourrigier. (*Inventaire analytique* déjà cité).
6. Château et seigneurie dans l'ancienne paroisse de Saint-Seurin, près
Barbezieux. Il en sera souvent question dans la suite.

dosse. Devenu veuf, le sieur de Moulidars se remaria, le 24 mai 1576, avec MARGUERITE CHASTEIGNER, fille de feu François Chasteigner, sieur de Cramais (Cramahé) et de demoiselle Marie Mesneau (?), veuve elle-même de Geoffroy de Livenne, écuyer, seigneur de Laumont [1], qu'elle avait épousé le 9 octobre 1564 (Nadaud, III, 115). Il eut une autre fille, ESPÉRANCE DU NOURRIGIER, qui fut mariée, vers 1598, à CHARLES D'ALLOUE, écuyer, seigneur des Adjots [2]. Elle mourut avant son mari, qui épousa en secondes noces Gabrielle Ayrault, par contrat du 2 décembre 1631 [3].

JACQUES DU NOURRIGIER, écuyer, sieur de l'Etang de Moulidars [4], eut pour femme BERTRANDE DES AGES, fille de Jean des Ages, écuyer, seigneur de Macqueville [5], demeurant en son hôtel noble de La Lesche, paroisse de Touvre [6]. Le contrat, d'après Nadaud (loc. cit.), est du 15 avril 1579. Ils eurent, à ce qu'il paraît d'après les documents, 5 enfants : 1o FRANÇOIS DU NOURRIGIER, écuyer, sieur de l'Etang et de Beaumont [7], qui épousa, le 18 avril 1604, JEANNE DE SAINT-MATHIEU, et eut Henri du Nourrigier et plusieurs autres (Nadaud, ibid.); comme nous le verrons, il vendit à Jacques Le Musnier et quitta la paroisse ; 2o *Jeanne*, qui épousa Pierre Lambert, écuyer, sieur de Cesseau (voir page   ); 3o *Marie* ; 4o *Renée*, mariée le 4 août 1602 à Daniel Verdier, « fils de défunt Pierre Verdier et de damoiselle Françoise

---

1. Commune de Bignac, canton de Rouillac (Charente).

2. Commune du canton de Ruffec (Charente).

3. Sentence du Parlement au sujet de la vente des terres des Adjots et de la Thibaudière, 28 février 1695.

4. Fief dépendant de la seigneurie de Moulidars, ainsi nommé d'un ancien étang. Jacques du Nourrigier et son fils François sont les seuls qui en aient porté le nom.

5. Commune du canton de Matha, arrondissement de Saint-Jean-d'Angély (Charente-Inférieure).

6. Commune du canton d'Angoulême.

7. Nom de fief assez commun en Angoumois ; nous ne savons au juste duquel il s'agit ici.

Jalais, à présent femme de Pierre Vigier, écuyer, sieur de Rouffiat [1] » ; 5° *Marguerite*, femme de Jean Constantin, écuyer, sieur de Mongaudier [2] ; tous deux moururent à Lignolles et furent enterrés à Moulidars: le mari le 15 août 1653, la femme le 16 décembre 1659 [3].

Pierre du Nourrigier, vivant à la date du 26 avril 1596 [4], était mort le 29 novembre 1598. Jacques vivait encore le 20 septembre 1607 ; mais il mourut quelques années avant Bertrande des Ages, sa femme. Cette dernière fit son testament le 20 avril 1626, et ordonna que son corps fût enterré « *dans la chapelle de Notre-Dame, dans l'église Saint-Hippolyte de Moulidars, dans la fosse où a été mis son mari, ledit sieur de Lestang [5]* ».

La succession de Jean du Nourrigier scinda pour quelque temps les deux seigneuries d'Ardenne et de Moulidars. Jacques, le cadet de ses deux fils, avait intenté, par-devant le sénéchal, action en partage contre Pierre, son aîné. Un arbitrage fut ordonné, mais Jacques le repoussa, prétendant que la décision des arbitres le lésait au profit de son frère. Entre temps, Pierre du Nourrigier mourut, laissant, comme nous l'avons dit, deux filles dont l'aînée, Marie, était alors femme d'Isaac Méhée [6]. Ce dernier reprit pour son compte le procès en lésion, à cause de la dot de sa belle-mère défunte, Jeanne de Chambes. De là transaction, le 29 novembre 1598,

----

1. Aujourd'hui de la commune de Plassac-Rouffiac, canton de Blanzac, arrondissement d'Angoulême.
2. Peut-être paroisse de Fléac.
3. *Registre paroissial de Moulidars*. Lignolles, hameau de cette commune.
4. Vigier, *Coutumes*, page 517.
5. *Inventaire analytique* déjà cité.
6. Probablement depuis 1590. Quelques réparations récentes (1886) au château d'Ardenne ont mis au jour l'inscription suivante : « IZAAC MEHEE MARIE DV NOVRIGIER SIEVR ET DAME DE MOVLIDARS DES LANNEE 1590. » Isaac Méhée était veuf avec enfants de ladite Marie, à la date du 5 février 1631 (Procéd. contre François de la Rochefoucauld).

« *entre Jacques du Nourrigier, sieur de Lestang, et en partie de Moulidars, et Isaac Méhée, seigneur de Moulidars, tant pour lui que pour lesdites Marie et Espérance, sœurs.* » En voici les principales dispositions:

« *A ladite Marie demeure le chastel de Ardene avecq les entrées, isues, préclôtures et sirconstances d'icellui, avecq le droit de servir les homages à qui ils sont dubs…, et audit sieur de Lestang, demeure l'ensiene maison où de présent il se tient, avec cest entrée et iscue, jardin, bascour, le tout ainssy qu'il est clos et fermé…* » De plus, Jacques doit donner 133 écus, pour être quitte du côté de la dot de Jeanne de Chambes. Les terres furent aussi partagées sur le pied des trois cinquièmes à Marie et à sa sœur, et les deux autres cinquièmes à Jacques du Nourrigier. « *Fait et passé audit chastel de Ardene, paroisse dudit Moullidars, en présence de Jouachin Gourdin, escuyer, sieur de Puygibaud, demeurant audit lieu, paroisse de Chasseneuil, audit Angoumois, et messire Jean Mamin, prestre curé de Fléat.* » (G. Condan, notaire royal [1].)

A ce partage en succéda bientôt un autre, le 4 novembre 1603, entre « *Isaac Méhée, écuyer, seigneur de Moulidars*, et Marie du Nourrigier, demeurant à présent au lieu noble de Ardaynne », d'une part; et « Charles d'Alouhe, écuyer, sieur de Châteaurouhet, la Bastarderie, et en partye dudit Moulidars, et damoiselle Espérance du Nourrigier, son expouse, demeurant au lieu noble de La Bastarderie, paroisse des Ageaux, marquisat de Ruffec, d'autre part [2] ». Par ce partage, trois cinquièmes furent dévolus à Marie comme étant l'aînée, et deux cinquièmes à sa sœur.

C'est le moment où la terre de Moulidars est le plus morcelée : Ardenne à Isaac Méhée, du chef de sa femme;

---

1. Guillaume Condan, notaire royal à Moulidars de 1596 à 1656, et son fils Jean Condan, de 1664 à 1698, passèrent un grand nombre de contrats et de reconnaissances, concernant les terres de Moulidars à cette époque.
2. Guillaume Condan.

partie de la seigneurie de la Cour, à Charles d'Alloue, aussi du chef de sa femme ; l'autre partie de la Cour, avec le manoir, à Anne Dexmier, épouse d'Isaac Lucreau du Portal ; la Tour-Blanche, autre possession des Dexmier, à Pierre de Girard, comme mari de Jeanne Dexmier ; enfin l'Etang et ses dépendances [1], à Jacques du Nourrigier. Tout cela va se réunir dans une seule main pour former, avec la seigneurie de Rouffignac, un vaste domaine.

VI

FAMILLE LE MUSNIER

(1612-1691).

JACQUES LE MUSNIER, chevalier, conseiller du roi, trésorier de France et général des finances au bureau de Limoges, avait déjà hérité de la seigneurie de Mosnac et de celle de Rouffignac, de son père François Le Musnier, écuyer, seigneur de Lartige [2], mort en 1605. Il acquit successivement tout ce qui formait naguère la seigneurie de Moulidars. Indiquons seulement les différents actes.

25 mai 1612. Vente de la seigneurie de Moulidars, « par Yzac Mehée, seigneur de Moulidars et de Bors, demeurant en sa maison noble de Bors, châtellenie de Chaulx en Angou-

---

1. Il résulte de plusieurs documents, qu'une partie des constructions qui dépendent de la métairie (château de la Cour), s'est appelée au XVII⁰ siècle le logis ou maison noble de l'Etang. Il n'en reste aujourd'hui qu'une grange isolée. Quant à l'étang proprement dit, il s'étendait au-dessous d'un vieux manoir, en ruines dès le commencement du XVII⁰ siècle (dénombrement de 1620), appelé *l'hôtel de la Font-Roullet.* Il était alimenté par ladite fontaine, et par un ruisselet, dit le *Ris de Fessières,* qui descend du village actuel de Chez-Couillebaud. Cet étang est depuis très longtemps une prairie, mais le plantier voisin a conservé le nom de *l'Etang.*

2. Près de Jarnac (Charente).

mois [1], époux de Marie du Nourrigier », à Jacques Le Musnier, pour la somme de 13,000 livres tournois [2].

8 avril 1619. « Décret de la vente et adjudication des biens de François du Nourrigier, livré audit sieur Le Meusnier, délivré au présidial d'Angoulême. (Gandobert, gref.) »

14 juillet 1619. Contrat d'acquisition par Jacques Le Musnier, de François du Nourrigier, sieur de Lestang [3].

12 septembre 1620. Vente de la maison noble et seigneurie de la Cour de Moulidars, par « Yzac Lucreau, escuyer, sieur du Pourtal, demeurant au lieu noble du Pourtal, paroisse de Saint-Genis de Lombault, en Guienne », comme

---

1. Bors de Baignes, arrondissement de Barbezieux ; Chaux, commune de Chevanceaux, canton de Montlieu, arrondissement de Jonzac (Charente-Inférieure). En même temps qu'il vendait Moulidars, Isaac Méhée achetait la seigneurie de Touvérac (aujourd'hui canton de Baignes, arrondissement de Barbezieux), de Renée de Laigle, veuve de Jean de Ferrières, écuyer, sieur de Fargues, et son fils, Jean de Ferrières, écuyer, sieur de Fargues et de Montignac, demeurant au lieu noble de Fargues, paroisse de Saint-Marsault, près de Mirambeau. (Acte du 14 avril 1614, reçu Bonnaudin, notaire en Saintonge). Il semble résulter des actes de ce temps-là, qu'Isaac Méhée possédait le logis de Moulidars, paroisse de Bors. Dans celui que nous venons d'indiquer, notamment, il se qualifie « *sieur de Moulidars en Bors, demeurant audit Bors* ». Les deux Moulidars devraient-ils leur parenté de nom à celui qui les posséda l'un et l'autre? Nous ne saurions l'affirmer quant à présent; mais s'il n'y a là qu'une coïncidence fortuite, elle est au moins singulière. M. l'abbé Coulon-Dubeau, curé de Berneuil (Charente), dont la famille possède Moulidars de Bors depuis 1796, a bien voulu nous fournir une note intéressante sur ce logis bâti, présume-t-il, en 1684, par la famille de Plas de Lignières, à qui il appartenait, et dont les armes décorent la principale porte d'entrée. Mais il ajoute qu'il a été construit sur l'emplacement d'un autre château dont il a vu des restes. D'autre part, certains passages du testament de Charlotte-Marguerite Acarie du Bourdet, veuve de Charles Poussard, seigneur de Lignières, du 13 janvier 1673 (communication de M. l'abbé Legrand, curé de Bouteville (Charente), semblent indiquer que cette famille avait eu Moulidars par acquisition, un peu avant cette date. Peut-être l'acte d'achat trancherait-il la question que nous nous posons.

2. Reçu Debrandes, notaire royal à Angoulême.

3. Reçu Gibaud, notaire royal à Angoulême.

époux d'Anne Dexmier, à Jacques Le Musnier, pour la somme de 13,000 livres tournois [1].

7 novembre 1624. Vente de partie de la seigneurie de Moulidars (la Tour-Blanche), par René de Girard, écuyer, sieur de la Tour-Blanche, fils de Pierre de Girard et de Jeanne Dexmier, à Jacques Le Musnier, pour la somme de 8,500 livres tournois [2].

5 juillet 1625. Adjudication, par décret des juges présidiaux d'Angoulême, des biens ayant appartenu à Pierre et René de Girard, père et fils, écuyers, sieurs de la Tour-Blanche, Auge et partie de Moulidars, et demoiselle Jeanne Dexmier, mère dudit René, faite à Jacques Le Musnier, pour la somme de 8,500 livres [3]. La première vente à l'amiable fut attaquée par quelques créanciers, et confirmée par autorité de justice.

En tout cela, il n'est point question du château d'Ardenne. En effet, il avait été acquis, dès le 12 juin 1605 [4], d'Isaac Méhée et Marie du Nourrigier, par François des Ages, écuyer, sieur de Macqueville, Ruelle [5] et Maumont [6], dont la fille, Bertrande des Ages [7], avait épousé, le 22 mai 1603 [8], François de la Rochefoucauld, écuyer, seigneur d'Orbé [9], fils de Louis de la Rochefoucauld, seigneur de Bayers [10], et d'Angélique Gillier ; puis, après la mort de François des

---

1. Reçu Martin, notaire royal à Angoulême.

2. J. Fleuriot, notaire royal à Châteauneuf.

3. Présidial.

4. Reçu Guillaume Tallut, notaire à Magnac-sur-Touvre.

5. Ruelle, canton d'Angoulême.

6. Maumont, commune de Magnac-sur-Touvre, canton d'Angoulême ; Maumont, en Châteauneuf, lui appartenait aussi.

7. Nièce de Bertrande des Ages, femme de Jacques du Nourrigier, dont il a été parlé.

8. *Vigier de la Pile,* p. CXLVIII. Le P. Anselme donne le 20 mai 1607.

9. Orbé, commune de Saint-Léger-de-Montbrun, cant. de Thouars, arrondissement de Bressuire (Deux-Sèvres).

10. Commune du canton de Mansle, arrondissement de Ruffec (Charente).

Ages, vendu de nouveau le dernier de février 1608, à « Messire Raymond de Forgues, chevalier, baron des Pins [1] et de La Rochechandry [2], conseiller du roy, grand'maître enquêteur et refformateur des eaux et forêts de France, au département des provinces et gouvernements de Guyenne, Poictou, Xaintonge et Angoumois, demeurant en ceste ville d'Angoulesme [3] ».

Ardenne demeura 25 ans dans la maison de Forgues. Ce n'est que le 16 avril 1633, après la mort des seigneurs de Moulidars et de La Rochechandry [4], que leurs veuves firent entre elles un échange par lequel Catherine Redon, dame de Forgues [5], céda le château d'Ardenne à Hippolyte de La Place, dame de Moulidars et de Mosnac en partie, qui lui donna, entre autres choses, ladite seigneurie de Mosnac [6].

C'est donc à tort, on le voit, que Vigier de La Pile dit que Jacques Le Musnier « *avait le fief d'Ardenne en Moulidars* [7] ». Ce fief n'entra dans sa famille que quatre ans après sa mort, qui arriva en 1629 [8]. Il est vrai qu'il est désigné officiellement sous le nom de seigneur de Moulidars,

---

1. Commune du canton de Saint-Claud (Charente).

2. Château et hameau de la commune de Mouthiers, canton de Blanzac (Charente).

3. Reçu Gibaud et Tallut.

4. Raymond de Forgues mourut en 1622. Son testament est du 22 août de cette année (Reçu Chérade, notaire à Angoulême). Sa veuve passe une transaction le 8 septembre suivant. (Ibid.)

5. Mariée à Raymond de Forgues par contrat du 25 février 1601 (Nad. II, p. 182).

6. Reçu Gibaud, notaire à Angoulême.

7. *Vigier*, p. cxxvi.

8. Certifficat de l'enterrement de Monsr le général Lemusnier. Le vingt-quatriesme de septembre mil six centz vingt-neuf, a esté inhumé en l'églize du Petit Sainct-Cybard d'Angoulême, Jacques Lemeusnyer, chevallier, seigneur de Rouffignac et Moulidars, trézorier général de France en la générallité de Limoges...» (*Extrait des registres de la paroisse délivré à la requête d'Hippolyte de La Place, le 14 juin 1633, par Pierre Dumas, curé*).

3

mais nous savons, d'après ce qui précède, que cela ne veut nullement dire seigneur d'Ardenne [1].

Rapportons ici un incident caractéristique du temps. François du Nourrigier, dernier seigneur de L'Etang, forcé de vendre par voie de justice, et jaloux de cette nouvelle puissance qui venait tout absorber, voulait du moins garder jusqu'au bout les préséances honorifiques dont avaient joui ses ancêtres dans l'église de Moulidars. Mais Jacques Le Musnier résista à ses prétentions, comme nous le montre la pièce suivante.

« ACTE POUR MONSIEUR DE MOULIDARS. Aujourduy, huitiesme jour d'apvril mil six centz dix-huict, pardevan moy, notaire et tabellion royal, et gardenottes hereditere en Angoumois, et tesmoins cy bas nommez, a esté, à hissue de messe paroissiale cellébrée ce jourduy dans l'églize de Sainct-Hipolitte de Moulidars, par messire Jehan Mamin, chanoyne de Blanzac, et vicquere perpetuel dudict Moulidars, demandé et requis acte a moy dict notayre, par Jacques Le Musnier, escuyer, seigneur dudict Moulidars, Rouffignac, et Mosnac, conseilhier du Roy, trésorier général de France en la Générallité de Limoges ; de ce que François Dunourigier, escuyer, sieur de Lestang dudict Moulidars, l'a ce jourduy, pandant le seruice diuin et durant la saincte messe, troublé en la préseance qui luy apartient, tant pour cestre ingéré de prandre le pain bénist auant luy, que autres actes ausquelz, pour le respec que l'on doibt à Dieu et au divin sacrifice de la messe, ledict seigneur de Moulidars n'auroit faict autre instance, ne dict chose quelconque, espérant en avoir raison par justice.

Pour raison de quoy, il prestant se pourvoir ainsy qu'il

---

1. M. Eusèbe Castaigne, dans une note sur l'entrée à Angoulême du roi Louis XIII, en 1615 (*Bulletin de la Société archéologique de la Charente*, 1856, p. 370), a reproduit l'erreur de Vigier, qu'il ne lui était sans doute pas possible alors de rectifier.

verra estre affere ; et pour laditte entreprise, a protesté ledict seigneur de Moulidars contre ledict sieur de Lestang, de
confiscation de son fief, comme estant son vassal ; à quoy
ledict Nourigier n'a voulleu rien dire, ains s'en est allé, ac-
compaigné de plusieurs personnes qui estoyent avec luy ar-
mez d'espée.

Dont de tout ce que dessus ledict seigneur de Moullidars
m'a requis acte, pour luy valloir et servir en temps et lieu,
à telles fins que de raison, estan dans lad. eglize ; ce que
luy ay auctroyé, ez présence dudict Mamin, de Pierre Lambert, escuyer, sieur de Cesseau, lieutenant de monsieur le visé-
neschal d'Angoumois, Me Louys Cauroy, archer dudict sieur
visséneschal, Jehan Grellet, segrestin, qui a déclaré que il y
a fort long temps que ledict sieur de Lestang luy avoit com-
mandé de luy présanter le pain benist le premier, et que
s'il y manquoyt, il le payeroyt ; aussy ez présences de Anthoyne et Hélies Durandeaux, Jean André, clerc, de François
Bouthilier, maistre tailheur d'abits, et plusieurs autres ;
lesquels Durandeaux ont dit ne savoir signer.

(Signé) : J. Lemusnyer. Mamin. Cauroy. Lambert. G. Gre-
let. J. André. F. Bouthilier. G. Condan, *notaire royal
héréd.* »

Jacques Le Musnier rendit aveu et dénombrement au roi,
pour ses seigneuries de Moulidars et Mosnac, le 5 mars
1620. Après sa mort, quelques différends s'élevèrent entre
Hippolyte de la Place, sa veuve et le doyen Jean Mesneau [1].
L'acte de 1438, en faisant cession au doyen de toutes les
dîmes inféodées de la seigneurie de Moulidars, exceptait les
terres qui étaient du domaine privé des seigneurs, et desquelles chaque nouveau possesseur fournissait le dénombrement. Jean Mesneau disait que la dame de Moulidars voulait

---

1. Prit possession du doyenné d'Angoulême le 1er janvier 1625 (*Arch. du
Chapitre*) ; mort le 6 février 1660 (*Reg. par. de Moulidars*).

étendre ses dîmes inféodées ou ses exemptions de dîmes, plus loin qu'elle n'y avait droit ; elle, de son côté, prétendait que le doyen en exigeait plus que le titre de 1438 ne lui en donnait, ajoutant d'ailleurs que, depuis les guerres de religion, les doyens avaient négligé de faire célébrer les services mentionnés. De là transaction. Le doyen s'engage à faire célébrer les services, et à laisser jouir de tous les droits honorifiques dans l'église paroissiale, ainsi qu'il avait été accordé avec les anciens seigneurs ; de plus, à ne pas percevoir de dîmes sur 37 articles qui seront énumérés par le dénombrement. La dame de Moulidars promet de se désister de toute prétention sur le reste, et de payer aux doyens d'Angoulême, à chaque mutation de seigneur, un missel ou autre objet servant au culte, de la valeur de six livres.

Cette transaction est du 12 novembre 1633, et le même jour « Madame la générale Le Musnier » donna, comme tutrice de ses enfants, « dénombrement et déclaration des domaines et héritages tenus à droit de dixme inféodée, ou exemptz de dixme, dépendantz de la Cour de Moulydar, de La Tour-Blanche, de Lestang dudit Moulydar, et de la maison d'Ardene..., à Monsieur Me Jehan Mesneau, doyen de l'esglise catedralle d'Angolesme, et lesquelles dixmes inféodées et exemption de dixmes sur les domaines et héritages, elle avoue tenir dud. sieur doyen, à cause de la cure de Moulydars annexée audict doyenné, au debvoir d'un messel vallant six livres, ou autre ornement d'esglise, à chasque mutation de seigneur de Moulydars. »

Les pièces de terre déclarées, au nombre de 37, formaient ensemble 166 journaux, 39 carreaux, selon l'arpentement fait à la requête des parties. Le 37e et dernier article donna lieu à une transaction particulière. Il concernait le château d'Ardenne, acquis, ainsi que nous l'avons dit, quelques mois auparavant.

« 37. Plus dix-huict ou vingt journeaux de prés, terres,

bois et vignes, comprins dans les ranclos d'Ardene, et y joignant, renfermé de fossés et mnrailles , que lad. dame a novellement acquiz de lad. feue dame de Forgues. » Pour garder son clos exempt de dîmes, elle céda ailleurs d'autres terres que le doyen accepta.

Ce dénombrement est signé : J. GIBAUD, notaire royal ; MESNEAU, doyen ; H. DE LA PLACE. J. MÉHÉE. J. THOMAS.

A partir de ce moment, la résidence seigneuriale fut au château d'Ardenne. Celui de La Cour devint ce qu'il est aujourd'hui, une métairie ou servitude pour l'exploitation agricole. Les Le Musnier toutefois demeurèrent le plus souvent à Rouffignac, dont l'aspect, au XVIIe siècle, était moins sévère, et le séjour plus commode que celui d'Ardenne.

Vigier de La Pile (p. CXXVI) dit que Jacques Le Musnier eut de son mariage avec Hippolyte de La Place, plusieurs enfants, entre autres un aîné nommé « de Moulidars », qui fut d'abord conseiller au parlement, vendit ensuite sa charge et fut guidon des gendarmes [1]. Cet aîné se nommait JEAN-LOUIS LE MUSNIER. Il épousa à Paris, le 6 mai 1646, demoiselle MARIE CARTIER, fille de messire Claude Cartier, conseiller du roi en ses conseils d'Etat et privé, et de dame Anne Ferry, son épouse [2]. Parmi les nombreux personnages

---

1. Dans un acte du 5 août 1651, le seigneur de Moulidars prend encore le titre de *conseiller au parlement*, et dans une baillette du 7 janvier 1653, il se dit « *ci-devant conseiller en la cour du parlement de Paris* ». Nous savons d'autre part que, par contrat passé à Paris le 7 janvier 1657, il mit « *es mains*» de Charles d'Alloue, IIe du nom, chevalier, seigneur des Adjots, La Thibaudière et autres lieux, « *la démission de la charge d'enseigne des Gendarmes Escossais*», dont il était pourvu, et ce moyennant la somme de 25,000 livres. Il résulte de là qu'il ne garda que peu de temps ce dernier emploi.

2. Le *Nobiliaire de Guyenne*, par O' Gilvy, t. II, p. 26, dans un article sur la famille Cartier, fait naître la femme du seigneur de Moulidars, d'une famille calviniste de l'Agénais C'est une confusion de noms. Nous avons sous les yeux les contrats de mariage de Claude Cartier et d'Anne Ferry, du 4 mars 1623 ; de Jean-Louis Le Musnier et de Marie Cartier, du 6 mai 1646, reçus l'un et l'autre à Paris, le premier par Claude Ménard, le second par Le

cités au contrat, nous trouvons du côté de l'époux, « damoiselle Charlotte Laisné, veuve de François Lemusnier, escuyer, seigneur de Lartige et de Rouffignac, ayeulle paternelle dudit sieur de Molidar » : elle avait alors quatre-vingt-huit ans ; et du côté de l'épouse, « noble homme Daniel Ferry, conseiller du roy, et trésorier provincial de l'extraordinaire des guerres en Saintonge et Brouage, et Ambroize Ferry, conseiller et secrétaire du roy, oncles maternelz... »

Vigier dit encore que le sieur Moulidars ne laissa que deux filles. Il avait eu en effet cinq enfants, savoir : 1º CLAUDE-HIPPOLYTE LE MUSNIER, l'aîné, seigneur d'Ardenne, qui signe sous ces noms et en cette qualité, comme parrain d'un baptême à Moulidars, le 3 juin 1663 [1]. Une lettre à son père, du 12 avril 1688, est signée simplement « DARDENNE ». Il fut tué cette même année, 1688, au siège de Manheim, dans le Palatinat. Dans une transaction passée avec son père le 3 août 1686, il est dit « chevalier, seigneur d'Ardenne, enseigne des gardes de Son Altesse Mgr le duc du Maine, demeurant ordinairement près de Son Altesse, ez cour. » Par cet acte, le sieur de Moulidars se démet de tous ses biens

---

Vasseur, notaires au Châtelet ; et rien n'y ressemble aux données généalogiques fournies par le *Nobiliaire de Guyenne*. Claude Cartier est fils de Nicolas Cartier, bourgeois d'Orléans, et d'Etiennette Heuslin, son épouse ; Anne Ferry est fille de noble homme Daniel Ferry, élu et contrôleur des tailles en l'élection de Montargis, et de dame Marie Daniel, son épouse. Ils sont catholiques.

Anne Ferry, devenue veuve, se retira plus tard avec sa fille, la dame de Moulidars. Elle mourut au château de Rouffignac, le 11 septembre 1659, et fut enterrée à Moulidars (*Reg. par.*). Elle avait fait son testament le 7 du même mois. Parmi les pièces d'argenterie qu'elle laisse à ses enfants, nous remarquons : à son fils aîné, « cent jettons d'argent », et à son fils cadet, « une montre d'argent avec sa boiste ». Sa fille, Marie Cartier, eut la vaisselle et autres pièces. De plus, elle ordonna 400 messes pour le repos de son âme, dont 100 devaient être célébrées par les Minimes de Châteauneuf, et 300 par les religieux d'Angoulême, Minimes ou autres.

1. (*Registre paroissial de Moulidars.*)

en faveur de son fils aîné, à la charge des dettes paternelles et droits de ses sœurs [1] ; 2º ANNE LE MUSNIER, l'aînée des filles, qui devint Mme d'Anqueville. Nous n'avons pas l'état-civil de ces deux premiers, probablement nés à Paris, où leurs parents habitaient, les années qui suivirent leur mariage ; 3º CHARLES LE MUSNIER, dit l'abbé de Moulidars, baptisé le 22 septembre 1649 [2]. Il entra dans les Ordres; mais devenu infirme, il ne dépassa pas le sous-diaconat, et mourut avant son père. Dans la transaction citée plus haut nous lisons : « Et d'autant que Charles Le Musnier, soubz diacre, est tumbé en foiblesse, ledict seigneur de Moulidars veult dès à présent, que ledict seigneur d'Ardenne soit son tuteur et curateur, et qu'il jouisse de sa portion de bien tant et sy longuement qu'il sera au monde... Et toutefois ledict seigneur de Moulidars, de gré à gré, se charge de le nourir auprès de luy, sur le revenu de son douère, pendant que ledict seigneur de Moulidars sera au monde ; après quoy ledict seigneur d'Ardenne aura l'éducation de sa personne comme de ses biens » ; 4º CATHERINE LE MUSNIER, née le 5 et baptisée le 30 avril 1664 [3], est devenue Mme de Lartige ; 5º FRANÇOIS-CLAUDE LE MUSNIER, dit le chevalier de Moulidars, né le 21 novembre 1666, et baptisé le 24 novembre 1667 [4]. Il était mort à la date du 3 août 1686.

Restèrent donc les deux filles. Catherine, la plus jeune, épousa Louis Le Musnier, seigneur de Lartige, arrière-petit-fils de François Le Musnier et de Charlotte Laisné, comme elle-même en était arrière-petite-fille.

1. *Archives de la Charente*, Min. de Rouhier, notaire à Angoulême.

2. « A esté parrain son grand oncle, noblhome Charles de La Place, chanoine de la cathédrale d'Angolesme, et dame Hypolite de La Place, sa grand-mère, a esté la marreue ». (*Reg. par. de Moulidars.*)

3. « A esté parrain Samuel Paute, escuyer, sieur des Rifaux, et marrine Catherine de Paris, dame de La Pouyade. » (*Ibid.*)

4. « A esté parrin Claude Cartier, et marrine Anne de Moulidars. « (C'était la sœur aînée, Anne Le Musnier, qui, jusqu'à son mariage, signa toujours ainsi : ANNE DE MOLIDARS.) (*Ibid.*)

ANNE LE MUSNIER, l'aînée, fut mariée d'abord à més-
sire ISAÏE MÉHÉE, chevalier, seigneur des Courades [1], fils
de Josias Méhée, chevalier, seigneur de La Ferrière [2],
d'Anqueville [3], etc., et de Marie de Lestang. Ce mariage
avait été long à s'accorder. Le seigneur des Courades
était beaucoup plus âgé que sa future, et de plus, protestant. Dans une lettre de lui, du 14 août 1670, nous
lisons : « *Ausi tost mon mariage achevé, qui m'occupe extrê-
mement pour la difficulté des religions, j'yrai dans deux ou
trois mois à Paris.....* » Les négociations durèrent encore
plus de deux ans. Il est probable que la principale difficulté fut levée par l'abjuration d'Isaïe Méhée; car Josias,
son père, protestant de vieille souche, mourut catholique
l'année suivante, et fut inhumé par le curé de Vibrac [4].
Le contrat fut enfin signé au château de Rouffignac, le
7 octobre 1672 [5], et la bénédiction nuptiale donnée aux
époux dans l'église de Vibrac, le 10 octobre suivant, par
Pierre Dubois, ancien curé de la paroisse, et alors curé de
Saint-Martial d'Angoulême [6]. Les enfants qui naquirent
de cette union furent baptisés et élevés dans la religion
catholique. Toutefois, nous avons vainement cherché dans
les registres de Vibrac, l'acte de sépulture d'Isaïe Méhée, à
la date qui correspond à son décès, arrivé aux Courades le

---

1. Commune de Vibrac, canton de Châteauneuf (Charente).
2. La Ferrière, fief dans la paroisse de Saint-Porchaire, près Bressuire,
qui appartenait aux Méhée. Ce nom fut aussi donné à une prise dans la
paroisse et près de la ville de Jarnac (Charente), qui dépendait de la seigneurie
de Lartige, portée en mariage à Josias Méhée par sa femme, Marie de
Lestang.
3. Anqueville, commune de Saint-Même, canton de Segonzac (Charente).
4. « Le 30 août 1671, Josias Méhée, seigneur de La Ferrière, âgé de 87 ans,
a été enterré dans la chapelle de Notre-Dame-des-Fossés, proche le ballet,
vis-à-vis et au milieu du grand autel. Dubois, curé. » (*Registres de la paroisse
de Vibrac*).
5. Reçu Jean Condan, notaire royal à Moulidars.
6. *Reg. par. de Vibrac.*

9 janvier 1681, ainsi que nous l'apprend l'inventaire de ses meubles fait au château de Monleau [1], le 3 mars suivant. Le seigneur des Courades avait fait son testament au lieu noble des Ris, paroisse de Saint-Hilaire [2], le 2 juillet 1677 [3].

Il laissa deux fils : 1° *Pierre Méhée*, né le 6 décembre 1675 [4], sieur de Monleau, puis sieur d'Ardenne, après la mort de Claude-Hippolyte Le Musnier, son oncle; 2° autre *Pierre Méhée*, né le 27 septembre 1677 [5], sieur de Saint-Hilaire, et ensuite sieur d'Ardenne, après que son aîné eut été tué à Steinkerque, le 3 août 1692 [6]. Il sera question de lui plus loin.

Devenue veuve, Anne Le Musnier se remaria à RENÉ MÉHÉE, chevalier, seigneur d'Anqueville, fils d'un cousin germain de son premier mari [7], capitaine d'infanterie, d'abord au régiment de Champagne [8], puis au régiment Dauphin. La bulle de dispense d'affinité accordée par le pape Innocent XI, le 13 février 1682, dit que cette union

1. Grande terre patrimoniale des Méhée, étendue sur plusieurs paroisses, près Castillon-sur-Dordogne ; le chef-lieu est situé commune de Saint-Pey-de-Castets, canton de Pujols, arrondissement de Libourne (Gironde).

2. Près de Barbezieux.

3. Reçu Jacques Moreau, notaire à Barbezieux.

4. Baptisé le même jour dans l'église de Vibrac (*Reg. par. de Vibrac*).

5. Baptisé aussi le même jour à Vibrac. Pour lui comme pour son frère, il est dit que le parrain et la marraine ont été choisis dans la paroisse « comme pauvres ». (*Reg. par. de Vibrac*).

6. Certificat du 6 mai 1693, signé « *Saint-Hermine* »*, affirmant que Monsieur de Monleau, âgé de 17 à 18 ans, a servi comme sous-lieutenant au régiment Royal-Vaisseaux, qu'il s'y est bien comporté, a donné plusieurs fois des marques de valeur, et qu'il a été tué au combat de Steinkerque.

7. Voir plus loin la Généalogie *Méhée*.

8. *Arch. de la Char.*, acte du 19 février 1677, reçu Guillaume Jehen, notaire à Angoulême.

(*) Probablement Louis de Saint-Hermine, chevalier, seigneur de Mérignac, Chenon, etc., fils de Joachim de Saint-Hermine, chevalier, seigneur du Fa, et d'Anne de Polignac. Il fut du moins colonel du régiment Royal-Vaisseaux.

a pour but d'éteindre de graves dissensions. Nous savons, en effet, que les deux branches de la maison d'Anqueville étaient en procès depuis fort longtemps, pour la succession de David Méhée et Jacquette de Sousmoulins, ancêtres communs. Nous en parlons ailleurs [1]. Malheureusement, ces querelles ne furent qu'assoupies; les intérêts opposés des enfants des deux lits les rallumèrent quelques années après.

Le sieur d'Anqueville qui, lui aussi, était calviniste, comme toute cette famille, fit son abjuration en 1682, entre les mains du P. Philippe Guérin, recteur des jésuites d'Angoulême, et le mariage fut contracté à Paris, le 29 mars 1684 [2].

Marie Cartier décéda la première, à Angoulême, le 24 août 1683, et fut enterrée le lendemain dans l'église du Petit-Saint-Cybard [3]. Son testament est du 20. Quant à Jean-Louis Le Musnier, nous ignorons le lieu et l'époque précise de sa mort, à cause d'une lacune dans les registres de Moulidars, de 1685 à 1703. Dans une sentence concernant la vente de la terre des Adjots [4], il paraît comme créancier, à la date du 27 mai 1693, et le 2 juillet suivant il est dit défunt. Il serait donc mort en juin 1693, dans un âge

---

1. Voir *Anqueville* et la sentence arbitrale de 1665.
2. Reçu Ferret et Le Vasseur, notaires au Châtelet.
3. *Reg. d'Angoulême*, paroisse de Saint-Cybard.
4. Cette sentence déjà citée p. 27, note 3, nous donne quelques détails généalogiques sur la famille D'ALLOUE. *Charles d'Alloue*, Ier du nom, épousa, comme nous l'avons dit: 1º *Espérance du Nourrigier*, qui fut mère d'*Elisabeth d'Alloue* (Voir p.   ), 2º *Gabrielle Ayrault*, dont il eut *Charles d'Alloue*, IIe du nom, éc., sieur des Adjots et de La Thibaudière. Ce dernier eut pour fils *Antoine*, *Gabriel*, *Félix d'Alloue*, chev., seigneur de L'Isle, et *François d'Alloue*, Ier du nom, chevalier, seigneur de La Thibaudière. Celui-ci épousa, par contrat du 13 janvier 1664, *Louise Acarie du Bourdet*, qu'il laissa veuve en 1669, avec deux fils : *Charles d'Alloue*, IIIe du nom, et *François d'Alloue*, IIe du nom. Quant à la mère, elle se remaria à Jules Le Gouffier, chevalier, seigneur comte dudit lieu (*sic*).

avancé. N'ayant pas trouvé son acte de sépulture dans les registres de Saint-Cybard d'Angoulême, nous avons tout lieu de croire qu'il décéda à Moulidars, et fut enterré dans l'église. Il s'était remarié avec Marie Calluaud, veuve de Pierre Ballue, éc., sieur de Mongaudier, demeurant audit lieu, paroisse de Fléac, laquelle requiert l'inventaire de ses meubles, le 17 août 1693 [1].

Les biens de Jean-Louis Le Musnier furent partagés de son vivant entre ses filles, par acte du 26 novembre 1691, lequel sépara pour toujours les deux seigneuries de Moulidars et de Rouffignac. Après avoir énoncé que ces terres sont communes par moitié entre les deux sœurs, comme ayant été recueillies par le décès de leur mère et de leurs frères, l'acte ajoute qu'il en a été fait deux lots : « *le premier, dudit lieu noble d'Ardenne, et le segond du lieu noble de Rouffignac; lesquels lots sont séparés par le chemain qui va de la chapelle de Vibrac au village des Panetiers[2], en continuant led. chemain à la Croix Ozanière dud. Moulidars, et de lad. croix au village de Cartelesche[3], aussy continuant led. chemain jusques au grand chemain quy va de Jarnac à Angoulesme, et le suivant vers Hiersat.* » Tout ce qui est à droite de cette ligne, savoir « *ledit lieu noble de Rouffignac* », consistant en corps de logis, chapelle, dépendances, fuie, garenne, plus les métairies de Rouffignac, Etendeuil[4], Chez-Borguet[5], les bois de Rouillan et autres, prés, terres, etc., échut à madame de Lartige. Tout ce qui est à gauche, savoir « *le lieu noble de Ardenne* », avec ses dépendances, la métairie de La Cour, avec ses dépendances de bois, garennes, prés, terres, etc.,

---

1. *Arch. de la Char.* Inventaire du 4 avril 1710, par Ordonnaud, notaire royal à Sireuil : pièce inventoriée, reçue Debresme, notaire à Angoulême.
2. Hameau de la commune de Moulidars.
3. Id.
4. Commune de Saint-Simeux, canton de Châteauneuf (Charente).
5. Commune de Moulidars.

fut dévolu à madame d'Anqueville. Il est dit aussi : « *Et est demeuré audit lot d'Ardenne, les droits honorifiques de l'église de Moulidars, aveq le ban entien du costé de la chapelle, à main gauche en entrant à lad. eglise, et l'autre ban demeuré aud. lot de Rouffignac.* »

Fait à Angoulême le 26 novembre 1691, en présence de « *Messire Anthoine de Cellière, conseiller aumosnier du roy, abbé de Saint-Estienne de Bassat, y demeurant, et de Messire Louis de Saint-Hermine, chevallier, seigneur de Chenon, demeurant en la ville d'Angoulesme, tesmoins requis* ».

(Signé) : DE CELLIÈRES. CHENON DE SAINT-HERMINE. L. LE MUSNIER. RENÉ MÉHÉE D'ANQUEVILLE. J. ROUHIER, *notaire royal héréditaire.*

L'acte ci-dessus fut ratifié le 30 novembre suivant, au château de Rouffignac, par mesdames d'Anqueville et de Lartige, devant P. Baudet et P. Castaigne, notaires royaux.

VII

FAMILLE MÉHÉE D'ANQUEVILLE
(1691-1783)

C'est à la suite de ce partage que M. et Mᵐᵉ d'Anqueville, qui habitaient Les Courades, vinrent se fixer au château d'Ardenne.

A cause des litiges pendants entre les familles de ses deux maris, Anne Le Musnier, par son contrat de mariage avec le seigneur d'Anqueville, avait stipulé que leurs biens seraient séparés. Elle administra elle-même les siens, et dans tous les actes qu'elle passa nous trouvons invariablement la mention : « épouse et non commune de messire René Méhée, chevalier, seigneur d'Anqueville ». Elle habita toujours le château d'Ardenne, où elle mourut le 9 janvier 1713 [1]. Elle avait eu de son second mariage 6 enfants. Nous les indiquons par rang d'âge.

1o ELISABETH MÉHÉE, dite Mademoiselle d'Anqueville, l'aînée de tous, née à Angoulême le 6 février 1685, et baptisée le 9 du même mois en l'église Saint-André, paroisse où ses parents avaient leur maison de ville [2]. Mlle d'Anqueville fut admise à la maison royale de Saint-Cyr, après avoir fourni ses preuves de noblesse, de même que sa sœur Anne-Rose Méhée, avec laquelle elle demeura toujours très liée. C'est de concert avec elle qu'elle acheta du sieur Mongin, le domaine du Maine-Michaud en Saint-Simeux, le 2 mars 1720 [3]. Elle y vécut avec elle et ses enfants, sans avoir elle-même été mariée. Elle mourut dans le courant de juin 1745, après avoir fait, le 15 novembre 1744, son testament olographe, par lequel elle désignait sa sœur comme sa légataire universelle.

2o RENÉ-CLAUDE MÉHÉE, chevalier, seigneur de Malvoisine [1], l'aîné des garçons, né le 10 février 1686, nous ne saurions dire où, peut-être à Angoulême, car son acte de baptême ne se trouve pas dans le registre de Vibrac. Il fut d'abord page de la Grande-Écurie du Roi, puis devint lieutenant de cavalerie au régiment d'Aubusson. Il se retira au château d'Ardenne où il s'occupa d'agriculture. C'est là qu'il

---

1. « Le onziesme janvier 1713, a esté inhumée dans l'église de Moulidars, au pilier qui sépare le sanctuaire d'avec le cœur, du costé de la chapelle de Nostre-Dame, dame Anne Le Meusnier, épouse de Messire Rhené Mehée d'Anqueville, morte au logis d'Ardene, après avoir reçu les sacrements. Ont assisté à ses funérailles MM. les curés Dreuil de Chammillon, Carat d'Hiersat, Birot de Saint-Simeux, Denat de Saint-Simon, Puygier de Bassac, Jansin de Triat, et F. Coulaud, curé de Moulidars. » *Reg. par.*

2. Voir *Preuves*, p.

3. Acte reçu Jeheu, notaire à Angoulême. — Voir *Maine-Michaud*.

4. Malvoisine, hameau de la commune de Dompierre, arrondissement de La Roche-sur-Yon (Vendée).

mourut le 28 octobre 1768, dans sa 83ᵉ année [1]. Nulle part nous n'avons vu qu'il fût marié. Dans tous les cas il mourut sans enfants.

3º ANNE-ROSE MÉHÉE, demoiselle d'Ardenne, née au logis des Courades, le 30 janvier 1688, et baptisée le 16 février suivant dans l'église de Vibrac [2]. Elle entra à Saint-Cyr, ainsi que nous l'avons dit, et habita Le Maine-Michaud à partir de 1720. Elle y épousa, le 23 juin 1723, messire Jean-Louis Terrasson, chevalier, seigneur de La Faye, ancien capitaine au régiment de Limousin, dont elle eut trois enfants, deux garçons et une fille [3]. Elle mourut en 1746.

4º ANNE MÉHÉE, dite Mademoiselle de Moulidars, née aux Courades le 23 décembre 1689, et baptisée le jour de

---

1. « Le vingt-neuf octobre 1768, a été enterré sous son banc, à main gauche, près la table de la communion, dans l'église, Messire René-Claude de Mehée, chevalier, seigneur de Moulidars, Malvoisine et autre lieux, décédé d'hier au logis d'Ardenne, âgé d'environ 83 ans, né le 10 février 1686. L'enterrement fait par moy, en présence de soussignés » : Terrasson de Monleau. De Prémont, vicaire de Moulidars. De Terrasson. E. Guillin, curé d'Angeac-Charente. Bitard-Lacombe, vicaire de Vibrac. Guillemot, desservant Saint-Amand de Graves. Radou, curé de Moulidars. (*Registre paroissial de Moulidars.*)

2. Parrain, Pierre Méhée, seigneur de Monleau ; marraine, demoiselle Rose Boisson. (*Registre paroissial de Vibrac*).

3. Vigier de La Pile commet ici une double erreur, que nous nous expliquons difficilement, au sujet d'une famille qui vivait de son temps et dans son voisinage, La Pile n'étant qu'à une lieue du Maine-Michaud. 1º Il fait épouser au sieur Terrasson de La Faye, Elisabeth Méhée à la place de sa sœur Anne-Rose ; 2º il ajoute qu'il lui a laissé un garçon et une fille, alors qu'il a eu deux garçons, qui tous deux ont fait souche, et une fille. Faut-il supposer que notre historien a omis, volontairement ou non, le cadet qui devait alors être au séminaire ? Nous voyons figurer, en effet, au nombre des clercs du diocèse d'Angoulême, en 1746, un Jean Terrasson, de Saint-Simeux. (*Mémoire historique sur le séminaire, par un prêtre de la Mission. Angoulême, 1869.*) Nous n'en connaissons pas d'autre que le second fils de Jean-Louis Terrasson et d'Anne-Rose Méhée, Jean Terrasson, sieur de Monleau, lequel, dans ce cas, aurait quitté le séminaire après la mort de sa mère, et avant d'entrer dans les Ordres.

Noël, dans l'église de Vibrac [1]. Bien qu'elle ait eu sa part dans les différentes terres de la famille, à Moulidars, à Malvoisine, à Monleau, nous ne lui voyons pas de domicile fixe. Nous la trouvons résidant à Malvieille, paroisse de Moulidars, ou à Champourri, chez son frère, le lieutenant de vaisseau, ou encore à Angoulême, dans une maison de la rue des Cordonniers, paroisse Saint-André. C'est là qu'elle mourut le 26 avril 1762. Elle fut enterrée le lendemain dans l'église Saint-André [2]. Comme elle n'avait pas été mariée, elle avait fait, le 25 avril, son testament en faveur des enfants de sa sœur [3].

5o JOSEPH MÉHÉE, chevalier, seigneur de Moulidars et de Malvoisine en partie, connu sous le nom de chevalier d'Anqueville. Il naquit aux Courades le 3 juin 1691, et fut baptisé le 7, dans l'église de Vibrac [4]. Entré dans la marine royale, il devint lieutenant de vaisseau, et mourut à Rochefort en novembre 1739, au moment où il s'apprêtait à reprendre la mer. Il n'avait point été marié, du moins il ne laissa ni femme ni enfants. Le 10 mai 1735, il avait fait un testament, et, le 10 décembre 1737, un codicille, par lesquels il instituait Claude Méhée son légataire universel, et ordonnait en faveur d'Anne Méhée de Moulidars, sa sœur, une rente viagère de 150 livres, « *attendu*, disait-il, *le peu de bien qu'elle a.* » Claude renonça expressément au bénéfice de légataire, pour s'en tenir simplement à la qualité d'héritier, et Pierre Méhée d'Ardenne, de son côté, renonça à toute succession.

6o CYPRIEN-GABRIEL MÉHÉE, dit l'abbé d'Anqueville, le

---

1. Parrain, Pierre Méhée ; marraine, Elisabeth Méhée, frère et sœur. (*Registre paroissial de Vibrac*).

2. *Registre paroissial de Saint-André*, au greffe d'Angoulême.

3. Reçu Caillaud et Mathé, notaires royaux à Angoulême.

4. Baptême d'Antoine-Joseph Méhée. Parrain, messire Antoine de Cellières, conseiller du roi, abbé de Saint-Etienne de Bassac ; marraine, demoiselle Charlotte de Nesmond. (*Registre paroissial de Vibrac.*)

plus jeune de tous, né le 28 juin 1696, probablement au château d'Ardenne, mais nous ne saurions l'affirmer, les registres de Moulidars manquant à cette date. Ondoyé le lendemain, il ne reçut les cérémonies du baptême que le 8 mars 1704, dans l'église de Beaulieu d'Angoulême, des mains de François Coulaud, curé de Moulidars. Son parrain fut Mgr Cyprien-Gabriel Bénard de Rézay, évêque d'Angoulême, et sa marraine demoiselle Elisabeth de La Cropte de La Chassagne [1].

L'abbé d'Anqueville n'était encore qu'étudiant lors de la mort de sa mère, en 1713. Elle lui ordonna par son testament [2] une pension de 240 livres, pour achever ses études. En 1723, nous le trouvons prieur de Saint-Cybard de Cercles en Angoumois [3], et dès 1728, abbé commendataire de l'abbaye royale de Fontainejean [4], au diocèse de Sens. En outre, il devint avocat, puis conseiller de la Grand'Chambre au Parlement de Paris.

Ses fonctions et ses bénéfices réunis en firent le plus riche des six. Il vécut jusqu'à un âge très avancé, et mourut en son abbaye de Fontainejean, le 28 décembre 1783.

Pour élever plus facilement cette nombreuse famille, le seigneur et la dame d'Anqueville eurent recours à la bienveillance du roi Louis XIV. Voici le placet qu'ils présentèrent à Sa Majesté, avec les arguments les plus propres à obtenir la faveur sollicitée.

---

1. *Registre paroissial de Beaulieu.*

2. Du 9 janvier 1713, reçu Baudet, notaire à Moulidars.

3. Commune du canton de Verteillac, arrondissement de Ribérac (Dordogne), faisait partie de l'enclave de La Tour-Blanche, dépendance de l'Angoumois.

4. Commune de Saint-Maurice-sur-Aveyron, canton de Châtillon-sur-Loing, arrondissement de Montargis (Loiret).

« AU ROY.

» Sire,

» Anne Le Meunier, femme du sieur d'Anqueville, et sœur du deffunt sieur d'Ardenne, tué au siège de Manheim [1], représente très humblement à Votre Majesté, qu'elle a déjà eu l'honneur de luy présenter un pareil placet, où Elle a eu la bonté de mettre qu'Elle y feroit considération; disant que son mary est un nouveau converty, qui fit abjuration entre les mains du père Guérin, recteur des Jésuites d'Angoulême, en 1682 [2]. Que depuis, en 1683 et 1684, il perdit, quoy qu'il fut l'aisné de sa maison, les terres de son père, d'Anqueville, de L'Etang, et du Verger Bos en Poictou, qui étoient dans sa famille il y avoit 300 ans, contre MM. de Sirey et de Culant, ses cousins germains [3]. M. de Chamillart [4], qui étoit lors à la seconde des enquestes, trouva l'injustice qu'on luy faisoit si criante, qu'il sortit sans vouloir opiner. Il s'en souvient encore. En 1685, l'année de la révocation de l'édit de Nante, il s'attacha à voir les protestans, même ceux contre qui il avoit plaidé, les exhorta à rentrer dans l'Eglise, et à suivre la volonté du Roy. Son travail ne fut pas sans fruict: plusieurs en furent touchés; ses deux sœurs [5] se firent catholiques. M. le duc de Montausier [6], à qui le sieur d'Anqueville appartenoit, s'offrit, le voyant dans le régiment Dauphin, et par compassion pour son estat, de demander à Votre Majesté, quelque pension pour le soutenir. Mais il luy marqua qu'il ne pensoit qu'à édifier ses frères, et que sa conversion

---

1. Voir précédemment, page 38.
2. Certificat délivré par le P. Philippe Guérin, le 27 avril 1701.
3. Voir *Anqueville*.
4. Michel de Chamillart, connu par sa probité comme homme privé, et par son incapacité comme ministre (1652-1721).
5. Madeleine et Henriette Méhée : voir la généalogie.
6. Charles de Sainte-Maure, duc de Montausier (généalogie), était gouverneur du Dauphin, fils de Louis XIV.

étoit trop récente. Vers ce temps-là il se maria, et se trouve aujourd'huy chargé d'une nombreuse famille qu'il ne peut faire eslever. L'aisné, qui se nomme d'Ardenne [1], est dans les mousquetaires et y fait la campagne; le second [2] est page à la Grande-Escurie; les deux filles [3] à Saint-Cyr. Mais il y a trois autres cadets [4] qui manquent absolument d'éducation et de toute chose au village, d'où on ne les peut tirer. Le sieur d'Anqueville, qui souhaiteroit passionnement les rendre tous d'aussy dignes sujets de Votre Majesté, que David uehée, sieur de L'Estang, son bis-ayeul, l'estoit de Henry le Grand, comme il se voit par les deux lettres cy-jointes, l'une dattée de 1589, où le Roy luy fait l'honneur, au bas, de luy écrire de sa main; la seconde de 1592, où Il marque luy vouloir accorder les justes gratifications qu'il pourra souhaiter de son Roy [5]. Mais, malheureusement, dez cette même année, il fut tué au siège de Chaslu en Limosin, ayant l'honneur de commander les gensdarmes de Sa Majesté. Et comme le sieur d'Anqueville ne s'est pas contenté de bien faire, et qu'il y a aussy porté les autres; qu'il est infirme et hors d'estat du service de la guerre; qu'il sert même dans une autre manière, ayant l'esté dernier converty un de ses cousins germains, le sieur de Nadaillac, du nom de Galar de Béarn [6], et l'a mené faire abjuration aux Jésuites d'Angoulême; il en fit autant il y a deux ans pour un autre parent: les Jésuites d'Angoulême

---

1. Pierre Méhée.
2. René-Claude Méhée, sieur de Malvoisine.
3. Elisabeth Méhée d'Anqueville et Anne-Rose Méhée d'Ardenne.
4. Anne, Joseph et Cyprien-Gabriel Méhée.
5. Voir *Pièces justificatives*, numéros XI et XI *bis*.
6. Certificat de l'évêque d'Angoulême du 26 août 1701, attestant que c'est par les soins de M. René Méhée d'Anqueville, que M. de Nadaillac a fait son abjuration. (Probablement Charles de Galard de Béarn, chevalier, seigneur de Nadaillac, fils de Jean de Galard de Béarn et de Mlle de Chasteigner du Lindois, tante maternelle du sieur d'Anqueville, lequel épousa, à Grassac, le 14 juin 1700, demoiselle Charlotte de Galard de Béarn, mourut en 1703, et fut inhumé, le 23 avril, dans l'église du Lindois. (*Nad.* II, p. 226.)

le certifieront au père de La Chaise [1], s'il est nécessaire. J'ay l'honneur d'estre connue de madame de Maintenon [2], et le sieur d'Anqueville est neveu de mes-dames de Miossens [3] et de Hudicourt [4]. La mort du marquis de Siray [5], son cousin germain et parrain, vient d'esteindre une pension de 2000l. Si Votre Majesté vouloit bien luy accorder pareille grâce, lors qu'elle escheoira, n'estant point une augmentation de charge sur l'Estat, sa famille continuera ses vœux et ses prières pour la santé et prospérité de Votre Majesté. »

Au-dessous est écrit : «*Le Roy y fera considération.* » [6]

Nous ignorons si la pension fut accordée, n'ayant aucun papier se rapportant à cet objet.

---

1. François de La Chaise, jésuite, confesseur de Louis XIV (1624-1709).

2. Françoise d'Aubigné, marquise de Maintenon, épouse du poète Scarron, puis du roi Louis XIV (1635-1719).

3. Marie-Elisabeth de Pons, fille de Pons de Pons et d'Elisabeth de Puyrigault, seigneur et dame de Bourg-Charente, avait épousé, le 26 novembre 1659 (*Ang. Occid.*, p. 254), François Amanieu d'Albret, comte de Miossens, tué en duel en 1671.

4. Bonne de Pons, sœur de la précédente, avait été mariée en 1666 (*Moréri*) à Michel Sublet, marquis de Heudicourt, Grand-Louvetier de France, brigadier des armées du Roi. (*Histoire généalogique des Pairs de France*, par le chevalier de Courcelles.) Le tableau suivant fait comprendre la parenté.

Pons de Pons, marié à :

1º *Cécile de Durfort.*	2º *Elisabeth de Puyrigauld.*
Magdeleine de Pons, Isaac Chasteigner.	1º Madame de Miossens, 2º Madame de Heudicourt.
Claude Chasteigner, René Méhée d'Anqueville.	
René Méhée, 2º, Anne Le Musnier.	

5. René de Culant, premier du nom, marquis de Ciré, seigneur de Saint-Même, fils de Geoffroy et de Jacquette Méhée (Voir *Anqueville*).

6. Ce placet n'est pas daté, mais tout indique qu'il est de la fin de 1701 ou du commencement de 1702. En effet, les certificats qui l'accompagnent sont de 1701, et, d'autre part, M. d'Ardenne eut son congé de mousquetaire le 22 décembre 1702.

Le seigneur d'Anqueville, retiré à Angoulême après le décès de sa femme, y mourut le 25 septembre 1715, dans sa maison, paroisse de Saint-André, et fut enterré le lendemain dans l'église de ladite paroisse. C'est ce que nous apprend un inventaire supplémentaire de son mobilier, dressé le 27 du même mois, à la requête de ses filles, Elisabeth et Anne-Rose Méhée. Lui-même avait fait faire un premier inventaire, le 23 septembre, deux jours avant sa mort. Nous n'y remarquerons que l'article suivant : « *S'est aussy trouvé dans ladite chambre... une tapiserye de verdure my neufve... apprésiée à la somme de 250 livres...* »

Par son testament du 29 août 1715, M. d'Anqueville institua son héritier universel Claude Méhée, son aîné, à la charge de donner 3500 livres à Joseph Méhée, chevalier; 3500 livres à Elisabeth Méhée d'Anqueville, 1500 livres à Cyprien-Gabriel Méhée, abbé; 2300 livres à Rose Méhée, et 2000 livres à Anne Méhée de Moulidars, la plus jeune des filles. Il déclare, de plus, donner par avantage, ses meubles et acquêts, à ceux de ses enfants qui se soumettront à son testament, à l'exclusion de ceux qui ne s'y soumettraient pas. Pour ses funérailles, il s'en remet à la volonté de ses enfants, mais en exprimant le désir formel d'être porté par six pauvres, auxquels il sera distribué la somme de 30 livres [1].

Nous n'avons fait encore que nommer PIERRE MÉHÉE, seigneur d'Ardenne, fils du premier mariage d'Anne Le Musnier. Né, comme nous l'avons dit, en 1677, il entra à 20 ans, en juin 1697, dans les mousquetaires gris de la garde du Roi [2], où il resta cinq ans et demi [3]. Il reprit ensuite le service dans la Compagnie des Gendarmes de

---

1. Reçu par Porcheron et J. Rouhier, notaires royaux à Angoulême.
2. Certificat du comte d'Artaignan, capitaine de la 1re compagnie des mousquetaires, lieutenant général des armées du Roi, du 18 avril 1726.
3. *Pièces justificatives*, numéro XII.

Sa Majesté [1]. Il y demeura 30 ans environ [2], au bout desquels ses infirmités le forcèrent à la retraite. Il avait été créé, le 27 juin 1736, chevalier de l'ordre royal et militaire de Saint-Louis [3]. Retiré dans ses domaines, il résidait tantôt au château d'Ardenne, tantôt à celui de Monleau, en Bazadois. C'est dans cette dernière terre qu'il mourut veuf et sans enfants, le 27 février 1760. Il fut inhumé le lendemain dans l'église de Saint-Pey-de-Castets, paroisse où est situé Monleau [4].

Il s'était épris autrefois de la fille d'un petit seigneur du Bazadois, nommée Thérèse Moyne ou Lemoyne, fille de Jean Lemoyne, écuyer, sieur de Chanclou, et de Jeanne de Comet, habitant le château de Brugnac, non loin de Monleau [5]. Madame d'Anqueville, femme positive, refusa nettement de consentir à ce qu'elle regardait comme une mésalliance, bien que son fils eût alors plus de 30 ans. Notre chevalier résolut d'en venir aux moyens extrêmes. Le 31 juillet 1710, il fit signifier à sa mère une sommation par notaire. Elle tint bon, et de sa main écrivit sur la minute : « *Comme mon fils ne ma point consulté dans sa recherche, mon consantement luy est y nuttille, et ie crindry quil ne man fit quelque iour reproche si ie luy dones, veu linegalité des conditions.* » (Signé) « *Pierre Mehée Dardenne. Le Musnier Danqueville* [6]. »

L'acte déclare qu'il sera passé outre. Le mariage n'eut pas lieu cependant du vivant de madame d'Anqueville, mais seu-

---

1. Nous n'avons pas le congé de gendarme, mais les certificats du duc de Rohan, commandant de la compagnie : *Pièces justificatives*, numéros XIII et XIII *bis*.

2. M. d'Ardenne lui-même, dans une lettre du 20 octobre 1758, dit qu'il avait 35 à 36 ans de service (voir *Etaule*).

3. *Pièces justificatives*, numéros XIV, XV, XVI.

4. *Registres paroissiaux* de Saint-Pey-de-Castets, canton de Pujols, arrondissement de Libourne (Gironde).

5 Brugnac, commune de Bossugan, canton de Pujols.

6. *Archives de la Charente*, Minutes de Baudet, notaire à Moulidars.

lement le 1er février 1714, un an après son décès [1]. Nous le savons par un inventaire de tous les meubles, or, argent, papiers qui se trouvaient 1o aux Courades, 2o au château d'Ardenne, 3o aux Jeauffries et à Meurouge, paroisse de Roullet [2] ; inventaire dressé à la requête de messire « Pierre Mehée, époux de demoiselle Thérèze Lemoine, chevalier, seigneur d'Ardenne, Moulidars, Les Courades, Etaules [3], La Ferrière, en Angoumois, Les Ris et Fradon, en Xaintonge [4], La Motte-Monleau, partie de la maison noble de Gamage, en Bazadois [5]. »

Cette dame dut mourir jeune, car il n'est plus question d'elle.

« *D'Ardenne, l'épée du Roi* », comme on dit encore à Moulidars et dans la contrée, est resté légendaire par sa force, son adresse et ses faits d'armes. On en cite un entre autres que nous donnons ici tel que le rapporte la tradition populaire.

Un jour, à propos de nous ne savons quelle affaire, un combat singulier est annoncé entre l'épée du roi et « *l'épée de la reine de Hongrie* », un espagnol. Plusieurs semaines avant le jour fixé, disent les gens du pays, on vit M. d'Ardenne se promener de long en large dans son grand pré de la font Saint-Hippolyte, chaussé de bottes plombées, pour acquérir ensuite plus de légèreté. Au jour fixé, le roi, la reine, les dames, les seigneurs, la cour entière, tout était là pour être témoin de cette lutte, dont l'issue intéressait sans doute quelque amour-propre ou autre passion. Les cham-

---

1. Contrat reçu Malescot, notaire à Libourne. La bénédiction nuptiale fut donnée le 12 février suivant.

2. Canton d'Angoulème (Charente).

3. Commune de Saint-Simeux.

4. Commune de Clérac, canton de Montguyon, arrondissement de Jonzac (Charente-Inférieure).

5. Près de Monleau, paroisse de Saint-Pey-de-Castets.

pions apparaissent, et chacun fait des vœux pour celui qui a sa préférence. Tous deux sont également forts. Après de nombreuses passes sans résultat, le roi n'y tient plus, et s'écrie tout-à-coup : « *Ah çà! d'Ardenne, mais je te croyais un homme!...* » — « *J'attendais vos ordres, sire !* » réplique le chevalier, et d'un coup d'épée il traverse de part en part son adversaire, aux applaudissements du roi et de ses courtisans.

C'était un beau coup, comme on dirait dans le monde des bretteurs ; mais ce beau coup faillit coûter cher au vainqueur, qui dut, pour un temps, aller cacher sa gloire dans son manoir d'Ardenne. A quelques semaines de là, un piquet de dragons envoyé à Moulidars par la reine (toujours la tradition), vint un beau dimanche matin, pendant la grand'messe, se poster sur la place de l'église, devant la petite porte, pour saisir le chevalier à son passage. Un serviteur fidèle l'en avertit aussitôt : « *Merci, mon ami*, dit d'Ardenne, *ils ne me tiennent pas encore!* » En effet, grâce à sa vigueur et à sa souplesse, et aussi, croyons-nous, grâce aux gens inoffensifs qui gênaient par leur présence les mouvements des agresseurs, il traversa la place comme un trait, et, derrière les murs de son castel, put narguer ses ennemis.

Voilà ce que l'on raconte ; et la génération qui vient de s'éteindre répétait, il y a peu d'années encore, une vieille chanson, où était célébré ce haut fait. Mais comme ces choses-là ne se transmettent que par la tradition orale, il nous a été impossible d'en rien recueillir, à part quelques débris informes qui ne méritent pas d'être publiés. On a même oublié le nom propre du chevalier, tout en disant « d'Ardenne ». Le bronze de notre cloche, plus fidèle que la mémoire des hommes, garde toujours le nom de Pierre Méhée, son parrain. En voici l'inscription. La *Semaine religieuse d'Angoulême* l'a donnée en 1873 ; nous ajoutons le prénom qui a été omis, et rectifions la date : on a imprimé 1773 au lieu de 1739.

IAPPARTIENT A LEGLISE DE SAINT HYPOLITE DE
MOULIDARS IAI ETE PRESENTEE PAR MESSIRE PIERRE
MEHÉE CHEVALIER DE LORDRE DE SAINT LOVIS SEIGNEVR
DARDENNE ET DAME MARGVERITE CHERADE DE
LARTIGES Mr BREBION CVRE DE M. LAN 1739
IHS FAITE PAR LOVIS BAREAV.

Les personnes qui ont visité le château d'Ardenne avant
le mois de juin 1885, ont pu voir au fond du salon, à gauche en entrant, un tableau représentant un chevalier aux
traits énergiques, les lèvres un peu pincées, le nez fortement
busqué, la tête surmontée d'une de ces perruques exubé-
rantes du siècle de Louis XIV. C'est M. d'Ardenne. En face
de lui, du côté de la terrasse, était le portrait d'un officier
plus jeune, à la perruque moins haute, à la fine moustache.
C'est le lieutenant de vaisseau, chevalier d'Anqueville. La
première de ces toiles est aujourd'hui au château de Parcoul
(Dordogne); la seconde appartient à M. des Courtis de
Montchal, à Poitiers.

La mort de Mme d'Anqueville ouvrit une interminable série de procès entre ses enfants, surtout entre Pierre Méhée
d'une part, et ses frères et sœurs utérins d'autre. Nous n'a-
vons pas à entrer dans le détail de ces contestations ; nous
n'en dirons que ce qui est nécessaire pour suivre l'histoire
du château d'Ardenne.

M. d'Ardenne prit possession de sa terre le 6 mars 1714 ;
aussitôt commencèrent les démêlés. Le 4 septembre 1715,
intervint une sentence, qui ordonna de prendre des arbitres,
pour procéder au partage définitif des biens de la mère.
M. d'Ardenne choisit le sieur Etienne Mongin, sieur de
Boisseguin, du Maine-Michaud, paroisse de Saint-Simeux,
et ses frères et sœurs, monsieur Jean Dexmier, sieur de
La Groix, receveur des tailles de l'élection de Cognac, demeurant à Vibrac. Ce partage eut lieu le 1er octobre 1717.
Huit lots furent faits, dont sept pour chacun des héritiers, et

un pour le père, à qui fut attribuée une part d'enfant pour tous droits. Le château d'Ardenne, avec ses préclôtures, resta à Pierre Méhée ; la seigneurie de Moulidars, ainsi que les fiefs et métairies des Jeauffries et de Meurouge en Roullet, furent divisés.

Plusieurs des copartageants devaient se trouver sans logement d'habitation. Aussi voyons-nous les deux sœurs, Elisabeth et Anne-Rose Méhée, acheter le logis du Maine-Michaud, le 2 mars 1720 ; et le chevalier d'Anqueville faire, le 30 décembre 1726, acquisition du logis et domaine de Champourri, paroisse et enclave de Jurignac [1].

Pendant ce temps M. d'Anqueville était mort, et les contestations se poursuivaient au sujet de sa succession. Elles aboutirent au partage arbitral du 16 juillet 1733, fait par l'entremise de MM. Pierre Durand, curé de Saint-Simon, et Pierre Rambaud, sieur de Mareuil, conseiller du roi, lieutenant particulier au siège royal de Cognac.

La terre de Moulidars était en pièces ; mais, dès le 13 juillet 1724, l'abbé Méhée avait acheté la part de sa sœur Anne-Rose, épouse de Jean-Louis de Terrasson ; et, le 21 août 1733, il se fit adjuger pour 13,000 livres, la seigneurie de la Cour, vendue par voie de licitation.

Le premier des sept qui mourut, ce fut le chevalier Joseph Méhée d'Anqueville, au mois de novembre 1739. Il laissa son héritage à Claude et Cyprien-Gabriel Méhée, ses frères,

---

1. Canton de Blanzac. — Champourri appartenait au XVIIe siècle aux Lambert, sieurs des Andreaux, Lugeat, Rochefort, etc. Antoine Lambert, écuyer, prieur commendataire de Saint-Vivien de Charras, le vendit par contrat du 27 mai 1678, reçu Lange, notaire au châtelet de Paris, à Jeanne Raudot, veuve de Louis Le Musnier, chevalier, seigneur de Moulineuf. A la mort de cette dame, ses deux enfants partagèrent, le 10 mars 1711, et Champourri passa à sa fille, Claude-Louise Le Musnier, mariée à Philippe-Louis Le Jumel, chevalier, seigneur d'Equemauville. C'est elle qui, devenue veuve, vendit au chevalier d'Anqueville, à la date ci-dessus. Après sa mort, ses héritiers le gardèrent plusieurs années, jusqu'au moment où les frères Terrasson le vendirent à leur tour.

ainsi qu'à Anne Méhée de Moulidars et madame de Terrasson, ses sœurs ; les deux autres héritiers, Pierre Méhée et Elisabeth d'Anqueville, ayant renoncé expressément.

Juin 1745 : mort de mademoiselle d'Anqueville, qui institue sa sœur, madame de Terrasson, sa légataire universelle. Cette dernière meurt peu après, laissant ses trois enfants comme héritiers.

27 février 1760 : mort de M. d'Ardenne, et partage provisionnel de sa succession, le 7 mars 1761, entre Claude, Cyprien-Gabriel et Anne Méhée d'une part, et les enfants de Terrasson représentant leur mère défunte, d'autre. Aux trois premiers copartageants, revient un premier lot composé : 1º du château d'Ardenne et de la seigneurie de Moulidars [1] ; 2º de la seigneurie de Monleau ; 3º des fiefs de Lartige et de La Ferrière ; de la moitié de la terre de Malvoisine en Bas-Poitou, l'autre moitié appartenant déjà en propre à mademoiselle de Moulidars.

Aux enfants de Terrasson sont dévolus : 1º les fiefs des Jeauffries et de Meurouge ; 2º le domaine des Courades, en Vibrac ; 3º le fief et métairie des Ris ; 4º le fief de Fradon en Saintonge ; 5º la moitié des marais salants de Beauvoir-sur-Mer, paroisse de Notre-Dame de Mont, en Bas-Poitou [2]. Quant au domaine de Champourri, sur lequel il revient un quart à chaque partie prenante, MM. Claude et Cyprien-Gabriel font abandon de leur part à leurs neveux les enfants de Terrasson, qui en reçoivent ainsi les

---

1. Ardenne reste indivis, mais M. Claude Méhée de Malvoisine, qui l'habitait du vivant de M. d'Ardenne, continue d'y séjourner. Après la mort d'Anne Méhée un arrangement sous seing privé eut lieu entre les deux frères, le 28 juin 1765, en vertu duquel l'abbé Méhée, reconnu seul propriétaire du château, s'engagea à y laisser son frère aîné, à l'y nourrir jusqu'à la fin de ses jours : ce qui fut exécuté.

2. Beauvoir-sur-Mer est un chef-lieu de canton de l'arrondissement des Sables-d'Olonne, et Notre-Dame-de-Mont, une commune du canton de Saint-Jean-de-Mont, même arrondissement (Vendée).

trois quarts. Etaule donna aussi lieu à des arrangements à part.

26 avril 1762 : mort d'Anne Méhée de Moulidars. Elle institua ses neveux, MM. de Terrasson, ses légataires universels ; mais comme elle n'avait pas touché ses droits, sa succession fut une source de contestations qui n'étaient point terminées le 28 octobre 1768, lorsque arriva la mort de Claude Méhée de Malvoisine, l'aîné des deux frères survivants. Alors, en face des frais qu'entraînaient et que faisaient prévoir ces procès sans fin, les partis se rapprochèrent, et, par une transaction du 28 juillet 1769, les terminèrent à l'amiable, en liquidant tous les comptes et toutes les répétitions mutuelles, qu'avaient fait naître depuis 50 ans les successions qui s'étaient ouvertes l'une après l'autre. Par ce partage, le tiers de la seigneurie de Monleau passe aux deux frères de Terrasson, ainsi que la totalité du domaine de Malvoisine, et à l'abbé Méhée revint la terre de La Braconnière, paroisse de Dompierre-sur-Yon, en Bas-Poitou [1].

Enfin, le 28 décembre 1783, l'abbé d'Anqueville, le dernier et le plus jeune de tous, mourut à son tour en son abbaye de Fontainejean, laissant une fortune considérable, qui, par acte du 21 octobre 1785 [2], fut partagée entre ses trois héritiers, qui étaient alors : 1º M. Cyprien-Gabriel de Terrasson, l'aîné ; 2º M. Jean de Terrasson de Monleau, 3º mademoiselle Elisabeth de Terrasson, épouse de M. François Malet de La Garde, tous trois enfants de défunte Anne-Rose Méhée. Madame de Malet qui était morte récemment, et, après l'abbé d'Anqueville, le 15 avril 1785, se trouvait

---

1. Elle venait, ainsi que Malvoisine, de Renée Regnon, femme de Gédéon Méhée, et bisaïeule des copartageants (Voir *Anqueville*. Dévastée par les guerres de Vendée, elle fut vendue 7,800 francs par M. Cyprien-Gabriel de Terrasson à plusieurs habitants du pays, par acte du 5 août 1805.

2. Reçu Coupery, notaire au Châtelet de Paris.

représentée par ses trois enfants. Par ce partage, le château d'Ardenne et ses préclôtures furent dévolus à Cyprien-Gabriel de Terrasson, comme aîné. Il eut en outre le reste du domaine d'Ardenne et de Moulidars, la terre d'Etaule et le fief de La Braconnière en Poitou. La seigneurie de Monleau en entier fut donnée, en vertu d'un arrangement, aux enfants de M. de Malet. Elle était estimée alors 150,000 livres[1]. Enfin, M. de Terrasson de Monleau consentit à ne plus rien posséder, en cette terre dont il portait le nom ; il eut pour sa part les fiefs de Lartige et de La Ferrière en Jarnac, la terre de Malvoisine et de Dompierre-sur-Yon, avec les marais salants de Beauvoir-sur-Mer, en Bas-Poitou, plus une somme d'argent comptant, afin de parfaire celle de 96,514 l., à laquelle s'élevait son tiers dans les immeubles composant l'héritage commun.

VIII

FAMILLE DE TERRASSON
(1784-1885)

CYPRIEN-GABRIEL DE TERRASSON, chevalier, seigneur du Maine-Michaud, Moulidars, Les Ris, La Motte-Monleau, Les Courades, Etaule, Ardenne et autres lieux, l'un des 200 Chevau-Légers de la garde du roi, chevalier de Saint-Louis, Conservateur des chasses de Mgr le Comte d'Artois, était né au

---

1. Par acte du 5 novembre 1787, reçu Coste, notaire à Castillon-sur-Dordogne, M. de Malet vendit Monleau, pour la somme de 292,000 livres, à M. Sylvain Barbe-Labarthe, de la paroisse de Saint-Magne (canton de Castillon-sur-Dordogne). Cette importante terre fut morcelée peu d'année après, ainsi que nous l'apprend une lettre du 22 nivôse an X (12 janvier 1802), écrite par M. Ducarpe, notaire à Castillon, à M. de Terrasson.

Maine-Michaud le 6 juin 1727 [1]. Il avait épousé par contrat du 1er décembre 1760 [2], demoiselle THÉRÈSE-ANNE ARNAULD, fille de messire André Arnauld, chevalier, seigneur de Ronsenac, Malberchie et autres lieux, et de dame Anne Navarre, dont il eut 7 enfants, six filles et un garçon. Quatre seulement survécurent.

C'est en 1784 que M. de Terrasson s'établit au château d'Ardenne, du moins qu'il y fit acte de propriétaire ; car il nous paraît y avoir parfois séjourné les années précédentes, sans doute pour veiller aux affaires de son oncle, qui allaient être les siennes. La succession de l'abbé d'Anqueville lui ayant fourni des capitaux disponibles, il acheta, le 13 septembre 1786 [3], de M. Dassier des Brosses, la terre de Tourteron, en Saint-Simeux, pour la somme de 64,000 livres. Elle touchait à celles qu'il possédait déjà : Les Courades, Etaule, Moulidars, Le Maine-Michaud. Peut-être se flattait-il d'attacher à cette contrée-ci sa nombreuse famille, en distribuant entre ses enfants ces divers domaines tous limitrophes ou à peu près. Cet espoir ne s'est point réalisé ; tout a été successivement vendu : Le Maine-Michaud en 1807, Les Courades en 1821, Etaule en 1822, Tourteron dans les années qui ont suivi la mort du général Matis, de 1857 à 1868, et enfin Moulidars et Ardenne qui ont fermé la liste en 1885.

Lorsque éclata la Révolution, M. de Terrasson, âgé de plus de 60 ans, ne quitta point l'Angoumois ; il commanda même la garde nationale de Moulidars [4]. Mais les événements marchaient. Son fils émigra à la fin de 1791 et alla rejoindre l'armée des Princes. Lui-même eut beaucoup à

---

1. Extrait des anciens registres de la paroisse de Saint-Simeux ; Titre de pension, etc.
2. Reçu Deroulède, notaire à Angoulême.
3. Contrat reçu Lescalier, notaire à Angoulême.
4. *Pièces justificatives*, n° XVII.

souffrir dans sa personne et dans ses biens. Arrêté le 5 novembre 1793, il fut incarcéré à la maison de Beaulieu, à Angoulême, et ne recouvra sa liberté que le 11 février 1795 [1]. Quant à ses biens, ils furent séquestrés puis partagés, en exécution des lois des 17 frimaire an II (7 décembre 1793) et 9 floréal an III (28 avril 1795). La part de l'émigré, dévolue à l'Etat, consista dans une rente de 762 fr. au capital de 15,240 fr., inscrite au Grand-Livre de la Dette publique, et dans une pièce de bois de 90 journaux, dite le Bois de la Cour, commune de Moulidars, estimée alors 21,443 fr. 75 c. Comme cet immeuble confinait à la forêt de Marange, domaine de l'Etat, il y fut réuni, circonstance qui en empêcha l'aliénation, et permit aux anciens propriétaires d'en reprendre possession en 1815 [2].

M. de Terrasson mourut au château d'Ardenne, le 25 septembre 1813 [3]. Sa femme l'avait précédé de quelques mois dans la tombe ; elle était décédée du 14 février . Par le partage qui fut fait sous seing privé, le 13 juin 1813 [5], et devant notaire le 10 décembre suivant [6], le château d'Ardenne, Moulidars et Les Courades furent donnés à M. de Terrasson fils ; Tourteron à Anne-Thérèse de Terrasson, la fille aînée, mariée à M. Gabriel-Stanislas Seuillet de Montégon ; Etaule à Madeleine-Elisabeth de Terrasson, épouse de M. Moïse du Mas. La troisième fille, Marie-Julie de Terrasson, mariée à M. Adhémar-Marie-Nicolas Perrier de

1. *Papiers de famille*; *Pièces justificatives*, nº XVIII. On peut voir aussi *Les victimes de la Terreur*, par le dr Gigon, p. 373. Jacques Tallon, serviteur de M. de Terrasson, fut aussi incarcéré sur des dénonciations malveillantes, et mis en liberté le 5 février 1795. *Ibid., ibid.*, p. 372.

2. En vertu de la loi du 5 décembre 1814, concernant les biens des émigrés et de l'arrêté préfectoral du 16 septembre 1815 (*Papiers de famille*).

3. *Etat civil de Mouldars.*

4. *Etat civil d'Angoulême.*

5. *Papiers de famille.*

6. Reçu Guyot, notaire à Angoulême.

Bonnes, était décédée sans enfants le 16 octobre 1811 [1].

RENÉ-CYPRIEN-GABRIEL DE TERRASSON, revenu de l'émigration en 1801, épousa en 1806 mademoiselle ESTHER DU BOUEX DE VILLEMORT, d'une famille noble de la Basse-Marche [2], dont il eut trois enfants : une fille, l'aînée, et deux fils. Comme il habitait le plus souvent à Angoulême après son mariage, il devint, en 1814, chef de la Cohorte urbaine de cette ville. Créé chevalier de Saint-Louis le 31 janvier 1816 [3], il fut nommé maire de Moulidars, par décret du 4 septembre 1817 .

M. de Terrasson ne parvint pas à la vieillesse. Toujours souffrant d'une ancienne blessure à la poitrine, il mourut à Angoulême le 12 mars 1823, âgé seulement de 53 ans, et fut enterré à Moulidars. Ses enfants étaient alors mineurs ; la fille n'avait guère que 16 ans, et les deux fils étaient au collège de Pontlevoy, d'où ils sortirent plus tard pour entrer aux écoles militaires. Mme veuve de Terrasson administra leurs biens jusqu'en 1831, époque où, le plus jeune ayant atteint sa majorité, elle fit ses partages, et se retira tout-à-fait à Angoulême, dans sa maison de la place du Marché-Neuf. C'est là qu'elle est décédée le 23 septembre 1860. Son corps fut, selon son désir, transporté au château de Villemort, et inhumé dans la sépulture de famille.

Le partage ci-dessus régla ainsi la succession : 1º à M. Charles de Terrasson, l'aîné des deux fils, que son père, par testament olographe du 5 novembre 1813, avait avantagé d'un quart, fut donné tout le domaine d'Ardenne estimé alors 120.000 fr.; 2º à Mlle Ernestine de Terrasson, la maison d'Angoulême, plus des capitaux; 3º à M. Amédée de Terrasson, des titres de rente et autres valeurs.

1. *État civil de Moulidars*.
2. Villemort, canton de Saint-Savin-sur-Gartempe, arrondissement de Montmorillon (Vienne).
3. *Papiers de famille :* brevet.
4. *Pièces justificatives*, nº L.

CHARLES-MARIE-CYPRIEN-GABRIEL DE TERRASSON était né à Angoulême le 11 mai 1808. Il se rappelait toujours avec bonheur et reconnaissance, avoir fait ses premières études chez l'abbé Dussouchet, alors curé de la paroisse de La Couronne. Il entra, comme nous l'avons dit, à Pontlevoy, et de là à Saint-Cyr, puis à l'Ecole de cavalerie de Saumur. Sorti sous-lieutenant en 1830, il passa lieutenant au 3e chasseurs, qui devint bientôt le 3e lanciers. Le 7 septembre 1835 M. de Terrasson épousa mademoiselle ADÉLAÏDE-FRANÇOISE BORROS DE GAMANSON, fille de M. Joseph Borros de Gamanson et de dame Caroline de Lestrange, demeurant au château de Parcoul (Dordogne). Aussitôt après son mariage, le 5 octobre, il donna sa démission et quitta le service.

La vie de M. de Terrasson, à partir de ce moment, s'écoula partagée entre ses devoirs de père de famille, le soin de son domaine d'Ardenne, et les relations de bonne amitié qu'il entretenait avec les familles de son rang, lesquelles allaient de plus en plus se raréfiant dans le voisinage. Il n'eut de son mariage que des filles. L'aînée épousa M. Pierre-Henri Martin de La Bastide, capitaine d'infanterie, et eut deux fils. La cadette fut mariée à M. Marie-Olivier-Emmanuel Hunault de La Chevallerie, lieutenant au 1er chasseurs d'Afrique. Devenue veuve peu après et n'ayant pas d'enfants, elle est entrée au Carmel du Dorat. La plus jeune a épousé M. le comte Conrad-Romain-Marie Le François des Courtis de Montchal, capitaine de hussards; ils ont une fille et deux garçons.

M. de Terrasson perdit au château d'Ardenne, le 19 février 1869, sa fille aînée, madame de La Bastide, et dès lors il dut entrevoir avec une tristesse résignée, le moment où il faudrait vendre l'antique domaine de famille. Quant à faire ce sacrifice de son vivant, on le lui proposa toujours en vain. Il lui fut offert jusqu'à 450,000 fr. à l'époque où les propriétés vignobles étaient à si haut prix; mais cette tentation le trouva toujours inébranlable. Comme un vieux comman-

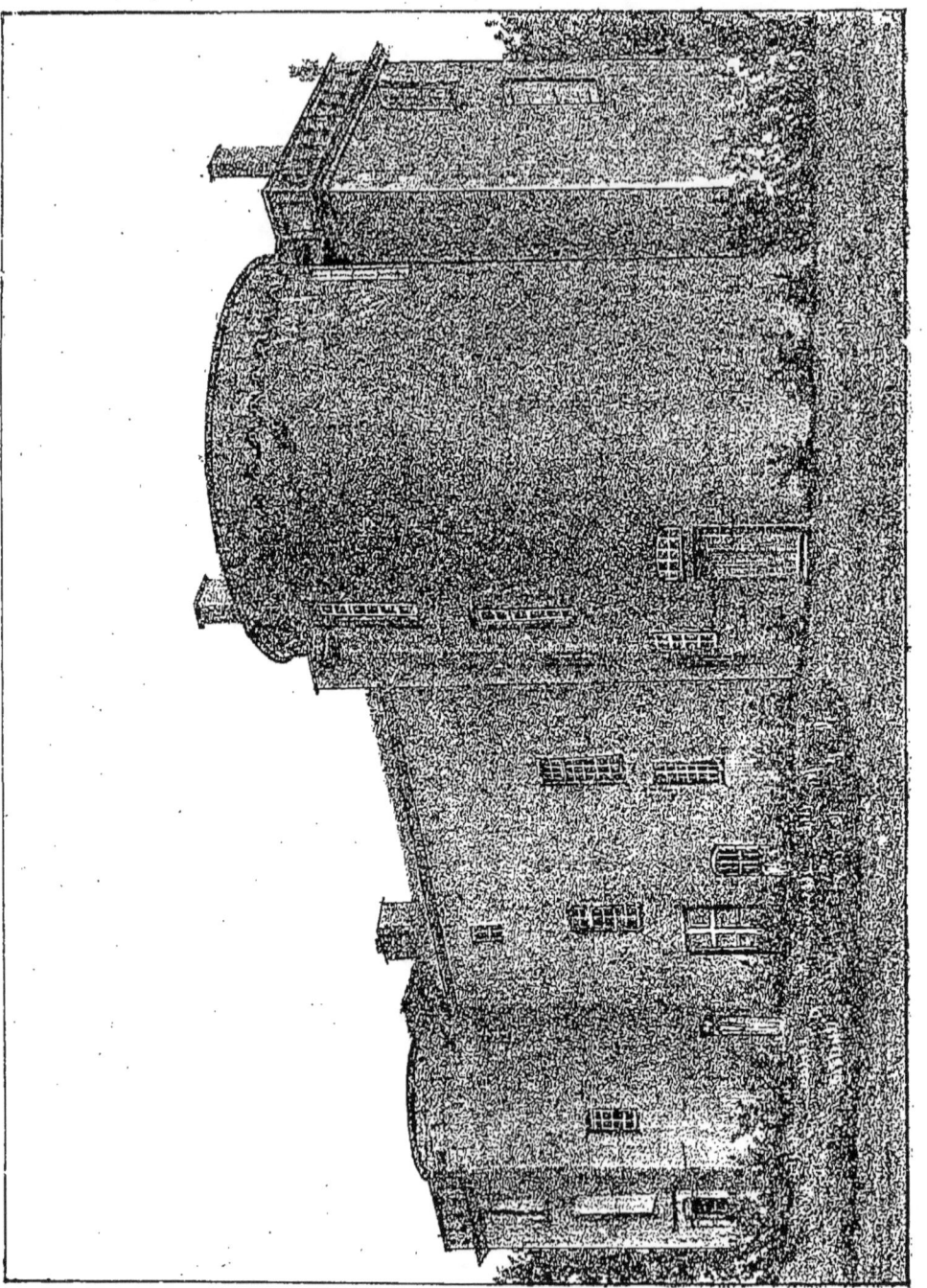

CHATEAU D'ARDENNE (CÔTÉ NORD)

D'après une Photographie de M^{gr}l'Abbé A. MONDON

dant de place, il s'était fait un point d'honneur de garder
jusqu'au bout l'héritage de ses pères, et il aurait consenti à
y manger du pain noir plutôt qu'à l'abandonner. Il semble
que Dieu ait voulu récompenser un sentiment aussi noble,
par une grâce toute providentielle. Chaque année, depuis
bien longtemps, M. de Terrasson allait, à l'époque de Pâques,
avec sa famille qui se réunissait à Périgueux ; mais en 1884,
toutes les instances échouèrent devant sa résolution bien
arrêtée de ne pas quitter Moulidars. « *C'est ici chez moi* »,
répondait-il aux siens qui lui représentaient qu'à Périgueux
il était tout à fait chez lui. Or, le 24 avril, après avoir ac-
compli en pleine santé le devoir de la communion pascale, il
fut frappé d'apoplexie, et le lendemain il mourut fidèle à ses
principes, à son Dieu, à son Roi[1], et à son cher Ardenne...

Qu'allait devenir cet antique manoir ? La Providence a
permis qu'un homme ayant fortune et bon goût, M. ELIE
PAULET, négociant à Barbezieux, se laissât charmer, chose
facile, par ce beau site et ces frais ombrages. Grâce à lui,
le château d'Ardenne, dégagé des vieilles constructions qui
l'étreignaient, est aujourd'hui une délicieuse maison de campagne. Ses murailles grises apparaissant au travers du
feuillage, rappellent seules son ancienneté neuf fois séculaire.

IX

LE CHATEAU D'ARDENNE

Pour ne pas interrompre le récit, nous avons différé de
parler des modifications successives par lesquelles a dû passer
le château d'Ardenne, dans le cours des siècles.

---

1. Les traditions de famille de M. de Terrasson, et aussi son caractère
personnel bien connu, l'avaient fait choisir comme président du Comité roya-
liste de la Charente. On a trouvé dans ses papiers des lettres de Frohsdorff,
qu'il conservait avec un soin jaloux.

La forteresse primitive élevée par Richard de Montbrun se composait de la tour occidentale, et peut-être d'un bâtiment y attenant, le tout construit sur une esplanade peu étendue, mais entourée de fossés profonds et de glacis. On y accédait au nord-est par un pont-levis. Rien de plus facile à déterminer que l'étendue de cette première fondation. L'esplanade était exactement la terrasse et les pelouses d'aujourd'hui. La balustrade qui entoure la terrasse a suivi le tracé du fossé au midi et à l'ouest, une belle allée d'arbres remplace celui du nord, et celui de l'est est encore très visiblement marqué à l'entrée du parc actuel.

En dehors de cette enceinte, la prise cédée par l'abbé de Saint-Cybard à Richard de Montbrun, comprenait encore : 1º au couchant, le jardin actuel et une portion du pré du Réservoir; de ce côté, la tour communiquait par une poterne avec le fossé, et de là avec la campagne; 2º au nord, le petit plateau qui durant très longtemps fut occupé par un bois futaie. C'était l'entrée du pont-levis [1].

Telle a été la forteresse d'Ardenne du XIIᵉ au XVIᵉ siècle, ce que nous appellerons son époque militaire, sur laquelle d'ailleurs nous ne possédons d'autres documents que les dénombrements cités. Au XVIᵉ siècle, les Nourrigier élevèrent la seconde tour à l'est, et les deux, reliées par un corps de logis à pignon aigu, furent surmontées de toits en poivrières, avec parapets crénelés et ornés de trèfles. Il n'y avait qu'un

---

1. La charte de 1117 donne à la prise d'Ardenne une étendue de 2 à 3 setiers, c'est-à-dire le terrain qu'on pouvait ensemencer avec 2 à 3 setiers de blé. Or, le setier, après l'an 1100, étant la 12ᵉ partie du muid, et le muid valant alors 15 hectolitres 12 litres environ (Chéruel, *Dictionnaire historique*, p. 778), le 12ᵉ était de 1 hectolitre 26. En supposant un hectolitre de blé par hectare de terrain, 2 à 3 setiers ensemenceraient 2 hectares 52 ares à 3 hectares 78 ares, ou 8 à 11 journaux, mesure de Châteauneuf. Le dénombrement du 12 novembre 1633 évalue le *renclos* d'Ardenne à 18 ou 20 journaux (à cause de La Tour-Blanche et de ses dépendances), entourés de murailles ou de fossés.

seul étage au-dessus du rez-de-chaussée, ce qui faisait dominer les tours. Le château perdait graduellement son caractère de citadelle, en même temps que quelques acquisitions successives formaient tout alentour un petit domaine [1].

C'est au XVIIe siècle que fut construite la gracieuse balustrade qui règne autour de la terrasse, très probablement par Jean-Louis Le Musnier. Après le partage de 1691, lorsque M. et madame d'Anqueville vinrent s'établir à Ardenne, ils rachetèrent l'ancien logis de La Tour-Blanche, avec son jardin, qu'un simple chemin séparait de la terrasse. Une fontaine qui s'y trouvait fut utilisée. Le nouveau propriétaire fit faire un escalier de pierre pour y descendre, ainsi qu'un souterrain voûté partant de là, et conduisant l'eau dans le grand jardin du château. En même temps, il fit transformer l'ancien jardin de La Tour-Blanche en parterre, avec une allée bordée d'arbres, au milieu. Cette allée ne sortait point au-dehors; l'issue du château vers l'église était un petit chemin partant du pied de la vieille tour, et allant déboucher sur la voie publique, à l'angle ouest du cimetière. M. d'Anqueville acquit alors du voisin le terrain suffisant pour la prolongation de son allée, et céda en échange l'ancien chemin qui lui devenait inutile. Mais

---

1. Donnons une mention spéciale au terrain qui forme aujourd'hui le Parc du château. Ce terrain, appelé jadis *Les Treilles* de l'église, appartenait au Doyen. Il longeait le fossé d'Ardenne, dont il n'était séparé que par un chemin allant droit du bourg au Cluzeau. Le 23 janvier 1564, le doyen d'Angoulême, avec la permission du pape et du roi, vendit à Louis Michaud, sieur de Rochefort *, toutes les rentes qu'il possédait en Moulidars (au nombre desquelles était la terre en question), au devoir de 12 deniers d'hommage. Cet hommage fut rendu le 15 février 1638, par Jacob Michaud de Rochefort. Le 21 janvier 1668, Hippolyte de La Place acquit du sieur Jacques Barreau, « *potier d'étain* », donataire dudit Michaud de Rochefort, lesdites rentes et ladite pièce. Anne Le Musnier rendit l'hommage le 21 septembre 1696, et le mémoire de 1755 dit bien que cette terre relève du Doyen.

* Paroisses de Soyaux et de Puymoyen, près d'Angoulême.

ce nouveau passage longeait d'un bout à l'autre le presbytère qu'on ne pouvait déplacer, ce qui explique la légère déviation qui se voit au point de jonction [1].

Il y avait encore, ainsi qu'il a été dit plus haut, un chemin public qui, arrivant de l'ancien logis de La Cour, passait entre la terrasse d'Ardenne et le jardin de La Tour Blanche, pour aller sortir plus loin dans la campagne. Pierre Méhée, devenu possesseur reconnu du château, au partage de 1717, ferma immédiatement ce chemin, en bas par un mur de clôture, et en haut par un portail où on lit encore le millésime 1717. Ensuite, il fit successivement bâtir les écuries et servitudes avoisinantes dans les dépendances de La Tour-Blanche, creuser le grand bassin circulaire du jardin, construire la fuie, rivale de celle de La Cour, possédée alors par son frère, l'abbé Méhée d'Anqueville, etc.

M. Cyprien-Gabriel de Terrasson fit faire à son tour d'importantes restaurations, dès 1784. Le corps de logis fut élevé d'un étage et couronné d'une italienne dans le goût de l'époque; la grande charmille et l'allée des Noyers plantées en partie; le parc entouré de murs, et joint immédiatement au château par la suppression définitive d'un sentier, dernier vestige de l'ancien chemin qui les séparait autrefois. La vieille forteresse avait fait céder partout son étroite enceinte, et en s'étendant pacifiquement au dehors, était devenue progressivement une maison d'exploitation agricole. Cérès avait chassé Mars de son repaire.

En 1814, M. René de Terrasson, devenu propriétaire du château, se hâta de faire raser les poivrières, et abattre les parapets crénelés qui couronnaient les tours: changement sérieusement motivé peut-être, mais à coup sûr désastreux au point de vue artistique, et qui donna à ces pauvres tours l'aspect disgracieux et humilié qu'elles ont

---

1. Une large avenue, établie en grande partie sur le terrain qu'occupait l'ancien presbytère, vient de remplacer cet étroit couloir (mai-juin 1888).

gardé depuis. C'est encore M. René de Terrasson qui, en 1818, fit dans l'ancien jardin de La Tour-Blanche, la belle plantation d'arbres qu'on nomme le *Quinconce*. La magnifique allée qui remplace l'ancien fossé au nord est aussi de lui. Dans ces circonstances son goût l'a mieux servi que dans la première.

M. Charles de Terrasson, le dernier décédé, a prolongé la grande charmille jusqu'au chemin d'Hiersac, et en a fait ainsi une très belle promenade. Mais ce dont il s'est surtout préoccupé, c'est du domaine utile, s'appliquant à cultiver sa propriété, à l'améliorer, à lui faire produire ces excellents vins récompensés à nos expositions agricoles, et ces eaux-de-vie qui ont fait longtemps la réputation et le bien-être de notre pays charentais.

M. de Terrasson avait cependant fait dresser le plan d'une restauration importante de son château. Mais la mort de sa fille aînée, la guerre de 1870, le phylloxéra, puis son âge avancé et surtout la certitude de l'aliénation future de son domaine, tout cela fit que le plan demeura toujours à l'état de projet. C'est ce même plan, paraît-il, que le nouveau propriétaire d'Ardenne a fait exécuter, à peu de chose près, en démolissant toutes les vieilles constructions qui resserraient le château, et en métamorphosant l'ancienne cour en un véritable jardin vert.

LISTE CHRONOLOGIQUE
DES POSSESSEURS DU CHATEAU D'ARDENNE [1].

.... 1117 Richard de Montbrun.

. . . .

.... 1349 Guy d'Ardenne.

---

1. Les dates extrêmes avant le XVIIᵉ siècle ne sont pas toutes, on le conçoit, d'une rigoureuse précision. Elles sont établies soit sur les aveux et dénombrements, soit, à défaut de ces pièces, sur des documents aussi rap-

1443-1447 Regnauld de Lousme.
1447-1480 Jean de Lousme.
1480-1482 Georges Victor.
1482-1491 Claud Nourrigier.
1491-1520 François du Nourrigier
1520-1554 Louis du Nourrigier.
1554-1566 Jean du Nourrigier.
1566-1598 Pierre du Nourrigier.
1598-1605 Isaac Méhée.
1605-1608 François des Ages.
1608 François de La Rochefoucauld.
1608-1622 Raymond de Forgues.
1622-1633 Catherine Redon (veuve).
1633-1646 Hippolyte de La Place (veuve).
1646-1691 Jean-Louis Le Musnier.
1691-1713 René Méhée d'Anqueville.
1713-1760 Pierre Méhée d'Ardenne.
1760-1765 Claude Méhée de Malvoisine.
1765-1783 Cyprien-Gabriel Méhée d'Anqueville.
1783-1813 Cyprien-Gabriel de Terrasson.
1813-1823 René-Cyprien-Gabriel de Terrasson.
1823-1831 Charlotte-Esther du Bouex de Villemort (Vve).
1831-1884 Charles-Marie-Cyprien-Gabriel de Terrasson.
1884-1885 Françoise-Adélaïde Borros de Gamanson (Vve).
1885 Elie Paulet.

X

FIEFS INCORPORÉS A ARDENNE

L'espace compris entre le château d'Ardenne et l'église de Moulidars, était autrefois occupé par trois fiefs ou logis

prochés que possible de la date vraie. A partir de 1598, les chiffres sont officiels, et tirés d'actes authentiques qui subsistent encore.

nobles, englobés plus tard dans les préclôtures d'Ardenne, savoir : Fontaillé, Auge et La Tour-Blanche. C'est ici le lieu de dire ce que nous en savons.

FONTAILLÉ [1]. — Le logis de Fontaillé ne subsiste plus depuis fort longtemps, et nous n'avons même aucun document s'y rapportant directement. Son existence et son emplacement nous sont connus par plusieurs pièces concernant les fiefs voisins. Il était situé sur la ligne de l'église au château, derrière les maisons qui bordent actuellement la place, et confrontait du nord au fossé dudit château, de l'ouest à l'ancien chemin de la Tour d'Ardenne à l'église, de l'est à la seigneurie de La Tour-Blanche, et enfin du midi à un chemin depuis longtemps détruit (il n'existait plus lors de l'enquête de 1751) [2], joignant par un bout le chemin actuel de La Cour à Moulidars, et allant par l'autre bout déboucher à la Fontaine Saint-Hippolyte. Cette dernière partie est encore très visiblement marquée par un terrier longeant le mur du jardin du château.

Tout semble indiquer que le terrain où s'élevait le logis de Fontaillé, ainsi que les maisons voisines, avait contribué, avec plusieurs fonds de terre aux alentours de l'église et du château d'Ardenne, à former la dotation du Doyen possesseur de l'église, lequel en aurait cédé une partie aux seigneurs de Moulidars, moyennant une rente annuelle, et sous l'hommage lige et le devoir d'une paire de gants blancs à muance de seigneur et de vassal [3]. Nous avons cherché vainement la charte de la donation faite au doyen d'Angoulême. Quoi qu'il en soit, Fontaillé appartenait au xve siècle à Louis Vigier, probablement un cadet de la famille des sei-

1. Dans quelques titres on lit *Fontenilhes* ou *Fontanilhes*. Les procès-verbaux et autres pièces touchant les préclôtures d'Ardenne, portent *Fontailler* et *Fontaillé*, comme ci-dessus.
2. Procès des Préclôtures.
3. Voir la Réception de l'hommage de Gabriel Dexmier, par le doyen Jacques de Saint-Gelais, *Pièces justificatives*, nº X.

gneurs de Moulidars, d'où il passa aux Dexmier. Christophe Dexmier, seigneur de La Tour-Blanche, Auge et partie de Moulidars, déclare avoir Fontaillé dans son domaine [1]. C'est lui ou ses enfants qui firent disparaître le logis, pour dégager celui de La Tour-Blanche, où ils faisaient leur demeure. A partir de ce moment, Fontaillé ne figure plus que comme fonds sujet à rente ou devoirs seigneuriaux, dans les reconnaissances et dénombrements fournis aux doyens d'Angoulême. C'est une dépendance de La Tour-Blanche.

AUGE. — En allant de l'église au château d'Ardenne, on trouve à gauche une vieille maison élevée sur une vaste cave voûtée du xiie siècle. C'est un reste de l'ancien logis d'Auge, ainsi nommé parce qu'il appartenait aux seigneurs d'Auge, au diocèse de Saintes [2]. Il relevait au xve siècle des Bompart, seigneurs de Puyrobert, qui possédaient aussi Barqueville en Châteauneuf, et sa mouvance s'étendait sur quatre paroisses : Moulidars, Hiersac, Saint-Simeux et Vibrac.

Nous trouvons comme possesseurs de ce fief : BERTRAND CHASTEIGNER, écuyer, seigneur d'Auge (28 mars 1438); THOMAS CHASTEIGNER (21 juin 1457, 17 mars 1474, etc.); PIERRE DE BOUSSAC, écuyer, comme mari de demoiselle Jeanne Chasteigner (14 mai 1500, 27 décembre 1506, 14 novembre 1513, etc.). Après lui nous voyons successivement Me PHILIPPE GRATEREAU, receveur de Châteauneuf, et GUILLAUME GELINARD, seigneur de Malaville [3]. Le 15 août 1566, Christophe Dexmier fournit aveu et dénombrement du fief d'Auge, comme ayant-droit des deux précédents, à messire Jean du Tillet, évêque de Meaux, seigneur de Puyrobert. L'hommage avait été rendu le 27 septembre 1560, par le même au même, alors évêque de Saint-Brieuc [4]. Nous con-

---

1. Dénombrement du 15 août 1556, rendu à Jean du Tillet (Voir plus bas).
2. *Auge*, commune du canton de Rouillac (Charente).
3. Commune du canton de Châteauneuf.
4. Frère de Louis du Tillet, archidiacre d'Angoulême et curé de Claix, chez qui Calvin se retira quelque temps (V. Bujeaud, *Chronique protest.*, p. 10).

naissons les autres : Pierre de Girard, comme mari de Jeanne Dexmier, puis Jacques Le Musnier. C'est vraisemblablement Jean-Louis Le Musnier qui aliéna le logis au XVIIe siècle, et depuis lors il a passé à différents possesseurs.

LA TOUR-BLANCHE. — Le nom de La Tour Blanche qui nous apparaît pour la première fois au XVe siècle, subsiste encore dans un plantier qui en dépendait jadis. La seigneurie s'étendait dans les paroisses de Moulidars, Saint-Simeux, Mosnac, Saint-Surin, Châteauneuf et Jurignac. Les Dexmier acquirent le logis au XVe siècle de JEAN DE LA FAIGNE, dit Pillorget, et le possédèrent, avec Auge et Fontaillé, jusqu'au moment où il passa lui aussi à Jacques Le Musnier, seigneur de Moulidars. Son fils Jean-Louis Le Musnier vendit, le 16 mars 1651, la maison de La Tour-Blanche à GUILLAUME CONDAN, notaire royal, et YOLANDE DE ROUFFIGNAC, sa femme. CHARLOTTE CONDAN, une de leurs héritières, en céda la plus grande partie, celle qui avoisinait le château d'Ardenne, à ANTOINE ANDRÉ, marchand, et MARGUERITE DE LA TOUR, sa femme, par acte du 3 juin 1689. Mais peu après, le 13 janvier 1692, M. et Mme d'Anqùeville en firent l'acquisition du même Antoine André, et étendirent ainsi de ce côté les dépendances de leur château. Il ne restait plus qu'une maison habitée par les Condan, qui passa ensuite à Jean Poussard, notaire royal, puis à sa fille Geneviève Poussard, mariée à M. Guillé, de Jarnac. Acquise par M. de Terrasson, dernier décédé, elle a été vendue peu de temps après sa mort, en 1884.

AUTRES FIEFS EN MOULIDARS

I

ROUFFIGNAC.

Le plus important de tous était Rouffignac dont il a été souvent parlé. Cette seigneurie relevait de l'abbaye de La Couronne; nous le savons par différents dénombrements au cours du XVIIe siècle. Dans celui du 20 janvier 1671, reçu D. Cladier, notaire à Angoulême, Jean-Louis Le Musnier avoue tenir son fief des abbé et religieux de La Couronne, à 40 sols de devoir noble chaque année, et s'engage à en fournir dénombrement à mutation de seigneur et de vassal.

La mouvance de Rouffignac s'étendait sur les paroisses de Moulidars, Saint-Simeux, Mosnac, Champmillon, Hiersac, Saint-Saturnin, Nersac, Saint-Surin, Eraville (Lajasson)[1].

Le château, situé à l'est de Moulidars, avait de l'importance, à s'en référer au dénombrement de Jacques Le Musnier, 5 mars 1620 : « *Item... mon hostel et seigneurie de Rouffignac, appartenances et deppendances, consistant tant bastimens, tours, guérites, machecoulis, créneaux, deffances, pourtaux, pont-levis, jardins, fuye, guerene, bois de haulte futaye, domaines, vignes, etc...* »

Au XVe siècle, on trouve souvent ensemble Rouffignac et Mos-

---

1. Hameau de la commune d'Eraville, canton de Châteauneuf.

nac. Henri Pelletan, écuyer, seigneur de Rouffignac, avait épousé une fille de Charlot de Mosnac, seigneur dudit lieu (17 novembre 1474, 6 juin 1483, etc.)[1]. Ils eurent pour gendre Henri de Cruc, écuyer (6 février 1491, etc.), d'où vinrent Jean de Cruc, prêtre, seigneur de Rouffignac et Mosnac (30 juin 1528), et Jacques de Cruc, écuyer, également seigneur de Rouffignac, Morsac et Mosnac (10 octobre 1541, 10 mars 1555, etc.). Une fille de ce dernier dut épouser Henri d'Ingrandes, écuyer, seigneur du Breuil de Bonneuil[2] (15 avril 1559, 28 janvier 1560, etc.), et lui porta Rouffignac. Leur fille, Marguerite d'Ingrandes, dame de Rouffignac et du Breuil, fut mariée à Jacques Dussault, fils de Girard Dussault, écuyer, seigneur de Birac[3] et de Villars-Marange[4], et de Claire Méhée. Jacques Dussault, seigneur de Rouffignac, mourut jeune, et testa le 25 octobre 1598[5], en faveur de son frère, Pierre Dussault, écuyer, sieur de Villars-Marange et de Vilhonneur[6], par son mariage du 12 septembre 1597[7] avec Christine de Chambes, fille de Pierre de Chambes, écuyer, seigneur de Vilhonneur, et de Catherine Tison. Pierre Dussault et ses cohéritiers vendirent, par contrat du 9 octobre 1602[8], les quatre cinquièmes de la seigneurie de Rouffignac[9] à François Le Musnier, écuyer, sieur

---

1. Nous mettons entre parenthèses les dates de quelques-unes des pièces où figurent les personnages que nous citons.

2. Bonneuil, canton de Châteauneuf (Charente).

3. Birac, commune du canton de Châteauneuf.

4. Hameau sur les limites des deux communes d'Echallat, canton d'Hiersac, et de Mérignac, canton de Jarnac. L'ancien logis, sur le territoire de cette dernière commune, passa au xviie siècle des Dussault aux La Charlonie. Il a été vendu en ces dernières années par M. Ernest Prévost du Las et sa femme, née de La Charlonie.

5. *Nadault*, IV, 149.

6. Commune du canton de La Rochefoucauld (Charente).

7. *Archives de la Charente*. J. Mousnier, notaire à Angoulême.

8. *Ibid*. J. Mousnier.

9. Nous présumons que l'autre cinquième appartenait à un Courrault, écuyer, qui avait épousé une Dussault, ainsi qu'il semble résulter d'un acte

dè Lartige. Ces cohéritiers étaient : 1º Jonathan Deroches, écuyer, sieur de Douzat [1], comme mari de Marguerite Dussault ; 2º Jean Montjon, écuyer, sieur du Petit-Chalonne [2], fils de Pierre Montjon, écuyer, sieur de Fléac, et de Marie Dubois, marié par contrat du 29 janvier 1583 [3] à Françoise Dussault, sœur de Pierre : elle était lors défunte et représentée par ses enfants ; 3º Jacques de Caillères, écuyer, sieur de Clérac et de Poulignac [4] en partie, fils de Jeanne Dussault, veuve de Charles de Caillères qu'elle avait épousé d'après Nadaud (I. 351), le 7 février 1566 *.

---

du 18 juillet 1573. (Voir aussi *Mosnac*). Les Courrault devinrent seigneurs de Birac.

1. Commune du canton d'Hiersac (Charente).

2. Commune de Fléac, canton d'Angoulême.

3. *Archives de la Charente*. Contrat reçu Jean Mousnier.

4. Clérac, commune du canton de Montguyon, arrondissement de Jonzac (Charente-Inférieure) ; Poulignac, probablement Polignac, commune du canton de Montlieu, arrondissement de Jonzac.

⁂. **Dussault.** — *Pierre Dussault*, écuyer, seigneur de La Baurie, paroisse de Birac, figure dans une baillette du 17 novembre 1474, avec sa femme Jeanne du Périer, veuve de noble homme Jean de Mosnac. Nous le retrouvons le 7 octobre 1483.

Jean Dussault, écuyer, seigneur de La Baurie, reçoit, à titre d'arrentement, des prés de noble homme François de Mosnac, écuyer, seigneur de Maillou, 10 juin 1484.

Hélie Dussault, écuyer, seigneur de Birac, fait une cession de rentes à Arnauld Jargilhon, marchand, d'Angoulême, 13 juin 1545 (Trigeau, notaire à Angoulême).

Girard Dussault, écuyer, seigneur de Birac et de Villars, épouse en 1556 Claire Méhée, fille de François et de Claire de La Guirande.

Pierre Dussault, écuyer, seigneur de Villars et de Vilhonneur, et sa femme Christine de Chambes, dame de Fougères et de Fouquebrune (J. Mousnier).

Antoine Dussault, écuyer, seigneur de Villars et de Vilhonneur, et sa femme Jeanne Bouchard d'Aubeterre, 21 février 1632 (H. Chérade, notaire à Angoulême).

Jean Dussault, écuyer, seigneur de Vilhonneur, et Marguerite de Haumont, sa femme, donnent baillette, 19 février 1671. (Guillaume Jeheu, notaire à Angoulême). (*)

François Dussault, leur fils et héritier, et sa femme, Anne Sauvo du Bousquet, 1713. Il était mort à la date du 10 novembre 1733 (P. Jeheu, no-

Jacques Le Musnier, fils de François, hérita de Rouffi-gnac, qu'il transmit à son fils Jean-Louis Le Musnier, sei-gneur de Moulidars. Le partage de 1691 donna cette terre, nous l'avons vu, à Catherine Le Musnier, mariée à Louis Le Musnier de Lartige, son cousin. Leur fils, Jacques-Louis Le Musnier, chevalier, seigneur de Lartige, habita Rouf-fignac et y mourut le 6 novembre 1749 ; après quoi il ap-partint à Louis Le Musnier, chevalier, seigneur de Raix, son fils, lieutenant général d'Angoumois, qui le posséda jusqu'à sa mort arrivée le 9 avril 1807.

M. de Raix n'ayant point d'enfants, ses biens passèrent à des neveux. Rouffignac fut vendu à M. Jean Puymoyen, no-taire à Hiersac, qui le garda quelques années. Ses héritiers le vendirent à leur tour, le 26 décembre 1843, au nommé Matignon, de Mérignac, dont les petits-enfants le possèdent actuellement. Le domaine, cela va sans dire, a été morcelé, et le château, complétement dénaturé, n'a conservé que son nom de *Logis* qu'on lui donne encore aujourd'hui.

II

BOISDERET

Cette terre appartenait au xvie siècle à la famille de La Porte de Luzignac, qui en possédait plusieurs autres aux environs. Nous trouvons SAMUEL DE LA PORTE, sieur du Bois-

---

taire à Angoulême). Villhonneur passa ensuite à Pierre de Labatud, écuyer, seigneur du Maine-Gagnaud (*Archives de la Charente*, E. 48).

' **Nadaud** (*loc. cit.*) donne encore Jean Dussault écuyer, seigneur de Vil-honneur, et Marie de Saint-Laurent, sa femme, dont François baptisé à Marthon le 11 mars 1674 ; et Charles Dussault, écuyer, seigneur de Vilhonneur, qui épousa le 16 février 1718, dans l'église de Montbron, demoiselle Charlotte de La Croix.

deret, marié à la date du 13 juillet 1592, avec demoiselle
Esther Méhée, fille de Georges Méhée, écuyer, seigneur de
La Leigne, paroisse de Sainte-Lheurine[1], et de Marguerite
Hubert. La dame du Boisderet était remariée en l'an 1600
à Léonor de Puyguyon, seigneur de Montagant[2].

Isaie de la Porte, sieur de Fleurac et du Boisderet, fils
de Samuel, paraît dans un acte du 25 mars 1620. Après
lui la terre du Boisderet fut acquise par la famille bourgeoise des Morpain, de Châteauneuf. Marguerite et Françoise
Morpain, sœurs, épousèrent deux frères, Jean et Pierre Navarre, marchands. Leurs descendants possédèrent longtemps
Le Boisderet et Le Cluzeau dont il sera parlé ci-après.

Jean Navarre et Marguerite Morpain eurent: 1º Pierre,
qui suit; 2º Jeanne Navarre, mariée à Gabriel Rondeau,
conseiller du roi, lieutenant général de police à Châteauneuf[3]. Marguerite Morpain fit son testament au château de
Châteauneuf, le 1er août 1715[4].

Pierre Navarre, sieur du Boisderet, fut baptisé à Moulidars le 15 novembre 1675, et eut pour parrain M. Pierre
Navarre, procureur au présidial d'Angoulème, son oncle, et
pour marraine demoiselle Marie Aigron de La Font[5]. Il
épousa, par contrat du 25 juin 1712[6], demoiselle Marie
Arnauld, fille de M. Mathurin Arnauld[7], bourgeois d'Angou-

---

1. Commune du canton d'Archiac, arrondissement de Jonzac (Charente-
Inférieure).

2. Esther Méhée paraît s'être mariée trois fois: 1º avec Jean de Pocquaire,
le 18 juin 1587, dont Pierre de Pocquaire, qui consent une obligation le
26 mars 1639 (Nadaud, III, 356); 2º et 3º avec Samuel de La Porte et Léonor de Puyguyon, ut suprà. — Montagant, commune de Mainxe, canton de
Segonzac (Charente).

3. Voir Angeac-Charente

4. Reçu Maurice Nouveau, notaire à Châteauneuf.

5. Registre de Moulidars.

6. Testament ci-dessus.

7. « Le six de mars mil sept cent vingt-un, a été enterré par moy sous-
signé, dans l'église, au devant du ban de M. de Boisderet, son gendre, le
sieur Mathurin Arnauld, mort le jour précédent au Boisderet, âgé d'environ

lême, et de demoiselle Jeanne Barreau, sa première femme [1]. Il acquit la terre de La Font [*], et fut longtemps maître de poste à Villars-Marange, fonctions qu'il tenait par brevet

---

soixante ans. Ont assisté à son enterrement les sieurs curés de Mérignac, de Douzat, d'Hiersac, de Saint-Simeux, de Vibrac, de Saint-Simon, le sieur Lépine, vicaire de Champmilon. Héraud, curé. » (*Registre de Moulidars*).

1. Il épousa en secondes noces Marie Pict, dont une fille, Jeanne, qui épousa, le 18 juillet 1717, Jacques Arnauld, avocat au Parlement, fils de Pierre Arnauld, conseiller du roi, garde-minutes de la chancellerie du présidial d'Angoulême, et de dame Catherine Chenevière. (*Archives de la Charente*, Pierre Jeheu, notaire à Angoulême).

*. **La Font**, ancienne dépendance de la seigneurie de Hautemoure en Saint-Simon, relevait de l'abbaye de Bassac. Elle fut acquise par François Aigron de Combizan, vice-sénéchal d'Aunis, Saintonge et Angoumois. Sa fille, Françoise, épousa, le 27 août 1647 (*Registre de Saint-Martial d'Angoulême*), Louis Bernard, écuyer, seigneur de Saint-Michel, conseiller du roi, lieutenant particulier au présidial d'Angoulême, d'où vinrent Clément Bernard, écuyer, sieur de La Font, et Jean Bernard, écuyer, sieur de Bigogne (métairie voisine et dépendante de La Font), prêtre et curé de Rancogne (canton de La Rochefoucauld). Ils partagèrent, le 21 avril 1694, l'héritage de leurs père et mère défunts (*Archives de la Charente*, Guillaume Jeheu). Clément Bernard épousa : 1° le 6 août 1681 (*Ib.*), Claude Arnauld, fille d'Alain Arnauld, l'un des écuyers de S. A. S. Mgr le prince de Condé, commandant la ville et le château de Châteauneuf, et de dame Jeanne de Poutignac ; 2° Diane Guibert, veuve de François de La Rochefoucauld, écuyer, sieur de Maumont (*Ibid.* Pierre Jeheu, acte du 4 avril 1720). Il n'eut de sa première femme qu'une fille, Jeanne, mariée à Louis-François de Lameth, comte de Bussy. Clément Bernard et sa fille vendirent La Font, par contrat du 5 mars 1715, reçu Chollet et Douilhet, notaires royaux, à Pierre Navarre nommé ci-dessus, qui en fournit aveu et dénombrement à Bassac, le 28 janvier 1717. Il avoue tenir son fief, partie de l'office de prévôté de l'abbaye, au devoir de 12 deniers, et l'autre partie de l'office de sacristie, au devoir d'un bréviaire à l'usage de Rome, de la valeur de 3 livres, à muance de seigneur et de vassal (*Archives de la Charente*, Maurice Nouveau, notaire à Châteauneuf). Cette dernière portion se compose de « la maison forte de ladite seigneurie de la Fond, renfermée de fossés avecq ponds-levis, la cour, chapelle, fuye, granges, etc., le tout contigu... ». La Font passa presque aussitôt (contrat de vente du 5 août 1718, reçu Douilhet) à Jean Fé, écuyer, sieur de Ségeville, conseiller du roi et lieutenant général au siège de Cognac. Jean Fé, fils du précédent et de Marie-Anne Dusault, également lieutenant général, épousa, le 19 août 1749, Marie-Louise-Ursule-Magdeleine Moucheteau, fille de Jean Moucheteau, seigneur de Richemont. Leur fille, Louise Marie-Anne-Catherine Fé, fut mariée, le 10 août 1773, à Jean-Philippe-André Guillet des Fontenelles, son

royal du 18 mars 1714 [1]. Il mourut en 1748 [2], et sa femme en 1766 [3].

PIERRE-MATHURIN NAVARRE, sieur du Boisderet, fils des précédents, né en 1731, épousa demoiselle MARIE NADAULT, fille de messire Charles-Antoine Nadault, écuyer, seigneur de Nouhère et autres lieux, et de demoiselle Françoise Guyot. Il mourut le 8 octobre 1809 [4], et sa femme le 1er juin 1817 [5], au Boisderet. De leur mariage vinrent plusieurs enfants, dont un garçon, André-Pierre Navarre, né le 5 février 1767 et mort le 3 septembre suivant [6]; et 3 filles, savoir : 1o Marie-Mélanie Navarre, baptisée le 16 janvier 1764. Son parrain fut M. Charles-Antoine Nadault, écuyer, seigneur de Nouhère et autres lieux, et sa marraine dame Marie-Marguerite-Mélanie Nadault, veuve de messire Alexandre de Paris, écuyer, seigneur du Couret et autres lieux [7] : elle ne paraît pas s'être mariée ; 2o Marie-Anne-Navarre, baptisée le 24 décembre 1769, eut pour parrain messire Philippe Nadault, sieur de Nouhère, garde du roi, son cousin, et pour marraine demoiselle Marie-Anne Navarre, sa tante [8]; 3o Marie-Anne-Marguerite Navarre, baptisée le 5 décembre 1770, tenue sur les

---

cousin germain, fils de Louis Guillet, écuyer, seigneur des Fontenelles, conseiller, avocat du roi au siège de Cognac, et d'Anne-Marie-Marthe Fé. Marie-Marguerite Guillet des Fontenelles, leur fille, épousa en premières noces M. Guyot du Repaire, et en secondes noces M. Robin, dont le fils, M. Jules Robin, est décédé il y a peu d'années. Le logis de La Font, nouvellement restauré, appartient aujourd'hui aux héritiers de M. Jules Robin.

1. *Archives de la Charente.* Inventaire de ses meubles, du 18 août 1748, par Frugier, notaire royal à Malaville.

2. « Le 6 août 1748, a été inhumé dans l'église, après avoir reçu les sacrements, M. Pierre Boisderet, âgé d'environ 72 ans. L'office a été fait par moy soubsigné, Radou, curé de Moulidars (*Registre paroissial*).

3. « Le 21 février 1766, a été enterrée dans l'église, près le ban de M. de Lartige, dans le cœur, après avoir reçu les sacrements, damoiselle Marie Arnauld, veufve du défunct M. Navarre de Boisderet, décédée au village du Boisderet, âgée de 72 ans. Radou, curé susdit. » (*Ibid.*)

4. 5. *Etat civil de Moulidars.* — Nouhère, commune d'Asnières, canton d'Hiersac.

6. 7. 8. *Registre paroissial de Moulidars.*

fonts du baptême par M. Jean Mallet, bourgeois, du Las, et sa femme, née Marie-Anne-Marguerite Barreau de Bois-levé [1].

De ces deux dernières, l'aînée épousa, le 25 janvier 1791 [2], M. Pierre de Jaubert, officier de marine, fils de Nicolas de Jaubert, écuyer, sieur de Valons, et de Marie-Antoinette Robert de Ferrachapt; la seconde fut unie, le 9 thermidor an IX (28 juillet 1801) [3], à M. Pierre-Sébastien Nadault de Nouhère, fils de Pierre-Marc Nadault de Nouhère et de Françoise Dubois de La Vergne. Tous habitèrent le Bois-deret.

M. de Jaubert émigra au mois de janvier 1792, et sa femme, afin d'échapper aux lois qui frappaient les émigrés et leurs biens, fit prononcer le divorce par l'officier de l'état civil, le 6 messidor an II (24 juin 1794) [4]. Elle alla néan-moins le rejoindre à l'étranger, car ils eurent un fils qui naquit à Hambourg le 17 germinal an VII (6 avril 1799), et qu'ils firent inscrire sur les registres de Moulidars, en même temps qu'ils contractèrent de nouveau mariage devant la loi, le 21 thermidor an X (9 août 1802) [5]. Chevalier de l'ordre de Saint-Louis et maire de Moulidars de 1807 à 1817, M. de Jaubert mourut au Boisderet le 2 septembre 1817 [6]. Il avait eu deux fils et une fille : 1º Adolphe-Constantin de Jaubert, l'aîné, né à Hambourg, comme il vient d'être dit: il entra dans la garde du roi et mourut à Paris le 29 décembre 1815, dans sa dix-septième année; 2º Marie-Anne-Marguerite-Odile de Jaubert, née au Boisderet le 24 germinal an XI (14 avril 1803) [7], mariée à M. Jean-François-Annet de La Charlonie, de Villars-Marange, et décédée le 1er septembre 1822, à l'âge de 19 ans [8]: elle a laissé une fille, aujourd'hui veuve de M. Ernest Prévost du Las; 3º Constantin-Pauly de Jaubert,

1. 2. *Registre paroissial de Moulidars.*
3. *Etat civil de la commune de Moulidars.*
4. 5. 6. 7. 8. *Etat civil de la commune de Moulidars.*

né au Boisderet le 12 janvier 1811 [1]. Devenu officier, il quitta plus tard le pays et alla se fixer à Saintes.

M. Nadault de Nouhère, d'autre part, mourut sans enfants, à 45 ans, au Boisderet, le 24 janvier 1820 [*] [2]. Sa veuve se

---

1. 2. *Etat civil de la commune de Moulidars.*

[*] **Nadault.** —Comme il a été très souvent question dans cet article des Nadault de Nouhère, nous donnons ici quelques notes généalogiques sur cette famille, d'après l'abbé Nadaud et ses continuateurs (t. IV, p. 477 et suiv.), et quelques autres documents.

Cette famille qui a produit le savant auteur que nous avons souvent l'occasion de citer, était originaire du Limousin. Une branche s'établit en Angoumois.

François Nadault, reçu pair de la Maison-de-Ville d'Angoulême, le 14 janvier 1611, eut pour fils :

Pierre Nadault, sieur de Puisec, paroisse de Garat, qui épousa Anne Desforges et mourut en 1685. Il fut père de

François Nadault, écuyer, seigneur de Nouhère, Neuillac et La Vergne, conseiller du roi au siège présidial, maire d'Angoulême en 1679. Il épousa, le 2 février 1674, Madeleine de Tours, décédée en 1738. Lui-même mourut le 30 avril 1699, et fut inhumé dans le chœur de l'église des Cordeliers (aujourd'hui de l'hôpital), à Angoulême. Il eut 2 fils et 2 filles : 1o Antoine, qui suit ; 2o Philippe Nadault, écuyer, seigneur de Neuillac, marié le 3 octobre 1705 avec Marie-Claire du Bourg, fille unique de Pierre du Bourg, seigneur de Porcheresse, maire et capitaine de la ville de Saintes en 1670, 71, 72 et 76, et de Mélanie de Meaux, d'où vinrent plusieurs enfants, entre autres Marguerite-Mélanie Nadault, qui fut mariée par contrat du 14 février 1722 [*], à Alexandre de Paris, chevalier, seigneur du Couret, Saint-Gervais [**], etc., fils de Jean de Paris, lieutenant général d'Angoulême, et de Madeleine Chérade ; 3o Marie-Thérèse Nadault, mariée en 1702 à Jean-Elie des Ruaux, écuyer, seigneur de Moussac, fils d'Elie des Ruaux, et d'Anne Fé. Leur fils aîné, Elie-Jean des Ruaux, comte de Rouffiac, épousa en 1732 Elisabeth Gandillaud, fille de Marc-René Gandillaud, sieur de Fontguyon, et de Julie Vigier, et en 1751 Marguerite Chérade ; Marie-Thérèse Nadault mourut à 62 ans, le 24 décembre 1747 [***] ; 4o Marie Nadault, mariée, le 21 avril 1701, à Jean Thomas, écuyer, seigneur de Bardines, conseiller au présidial, fils d'Antoine Thomas, écuyer, seigneur de Lézignac, et d'Anne Martin [****].

Antoine Nadault, écuyer, seigneur de Nouhère, épousa, le 29 juillet 1705 Marie Billocque, fille de Jean Billocque, conseiller du roi et son procureur en

---

[*]. *Archives de la Charente.* Reçu Pierre Jeheu, notaire à Angoulême.

[**]. Canton de Ruffec (Charente).

[***]. *Registres de la paroisse Saint-Antonin d'Angoulême.*

[****]. *Archives de la Charente,* série E., 521.

remaria à M. Hippolyte Broquisse, d'Angoulême, et continua d'habiter au Boisderet jusqu'à sa mort, arrivée le 18 septembre 1831[1]. Quant à madame de Jaubert, elle quitta la commune, et Le Boisderet fut vendu. Le logis et ses dépendances forment aujourd'hui plusieurs feux.

III

LE CLUZEAU

Dans les anciens titres et notamment dans les dénombrements des Amblard, il est question de plusieurs clos de

---

l'hôtel de ville et de police de Poitiers, et de N. Périgord, et eut 2 fils, Charles-Antoine et Antoine Nadault, mariés tous deux par contrat du même jour, 28 décembre 1740 *, ce dernier avec Marie Bellot, dont postérité.

Charles-Antoine Nadault, écuyer, seigneur de Nouhère, épousa Françoise Guyot, fille de Jacques Guyot, écuyer, seigneur de Lunesse, et de Marie-Anne Regnauld, et eut entre autres enfants : 1º Marie, mariée le 6 janvier 1763 à Pierre-Mathurin Navarre du Boisderet **; 2º Mélanie, mariée à Louis-François Thomas de Bardines.

Pierre-Marc Nadault de Nouhère, qui épousa, par contrat du 20 avril 1766, Marie-Françoise Dubois, fille de Pierre Dubois, écuyer, seigneur de La Vergne en Fléac, et de Marie-Françoise Salomon ***. Enfants : Pierre, qui suit, et Pierre-Sébastien Nadault, déjà connu.

Marc-Pierre Nadault de Nouhère, né à La Vergne le 3 mai 1772, épousa Marie Blay et eut :

François-Marc-Chéri Nadault de Nouhère, né à Nouhère en 1804, marié le 29 juin 1824 avec demoiselle Marie-Adèle Boudeaud, de Rochechouart, mort le 7 avril 1857. Ils eurent entre autres enfants :

Jean-Baptiste-Ernest Nadault de Nouhère, né à Rochechouart le 2 mai 1831, officier de cavalerie, commanda en 1870-71 les mobilisés de la Charente. Il épousa à Pons, en 1871, mademoiselle Louise-Marie Laurenceau. La terre de Nouhère a été vendue en 1867 par madame veuve Nadault de Nouhère, née Blay, et ses enfants ****.

1. *Etat civil de Moulidars.*

*. Reçu Dubois, notaire à Saint-Genis.

**. L'auteur ajoute : « *décédée avant 1769* »; mais cette assertion est erronée : ils eurent une fille en 1770, et la mère ne mourut qu'en 1817, ainsi qu'il résulte des registres de l'état civil cités plus haut, p. 80.

***. *Archives de la Charente.* Reçu Caillaud, notaire à Angoulême.

****. Les trois derniers alinéas sont entièrement empruntés aux continuateurs de l'abbé Nadaud.

terres situés au nord de Moulidars, d'où le nom de Cluzeau (*de Cluzellis* ou *Clauzellis)* donné au maine lui-même. Une de ces terres appartint auxdits Amblard : « *Item in uno clauso terrarum sitarum apud Clouzeau.....* » (Dénombrements de 1327), puis aux seigneurs de Moulidars. Au XVII⁰ siècle c'était une métairie noble relevant, avec ses dépendances, de Châteauneuf, Vibrac, Moulidars et l'abbaye de Saint-Cybard. Elle était alors possédée par la famille Nesmond, de Châteauneuf. JEANNE NESMOND porta Le Cluzeau à son mari JEAN NERBERT, fils de Jean Nerbert, marchand, et de défunte Catherine Baussier. Jean Nerbert, devenu veuf, épousa, le 17 mai 1655, CATHERINE MARIA, de Saint-Cybard d'Angoulême [1], fille de feu François Maria, bourgeois et marchand, d'Angoulême, et de Jeanne Gillibert [2], dont il eut plusieurs enfants, entre autres un fils, Jean Nerbert, baptisé le 6 mai 1657 [3], et qui eut pour parrain Jean Maria, sieur de Sainte-Marie, et pour marraine dame Marguerite Godin, femme de Martin Dubois, sieur de La Forêt [4]. Ce dernier ne tarda pas à devenir propriétaire du Cluzeau. En effet, Jean Nerbert étant mort en 1665 [5], ses biens furent vendus au présidial et acquis par lesdits MARTIN DUBOIS et MARGUERITE GODIN, sa femme, le 19 décembre 1671 [6]. Six ans après, le 22 mai 1677 [7], la métairie du Cluzeau, avec bâtiments, dépendances et colombier, fut acquise du sieur Dubois, pour la somme de 4,500 livres, par Pierre Navarre, procureur au présidial d'Angoulême, et Françoise Morpain, sa femme. Le contrat

---

1. *Registres paroissiaux de Moulidars.*

2. *Archives de la Charente.* Contrat du 26 avril 1655, reçu Lacaton, notaire royal à Angoulême.

3. *Registres paroissiaux de Moulidars.*

4. Probablement le hameau de La Forêt, près du Cluzeau et sur le territoire de la commune de Douzat.

5. *Registres paroissiaux de Moulidars.*

6. 7. *Arch. de la Char.* Guillaume Jeheu, notaire à Angoulême.

stipule le droit de banc et de sépulture dans l'église de Moulidars.

Pierre Navarre, écuyer, sieur du Cluzeau, Saint-Simon, Mareuil et autres lieux, que nous trouvons désigné sous les titres de conseiller du roi, élu et garde-scel en l'élection de Cognac, conseiller, puis échevin de la maison de ville d'Angoulême, fournit une carrière très longue. Il mourut au Cluzeau à 95 ans, et fut enterré le 4 octobre 1736 [1]. Sa femme était morte en 1717 [2].

Jean Navarre, écuyer, sieur du Cluzeau, conseiller du roi, magistrat au siège présidial d'Angoulême, fils des précédents, épousa demoiselle Thérèse Forgerit, fille de maître Clément Forgerit, procureur au présidial, et de dame Anne Corliec, sa seconde femme. Il mourut quelques années avant son père, en 1720, et eut, entre autres enfants : Clément, qui suit; Pierre, et plusieurs filles, dont l'une, Anne Navarre, mariée le 24 mai 1729 à maître André Arnaud, avocat au Parlement.

Clément Navarre, écuyer, sieur du Cluzeau, exerçait, dès 1739, l'importante charge de trésorier de France au bureau des finances de La Rochelle. Il mourut jeune encore, le 4 septembre 1758 [3]. De son mariage avec Thérèse Bergerat,

---

1. « L'an de grâce 1736, et le quatrième octobre, a été enterré dans l'église et lieu de ses sépultures, situées au commencement de la nefe, a main droite, Monsieur Pierre Navarre, décédé du jour précédent a la maison située au village du Cluzeau, après avoir reçu les sacrements. Il était âgé d'environ quatre-vingt-quinze ans. Messieurs Vacher, prieur d'Echalat; Jansein, curé de Champmilon; Bonvallet, curé d'Hiersac; Pinier, curé de Vibrac; Villamont, de Saint-Simeux; Vigier, prêtre, ont assistez à son enterrement. Brebion, curé de Moulidars ». (Reg. par.)

2. « Le 19 avril 1717, a esté inhumée dans l'église, dame Françoise Morpain, âgée de 74 ans, après avoir reçu les sacrements, morte au Cluzeau. F. Coulaud, curé de Moulidars. » (Ibid.)

3. « Le 5 septembre 1758, a été enterré sous son banc, dans l'église, par moy, prêtre, curé de Moulidars, en présence des soubsignez, après avoir reçu les sacrements, Monsieur Clément Navarre, président trésorier au bureau des finances de La Rochelle, décédé d'hier au village du Cluzeau,

il eut : 1º Pierre, qui suit; 2º André, né le 15 mars 1740 [1];
3º Jeanne-Anne Navarre, mariée le 9 août 1768 [2] à Jean
Valleteau de Chabrefy, écuyer, conseiller du roi, receveur
ancien des tailles de l'élection d'Angoulême, fils de messire
Jacques Valletcau de Chabrefy et de dame Marie Chaban.
Le mariage fut célébré dans la chapelle du Cluzeau, par
messire Clément Arnauld, docteur de Sorbonne, chanoine
théologal et vicaire général d'Angoulême, cousin de l'épouse.

PIERRE NAVARRE, écuyer, sieur du Cluzeau, né le 5 avril
1739 [3], remplit la même charge de trésorier au bureau de
La Rochelle. Il épousa à La Rochelle, le 7 juillet 1758,
demoiselle ELISABETH GOGUET, fille de Denis Goguet, trésorier
de France. Nous ne leur connaissons que trois filles :
1º Thérèse-Elisabeth-Sophie Navarre, décédée à l'âge de dix
ans et inhumée à Moulidars le 3 mai 1779 [4]; 2º Charlotte-
Bibiane Navarre, mariée le 4 mars 1790 à Etienne de Vassal, chevalier, seigneur de Saint-Sernin [5]; 3º Elisabeth-
Constance Navarre, mariée le 11 février 1791 à André Arnauld de Ronsenac, fils de Pierre Arnauld de Ronsenac,
ci-devant procureur du roi au présidial, et de dame Anne
de Sarlandie : ledit mariage célébré dans la chapelle de
Saint-Clément de l'évêché d'Angoulême : M. Navarre, le père,
alors veuf, était présent [6].

C'est de cette famille Navarre que Le Cluzeau fut acheté
par M. Louis Fèvre, médecin[7], fils de Jacques Fèvre, notaire,
et de demoiselle Magdeleine Fèvre, d'Orlut, paroisse de

âgé de 46 ans. Ont assisté à l'enterrement : Messieurs les curez de Mérignac,
d'Anjac, de Vibrac, de Courbillac, de Triac, de Saint-Saturnin, de Douzac.
Radou, curé de Moulidars. »

1. *Reg. de Saint-Cybard d'Angoulême.*
2. *Reg. par. de Moulidars.*
3. *Reg. de Saint-Cybard* d'Angoulême.
4. *Reg. par. de Moulidars,* au greffe d'Angoulême.
5. *Reg. par. de Saint-Antonin d'Angoulême.*
6. *Reg. par. de Saint-Cybard d'Angoulême.*
7. Il était frère de Pierre Fèvre qui devint curé de Moulidars.

Mérignac, marié à demoiselle Magdeleine-Elisabeth Tabuteau, de Balzac, paroisse de Nonaville. Leur fils, M. André-Emile Fèvre, a laissé trois fils de son mariage avec mademoiselle Elisabeth-Laure Petit. Il fut maire de Moulidars de 1843 à 1846, année où il vendit Le Cluzeau et alla habiter Angoulême. Le logis et ses dépendances sont actuellement partagés entre plusieurs propriétaires.

IV

LE LAS

Il y avait au XVIᵉ siècle à Angoulême une famille bourgeoise du nom de Jargilhon, à laquelle appartenaient: Arnaud Jargilhon, marchand, qui possédait des terres en Moulidars, et transigea le 8 juin 1592 avec Jean Gratreaud, son métayer, au village des Claveaux, de cette paroisse; Guillemine Jargilhon, femme de François Redon, écuyer, sieur de Neuillac, dont la fille, Catherine Redon, épousa Raymond de Forgues, baron de La Rochechandry, et devint dame d'Ardenne, par l'acquisition dont nous avons parlé (p. 33); messire Philippe Jargilhon, curé de Saint-André d'Angoulême durant la première partie du XVIIᵉ siècle jusqu'en 1633; Etienne Jargilhon, avocat à Angoulême et procureur au présidial, son frère; enfin, Catherine Jargilhon, mariée à Jean Gandobert, marchand, à la date du 22 février 1622.

ANDRÉ JARGILHON, sieur du Las ou du Lac, en Moulidars, né en 1628, épousa MARGUERITE HILLAYRET, d'une famille bourgeoise du pays, et eut trois fils: Roger [1], Etienne [2] et Jac-

---

1. Baptisé le 10 août 1665. « Parrain, Roger Hillayret, conseiller du roy et son eslu en l'élection de Cognac; marraine, dame Marguerite Baratteau. » (*Reg. par. de Moulidars*).

2. Baptisé le 12 octobre 1666. « Il a esté présenté sur les fonts de

ques Jargilhon [1], sieur des Claveaux, tous très jeunes à la mort de leur mère, qui décéda à 24 ans, et fut enterrée, le 18 mars 1670, dans l'église de Moulidars [2]. Son mari lui survécut 47 ans: il mourut à l'âge de 89 ans au logis du Las, et fut aussi inhumé dans l'église, dans la chapelle du clocher, le 4 juillet 1717 [3]. Son successeur, ROGER JARGILHON, épousa MAGDELEINE ANDRÉ, de Moulidars, et eut une fille, Marguerite, mariée le 10 février 1722 à M. PHILIPPE BARREAU, sieur

---

baptême par Jacques Hillayret, sieur de Saint-Hillayre, pour et au nom de dom Estienne Hillayret, prieur claustral de l'abbaye de Bassac, nommé parain. A esté marcinne damoizelle Marie Laisné, veufve de feu Roger Hillayret, conseiller du Roy, et eslu à Cognac. » (*Ibid.*)

1. Nous n'avons pas son acte de baptême; voici l'acte de sépulture : « Le septiesme avril 1718, a esté inhumé dans la chapelle du clocher, Jacques Jargilhon, sieur des Claveaux; laditte sépulture donnée à luy come au feu sieur André Jargilhon, son père, par pure concession, sans qu'eux ni leurs familles puissent y prétendre aucun droit, et sans préjudicier à mes successeurs, la chapelle relevant des sieurs curés. A assisté à son enterrement monsieur Durand, curé de Saint-Simon. Ledit enterrement fait par moy curé soubsigné.

» Durand, curé de Saint-Simon; F. Coulaud, p., curé de Moulidars. » (*Ibid.*)

2. « Le dix-huitiesme may mil six cents soixante-dix, a esté enterrée dans la chappelle du clocher de l'églize de Moulidars, sans y avoir droict, mais par grâce de concession que Monsieur de Moulidars, qui prétend ladicte chappelle lui appartenir, en a faict au sieur André Jargilhon, Marguerite Hylayret, sa femme, aagée d'environ vingt-quatre ans, après avoir ressu les sacrements par moi soubzsigné; et acte passé de laditte concession par Condan, notaire royal, signé Bodet, aussy notaire royal, et consenty par moy aussy, sans faire prejudice à l'églize ni à nos successeurs.

» A. Mazuel, prêtre, curé susdit. » (*Ibid.*)

3. « Le 4me juillet 1717, a esté inhumé dans l'église, dans la chapelle du clocher, sous la fenestre du jardin, loin d'un pied et demi du mur, André Jargilhon, sieur du Las, agé de 89 ans moins deux mois, après avoir reçu les sacrements. Je luy ay accordé laditte sépulture a sa demande au lit de la mort, ni luy ni aucun autre qui soit venu à ma connoissance ny ayan jamais eu de droit dans laditte chapelle. J'ay esté assisté à son enterrement de Messieurs Janssin, curé de Champmilon, Jalet, curé de Merignat, et Brousset, curé de Triac. F. Coulaud, c. de Moulidars. » (*Reg. par. de Moulidars*).

de Boislevé, d'une famille bourgeoise de la paroisse de Saint-Martial d'Angoulême [1].

Marie-Anne-Marguerite Barreau, une de leurs filles, épousa vers 1758 M. Jean Mallet, notaire, de Villars-Marange, fils de François Mallet et de Jeanne Guillemain. Marie Mallet, une de leurs filles, fut mariée le 7 février 1791 à M. Guillaume Jacques de Lanauve, l'un des administrateurs du district d'Angoulême, commandant de la garde nationale de Rougnac, fils de Léonard Jacques, sieur de Lanauve, bourgeois, et de défunte demoiselle Marie Fondou(?), demeurant à Lavalette. Le mariage béni dans l'église de Moulidars par M. Pierre Jacques de Lanauve, curé de Prigonrieux en Périgord [2], en présence de M. de Prémont, curé de Moulidars [3]. Une autre fille, Elisabeth Mallet, épousa, le 7 brumaire an VI (28 octobre 1797), M. Pierre-Jean Mallet-Desrivières, fils de Pierre Mallet, notaire à Saint-Amant-de-Boixe, et d'Elisabeth Paponnet. De là vinrent plusieurs enfants : 1o Jean Mallet, né au Las le 21 brumaire an XIII (12 novembre 1804) : ordonné prêtre en 1833, il exerça quelque temps le ministère à Angoulême, puis se retira à la Trappe de la Meilleraye [4], où il est mort il y a peu d'années; 2o Marie-Anne-Marguerite Mallet, mariée le 8 février 1816 [5] à M. Pierre-Jean Amiaud-Sauvignon, de Saint-Amant-de-Boixe; 3o Marie Mallet, qui épousa, le 21 juillet 1818 [6], M. Jean Rullier-Desfontaines, d'Orlut, commune de Mérignac; 4o Elisabeth Mallet, qui demeura avec son père.

M. Mallet ne sut pas conserver son patrimoine. Le Las fut vendu de son vivant, et lui-même se retira avec sa fille dans une petite maison au village de Malvieille, où il est mort le 1er septembre 1840 [7].

---

1. *Registre paroissial de Moulidars.*
2. Canton de Laforce, arrondissement de Bergerac (Dordogne).
3. *Reg. de Moulidars*, au greffe d'Angoulême.
4. Canton de Moisdon, arrondissement de Châteaubriant (Loire-Inférieure).
5. 6. 7. *État civil de Moulidars.*

Le logis du Las est aujourd'hui partagé en deux, et le domaine divisé entre plusieurs propriétaires.

V

CESSEAU

C'était une terre importante qui appartenait au XVIIe siècle aux Lambert, qualifiés écuyers, sieurs de Cesseau, de L'Essart, du Parc, etc., subdivisons du domaine patrimonial.

PIERRE LAMBERT, écuyer, sieur de Cesseau, premier lieutenant de M. le vice-sénéchal d'Angoumois [1], était contemporain de Jacques Le Musnier, seigneur de Moulidars. Il est souvent question de lui dans les papiers de cette époque. Il mourut en 1649, et fut inhumé dans l'église de Moulidars le 19 février [2]. Pierre Lambert paraît avoir eu de JEANNE DU NOURRIGIER, son épouse : 1o François Lambert, écuyer, sieur de Cesseau, lieutenant du vice-sénéchal d'Angoumois, qui épousa Louise de La Couture, de Cognac ; 2o Jean Lambert, sieur de L'Essart, marié le 10 février 1649 avec demoiselle Anne Baratte, d'Angoulème, dont un fils, Jean Lambert, que nous trouvons comme parrain à Bassac en 1729 ; 3o Arthémy Lambert, sieur du Parc de Cesseau, qui eut plusieurs enfants, entre autres Pierre Lambert, sieur de Cesseau, enterré dans l'église le 10 octobre 1717 [3].

FRANÇOIS LAMBERT et LOUISE DE LA COUTURE eurent une dizaine d'enfants nés la plupart à Angoulème, notamment François, sieur de Cesseau, marié à Marie Aigron, fille de Pierre Aigron, écuyer, sieur de Combizan et de Saint-Simon, et de Marie de Girard, dont il eut Pierre Lambert, chanoine d'Angoulème ; Anne, mariée à Pierre Douilhet, notaire

---

1. Il avait acquis cette charge par la résignation de Pierre Villate, le 17 mai 1611. (*Arch. de la Char.* Mousnier, notaire à Angoulème).
2. 3. *Reg. par. de Moulidars.*

royal à Bassac; autre Anne, qui épousa Zacharie Cosma, sieur de Montours en Nercillac [1].

La famille Lambert de Cesseau disparut du pays à la suite de ses diverses alliances, et ses terres furent aliénées. Une portion fut achetée en 1730 par Antoine Prévost du Las, de Pierre Douilhet et Zacharie Cosma. L'autre portion qui constituait encore un domaine important, vendue d'abord à un sieur Giraud [2], fut acquise judiciairement, en 1780, par M. PIERRE MALLET, avocat, frère aîné de M. Mallet-Desrivières, du Las, dont nous avons déjà parlé, qui avait épousé mademoiselle de Chancel, sœur de M. Ausone de Chancel, magistrat distingué d'Angoulême. Il exerça diverses fonctions publiques : accusateur près le tribunal criminel d'Angoulême, maire de cette ville, procureur général à Angoulême, enfin conseiller à la cour royale de Bordeaux, charge dans laquelle il est mort en 1818 [3]. Sa fille, MARIE-JOSÉPHINE MALLET, fut mariée à M. JEAN-JACQUES DAVIAUD, président du tribunal de Barbezieux, puis conseiller à la cour de Bordeaux, décédé le 4 juin 1839. Cette dame vendit en 1845 le domaine de Cesseau à des spéculateurs qui le morcelèrent encore. La portion principale appartient aujourd'hui à M. Giraudeau.

VI

LIGNOLLES

L'ancien logis que l'on voit encore au village de Lignolles, appartenait au XVIIe siècle à la famille bourgeoise des Thomas

---

1. Canton de Jarnac, arrondissement de Cognac.

2. Dans une note de M. Cyprien-Gabriel de Terrasson nous lisons : « J'ai reçu tant pour moi que pour mes cohéritiers, de M. Mallet, avocat, de Cesseau, acquéreur des biens de M. Giraud, la somme de... pour arrérages de rentes. Ardenne, 18 février 1785. »

3. Voir *Les victimes de la Terreur du département de la Charente*, par

de La Croisade [1]. Paul Thomas, sieur de La Croisade, eut pour femme Guillemette Dexmier, de Vibrac, d'où vinrent un grand nombre d'enfants, de 1665 à 1675, entre autres Joseph Thomas, sieur du Petit-Villars [2], qui succéda à Pierre Dexmier dans la charge de procureur fiscal de Vibrac. Il eut pour femme Catherine Rullier [3]. Une de leurs filles, Antoinette Thomas, épousa son parent, Pierre Rullier. Leurs biens furent vendus au présidial, le 14 août 1761, à plusieurs acquéreurs, dont le principal fut Jean-Baptiste Tabuteau, procureur au présidial d'Angoulême, d'une famille bourgeoise du pays. Ses enfants possédèrent cette demeure après lui. Pierre Tabuteau, un de ses fils, notaire, y mourut célibataire, le 4 mai 1826. Les 3 filles ne se marièrent pas non plus. L'une devint religieuse de Sainte-Marthe, et les deux autres continuèrent d'habiter Lignolles, qui, après la mort de l'une d'elles, en 1835, fut vendu par M. Emile Fèvre, leur héritier testamentaire. Cette maison appartient actuellement à la famille Labrousse.

VII

LES PANNETIERS

Vers le milieu du xviie siècle, on trouve à Echallat et aux environs la famille bourgeoise des Prévost, dont les diffé-

le docteur Gigon, Angoulême, 1866; et *Quelques observations sur l'ouvrage de M. le docteur Gigon*, par M. Daviaud, juge de paix du 2e arrondissement de Bordeaux, Bordeaux, 1867.

1. 2. La Croisade et Le Petit-Villars, deux mas en Moulidars, non loin de Lignolles. Le même Paul Thomas de La Croisade, dans l'acte de baptême d'une de ses filles, du 29 septembre 1675, est dit demeurant en la paroisse de La Couronne. Cette famille y subsiste encore aujourd'hui.

3. Famille bourgeoise de la contrée, divisée en une multitude de branches : Rullier de Fontbrune, de La Ménarderie, des Bergerons, du Maine-Joliet, d'Orlut, du Pérat, des Fontaines, Rullier-Boisvert, Boisnoir, etc.

rents membres apparaissent avec des surnoms de fiefs, suivant l'usage universellement répandu à cette époque : Prévost, sieur de Grandpré, de Grandchamp, du Marquisat, de La Vigerie, du Las, etc. [1]

ANTOINE PRÉVOST, sieur du Las, fils d'Antoine Prévost, sieur du Maine-Dupuy, de la paroisse de Douzat, et de dame Anne Guillaud, épousa, le 1er avril 1710, MARIE CALLUAUD, fille de Philippe Calluaud, juge de la châtellenie de Vibrac, et de Marguerite Fontenaille, de la ville de Châteauneuf [2]. Ils s'établirent au village des Pannetiers, paroisse de Moulidars, et eurent une très nombreuse famille de 1711 à 1725. Ils y moururent : le mari, le 14 mai 1749 ; la femme, le 13 septembre 1753 [3]. Un de leurs fils, Pierre Prévost du Las, fut prêtre et curé de Courcerac [4], puis de Vibrac. Un autre, Philippe Prévost de La Vigerie, était curé de Courbillac [5] depuis longtemps, au moment de la Révolution. Incarcéré à Angoulême le 22 thermidor an II (9 août 1794) [6], puis mis en liberté, il se retira dans sa famille, à Moulidars, où il mourut en 1809 [7]. Une branche de cette nombreuse famille alla aussi s'établir aux environs de Ruffec.

Antoine Prévost du Las, conseiller du roi, autre fils d'Antoine et de Marie Calluaud, eut pour femme Louise Veillon, et pour fils Pierre-Antoine Prévost du Las, bachelier en droit, qui épousa, le 17 janvier 1781, demoiselle Rose Marchais, fille de Pierre Marchais, sieur de La Berge, maire d'Angoulême, et de dame Anne Devars. Le mariage fut

---

1. *Registres paroissiaux d'Echallat, Douzat, Moulidars*, etc.
2. *Archives de la Charente.* Contrat reçu Bazagier, notaire à Châteauneuf.
3. *Registres de Moulidars.*
4. Courcerac, commune du canton de Matha, arrondissement de Saint-Jean d'Angély (Charente-Inférieure). Voir *Vibrac*.
5. Commune du canton de Rouillac.
6. *Archives de la Charente.* Biens nationaux, Moulidars.
7. *État civil de Moulidars.*

célébré dans l'église de N.-D. de la Pesne, par dom Prévost du Las, sous-prieur de Saint-Maixent [1]. Cinq ans après, le 30 juillet 1786 [2], le mari mourait veuf et sans enfants. Alors l'abbé Philippe Prévost, dernier représentant de la branche de Moulidars, constitua pour son héritier Antoine-André Prévost du Las, fils de son neveu, Marc Prévost, avocat en la cour, et de dame Marie-Anne Juif de Surand, qui habitaient Ruffec. Celui-ci vint se fixer aux Pannetiers avec son épouse, Marie-Aimée du Tillet, de Torsac. Ils y furent la souche d'une nouvelle famille, nombreuse comme l'autre, et comme elle éteinte aujourd'hui. Plusieurs enfants moururent à la fleur de l'âge. Il ne resta de garçons que l'abbé Marcellin-Philippe Prévost du Las, décédé vicaire général d'Angoulême le 10 juillet 1869, et M. Marc-Ernest Prévost du Las, marié avec mademoiselle de La Charlonie, de Villars-Marange. Il est mort en 1877.

M. Antoine-André Prévost du Las, le père, mourut aux Pannetiers le 10 avril 1841 [3]. La vaste maison dont il venait d'achever la reconstruction fut vendue avec le domaine, et la famille quitta Moulidars.

---

1. *Registres d'Angoulême*, paroisse de N.-D. de la Pesne.
2. *Registre de Moulidars*, au greffe d'Angoulême.
3. *État civil de Moulidars*.

EGLISE DE MOULIDARS

(*Dessin de M. Daniel BOUHARD*)

ÉGLISE ET ANNEXES

L'église de Moulidars a pour titulaire, comme la paroisse a pour patron, saint Hippolyte, chevalier romain, martyr à Rome en 258. Dans les anciens registres, son nom est toujours joint à celui de la paroisse, et la fête patronale ou frairie se célèbre de temps immémorial au mois d'août, le dimanche avant ou après le 13, jour de l'incidence de la Saint-Hippolyte.

Le document que nous avons cité : *Census in festo beati Ypoliti apud Molidarnum*, atteste qu'au XIVe siècle c'était une des grandes fêtes du lieu. De plus, la fontaine du bourg a toujours porté et porte encore le nom de Fontaine Saint-Hippolyte, et populairement « *Font-Polyte* ». Le plus ancien titre écrit qui nous soit connu, et où se trouve cette appellation, est une baillette d'arrentement d'une maison au bourg de Moulidars, confrontant par devant, est-il dit, « *au chemin par lequel on va de la Croix Osannière à la font de Saint-Ypolyte.* » (10 décembre 1471).

L'église est à peu près contemporaine de la Tour d'Ardenne. Bâtie au XIIe siècle, et, selon toute apparence, fondée par les seigneurs de La Cour de Moulidars [1], elle fut donnée, avec

---

1. « Comme aussy a déclaré ledit sieur avoüant, qu'à cause de son hostel et seigneurie dudit Moulidars, il est fondateur et patron de l'église dudit lieu, et qu'en cette quallité les droits honorifiques luy appartiennent audedans d'icelle église; ensemble le droit de ceinture funèbre telle quelle y est actuellement apposée à ses armes; ensemble le droit de ban, sépulture et chapelle

différentes terres dans la paroisse, au Doyen du chapitre d'Angoulême, lors de la création de cette dignité au XIIIᵉ siècle [1]. C'était alors une belle église romane en forme de croix latine, avec la coupole centrale et le clocher au-dessus. Incendiée [2] et détruite en partie lors de la guerre de Cent Ans, elle a été restaurée dans le style ogival du XVᵉ siècle. Le sanctuaire, la croisée des transsepts, le transsept sud qui porte le clocher, sont de cette seconde époque. Peut-être l'acte de 1438, dont nous avons parlé, a-t-il quelque rapport avec cette restauration, puisqu'il avait pour résultat d'augmenter les revenus annuels du Doyen, possesseur de l'église. A la clef de voûte du sanctuaire, on voit les armes du Doyen : 9 clefs posées en pal 6, 3; et à celle de la croisée des transsepts, est un écu sur le champ duquel on n'aperçoit qu'une fasce, peut-être les armes des seigneurs de La Cour. Dans le transsept sud, quatre écus supportent aux quatre angles la tombée des nervures de la voûte. L'un d'eux est nu, et sur les trois autres sont reproduites les armes des Nourrigier et familles alliées. Celui du nord-ouest, le plus reconnaissable de tous, porte : *Écartelé au 1 et 4 de... à la bande de... accompagnée de 6 merlettes posées en orle,*

audedans du cœur d'icelle église, dont ses predecesseurs ont jouy de temps immémorial; et que c'est a ses titres que les sieurs doyens du chapitre d'Angoulême, en quallité de curés primitifs de laditte église, sont tenus et obligés de faire celebrer annuellement deux services pour le repos des âmes des anciens seigneurs de Moulidars, fondateurs et dotateurs d'icelle église. » (*Dénombrement de la terre et seigneurie de Moulidars, rendu au roi le 8 avril 1765, par l'abbé Cyprien-Gabriel Méhée d'Anqueville,* art. 159. Voir aussi *Pièces justificatives,* numéros IX et X).

1. Au mois de novembre 1213 (*Mesneau*).

2. Marvaud, *Géographie de la Charente.* La partie incendiée a été reconstruite; mais le mur de la cinquième travée, au midi, est très effrité, et en enlevant des terres il y a quelques années, on a trouvé du blé et divers objets calcinés; ce qui prouverait: 1° que c'est bien cette partie de l'église qui a été ravagée par le feu; 2° qu'il y avait là d'anciennes habitations (probablement le logement du vicaire perpétuel), qui ont disparu en même temps.

qui est Nourrigier ; au 2 et 3 de... au loup passant, qui est de La Porte de Luzignac. (Louis du Nourrigier et Marie-Françoise de La Porte, époux, étaient, on s'en souvient, seigneur et dame de Moulidars, sous le règne de François Ier).

L'église de Moulidars dut, comme toutes celles de la contrée, souffrir à l'époque des guerres de religion. Ses murs portent des traces de mousqueterie, et peut-être perdit-elle alors les voûtes de la nef, peut-être aussi n'avaient-elles pas encore été refaites depuis l'incendie. Nous ne trouvons trace d'aucune grande restauration jusqu'à ces derniers temps. Par son testament du 13 septembre 1652, le doyen Jean Mesneau légua à l'église de Moulidars la somme de 60 livres, « pour les ornements de ladite église [1] ».

Le 27 février 1687, un marché fut passé entre Jean Navarre, sieur du Boisderet, fondé de pouvoir de messire Joseph Duverdier, doyen du chapitre, et Pierre Delavy, curé de Moulidars, faisant pour les habitants, d'une part, et Bernard Sazerac, maître fondeur de cloches à Angoulême, d'autre part, pour remplacer une ancienne cloche de l'église de Moulidars. Il est dit que le nouveau métal lui sera payé 14 sols la livre, et ce qui en restera, il le reprendra à raison du même prix. Plus il lui sera payé 70 livres pour la façon, et fourni le bois nécessaire pour la fonte de la cloche, qu'il s'engage à livrer prête à sonner [2].

En tête du registre de 1706, nous lisons la note suivante écrite de la main de François Coulaud, curé :

« On a fait au commencement de cette année un portal neuf pour la ditte église, un tambour au dedans de l'église. On a fait aussi des fons baptismaux. »

Le même curé Coulaud fit transférer à l'est de l'église, le cimetière qui jusqu'alors la longeait au nord, et

---

1. *Arch. du Chapitre*, reçu Martin, notaire royal à Angoulême.
2. *Arch. de la Char.*, min. de J. Condan, notaire royal à Moulidars.

planter dans l'ancien terrain des ormeaux dont deux sont encore debout [1]. C'est la place actuelle.

La Révolution laissa l'église dans un état complet de dévastation, comme le témoignent les procès-verbaux qui en furent faits, à la restauration du culte. Néanmoins aucune démolition n'eut lieu.

De 1862 à 1865, la nef fut voûtée en briques, et l'intérieur renouvelé, à peu près tel qu'il est aujourd'hui.

CHAPELLES. — L'ancienne chapelle des seigneurs de Moulidars était celle de la Sainte-Vierge, dans le transsept nord; elle est restée romane. Là durent être inhumés au XVIe siècle les Nourrigier. Nous le savons sûrement pour Jacques du Nourrigier, sieur de L'Etang de Moulidars, et Bertrande des Ages, sa femme, morts au commencement du XVIIe siècle.

Les Le Musnier prétendaient à la nouvelle chapelle du clocher, appelée chapelle Saint-Jean (aujourd'hui Saint-Joseph). Lors du partage de 1691, la chapelle de la Sainte-Vierge fut attribuée au lot d'Ardenne, et celles de Saint-Jean au lot de Rouffignac. A l'entrée de la première furent enterrés, le 11 janvier 1713, Anne Le Musnier, dame de Moulidars [2], et le 29 octobre 1768, Claude Méhée de Malvoisine, son fils. A l'entrée de la seconde repose Jacques-Louis Le Musnier de Lartige, seigneur de Rouffignac [3].

---

1. Au mois de mai 1751, plusieurs « anciens du pays » appelés à déposer dans l'enquête au sujet des préclôtures d'Ardenne, déclarèrent que ce transfert et ces plantations avaient été faits 45 ans auparavant. Les ormeaux dateraient donc de 1706.

2. Il est infiniment probable que Jean-Louis Le Musnier y fut inhumé aussi; mais les registres nous manquent à l'époque de son décès.

3. « Le 7e novembre 1749 a été inhumé sous son ban à main dextre de l'église près la chapelle de Saint-Jean, messire Jacque Le Musnier, chevallier, seigneur de Blanzac, Reix, Triac, Rouffignac, etc., décédé à Rouffignac, de la présente paroisse, le 6e du présent mois, âgé de 64 ans. L'Office a été fait en présence de messieurs les curés de Saint-Amand-de-Grave, de Saint-Simeux, de Birac, de Bassac, de Triac. *Signé*: Gautier, prieur de Saint-

D'autres personnes y furent aussi inhumées, mais l'acte porte toujours, dans ce cas, que c'était une concession du seigneur ou du curé.

Plus tard, au XVIIIe siècle, les familles Navarre du Cluzeau et du Boisderet eurent aussi leurs bancs, avec droit de sépulture dans l'église : la première, dans la travée près du chœur à droite, touchant le banc de Rouffignac [1]; la seconde, à droite du portail en entrant dans l'église [2]. Nous avons déjà dit ailleurs que les anciens seigneurs de La Cour avaient leurs sépultures devant le maître-autel.

Nous avons relevé dans les registres qui nous restent, 104 sépultures faites dans l'église. Il y en a eu bien d'autres évidemment, car, au dernier siècle surtout, c'était devenu un abus. Rien que pour l'année 1721, nous en avons compté 11. Le roi Louis XVI, par édit du 15 mai 1776, défendit d'inhumer personne dans les églises, sauf de très rares exceptions.

Les principaux actes de sépulture dans l'église trouvent leur place aux familles dont nous avons occasion de parler. Nous noterons seulement les trois suivants:

1715, 15 mars. « Le 15 mars audit an, a esté inhumé dans l'église, à la petite porte, Anthoine André, dit Petit-bourg, homme de bien et en réputation de sainteté, qui a servi laditte église plus de 70 ans, décédé à l'âge de 80 ans... F. Coulaud, c. [3]. »

1770, 10 février. « Le 10 février 1770, ont été enterrés

Amand; Vigier, curé de Birac; Teulier, curé de Triac; le chevalier Dassier, Villamont, prêtre, curé de Saint-Simeux; Duchon, curé de Bassac; le chevalier de Terrasson: Radou, curé de Moulidars. « (*Reg. de Moulidars.*)

1. *Arch. de la Char.*, acte du 14 mars 1700, reçu Baudet, notaire à Moulidars.

2. *Ibid.*, acte du 31 août 1710, même notaire.

3. Sur la couverture du registre de 1721, nous avons trouvé cette modeste épitaphe, faite évidemment par le curé et destinée à marquer la tombe de ce vieux serviteur de l'église : « *Hic jacet A. André qui obiit 13 martii ann. Dni 1715, œtatis vero suœ 81mo* ».

dans l'église, au second pilier en entrant, à main droite...
Jean, Anne et Anne Hâtier, trouvés assassinés d'hier, scavoir: Jean, dans un champ appartenant à M. Poussard, notaire royal, confrontant d'un côté au chemin qui va du
bourg au village de Cesseau, à droite ; Anne, sœur aînée,
dans la chenevière de François Pannetier, confrontant d'un
bout au chemin qui va du bourg au village des Pannetiers, à
droite ; l'autre Anne trouvée dans son lit à la maison ; des-
cente de la justice de la prévôté de Châteauneuf faite. Ledit
Jean, âgé de 68 ans; ladite Anne, sœur aînée, âgée de 70
ans, et l'autre âgée de 62 ans. Thomas, vicaire de Vibrac;
Radou, curé[1]. »

1771, 24 septembre. — La dernière sépulture dans l'église
est celle de François Bernardin, homme d'affaires de M. Le
Musnier de Raix, décédé à Rouffignac, âgé de 80 ans, et
enterré « dans la chappelle du clocher ». Radou, curé.

CIMETIÈRE. — A Moulidars, comme partout, le cimetière
était primitivement autour de l'église. Il fut limité plus tard
au midi par l'église, au nord par le chemin de la Croix-Hosannière à la Font Saint-Hippolyte, à l'ouest par le grand
terrier devant l'église, avec une croix de bois à l'angle formé
par ledit terrier et le chemin précité, à l'est par le chemin
des Pannetiers à Malvieille et à La Cour, avec une croix de
pierre dénommée *la Grande croix du cimetière*, à l'intersec-
tion de ce dernier chemin avec celui de la Croix-Hosannière.
Vers 1706, il fut transporté, comme nous l'avons dit, un peu
plus loin de l'église, de l'autre côté du chemin. Enfin, en
1787, on l'entoura de murs solides qui subsistent encore, et
sur le fronton de la porte d'entrée, on grava ces mots, tirés
de l'Écriture, mais dont l'application ici est quelque peu énig-
matique : « MANE TECEL PHARES. »

PRESBYTÈRE. — L'ancien logement des vicaires perpétuels

1. Le souvenir de ce tragique événement n'est pas encore perdu à Moulidars.

ou curés semble avoir été contigu à l'église, au midi et à l'est. Ruiné à l'époque des guerres, il n'en resta qu'une servitude destinée à recevoir les récoltes. (*Procès-verbal* du 3 août 1666, dressé à la requête de Paul Thomas, sieur de La Croisade, fermier des fruits de ladite cure, selon le contrat passé entre lui et François Duverdier, écuyer, seigneur des Courades, comme procureur de messire Pierre Duverdier, doyen de l'église cathédrale) [1]. Les curés se logèrent comme ils purent. Enfin, en 1664, le curé Antoine Mazuel alla demeurer à Rouffignac [2] et somma les habitants de la paroisse de construire une cure. Après en avoir délibéré, on décida, en 1665, d'acheter une maison sise au bourg, en face de la petite porte de l'église, et appartenant au nommé Guillaume Couillebaud [3]. Elle a servi de presbytère jusqu'à la Révolution. Le 28 fructidor an IV (14 septembre 1796), elle fut vendue comme bien national au sieur Labrousse, de Moulidars, pour la somme de 920 francs. Les anciennes servitudes et le jardin ou ouche avaient déjà été aliénés au même titre, le 14 juin 1791 et le 13 fructidor an III (30 août 1795) [4].

Après la restauration du culte, la commune acheta, dans l'intention d'y faire la cure, l'ancienne maison dite de la Maladrie ou du Malvaut [5]. Mais ce projet ne reçut pas d'exé-

---

1. *Archives de la Charente*, J. Condan, notaire à Moulidars.
2. *Registres paroissiaux de Moulidars*, note du curé Mazuel.
3. *Archives de la Charente*, J. Condan, notaire.
4. *Archives de la Charente*, biens nationaux, Moulidars. Cette maison passée successivement à plusieurs propriétaires, a été acquise, en 1885, par la commune, pour y construire une école, puis cédée en échange d'un autre emplacement, à M. Paulet, qui vient de la faire démolir (mai-juin 1888).
5. On dit aujourd'hui *Le Marvaud*. Le nom même de cette *prise* semble indiquer qu'il y aurait eu là autrefois un hôpital ou une léproserie, dont nous n'avons d'ailleurs trouvé aucune autre trace dans les archives de Moulidars. Il y avait aussi à l'autre extrémité du bourg, vers la fontaine, un établissement religieux, disparu lors des guerres civiles. Plusieurs documents en font foi, entre autres un extrait du terrier du doyen d'Angoulême au XVIe siècle, du temps de Louise de Savoie « madame mère du roy », duchesse d'Angoulême : « Art. 7. — Noble homme messire Jean d'Erme, prestre, curé de

cution. L'immeuble désigné fut échangé, en 1863, contre une maison récemment bâtie et joignant l'église. C'est depuis lors le presbytère, qui se trouve ainsi, à peu de chose près, sur le même emplacement que dans l'ancien temps.

LISTE DES CURÉS DE MOULIDARS
D'APRÈS LES REGISTRES ET QUELQUES AUTRES DOCUMENTS

NOTA. — Les registres de l'état civil antérieurs à la Révolution, remontaient à l'année 1632; nous le savons par une note écrite de la main du maire Jacques Hastier, lorsqu'il remit, en 1808, les papiers de la commune à M. de Jaubert, son successeur. Le plus ancien cahier est aujourd'hui perdu, et celui qui vient après ne commence qu'en 1644. De plus, il y a un certain nombre de lacunes, entre autres de 1685 à 1703, de 1724 à 1731, de 1738 à 1748, et enfin de 1773 à 1792. Nous y suppléerons, quand ce sera possible, à l'aide d'autres renseignements.

1438...... Daumoys Durant (frère), prieur de Mosnac et vicaire de Moulidars [1].

.....-1584. Hélie Durandeau, vicaire [2].

1603-...... Jean Mamin, id. [3].

Poulignat, et Mathurin Penot, tant pour luy que pour Guillin de la Vigne, touts balles de la confrérie du Saint-Esprit de Notre-Dame de Molidars, reconnoissent que les confrères de ladite confrérie tiennent dudit doyenné, une maison et jardin, le tout joignant ensemble, scis au bourgt dudit Molidars, vulgairement appellée *les Missionnaires de Molidars*, tenant d'une part au chemin que l'on va de l'église dudit lieu à la fontaine de Saint-Hypolite, d'autre au chemin par lequel on va du château d'Ardenne à ladite fontaine, retournant icelluy chemin le long du sentier que l'on va dudit chateau à ladite église; pour quoy est dû sept sols six deniers de cens et rente.... » C'est aujourd'hui l'habitation des époux Petit, marchands épiciers.

1. Figure comme témoin dans une baillette du 28 mars 1438.

2. « Le vingtieme jour de juin mil cinq cens quatre vingtz quatre, est décédé messire Hélye Durandeau, prêtre, en son vivant vicaire de la paroisse de Moullidar, et a esté inumé et enterré en ladite esglize dudit lieu le jour et an que dessus ». (*Registres paroissiaux de Vibrac*).

3. Il paraît comme témoin dans la transaction du 20 novembre 1598, où il est qualifié « curé de Fléat ». Nous le trouvons comme curé de Moulidars

1629-1632. Amand Bachellier, vicaire perpétuel [1].
1632-1641. François de La Font, vicaire [2].
1641-1644. Jacques Riou, vicaire [3].
1644-1650. Gaspard Soulage, vicaire.
1650-1687. Antoine Mazuel, curé [4].
1687-1696. Jean Delavy, curé [5].
1696-1702. Jean Nouveau, id. [6].
1702-1704. Nicolas Lelong, curé [7].
1704-1718. François Coulaud, id. [8].
1718-1730. François Héraud, id. [9].
1721-172... [10] N. Taillandier, vicaire.

---

dans les actes du 1er mai 1603, du 25 mai 1612, du 8 avril 1618. Son successeur à Fléac, puis à Moulidars, fut le suivant : « Amand Bachellier, prêtre, curé de Notre-Dame de Fléac » (Acte du 30 mai 1615, reçu Philippe Gibaud, notaire à Angoulême), qui figure aussi comme vicaire d'Hiersac, dans un acte du 5 juin 1622 (Reçu même notaire).

1. « Messire Aman Bachelier, prestre, viquaire perpétuel de l'églize Saint-Ypollitte de Moulidars » témoin d'un acte du 7 juin 1629. Paraît encore en 1632 sur un certificat de publications délivré par lui.

2. Le 27 novembre 1632, il signe sur le registre de Vibrac : *Lafon*, ailleurs *de La Font*.

3. Le 15 décembre 1641, il paraît comme témoin d'un contrat à Moulidars. Est enterré dans l'église le 19 décembre 1644.

4. Il quitta la paroisse ou y mourut, entre 1684 et 1687; une lacune des registres nous empêche de le savoir au juste.

5. Son nom n'est point dans les registres qui nous restent; mais il figure dans plusieurs actes, notamment le 27 février 1687, pour la refonte d'une cloche.

6. Même observation. Figure dans les minutes de Baudet, notaire à Moulidars (*Archives de la Charente*).

7. Précédemment vicaire de Saint-André d'Angoulême (*Registre de Saint-André*); nommé en 1704 à la cure de Saint-Antonin d'Angoulême.

8. Devint successivement curé de St-Simeux en 1718, puis de St-Yrieix en 1732. Il se démit, le 5 février 1734, de ce dernier bénéfice en faveur de Léonard Coulaud, clerc tonsuré du diocèse d'Angoulême, sans doute son parent. (*Archives de la Charente*, P. Jeheu, notaire à Angoulême).

9. Prit possession le 22 août 1718. Il était précédemment curé de Cellefrouin, dudit diocèse. (Baudet, notaire à Moulidars). Il se démit de la cure de Moulidars le 21 avril 1730 (P. Jeheu).

10. Lacune du registre.

1730-1732. Pierre Godin, curé[1].

1732-1748. Jean Brebion, id. [2].

1748-1774. Jean Radou, id. [3].

1768-1771. Alexis de Prémont, vicaire.

1771-1772. N. Leclerc, N. Lagrange de Volvire, vicaires.

1772-1773. Pierre Nalbert, vicaire.

1774.   N. Lachaize, vicaire.

1774-1793. Alexis de Prémont, curé [4].

. . . .

. . . . -1803. Philippe Prévost de La Vigerie [5].

1803-1805. Jérôme Delhoste, curé de Moulidars [6].

1805-1814. *Martial Grassin*, curé d'Hiersac, desservant Moulidars [7].

1814-1816. *Jean-Baptiste Siscand*, curé de Saint-Simon, id.

1816-1821. Pierre Fèvre, curé de Moulidars [8].

---

1. Etait curé de Saint-Angeau, paroisse dont il se démit, le 6 mai 1729 (P. Jeheu). Peut-être est-ce le même qui est inscrit comme curé de Champniers au nécrologe du diocèse pour 1769-1770.

2. La cloche actuelle de Moulidars fut fondue sous son administration. Il fut nommé le 10 juin 1748, curé de Marillac, et M. Radou, vicaire de Marillac, curé de Moulidars. (*Archives du Chapitre*, reg. des Insinuations eccl.)

3. Mort à Moulidars le 17 mai 1774, et enterré dans le cimetière (*Reg. par.* déposés au greffe).

4. Le même que précédemment; avait été dans l'intervalle vicaire de Vibrac (*Reg. par. de Vibrac*). Devint curé de Vars après la Révolution, et figure au nécrologe pour 1822-1823.

5. Ancien curé de Courbillac; était né à Moulidars et y mourut le 12 avril 1809, au village des Pannetiers, âgé de 85 ans. (*État civil de Moulidars*). Il exerça quelques fonctions du ministère durant la période révolutionnaire, jusqu'à la restauration officielle du culte.

6. Archiprêtre de Jurignac avant la Révolution, fut nommé curé de Moulidars en 1803. Il y était encore en 1805 (*Archives de l'évêché d'Angoulême.*)Figure au nécrologe pour 1829, comme ancien curé de La Forêt-de-Tessé.

7. Curé de Coulonges, archiprêtré d'Ambérac, avant la Révolution; fut nommé en 1803 curé d'Hiersac, et desservit Moulidars après le précédent.

8. Ancien vicaire de Saint-Simeux et de Suaux avant la Révolution; avait aussi desservi Echallat. Retiré dans sa famille, au Cluzeau, commune de

1821-1826. *Marien Bourrec*, curé de Saint-Simon, desservant.

1827.   Pierre de La Buxière, curé de Moulidars [1].

1827-1829. *Jean Pastor*, curé de Saint-Simon, desservant.

1829-1834. *Jean Brée*, curé d'Hiersac, desservant de Moulidars [2].

1834-1857. *François Joubert*, id., desservant de Moulidars [3].

1857-1860. Louis Verdun, curé de Moulidars résidant [4].

1861-1865. Pierre Giraud, id.

1866-1877. Henri-Antoine Laforge, id.

1877.   Pierre-Gabriel Tricoire, id.

SEIGNEURS DE MOULIDARS

NOTA. — Nous trouvons, sous ce titre, à la fin d'un registre paroissial, la liste de tous ceux qui possédaient des droits seigneuriaux sur le territoire de la paroisse de Moulidars. Elle est de la main du curé Jean Radou, et antérieure à 1758, ainsi que l'indique le nom du seigneur de Tourteron, Pierre Barbarin de La Martinie, qui mourut cette année-là. (Voir p.   ).

Châteauneuf. (A cause de la seigneurie de La Cour).

Vibrac. (Le fief de Mareuil et autres, vers Le Cluzeau).

M. *l'abbé de Saint-Cybart.* (Ardenne et autres).

M. *Dardène.* (Divers fiefs relevant d'Ardenne).

M. *Dereix.* (Rouffignac et dépendances).

Moulidars, il fut nommé curé de la paroisse le 21 avril 1816, se démit au bout de quelques années, et mourut le 15 janvier 1829. (*État civil de Moulidars*).

1. Nommé curé de Moulidars le 1er juillet 1827, sorti du diocèse le 1er octobre suivant (*Arch. de l'évêché*).

2. Mort à Hiersac en 1834.

3. Mort aussi à Hiersac en 1873, mais ne desservait plus Moulidars.

4. Mort curé de Jurignac en 1866.

M. l'abbé d'Anqueville. (Seigneurie de Moulidars èt dépendances).

M. l'abbé de Bassac. (Plusieurs fiefs).

Bouteville. (Quelques fiefs).

MM. les bénédictins de Bassac. (Les titulaires des divers
offices claustraux percevaient dans certains fiefs des revenus attachés à leur charge. (Voyez p. 79, LA FONT).

MM. les bénédictins de Saint-Cibard. (Id.)

MM. les bénédictins d'An-Bournet. (Id. L'abbaye de Bournet, près Montmoreau, possédait divers fiefs et droits seigneuriaux en Moulidars, Saint-Simeux, et aux environs).

Mᵐᵉ la Besse d'Angoulême. (L'abbaye de Saint-Ausone avait
des terres sur plusieurs points de la paroisse de Moulidars).

M. Navarre (du Cluzeau).

M. Lamartinie de Torteron. (Quelques terres).

M. le Doyen (Il a été plusieurs fois question des droits du
doyen d'Angoulême.

M. Saint-Hermine La Barrière. (Hélie de Saint-Hermine,
seigneur de La Barrière, avait des droits seigneuriaux sur
plusieurs terres, notamment la prise du Malvaut, au bourg
de Moulidars).

M. Tiffon, au lieu et place de M. de Bréguille. (Le fief
de Bréguille, en Roullet, a appartenu longtemps aux Desbordes, ancienne famille noble de Châteauneuf. Les Tiffon
de Saint-Surin, eux, étaient des bourgeois de la contrée).

M. Talon la Rente. (Jean Tallon, sieur de La Rente, dont
il est question p.   ; cette famille a possédé Le Puy-Saint-
Jean, paroisse d'Echallat, jusqu'en ces derniers temps).

M. Rullier d'Orlut. (Nommé même page).

M. le lieutenant général de Cognac. (Jean Fé de Ségeville et de La Font. Ce dernier fief avait des dépendances
dans la paroisse de Moulidars).

M. de Fondenis Boisragon. (Jean-Louis Fé, écuyer, seigneur de Fondenis, Boisragon, etc., ancien lieutenant particulier au présidial).

M. le commandeur de Villejésus. (La commanderie de
Villejésus [1] possédait des biens en Moulidars, notamment un
maine au village de Chez-Quillet. Ce hameau tire son nom
de Pierre et Guillaume Quillet, à qui Hélie Dexmier, seigneur de Moulidars, l'arrenta par baillette du 25 janvier
1489. Il s'appelait auparavant le Maine-Geoffre, du nom
de Jourdain Geoffre ou Geoffroy, son ancien possesseur.

NOTE ADDITIONNELLE
(1789-1889)

Au moment de la Révolution, la paroisse de Moulidars dépendait, pour le spirituel, de l'archiprêtré de Rouillac ; pour la justice, de la prévôté royale de Châteauneuf, avec appel ressortis-
sant au présidial d'Angoulême ; pour l'administration finan-
cière, de la généralité de La Rochelle et de l'élection de Cognac.
Elle comptait en 1712, 150 feux [2] ; en 1789, 210 feux et 1,060 habitants (*Statistique officielle*). Elle n'en a plus que 788, d'après
le dernier recensement de 1886.

Lors de la convocation des comices électoraux pour la rédaction des cahiers des paroisses, et la nomination des délégués
chargés de concourir à l'élection des députés aux États Généraux,
en 1789, l'assemblée paroissiale se tint à Moulidars, sous
la présidence de M. Jacques Fèvre, notaire, et la rédaction
du cahier fut confiée à M. Pierre Mallet, avocat, propriétaire du domaine de Cesseau, qui s'en acquitta d'une façon remarquable, au dire de M. de Chancel (*L'Angoumois en
1789*). Le procès-verbal de la séance porte 62 signatures, et les
trois délégués choisis furent MM. Pierre Mallet, déjà nommé,
Jean Mallet, bourgeois, du Las, et Jean André, marchand [3].

Quand les nouvelles municipalités furent constituées, le pre-

---

1. Villejésus, canton d'Aigre, arrondissement de Ruffec, avait une commanderie de l'ordre des Templiers, plus tard des chevaliers de Malte.
(Marvaud, *Géographie de la Charente*, page 237).

2. *Registres paroissiaux de Moulidars*.

3. Voir *l'Angoumois en 1789*.

mier officier municipal fut Pierre Tabuteau, notaire, de Lignolles. Il remplit ces fonctions 6 à 7 ans. Voici la liste complète des maires de Moulidars.

1790-1797. Pierre Tabuteau.

1797-1798. Jean Benétaud.

1798-1800. Jean Gasnot.

1800-1807. Jacques Hastier, 1er maire (*Constitution de l'an VIII*).

1807-1815. Pierre de Jaubert.

1815.   Pierre Bregeon.

1815-1817. Pierre de Jaubert, 2°.

1817-1823. René de Terrasson.

1823-1826. Antoine Prévost du Las.

1826-1830. Jean Bernard.

1830-1843. Pierre Feniou.

1843-1846. André Fèvre.

1846-1848. Jean Bernard, 2°

1848-1851. Pierre Feniou, 2°.

1851-1859. François Barraud.

1859-1870. François Lafont.

1871-1874. Hippolyte Bernard.

1874-1876. Jules Sorillet.

1876-1878. Hippolyte Bernard, 2°.

1878-1881. Pierre Sedrat.

1881.   Jules Sorillet, 2°.

SEIGNEURIES UNIES HISTORIQUEMENT A MOULIDARS

N. — Nous comprenons sous ce titre les fiefs qui ont appartenu à différentes époques aux mêmes familles que Moulidars, et sur lesquels les archives d'Ardenne nous ont fourni les principaux documents.

I

MOSNAC

Le territoire de la commune de Mosnac, canton de Châteauneuf, forme une presqu'île dessinée par un contour de la Charente. Le chef-lieu, agréablement situé dans cette riche plaine, entre la rivière et la ligne du chemin de fer d'Angoulême à Cognac, a l'air d'une villa entourée de bosquets. Son église, par sa teinte séculaire, contraste avec les blanches et riantes habitations d'alentour. Elle est dédiée à saint Symphorien, martyr, et n'offre rien de remarquable pour nous rappeler son ancienne importance. Quelques colonnes au pourtour de l'abside semi-circulaire, deux ou trois fenêtres affectant une forme ogivale, une petite crédence sculptée du xve siècle. D'ailleurs point de voûtes, mais un vulgaire plafond. Mentionnons aussi une jolie cloche, encore dans son neuf, qui luit dans le campanile au-dessus du portail, et nous aurons tout dit sur l'église de Mosnac dans le présent [1].

---

1. Inscription de la cloche :
IGNIS GRANDO NIX SPIRITUS PROCELLARUM RECEDITE. JE SUIS POUR SAINT-SYMPHORIEN DE MOSNAC. J'AI ÉTÉ BÉNITE PAR M. J.-L. WENÈS, VIC. GÉN.,

Faisons maintenant une excursion dans son passé.

Au xiie siècle, nous trouvons l'église de Mosnac au nombre des biens appartenant à la cathédrale Saint-Pierre d'Angoulême : « *Ecclesia de Monaco cum terris et silvis* », est-il dit dans la bulle du pape Pascal II adressée à Girard, évêque d'Angoulême, le VIII des calendes de mai (24 avril 1110) [1].

C'était un prieuré dépendant de celui de Saint-Martin de Salles, au diocèse de Périgueux [2]. Le doyen Mesneau mentionne un acte de l'an 1217, présents Guillaume, trésorier, Guillaume, chantre, Hélie, sacriste, et autres, portant règlement fait par messire Guillaume, évêque d'Angoulême, entre l'église cathédrale, qui avait droit de toute antiquité à l'église de Mosnac, d'une part, et Landry, prieur de Mosnac, autorisé de Guy, prieur de Salles, d'autre part [3].

L'évêque d'Angoulême Foulques, de la maison de La Rochefoucauld, mourut au prieuré de Mosnac en 1312 [4].

SUP. DU G. SÉM. ARMAND MAZIÈRES, CURÉ DE SAINT-SIMEUX ET MOSNAC. PARRAIN M. LOUIS-ACHILLE GRÉAU-DUBOIS. MARRAINE MARIE DUCLOUD. FÉLIX RIVIÈRE, MAIRE. EMILE VAUTHIER, FONDEUR A SAINT-EMILION. 1885.

Voici *l'acte de baptême* de l'ancienne cloche :

« Le 3e mai 1665, a esté béniste la cloche de cette parroisse de Monac, par moy F. Pierre Baron, minime de Châteauneuf, avec permission expresse de Monsr le Grand Vicaire de Monseigneur d'Angolesme. Le parrin a esté Annet Margeoze *, et la marrine damoiselle Anne Françoise Guichard **, et luy ont donné le nom de Symphorien-François. »

Signé : de Martyneau, de Martineau, A. Margeoze, J. P. Fuselier, Jeanne de Coussaint, F. P. Baron, minime. (*Registre paroissial de Mosnac*).

1. *Girard évêque d'Angoulême*, par M. l'abbé Maratu, no V des pièces justificatives.

2. Salles-Lavalette, aujourd'hui du diocèse d'Angoulême, et du doyenné de Montmoreau (Charente).

3. *Archives de la Char.*, inventaire des titres de l'évêché, par J. Mesneau, folio 360.

4. *Engolismenses episcopi*, par Gab. de La Charlonie, p. 41.

* Peut-être un fils de Jacques Margeoze, marchand, qui était alors receveur des revenus du chapitre d'Angoulême, dans la paroisse de Mosnac.

** Fille de François Guichard, sieur du Maine-Izambert, en Mosnac, et de Jeanne de Coussaint.

A présent, ajoute Mesneau (*Invent.*, *loc. cit.*), ledit prieuré est uni à ladite église (de Saint-Pierre d'Angoulême). Et en effet, un autre évêque, Raoul du Fou, opéra, au XVe siècle, un changement dans le prieuré de Mosnac. Par acte du 24 juillet 1473, il l'annexa au chapitre d'Angoulême, « *aux fins d'entretenir un mestre de salette* (psallette) *et six enfans de cœur* », à la charge que le vicaire perpétuel sera institué « *par ledit sieur évesque, à la nomination et présentation du chappitre.* » Ceci eut lieu du consentement du prieur de Salles, auquel l'évêque d'Angoulême donna, en dédommagement, « *l'églize parrochialle d'Escuras*[1], *qui fut convertie en prieuré régullier, tout ainsy que le prieuré de Maunac avoit esté réduit en églize secullière* », avec cette réserve que l'institution en appartiendrait à l'évêque, et la présentation au prieur de Salles (*Même invent.*).

Un autre changement semble être survenu au XVIe siècle. M. Michon, dans son tableau des bénéfices du diocèse d'Angoulême, d'après l'état de 1523 et celui de 1597[2], donne le nom de cure et non de prieuré à l'église de Mosnac. De fait, tous les registres qui subsistent depuis 1644, portent *curé* et non *prieur*, alors que dans les actes antérieurs au XVIe siècle, on trouve exclusivement le titre de prieur. Voici la liste chronologique des curés de Mosnac, d'après les registres et autres documents :

1217 . . . . Landry, prieur (*Acte inventorié par J. Mesneau*).

1331 . . . . Frère Hélie du Breuil, id. (*Donation par le seigneur de Mosnac*).

1473-1494. Frère Hélie de Mapac, id. (*Cité dans 7 baillettes entre ces deux dates*).

. . . .

---

1. Ecuras, canton de Montbron, arrondissement d'Angoulême, autrefois de l'archiprêtré d'Orgedeuil.
2. *Statistique monumentale de la Charente*, p. 39.

1624[1]-1646[2]. Gillibert de Passemard, curé.

1646[3]-1664[14]. Guillaume Moulin, id.

1666-1670. J. Filhon, id.

1670-1671. N. Piet, curé.

1671-1678. F. Charron, id.

1678-1722. Geoffroy Mourier, id. [5]

    1719. N. Galliot, vicaire.

1723-1725. N. Albert, id.[6].

1725-1742. Jacques Lhoste de Bobinat, curé.

1742-1749. N. Neuville, curé.

    1749. N. Descordes, prêtre, desservant Mosnac (*Registres de Moulidars*).

1759-1772. N. Martin, curé.

1772-1779. François Piet, curé [7].

1779-1793. Jean-François Menault[8], id.

---

1. Cette date de 1624 n'est pas dans le registre de Mosnac, lequel ne commence qu'en 1644 ; c'est celle d'un procès-verbal où figure « *Messire Gillibert de Passemard, prêtre, vicaire perpétuel dudit Mosnac* ».

2. Il fut nommé cette année-là curé de Sainte-Colombe (*Registre de Mosnac*, acte du 27 mai 1647).

3. Nommé le 27 novembre 1646 (*Arch. du Chapitre*).

4. A la fin de cette année, il devint curé de Saint-Eutrope de Saintes. (*Registre de Mosnac*, acte du 8 février 1665).

Le 5 septembre 1664, François Blanchet, fondé de pouvoir, de Guillaume Moulin, résigne en cette qualité la cure de Mosnac entre les mains du Chapitre (*Arch. du Chap.*, reg. des Conclusions).

5. Il mourut à Mosnac, et fut inhumé dans l'église le 7 octobre 1722 (*Registre paroissial*).

6. Un acte du 26 août 1731 porte au bas la signature : « *Albert, curé de Saint-Auzone.* » (*Registre paroissial de Mosnac*).

7. Il mourut et fut enterré à Mosnac, le 17 septembre 1779, à 73 ans. (*Registre paroissial*).

8. Avait été précédemment curé de Rouffiac. A la fin de 1792, les registres de Mosnac sécularisés comme partout, sont tenus néanmoins par le curé qui signe : *Menault, curé, officier public*, puis jusqu'au 9 thermidor **an II** : *Menault, officier public*. Il disparaît alors, mais la particularité que nous venons de signaler nous porterait à croire qu'il n'a pas quitté sa paroisse. Toujours est-il que nous le trouvons inscrit au nécrologe du diocèse

A la restauration du culte, la paroisse de Mosnac, supprimée, fut réunie à celle de Châteauneuf. Elle l'est toujours
légalement, bien que desservie par les curés de Saint-
Simeux.

Comme seigneurie, Mosnac relevait principalement des
comtes d'Angoulême, à cause de Châteauneuf, et des seigneurs de Saint-Hermine du Fa. Il y avait des seigneurs
particuliers dont nous ne connaissons guère que les noms [1].
L'Inventaire de Jean Mesneau, déja cité, relate ainsi deux
titres des archives du chapitre d'Angoulême : « *Plus un
acte en parchemin dont la date est rompue, et non signé,
portant qu'*Aymar de Mosnac *doit à l'église de Mosnac,
une rente de quatre sols....., sur une pièce de terre proche
du chemin qui va de Mosnac à la Richardière* [2]. » — « *Plus
un acte en parchemin de l'an* 1347, *portant une clause d'un
testament, par lequel* Salomon de Mosnac *donne cinq sols
et un setier de froment à l'église de Mosnac.* »

Au XIVe siècle, Geoffroy, seigneur de Vaux [3] et en partie
de Mosnac, par son mariage avec Isabelle de Mosnac,
veuve avec enfants de Jocelin de Mosnac, chevalier, arrente
à frère Hélie du Breuil, prieur de Mosnac, « priori seu rec-
tori ecclesie de Monnaco », en faveur de son église, « ratione
et intuitu ecclesie sue », des moulins avec *essacs* et pêcheries
dans l'écluse du Corbeau, « *in exclusiâ de Corbello* »,
paroisse de Saint-Simeux, le mercredi après la fête de Saint-

---

pour l'année 1808, sous ce titre : *Jean-François Menault, curé de Mosnac.*
Il mourut à Mosnac et fut enterré dans le cimetière, devant la porte de
l'église.

1. Nous ne disons rien des Dexmier. A Mosnac comme à Moulidars, ils
s'éclipsèrent de bonne heure et n'y possédèrent guère plus que le petit fief
de *La Motte*. Cette famille, d'ailleurs, subsista encore très longtemps, et ses
nombreux rameaux couvrirent la contrée sous les noms de Dexmier de
Mosnac, de La Motte, de Saint-Surin, de La Garenne, de Belair, de La
Couture, de La Groix, etc.

2. *Invent.*, folio 360.

3. Vaux, commune du canton de Rouillac, arrondissement d'Angoulême.

Georges, l'an 1331. Ces deux personnages reparaissent dans un acte du 30 avril 1347, par lequel Pierre Garnier vend à Guillaume Mercier, de Mosnac, des terres situées en la rivière de Piles, relevant de Geoffroy de Vaux et Isabelle de Mosnac, sa femme.

Au xvᵉ siècle, nous trouvons Jean et Charlot de Mosnac, frères. Le 10 avril 1460, noble homme Jean de Mosnac cède à « religieuse et honneste personne, frère Guy de Mosnac, prieur-curé de Mégné », au nom et comme exécuteur du testament de « feue noble femme Marguerite de La Brugière, sa mère », 10 sols de rente annuelle, pour faire prier Dieu pour l'âme de ladite de La Brugière. Quelques jours après, le 3 mai 1460, le même Jean de Mosnac vend à « nobles personnes, Arnault de La Pierre et Marie de Mosnac, sa femme »[1], diverses rentes à eux dues dans la paroisse de Mosnac.

JEAN DE MOSNAC eut pour femme SEGUINE DOUSSERON, et pour fille Mathurine de Mosnac, mariée à Roger Augeard, écuyer, dont les descendants furent seigneurs de Mosnac durant le xviᵉ siècle. Jean de Mosnac épousa en secondes noces JEANNE DU PÉRIER, et eut *Catherine* et *Héliote de Mosnac*. Il vivait encore le 24 août 1471, et était mort le 6 mai 1472. A la date du 17 novembre 1474, Jeanne du Périer était remariée à Pierre Dussault, écuyer, seigneur de La Baurie en Birac (Voir *Rouffignac*, p. 76).

CHARLOT DE MOSNAC, de son côté, vivait encore le 17 novembre 1474, et était mort à la date du 18 juillet 1480. Il semble avoir eu un fils, *François de Mosnac*, écuyer, seigneur de Maillou[2], et deux filles, *Denise de Mosnac*, mariée à *Jean Sanguin*, écuyer, sieur de La Pégerie en Champmillon,

---

1. Ces deux derniers moururent en 1472, et furent inhumés dans l'église de Châteauneuf, ainsi que le témoigne l'épitaphe qu'on y lit encore.
2. Commune de Saint-Saturnin, canton d'Hiersac.

et une autre qui fut femme d'*Henri Pelletan*, écuyer, seigneur de Rouffignac (Voir *Rouffignac*, p. 75).

ROGER AUGEARD et MATHURINE DE MOSNAC étaient morts, le premier à la date du 3 janvier 1488, probablement en 1487, car il vivait encore le 7 juin de cette année ; la seconde à la date du 13 septembre 1494. Ils eurent pour successeur Robert Augeard, leur fils aîné.

ROBERT AUGEARD, seigneur de Mosnac, avait un frère cadet, HÉLIE AUGEARD, qui fut prêtre et notaire public, et qui arrenta à son frère, le 13 novembre 1505, tous les biens qu'il possédait en Mosnac ou ailleurs, pour une pipe de froment de rente, mesure de Châteauneuf. Robert Augeard vivait encore le 8 mars 1531. Il eut pour fils, Philippe, qui lui succéda, et *Raymond Augeard*, sieur de Blanchefleur en Mosnac. Ce dernier eut pour femme *Léonarde Courrault* [1].

PHILIPPE AUGEARD, seigneur de Mosnac, eut pour femme GUYONNE DE PRESSAC. Il vivait encore à la date du 8 avril 1554, où il rendit hommage à Guillaume Gelinard, sieur de Malaville, comme ayant droit des sieurs de Saint-Hermine, pour des biens qui relevaient de ce nouveau seigneur.

THOMAS AUGEARD, son fils et héritier, épousa demoiselle PAULE COURAUDIN. Le 5 janvier 1571, nous trouvons le partage des héritages de feu Raymond Augeard, écuyer, sieur de Blanchefleur, entre : 1º noble homme *Thomas Augeard*, écuyer, sieur de Mosnac ; 2º *Jeanne Augeard*, sa sœur, veuve de feu *Louis de La Ribardière*, et 3º les enfants de la défunte *Bertrande Augeard*, autre sœur, veuve de feu *Simon Courraudin*, écuyer, sieur de..., d'une part ; et 1º *Jehan Courrault* l'aîné, écuyer, sieur de La Touche ; 2º autre *Jehan Courrault* le jeune, et 3º *Raymonde Courrault*, tous enfants de feu *Pierre Courrault*, écuyer, sieur de..., frère de Léonarde Courrault, dame de

---

1. Le contrat d'après Nadaud (I, 514), est du 5 mai 1535.

Blanchefleur. Les Courrault vendirent leur portion d'héritage à Thomas Augeard, que nous retrouvons cité pour la dernière fois comme seigneur de Mosnac, dans un acte du 1er mars 1608 [1]. Il était mort à la date du 20 août 1609, sans laisser d'enfants, car une portion de ses biens passa à Esther Couraudin, mariée à Gaspard Guichard, écuyer, sieur de La Fenêtre.

A la suite de diverses alliances, les seigneurs de Rouffignac étaient aussi seigneurs de Mosnac en partie. (Voir *Rouffignac*, page 75).

Ces changements de familles nécessitèrent des morcellements et des aliénations. Ce furent, nous l'avons vu, les héritiers de Jacques Dussault qui, au commencement du XVIIe siècle, vendirent Rouffignac et ses annexes en Mosnac, à François Le Musnier, seigneur de Lartige. Son fils, Jacques Le Musnier, étendit encore ses possessions de ce côté. Hippolyte de La Place, veuve de ce dernier, qui possédait déjà Moulidars, moins le château d'Ardenne, échangea en 1633 la seigneurie de Mosnac contre ce manoir, qui appartenait à Catherine Redon, veuve de Raymond de Forgues. Elle se réservait seulement les hommages dus à la seigneurie de Rouffignac, par les trois fiefs de La Barrière, de La Salle et de La Descenderie, en la paroisse de Mosnac, réserve que nous trouvons encore énoncée dans le dénombrement de la seigneurie de Moulidars par l'abbé Méhée, du 8 avril 1765*.

A Catherine Redon succéda son fils, BERNARD DE FORGUES

---

1. Dans l'acte d'échange du 16 avril 1633, entre les deux dames de Forgues et de Moulidars, il est question de Thomas Augeard, écuyer, sieur de Mosnac, et de dame Françoise Arnaud, son épouse (une seconde femme alors), défunts.

* **La Barrière** venait des Dussault. *Pierre Dussault*, écuyer, sieur de La Barrière, figure dans un acte du 6 juin 1483. Elle passa ensuite à *Vincent de Villars*, écuyer (27 janvier 1578), dont la veuve, *Marie Girard*, est qualifiée « damoiselle, dame de La Barrière », en 1589 et 1609. Elle la

DE LAVEDAN, chevalier, seigneur de Neuillac, marié avec damoiselle MARIE PATRAS DE COMPAIGNO, dont le fils, BERNARD DE FORGUES, épousa, le 17 octobre 1662, MARGUERITE GANDILLAUD, fille de Gabriel Gandillaud, chevalier, seigneur

---

vendit à *Hélie de Martineau*, écuyer, sieur de La Touche d'Anais *, lieutenant en l'élection d'Angoulême, qui en était possesseur le 1er mars 1608. *Nicolas de Martineau*, écuyer, sieur de La Barrière, fils du précédent et d'*Hélène du Port*, rendit en 1640, différents hommages à Bernard de Forgues, à cause de sa seigneurie de Mosnac, « naguère de Rouffignac ». *Hélie de Martineau*, son fils, épousa *Madeleine Tison*, et mourut sans postérité. Alors ses trois sœurs et héritières, *Anne*, femme de *François du Port*, écuyer, sieur de Fonteuillier, demeurant au Maine-Neuf, paroisse de Dirac **, *Charlotte*, mariée à *Philippe Corgnol*, écuyer, sieur de Glange ***, demeurant au lieu noble de La Touche, paroisse d'Anais, *Marguerite*, qui avait épousé *Gabriel de La Cour*, sieur de Chenaud ****, vendirent par contrat du 23 août 1679, le logis et la seigneurie de La Barrière, à messire *Alexandre de Saint-Hermine*, chevalier, seigneur de La Côte, demeurant au château du Fa, paroisse de Sireuil.

La Salle. — C'est le nom donné anciennement au chef-lieu de la seigneurie de Mosnac. Cédée au XVIe siècle en arrière-fief par les seigneurs, à maître *Philippe Martin*, d'une famille de magistrats de l'Angoumois, sous l'hommage d'un denier d'or à nuance de seigneur et de vassal, La Salle passa à *Guyonne Martin*, sa fille, mariée à *Joachim Ricoul*, écuyer. Nous les trouvons le 4 mars 1550 et le 18 juillet 1573, avec la qualité de sieur et dame de La Salle. Vincent de Villars, écuyer, sieur de La Barrière, et Marie Girard, sa femme, la possédèrent après eux. Presque toujours unie depuis à La Barrière, elle appartint aux mêmes seigneurs.

La Descenderie. — Le Maine-Texandier ou La Texandrie, plus tard La Dexandrie, d'où l'on a fait La Descenderie, dépendait de la seigneurie de Mosnac et Rouffignac. Ce fief fut arrenté à différentes fois aux Masquet, laboureurs, par Charles et Marie de Mosnac, puis par Roger Augeard et Mathurine de Mosnac, sa femme. Etant tombé en partage, une portion fut acquise au commencement du XVIe siècle par *Guillaume Gandillaud*, de Châteauneuf. Ses héritiers, qui étaient messire Georges Gandillaud, prêtre, curé de Boresse et prieur de Saint-Surin, maîtres Philippe et Antoine Gandillaud, frères, reçurent, le 21 novembre 1527, nouvelle baillette pour ce

---

* Anais, canton de Saint-Amant de Boixe, arrondissement d'Angoulême.
** Aujourd'hui commune du canton d'Angoulême.
*** Commune de Jauldes, canton de La Rochefoucauld.
**** Commune du canton de Saint-Aulaye, arrondissement de Ribérac (Dordogne).

de Fontguyon, et d'Anne Barbarin. Mais déjà les seigneurs de Mosnac n'y résidaient guère plus. Les SAINT-HERMINE en devinrent bientôt les vrais seigneurs après l'acquisition du fief de La Barrière qu'ils firent en 1679. Ils possédèrent

---

qu'ils possédaient; de la part de messire Hippolyte de Cruc, écuyer, seigneur de Morsac et de Rouffignac, Jean de Cruc, écuyer, seigneur de Poulignac, et messire Pierre Brun, prêtre. Ils agrandirent beaucoup leurs possessions dans la suite, surtout *Philippe Gandillaud*, procureur du roi à Châteauneuf et Bouteville, qui créa le domaine de La Descenderie, en achetant ce que divers particuliers y tenaient déjà des seigneurs de Mosnac, entre autres Clinet Jousset, écuyer, sieur de Villeneuve, châtellenie de Blanzac *, et demoiselle Marguerite de La Sarre, son épouse, et Julienne Cyvadier, dame de Bourgneuf **, demeurant à Cognac. Par déclaration du 16 juin 1565, il avoue tenir noblement le maine de « La Texandrie » de messire Henri d'Ingrandes, écuyer, seigneur du Breuil de Bonneuil, Morsac et Rouffignac. Il acquit en même temps de Jean Tesseron, écuyer, sieur de Vignes, les fiefs voisins de Vignes et du Gré, qu'il unit à La Descenderie.

Antoine Gandillaud, écuyer, sieur de Vignes, fils du précédent et de demoiselle *Anne Lambert,* son épouse, posséda longtemps La Descenderie, dont il fit sa résidence et le chef-lieu de sa seigneurie de Vignes et du Gré. Le 29 janvier 1620 il vendit le tout, avec le moulin des Chaigneaux ou de Blanchefleur, à *Pierre Fé*, sieur de Hauteroche, marchand, de Châteauneuf, et dame *Marie Ranson*, son épouse, pour le prix de 16,500 livres. Dans sa déclaration du 18 juin 1634 au commissaire des francs-fiefs de l'élection de Niort, Pierre Fé avoue que ladite maison noble est du domaine du roi, et qu'il la tient en arrière-fief des héritiers de Jacques Le Musnier, au devoir d'une paire de gants blancs à muance de seigneur et de vassal.

Ils eurent quatre enfants : 1º Pierre, l'aîné, qui suit ; 2º Marguerite, mariée à Henri Rambaud, marchand, de Châteauneuf; 3º Jean Fé, sieur de Vignes, conseiller du roi, président en l'élection de Saint-Jean d'Angély, qui épousa Clémence Bougauld, le 11 février 1630 ; 4º Philippe Fé, sieur de Hauteroche, marié le 24 août 1636 à demoiselle Françoise Lurat, dont trois enfants, Pierre, Jeanne et Denis Fé, ce dernier procureur du roi à Châteauneuf en 1674.

Pierre Fé, sieur de La Côte, épousa, par contrat du 18 septembre 1622, *Claude Corliet*, fille de Jean Corliet, sieur du Maine-Michaud en Saint-Simeux, et de Perrine Boutaud. Il hérita de La Descenderie et acquit en outre, le 30 janvier 1645, de Marie Renaudot, veuve de François Faugeron,

---

* Villeneuve, ancienne paroisse, aujourd'hui de la commune de Deviat, canton de Montmoreau (Charente).

** Bourgneuf, hameau de la commune de Richemont, canton de Cognac.

cette terre de père en fils jusqu'en 1807, où elle fut vendue à M. Antoine du Mas de Salvert et dame Jeanne Fé de Maumont, son épouse [*].

Après la mort de M. de Salvert en 1852, ses héritiers

en son vivant sieur de Blanchefleur, ledit lieu de Blanchefleur et dépen-pendances, que François Faugeron lui-même avait eu par décret du 1er mars 1609, sur les héritiers de feu Thomas Augeard. Il mourut en septembre 1671, laissant 5 enfants, savoir : 1º Pierre, l'aîné, qui suit ; 2º Marie, mariée le 5 septembre 1649, à Louis Rullier, sieur de Boisnoir, élu en l'élection d'Angoulême, dont trois fils et une fille ; 3º Catherine, mariée le 25 juillet 1650, à Jacques Foucques, sieur de Mondenis, procureur au siège royal de Cognac, dont elle n'eut pas d'enfants ; 4º Marguerite, mariée le 12 août 1647, à Philippe Dexmier, sieur de Saint-Surin, dont postérité ; 5º Louise, mariée le 15 janvier 1663, à Jean Dexmier, sieur de Monconseil, lieutenant particulier en l'élection de Cognac, dont postérité.

Pierre Fé, sieur de La Descenderie, conseiller du roi, premier élu en l'élection de Cognac, épousa le 25 mai 1648, *Marguerite Dexmier*, fille de Jean Dexmier, sieur de La Motte en Mosnac, et d'Anne Leclerc, de Château-neuf, dont la sœur Anne Dexmier, fut mariée à Philippe Fé, conseiller du roi, président en l'élection de Cognac. Le sieur de La Descenderie eut trois enfants : 1º Marie, qui suit ; 2º Pierre, mort sans postérité ; 3º Jean Fé, sieur de Pondeville, mort le 18 janvier 1695, laissant de son mariage avec Marie Lambert des Andreaux, une fille, Marie, mariée à Jean Chambord, sieur de La Jaubertie, et deux fils, Jean Fé, lieutenant d'infanterie, et Joseph Fé, morts jeunes et sans enfants, entre 1705 et 1710.

Marie Fé eut en partage La Descenderie, qu'elle porta en mariage, le 11 février 1679, à *François Piet*, sieur de La Bergerie, en Angeac, fils d'Hélie Piet, marchand, de Châteauneuf, et de Jeanne de Poutignac. Elle mourut le 26 octobre 1690, et son mari, par le partage qu'il fit entre ses cinq enfants, le 6 août 1715, attribua La Descenderie à *Jean Piet*, son plus jeune fils, lequel épousa, le 17 avril 1719, *Jeanne Poirier de Longeville*, de Châteauneuf, et eut entre autres, *François Piet de La Descenderie*, qui lui succéda. Cette famille, qui a eu de nombreuses branches à Châteauneuf et aux environs, est aujourd'hui représentée à La Descenderie par M. Eusèbe Piet, et ne semble pas près de s'éteindre.

[*] **Saint-Hermine** [*]. — Cette très ancienne maison s'est partagée en une multitude de branches ; nous suivrons celles qui intéressent notre région. Les éléments de cette note sont pris à plusieurs sources, savoir : 1º Nadaud,

* Nous écrivons Saint-Hermine *au masculin*, conformément aux anciens titres que nous avons sous les yeux. Le texte latin de Boutroys, chroniqueur de l'abbaye de La Couronne (1609), porte également: « *Sancti Hermini* ». (Voir *Hist. de l'abbaye de La Couronne*, par M. l'abbé Blanchet, liv. II, chap. III).

vendirent La Barrière à M. Rivière, dont le fils, M. Félix Rivière, maire de Mosnac, la possède actuellement. Il restait encore à Mlle Adèle de Salvert l'ancienne métairie du Maine-Barraud, qui lui venait d'un oncle, M. Pierre Babinet de

---

t. II, p. 431 et suiv., 504 et suiv.; 2° Archives du château d'Ardenne, fonds de Mosnac et de Tourteron ; 3° Registres paroissiaux de Mosnac, etc.

Arnaud de Saint-Hermine, écuyer, capitaine de Châteauneuf en Angoumois, épousa vers 1335 *Isabelle de Leutard*, dont

Guillaume de Saint-Hermine, valet, seigneur de Tourteron, qui rendit hommage de cette terre à Louis d'Orléans, comte d'Angoulême, en 1401, et à Jean d'Orléans, en 1411. Il avait épousé *Isabelle Dussolier*, dont

Jean de Saint-Hermine, 1er du nom, valet. Il servait en 1418, et mourut jeune, laissant de son épouse, *Marguerite de La Duch* :

Jean de Saint-Hermine, 2° du nom, écuyer, seigneur du Fa, Tourteron, Saint-Même, etc., qui épousa le 25 octobre 1435, *Marguerite Goumard*, dame d'Echillais en Saintonge, d'où vint

Hélie de Saint-Hermine, 1er du nom, chevalier, seigneur du Fa, Tourteron, Saint-Même, etc., qui vivait encore en 1488. Il fut père de

Claud de Saint-Hermine, écuyer, seigneur du Fa, Tourteron, Saint-Simeux, etc. Il mourut avant 1508, laissant de *Cécile Joubert*, dame de La Vergne en Sireuil et de Saint-Simeux, son épouse :

Joachim de Saint-Hermine, 1er du nom, chevalier, seigneur du Fa, l'un des cent gentilshommes de la maison de François Ier. Il épousa, le 27 janvier 1527, *Anne Guybert*, fille de noble Jean Guybert, maire de La Rochelle, et de Jacquette Foreau, dame de La Laigne, dont

Jean de Saint-Hermine, 3° du nom, écuyer, seigneur du Fa et de La Laigne. Entraîné dans l'hérésie par Calvin en personne, il joua un grand et funeste rôle durant les guerres de religion. Nommé par le prince de Condé gouverneur du Poitou, Saintonge et Aunis, vers la fin de 1567, il se jeta dans La Rochelle, d'où il chassa Chabot de Jarnac, gouverneur pour le roi, appela à lui les gentilshommes ses coreligionnaires, et se rendit maître du pays. La paix de Longjumeau (1568) arrêta ses succès; il dut rendre La Rochelle entre les mains de Chabot de Jarnac. On lit dans une pièce de vers de l'époque :

« A lui (Condé) se sont rangés à l'envi tous les bons,
» Qui ont par leurs vertus fait illustrer leurs noms,
» Entre lesquels on voit le sieur de Sainte-Hermine... »

Il épousa en 1560 *Lucrèce de Lusignan*, dont il eut

Joachim de Saint-Hermine, 2° du nom, chevalier, seigneur du Fa et de La Laigne. Il suivit d'abord le parti des religionnaires, puis rentra dans le devoir, et devint en 1596 gentilhomme ordinaire de la Chambre de Henri IV.

Nouzière, marié à demoiselle Marie Fé de Frégeneuil. Elle l'a vendue ces dernières années.

Il mourut avant le 15 septembre 1597, laissant de *Barbe Goumard*, son épouse :

Hélie de Saint-Hermine, 2° du nom, chevalier, seigneur du Fa et de La Laigne, qui épousa en 1607 *Isabeau de Polignac*, fille de François, chevalier, seigneur de Fontaines et de Saint-Aigulin, et de Louise de Lanes. Il eut : 1° Joachim, qui suit ; 2° Hélie, tige de la branche de La Laigne.

Joachim de Saint-Hermine, 3° du nom, chevalier, seigneur du Fa, Saint-Laurent, etc., colonel d'infanterie, épousa en 1635 *Anne de Polignac*, fille de Louis, baron d'Argence. Il eut pour enfants : 1° Hélie, qui suit ; 2° Louis, tige de la branche de Mérignac, Chenon, etc.; 3° César, tige de la branche de La Barrière en Mosnac; 4° Alexandre, chevalier, seigneur de La Barrière * et plusieurs autres.

Hélie de Saint-Hermine, 3° du nom, chevalier, seigneur du Fa. Rentré dans le sein de l'Eglise le 30 novembre 1668, il fit, le 16 janvier 1669, purifier et réconcilier « l'église du château du Fa » (*Nad.*), fondée et dotée d'un revenu considérable par ses pères, sous le nom de Sainte-Bénigne, martyre, qui avait été profanée depuis que ses ancêtres étaient devenus protestants **. Il épousa, le 6 août 1663, *Suzanne de Guibert*, dont

Hélie-François de Saint-Hermine, chef d'escadre des armées navales qui était, en 1737 commandant de la marine au département de Rochefort, et plusieurs autres, tous officiers de marine. Il épousa le 11 mai 1709, *Marie Julie de Vassoigne*, qui mourut veuve et sans enfants à Angoulême, en 1765. *Suzanne de Saint-Hermine*, sa sœur, épousa: 1° Par contrat du 2 mars 1686 *** *Pierre Briand*, sieur de Boisse, brigadier général des armées du roi, fils de Samuel Briand, écuyer, seigneur de Goué, et de Catherine de Magnac

---

* Alexandre de Saint-Hermine, acquéreur de La Barrière en 1679, mourut sans alliance (*Chron. protest.*, par Bujeaud, p. 280); c'est ce qui explique pourquoi César de Saint-Hermine, son frère, est dit tige de la branche de La Barrière.

** **Sainte-Bénigne du Fa.** — Nous soupçonnons ici quelque erreur de date. Il est difficile d'admettre, en effet, que la chapelle de Sainte-Bénigne n'ait été rendue au culte qu'en 1669, alors qu'elle avait un chapelain dans la personne de messire Augustin Chaput, prêtre, qui en avait pris possession le 11 décembre 1634, et la garda fort longtemps. Son successeur fut messire Jacques Tuffet, abbé commendataire de l'abbaye d'Aiguevives, au diocèse de Tours. Nous le trouvons en 1687, 1714, et années suivantes. Les seigneurs du Fa, fondateurs de cette chapelle *dans l'église de Sireuil*, leur paroisse, lui avaient assigné comme dotation, les moulins qu'ils possédaient à Saint-Simeux, en l'écluse du Corbeau et que le chapelain arrentait pour le prix de 74 boisseaux de froment et 24 boisseaux de méture, mesure de Châteauneuf. Mais la nécessité de fréquentes et coûteuses réparations, réduisit peu à peu ce revenu, qui n'était plus en 1715 que de 40 boisseaux de froment et 24 de méture.

*** *Archives de la Charente.* Guill. Jeheu, notaire à Angoulême.

qui ne lui laissa pas d'enfant ; 2º le 9 janvier 1694 (*Nad.*, I, 557), *Philippe de Galard de Béarn*, seigneur du Repaire, capitaine au régiment du Roi, puis colonel d'un régiment de son nom, dont vint *Alexandre de Galard de Béarn*, mort sans postérité, et *Marie-Suzanne de Galard de Béarn*, mariée à *Pierre Pasquet de Savignac*, chevalier, seigneur de Saint-Mesmy, Bussy et autres lieux. Ces derniers vendirent, par contrat du 5 avril 1762, pour la somme de 112,204 livres, le château, la terre et seigneurie du Fa, à *Claude Trémeau*, écuyer, conseiller du roi, juge magistrat au présidial d'Angoulême; et le 27 suivant, quittance fut donnée par dame Julie de Vassoigne, veuve de messire Hélie-François de Saint-Hermine, chef d'escadre, à Claude Trémeau, de la somme de 18,000 livres à elle due sur ladite vente *.

Le Fa passa bientôt à *Jean Tabuteau*, bourgeois de Châteauneuf, que nous trouvons en 1783 et 1784 en procès avec le prieur de Sireuil, Jean Mouton. Sa fille, demoiselle *Marie Tabuteau*, épousa M. *Pierre Paulet*, président en l'élection d'Angoulême, d'une ancienne famille anglaise venue en France à la suite des Stuarts **. M. Paulet, décédé en 1815 ***, eut pour fils M. *François-Marie Paulet*, né à Angoulême le 16 février 1787, et marié avec demoiselle *Catherine-Émilie Augereau*, fille d'un lieutenant d'élection à Cognac, père et mère de M. Élie Paulet, possesseur actuel du château d'Ardenne. Le Fa, vendu par eux vers 1820, est aujourd'hui morcelé, et l'antique construction romaine détruite en très grande partie.

BRANCHE DE LA BARRIÈRE. — Cette terre fut acquise en 1679, comme il est dit ailleurs.

César de Saint-Hermine, fils de Joachim et d'Anne de Polignac, chevalier, seigneur de Saint-Laurent, La Barrière, etc., mort le 23 octobre 1719, avait épousé en 1687 *Marie Legrand*, d'où plusieurs enfants, entre autres :

Hélie de Saint-Hermine, chevalier, seigneur de Saint-Laurent, La Barrière garde-marine en 1705, mort le 3 mai 1758. De son mariage avec demoiselle *Madeleine Fé*, fille de Jean Fé, écuyer, sieur de Boisragon, et de Madeleine de Létoile, il eut beaucoup d'enfants, entre autres : 1º René-Madeleine, chef de bataillon au régiment de Rouergue-infanterie, mort en 1777, lequel eut de Claire-Jacquette de Culant, trois fils décédés officiers et célibataires, 2º Pierre-Louis, commandeur de Saint-Lazare, abbé commendataire de Montbenoist, aumônier de la reine, etc.; 3º Jean, qui suit.

Jean de Saint-Hermine, chevalier, seigneur de La Barrière, marquis, et chevalier des ordres royaux et militaires du Mont-Carmel et de Saint-Lazare de Jérusalem, épousa en 1755 *Louise-Angélique Roulin*, dame de La Templerie. Il est mort le 5 octobre 1792. Plusieurs enfants, entre autres :

Emmanuel-Armand-Jean-Bénédicte de Saint-Hermine, né le 19 décembre 1770; devint successivement page de Louis XVI, capitaine au régiment

* *Archives de la Charente*, Guillaume Jeheu, notaire à Angoulême.
** Les Paulet d'Angleterre portaient : *De sable à 3 épées d'argent garnies d'or, celle du milieu en pal et les autres en sautoir ; au croissant d'argent en chef.* (Anselme, *Hist. généalogique*, art. La Force).
*** En l'hôtel de la présidence, où est aujourd'hui la pension Raballet.

de Picardie-cavalerie, lieutenant de la garde constitutionnelle de Louis XVI, maire de Niort (1818), député des Deux-Sèvres (1827), préfet de la Vendée (1830), de l'Allier (1832), pair de France (1839) ; mort à Niort le 18 mars 1850. Il avait épousé en 1795, demoiselle *Marie-Agathe Berthelin de Montbrun*, dont postérité.

BRANCHE DE MÉRIGNAC. — Voici l'origine de cette branche. *Françoise de Saint-Hermine*, fille de Joachim et de Barbe Goumard, avait épousé *Isaac de Livenne*, chevalier, seigneur de Mérignac. Leur fille, *Marie de Livenne*, fut mariée en 1661 à *Louis de Saint-Hermine*, sieur de Chenon, son cousin, fils de Joachim et d'Anne de Polignac, d'où

Louis de Saint-Hermine, chevalier, seigneur de Mérignac, colonel du régiment de Caylus-infanterie (1704), et ensuite du régiment Royal-Vaisseaux-infanterie. Il épousa *Blanchefleur-Geneviève de Guibert*, dame de Landes et de Coulonges *, diocèse de Saintes, dont vint

Louis-Clément de Saint-Hermine, seigneur de Mérignac et de Coulonges, page de la reine (1725), puis capitaine au régiment de Vibray-dragons. Il épousa *Elisabeth de Maulevrier*, dame d'Agonnay, d'où ; 1º *René-Louis*, marquis de Saint-Hermine, né le 15 octobre 1741, officier supérieur dans plusieurs régiments, mort à Londres pendant l'émigration ; avait épousé, le 23 mai 1775, *Anne de Polignac*, fille du premier écuyer du comte d'Artois, dont il eut deux filles ; 2º autre *René-Louis*, vicomte de Saint-Hermine, aussi officier, qui épousa demoiselle *Catherine-Adélaïde-Victoire de Crest de Vervant*, et eut également deux filles. Mort en 1785.

* Landes, commune du canton de Saint-Jean d'Angély ; Coulonges, commune du canton de Saint-Savinien, arrondissement de Saint-Jean d'Angély (Charente-Inférieure).

II

ANQUEVILLE

Anqueville, situé sur les confins des quatre communes de Bouteville, Saint-Amant, Graves et Saint-Même, fait partie du territoire de cette dernière. Il appartenait autrefois aux seigneurs de Montausier, branche cadette des Taillefer. Plusieurs titres nous l'apprennent, notamment un aveu fourni en 1245 au comte d'Angoulême, par ARNAULD DE MONTAUSIER : « Ego Arnaldus de Monte Auserio, miles, dominus de Ancovillâ, notum facio omnibus præsentes litteras inspecturis, quod ego teneo in feudum et sub homagio ligio, a Comite Engolisme, domum meam de Ancovillâ, cum omnibus pertinenciis suis, et omnes aquas et redditus quas habeo et possideo in castellanià et honore de Botavillâ, salvis et exceptis *las Corradas* [1], propè Botavillam, quas habeo tantummodo a domino Guillermo Testaudi [2]. In cujus testimonium sigillo meo presentes litteras sigillavi. Datum anno Domini Mo CCo XLo quinto. » [3]

La mouvance de la seigneurie d'Anqueville était assez étendue ; un dénombrement de 1470 en fait foi ; et un censif du XVIIe siècle énumère jusqu'à 30 paroisses sur lesquelles elle s'exerçait, savoir : St-Même, Bouteville, St-Amant, Graves, Angeac, St-Simon, Vibrac, Moulidars, St-Simeux, St-Surin, Châteauneuf, Eraville, Malaville, Touzac, Bonneuil, St-Preuil, Sonneville, Lignières, La Magdeleine, Criteuil, Ambleville, Verrières, St-Palais, Segonzac, St-Fort, Salles, Genté, Gensac, Bourg-Charente, Mainxe. Peut-être même y en avait-il

---

1. *Les Courades*, hameau de la commune de Segonzac.

2. *Testaud*, nom d'une ancienne famille de Bouteville, que nous voyons quelquefois figurer dans les chartes, au moyen-âge.

3. *Archives nat.*, Hom. du comté d'Angoulême, registre rédigé en 1379, p. 721. (Communic. de M. P. de Fleury, archiviste de la Charente). Le nom de Montausier est resté à deux prises de la paroisse de St-Amant de Graves, dépendantes de la seigneurie d'Anqueville: le *Grand-Montausier* et le *Petit-Montausier*. Il en est question dans différents titres, tels que baillettes, reconnaissances, etc.

CHATEAU D'ANQUEVILLE

D'après une Photographie de M.l'Abbé A.MONDON

d'autres, car le document en question est intitulé : *Extraict du papier censif d'Anqueville* [1].

Après les Montausier, Anqueville passa aux Mortier [2], sur lesquels nos archives ne fournissent aucun renseignement, puis aux Giraud [3]. ARNAULD et PIERRE GIRAUD, écuyers, seigneurs d'Anqueville, donnent, le 21 janvier 1470, une baillette d'arrentement de terres dans la prairie du Grand-Montausier, paroisse de St-Amant. Nous avons aussi le dénombrement rendu par le même Pierre Giraud, le 4 juillet suivant, à Mme la comtesse d'Angoulême, « comme ayant cause de feu GUILLAUME DE MONTAUSIER, escuier, seigneur en son vivant dudit lieu d'Ancoville. »

Il avait pour femme LOUISE GAILLARD, qui était veuve à la date du 12 avril 1508, et vivait encore le 16 juillet 1523, où elle acquit de Joachim de St-Hermine, chevalier, seigneur du Fa, diverses rentes à lui appartenant, en la châtellenie de Bouteville, à cause de sa seigneurie de La Clavellerie, paroisse de Nonaville [4].

FRANÇOIS GIRAUD, son fils, épousa FRANÇOISE DE FÉDIC, dame de Charmant [5]. Il vivait encore le 6 février 1531, et était mort à la date du 25 août 1535. Sa veuve administra les biens de ses enfants mineurs, et maria vers 1553, sa fille, LOUISE GIRAUD, à CHARLES DE SOUSMOULINS [6], écuyer, seigneur de Vibrac en Saintonge [7]. Il reste de lui un grand nombre de titres, dont le dernier est une déclaration de

---

1. Cet extrait ne porte pas de date précise. Quelques annotations marginales indiquent le reçu des rentes de 1627, 1628 et 1629, et fixent ainsi l'époque.

2. Voir *L'Angoumois Occidental* par M. P. de Lacroix, p. 171.

3. On écrit souvent *Géraud;* nous ferons remarquer que dans les pièces très nombreuses qui composent les fonds d'Anqueville, ce nom n'est jamais orthographié ainsi. La veuve de Charles de Sousmoulins, notamment, signe en grandes capitales : « L. GIRAVLD ».

4. Commune du canton de Châteauneuf, arrondissement de Cognac.

5. Commune du canton de Villebois-la-Valette, arrond. d'Angoulême.

6. Sousmoulins, commune du canton de Montendre, arrondissement de Jonzac (Charente-Inférieure). La première reconnaissance rendue à Charles de Sousmoulins, comme seigneur d'Anqueville, est du 1er mai 1553.

7. Commune du canton de Jonzac.

tenanciers du 15 juin 1569. Sa mort arriva peu de temps après, comme le prouve une copie de la même pièce, délivrée le 1er juillet 1571, à « Loyse Girauld, vefve dudict feu sieur de Vibrac ».

La dame d'Anqueville continua d'habiter le château avec ses enfants. Le 31 mars 1584, elle y maria une de ses filles, JACQUETTE DE SOUSMOULINS, à DAVID MÉHÉE, écuyer, seigneur de L'Etang et du Vergerbeau [1], un des compagnons d'armes de Henri de Navarre [2]. Elle reçut, le 9 juillet 1603, le dénombrement du fief des Courades, à elle rendu par « noble homme messire Françoys de Nesmond, conseiller du Roy en son conseil d'Estat, président en sa court de parlement de Bourdeaux, seigneur de Maillou, Les Courrades [3], La Nérole et Mainxe, comme ayant droict, cession et transport de deffunct messire Jehan de la Rochebeaucourt [4] ».

Louise Giraud mourut en 1612; son testament porte la date du 26 août de cette année. Elle en avait d'abord fait un premier, par lequel elle partageait ses meubles entre ses deux filles, Antoinette et Jacquette de Sousmoulins. Mais Antoinette, mariée au vicomte de Saint-Mathieu, étant venue à mourir sans enfants en 1603, la dame d'Anqueville, dans ce second testament, lui substitua Josias Méhée, fils puîné de Jacquette.

Jacquette de Sousmoulins, devenue veuve de bonne heure (juin 1592), épousa en secondes noces (1602) [5] PIERRE

---

1. Hameau de la commune de Saint-Porchaire, canton de Bressuire (Deux-Sèvres).

2. Les seigneurs d'Anqueville étaient huguenots militants; aussi leur château eut-il à subir les vicissitudes de la guerre. « La vérité est, lisons-nous dans une pièce de 1624, que pendant les guerres cyvilles, la maison d'Anqueville a esté pilhée et saccagée, et par ce moyen, la majeur part des tiltres dycelle rompus, dillacérés, prins et emportés... »

3. Ce fief, nommé ci-dessus, relevait, pour la plus grande part, d'Anqueville, et pour le reste, de Lignières. — La Nérolle, commune de Segonzac (Charente). — Mainxe, commune du canton de Segonzac.

4. Jean de La Rochebeaucourt, chevalier, seigneur de Saint-Même.

5. Un inventaire de l'argent et des denrées qui lui appartenaient en propre,

DEXMIER, écuyer, sieur du Breuil de Blanzac. Mais dès le 23 octobre 1603, GÉDÉON MÉHÉE, fils aîné du premier lit, obtint une sentence du présidial de Saintes, qui condamnait sa mère à lui rendre compte de l'administration de ses biens. Il épousa lui-même RENÉE REGNON, dame de La Braconnière en Bas-Poitou *, par contrat du 23 février 1610 ².

---

dressé en présence et du consentement de Pierre Dexmier, un peu avant leur mariage, porte la date du 16 mars 1602. (Reçu Locquet, notaire à Barbezieux). Pierre Dexmier, fils aîné de Raymond Dexmier et de Christine du Plessis-Liancourt, était veuf de Marie de La Faye, dont il avait un fils unique, Guy Dexmier, écuyer, seigneur du Breuil et de La Font, en Pérignac*. Pierre Dexmier fut un des chefs les plus ardents du protestantisme en Angoumois (*Chronique protestante*, par V. Bujeaud, p. 101). Il bouda même un peu Henri IV après sa conversion. On connaît le mot que lui écrivait le roi : « Il ne faut pas quitter ses compagnons pour manger des noix en Angoumois ».

* **Regnon.** — *Jean Regnon*, écuyer, sieur de La Braconnière, paroisse de Dompierre-sur-Yon, en Bas-Poitou, avait épousé damoiselle *Antoinette Prévost*, de La Rochelle, dont il eut 5 filles :

1° *Catherine Regnon*, l'aînée, eut en cette qualité le manoir de La Haute-Braconnière. Elle épousa, avant 1610, Charles de Bonnevin, chevalier, seigneur de La Restelière, et maria sa fille, Renée de Bonnevin, à René Gazeau, chevalier, seigneur de La Brandanière, La Boutarlière, La Boissière, etc. Leur fille, Marie Gazeau, épousa en 1665 (accord du 30 mai, reçu Guesdon et Puychaud, notaires à La Forêt-sur-Sèvre), Jean-Philippe de Jaucourt, chevalier, seigneur de Villarnoul, fils aîné de messire Philippe de Jaucourt, chevalier, seigneur, baron de Villarnoul, La Forêt-sur-Sèvre et autres places, et de dame Marguerite de Guéribalde, son épouse;

2° *Renée Regnon*, la cadette, nommée ci-dessus;

3° *Antoinette Regnon*, mariée à messire *Pierre de Lestang*, seigneur de Villaine, qui, devenu veuf, épousa ensuite Madeleine Damours, veuve de Henri Méhée, écuyer, seigneur de La Barde ;

4° *Suzanne Regnon*, qui épousa *Jacques Gaultron*, chevalier, seigneur de Landebaudière, demeurant en la maison noble de Sourdy, paroisse de La Gaubretière, en Bas-Poitou.

5° *Marthe Regnon*, qui paraît avoir épousé *Jean Chevalleau*, écuyer, seigneur de Boisragon, en Poitou.

(Acte de partage des biens de Jean Regnon, 12 octobre et 25 novembre 1643, et autres pièces).

2. *Pièces justificatives*, n° XXXIV.

* Commune du canton de Blanzac (Charente).

Trois ans après, il mourut au Vergerbeau et fut, selon son désir, enterré à Saint-Surin près Barbezieux, avec les Méhée ses ancêtres. Par son testament du 16 septembre 1613 [1], il donna à sa femme la jouissance de tous ses biens, et l'institua tutrice de leurs enfants, René et Jacquette Méhée. Elle se remaria par contrat du 16 février 1620, à CHARLES DE SAINT-GELAIS DE LUSIGNAN, seigneur de Montchaude [2], dont elle devint veuve le 18 avril 1625 [3], et mourut en 1637 [4], peu de temps après sa belle-mère, Jacquette de Sousmoulins. Celle-ci était décédée en effet dans le courant d'avril, probablement au château d'Ardenne, où elle se trouvait sans doute en visite. C'est là du moins qu'elle tomba malade et fit son testament le 10 avril 1637 [5].

RENÉ MÉHÉE, premier du nom, chevalier, seigneur d'Anqueville, épousa, à l'âge de 39 ans, le 28 janvier 1652 [6], demoiselle CLAUDE CHASTEIGNER, fille d'Isaac Chasteigner, chevalier, seigneur baron du Lindois, et de dame Magdeleine de Pons, son épouse, demeurant au château dudit Lindois [7]. Le contrat fut reçu au logis noble du Bois, paroisse de Graves [8] [*].

---

1. *Pièces justificatives*, n° XXXV.
2. Commune du canton de Barbezieux.
3. *Bulletin de la Socciété des Archives de la Saintonge*, I, 242.
4. Nous n'avons pas la date précise, mais nous savons, par deux pièces authentiques, qu'elle vivait à la date du 6 mars 1637, et qu'elle mourut cette même année. Elle habitait Anqueville depuis 1633.
5. *Pièces justificatives*, n° XXXVI.
6. *Pièces justificatives*, n° XXXVII.
7. Commune du canton de Montembœuf, arrondissement de Confolens (Charente).
8. La demoiselle Chasteigner avait alors perdu sa mère depuis long-temps, et son père refusait sans doute son consentement, puisqu'elle obtint contre lui une sentence du présidial d'Angoulême, du 26 janvier 1652. Cette circonstance explique pourquoi le contrat fut passé ailleurs que dans la demeure de la future épouse, et en l'absence de son père.

[*] **Bois-Charente**, commune de Graves, canton de Châteauneuf (Charente), appartenait aux Giraud d'Anqueville, parents de René Méhée, dont

René Méhée mourut à Anqueville en 1658 [1], six ans après son mariage, laissant trois enfants mineurs : 1o *René*, qui continue la filiation ; 2o *Henriette*, qui devint religieuse à Sainte-Croix de Poitiers ; 3o *Magdeleine*, qui épousa, le 6 mars 1677, *Henri de Pocquaire*, écuyer, sieur du Cormier et de Fontaulière, en la paroisse de Cherves-de-Cognac, fils de Charles de Pocquaire, seigneur desdits lieux, et de damoiselle Anne de La Porte [2].

Claude Chasteigner se remaria en secondes noces, le 3 mars 1660 [3], à Henri Méhée, sieur de Saint-Hilaire, son cousin par alliance, étant fils de Josias Méhée, frère cadet de Gédéon ; et en troisièmes noces, le 12 août 1665, à Louis

---

une branche l'eut en partage, et fit construire au xvie siècle le petit castel dont on aperçoit la tour hexagone à travers le feuillage, près de la ligne du chemin de fer de Jarnac à Châteauneuf. *Jean Giraud*, écuyer, seigneur de Bois-Charente, assistait en 1581 au mariage de David Méhée avec Jacquette de Sousmoulins. Il avait pour femme *Marguerite d'Estivalle*, dame du Puy-de-Neuville en Touzac, qui était sa veuve le 23 mai 1593. *Charles Giraud*, écuyer, seigneur de Bois-Charente, leur fils, épousa *Jeanne Arnoul*, et était mort le 10 juillet 1636, laissant *Christophe Giraud*, écuyer, seigneur de Bois-Charente, qui s'unit le 12 mai 1641 à *Louise de Livenne*. Il vivait en 1675 et était mort le 21 février 1681. *Marguerite Giraud*, leur fille, fut mariée le 9 septembre 1680, à *François-Gaston Goulard*, écuyer, seigneur de La Faye, dont elle était veuve le 25 janvier 1703. Bois-Charente fut alors vendu à *Jean Tioulet*, gentilhomme ordinaire de la chambre du roi, et *Marie Béraud* son épouse, d'où il passa à *Alexandre Tioulet*, leur fils, et à ses descendants. Acquis en 1820 par M. *Mourou-Dumas*, Bois-Charente est possédé aujourd'hui par M. *Marvaud*, son gendre.

1. Cette date est donnée par la Sentence arbitrale citée plus loin, mais le jour n'y est point indiqué. Le même document relate une requête de Josias contre René Méhée, portant la date du 30 avril 1658. D'autre part une procuration notariée donnée le 7 août 1658, au château de Ciré, par René de Culant, chevalier, seigneur dudit lieu, pour l'inventaire et estimation de Malvoisine et des marais salants de Beauvoir, vise un accord conclu à cette fin, le 30 juillet précédent, entre ledit sieur de Ciré et Claude Chasteigner, *dame douairière d'Anqueville*. René Méhée serait donc décédé entre le 1er mai et le 30 juillet 1658.

2. Guillaume Jeheu, notaire à Angoulême.

3. *Pièces justificatives*, numéro XXXVIII.

LEGRAND, sieur de La Vallée de Courpeteau [1]. Elle habitait toujours Anqueville; mais bientôt de graves différends firent passer cette seigneurie dans une autre famille.

Il s'agissait de liquider les successions et les droits de David Méhée, mort, comme nous l'avons dit, en 1592; de Jacquette de Sousmoulins, décédée en 1637; d'Anne et Salomon Méhée, deux de leurs enfants, morts sans postérité, la première en 1595, le second en 1618; de Gédéon Méhée, leur fils aîné, mort en 1613; d'Henri Méhée, frère de Gédéon, marié à Madeleine Damours, et d'autre Henri méhée, leur fils, défunts; et enfin de René Méhée d'Anqueville, premier mari de ladite Claude Chasteigner. Un procès interminable commença à la mort de Jacquette de Sousmoulins, et pendant près de 30 ans, les échos de la Chambre de l'Edit, à Paris, retentirent de ces débats envenimés [2]. Enfin, après bien des instances, des plaids, des jugements et des appels, cinq avocats au Parlement, MM. Barthélemy Ausannet, Michel Langlois, Jacques Caillard, Germain Billard et Charles de Fontenay, furent chargés de terminer cette grosse affaire. Leur sentence arbitrale du 12 septembre 1665, adjugea Anqueville et le Vergerbeau aux enfants mineurs de René Méhée [3].

---

1. Courpeteau, hameau de la commune de Varaize, canton de Saint-Jean d'Angély. Pour la date du mariage, voir *Nadaud*, II, p. 226.

2. C'est au point que le 7 mai 1650, le seigneur d'Anqueville, René Méhée, fut incarcéré à Paris, sur les poursuites de Josias et Isaïe Méhée, père et fils. (Sentence arb.)

3. Nous donnons le précis de cette fameuse sentence. Après l'examen de tous les comptes de recettes et dépenses depuis l'année 1592, date de la mort de David Méhée, les arbitres procèdent au partage des biens évalués à la somme de 217.065 l. 10 s., savoir : 1° La seigneurie d'Anqueville, avec les métairies du Raby *, du Guély, de Douvesse et d'Etaule, plus des rentes et autres droits sur le fief de Boisbajeau ** et les moulins de Puyrigaud et de Fontpataut, le tout estimé 78.840 l. 10 s.; — 2° Le château et seigneurie

*. Le Raby et les deux suivants, en la paroisse de Bouteville.
**. Paroisse de Verrières, canton de Segonzac.

Mais tout n'était pas fini. Renée Regnon, veuve de Gédéon Méhée et dame de Montchaude, dont nous avons parlé, avait uni sa fille, Jacquette Méhée, à Geoffroy de Culant, seigneur de Ciré, Saint-Même et autres lieux [1], et

de L'Etang [*], avec les trois métairies des Bois, du Terrier ou de La Couronne, et de La Barde, ainsi que deux maines, l'un appelé Chapelain, l'autre des Brandes ou d'Orioles, pour 50,000 livres ; — 3° La seigneurie de Morsac, acquise par Jacquette de Sousmoulins, 13.750 l.; 4° La seigneurie de La Motte-Malmigarde (Monleau), pour la somme de 35.000 l.; — 5° La seigneurie du Vergerbeau estimée 39.475 livres.

A chacun des copartageants furent dévolus les lots suivants : 1° La terre d'Anqueville moins Etaule, et la terre du Vergerbeau, à dame Claude Chasteigner, comme tutrice des enfants de René Méhée, l'aîné; 2° Les terres de La Motte-Malmigarde, L'Etang et Etaule à Josias Méhée ; 3° La terre de Morsac à Madeleine Damours, veuve d'Henri Méhée premier, et héritière en partie d'Henri Méhée second, son fils défunt. Restait un 4° cohéritier, Benjamin Méhée, absent. Les arbitres ordonnèrent que, dans les trois mois, Josias partagerait avec lui. Benjamin devint, de ce chef, seigneur de L'Etang, terre et nom que conservèrent ses descendants.

Dans le compte des dépenses présenté par Claude Chasteigner, nous relevons l'article suivant qui nous semble un écho des troubles religieux auxquels les Méhée furent activement mêlés :

« Sur le quatorsiesme chef, à ce que ledit Josias Mehée, comme légataire de ladite de Soubsmoulins, soit condemné payer *la valeur d'une cloche qui appartenoit aux habitans de la parroisse de Sainct-Seuerin, et la valeur des dixmes qui appartenoint au curé dudit lieu*, ensemble les despans que le dit René Mehée a esté contraint de payer en l'acquit du dit Josias Mehée. Et sur la demande incidente faite par le dit Josias Mehée... à ce que toutes les renthes de la terre de Lestang, payées *pour les choses données par le dit curé de Sainct-Seuerin*, seront allouées en despense au compte... qu'il a rendu pardevant nous, pour la quatriesme partie estre payée par les héritiers du dit René Mehée, mettons les parties hors de cour. »

1. Trois demoiselles Méhée, à notre connaissance, ont porté le prénom de *Jacquette*, à cause de Jacquette de Sousmoulins, leur commune aïeule, savoir : 1° Jacquette Méhée, fille de Gédéon Méhée et de Renée Regnon, sœur de René Méhée, premier du nom, seigneur d'Anqueville; 2° Jacquette Méhée, fille de Josias Méhée, seigneur de La Ferrière, et de Marie de Lestang ; 3° Jacquette Méhée, fille de Benjamin Méhée, seigneur d'Etaule, et d'Elisabeth d'Alloue. C'est la première qui épousa Geoffroy de Culant : les pièces de ce long procès le répètent à satiété.

[*]. Aux environs de Barbezieux, ainsi que les cinq suivants.

par son contrat de mariage, passé par Charles Desrobers, notaire royal à Saint-Même, le 10 mars 1633, lui avait constitué une dot de soixante mille livres à prendre sur ses biens. Ce n'était pas un denier. Aussi, lorsque après la sentence arbitrale de 1665, les enfants de Geoffroy de Culant et de Jacquette Méhée, alors défunts, exigèrent le payement de la dot de leur mère, Claude Chasteigner, lasse de procès, ne trouva rien de mieux à faire que de leur abandonner les biens de ses mineurs, à savoir Anqueville et Le Vergerbeau, ce qui fut exécuté par transaction du 21 mai 1666. On leur donna par commisération, la petite terre de Malvoisine en Bas-Poitou, qui leur fut même toujours disputée. Cette dure décision rencontra des résistances, mais elle fut confirmée par arrêts du 29 août 1667 et du 27 août 1668. Les Méhée perdirent ainsi Anqueville, dont ils portèrent toujours le nom, et nous pouvons dire le deuil. On le sent dans les différends toujours renaissants entre les descendants de Geoffroy de Culant et ceux de René Méhée, touchant leurs droits respectifs sur les terres d'Anqueville et de Malvoisine, différends qui n'étaient pas terminés à la Révolution [1]. Dans une lettre de mademoiselle Elisabeth

---

1. Un mémoire de M. Cyprien-Gabriel de Terrasson, écrit vers 1770, résume les faits et les pièces du procès, et adjure MM. de Culant d'en finir. Mais la lettre suivante prouve qu'il n'en fut rien:

« A Saint-Palais, canton de Royan de Mer, de la Charante-Inférieure, ce 30 octobre 1806. Monsieur Dequeux, mon neveu, Monsieur, qui est resté mineur à l'epoque de la mort de son père, et moi, étions à Angoulesme le mois dernier à l'occasion de la succession de Madame de Saint-Hermine [*], qui a augmenté nos droits sur la cy devant terre de Malvoisine, et qui ont été beaucoup diminué par la Révolution. Nous avions espéré avoir l'honneur de vous voir et vous demander, comme icy, qu'elles sont vos intentions à ce sujet, et si vous êtes dans celle de terminer à l'amiable cette antique affaire,

---

[*] Claire-Jacquette de Culant, sœur du comte Alexandre-Louis de Culant, et veuve à cette date de Louis-René-Magdeleine de Saint-Hermine, capitaine au régiment de Rouergue-infanterie, fils d'Hélie de Saint-Hermine, écuyer, seigneur de la Barrière, Toufférant et La Salle, et de demoiselle Magdeleine Fé, son épouse.

Méhée d'Anqueville à sa sœur, madame de Terrasson, au sujet de la perte d'un long procès contre leur frère M. d'Ardenne, nous lisons : « Ma chere sœur, cest lanée de douleur pour nous, et malheureusement je nai rien que de très mauvais a taprandre... Sy Dardene avoit voulu sacomoder avec nous, il auroit rentré dans nos terres sans déboursé; car nous voyons que messieurs de Culan ne sont point possesseurs incomutables de nos terres. Ils avoit auffert sy devant que lon les payast et quils remettroient les terres. Il se trouve aujourd'hui que, par les joüissances, ils sont payés de plus de 50,000 livres au dela de leur créance. Pour nous, nous ne pouvions pas y revenir, a cause des ratifications de mon père, qui na fait que des sotize.... » (1737).

GEOFFROY DE CULANT, seigneur de Ciré, était mort de bonne heure, et JACQUETTE MÉHÉE, sa femme, en 1663 [1]. Ils eurent 5 enfants savoir : 1o *René*, l'aîné, marquis de Ciré, dont il sera parlé plus loin; 2o *Isaac*, seigneur d'Anqueville, qui suit; 3o autre *René*, chevalier, seigneur de Saint-Même. Lors de la révocation de l'Edit de Nantes, en 1685, il se trouvait veuf avec deux fils qu'il emmena en Angleterre avec lui, refusant d'abjurer le protestantisme comme le firent ses frères. Il y mourut ainsi qu'un de ses enfants. L'autre, *Geoffroy de Culant*, se fit catholique à sa rentrée en France, en 1713, et fut seigneur du Vergerbeau. C'est ce dernier qui

---

que nous avions commencé à traiter quelque temps avant la Révolution. Nous avons vu M. Roy à ce sujet, qui nous a dit que les papiers que nous lui avions remis dans le temps, n'avoient souffert aucun échec par la Révolution, ce que nous nous sommes contanté de sçavoir, desirant connoistre vos dispositions et vos intentions à ce sujet, avant de rien entreprendre, et vous assurer de la haute considération avec la qu'elle j'ai l'honneur d'estre, etc....

Couvidou de Saint-Palais. »

A Monsieur de Terrasson, à Angoulesme.

1. Elle était remariée dès 1647, à Louis Voyneau, écuyer, seigneur du Plessis-Mauclerc (*Jourdan*, Notes biographiques manuscrites à la bibliothèque de La Rochelle).

nous révèle lui-même ces détails, dans un long procès avec M. d'Ardenne (1726-1737). Il eut pour femme Marie-Anne de Bonchamps, fille de N. de Bonchamps, seigneur de La Baronnière en Anjou, dont il eut René-Alexandre de Culant, chevalier, seigneur du Vergerbeau. Ce dernier mourut à Marsay en Aunis, le 12 octobre 1764, ayant épousé Louise de Villiers, dame de Marsay, dont il laissa un fils et deux filles. 4º *Marguerite*, mariée à *N. de Guyot*, seigneur de Thorigny (*La Chesnaye-Desbois*), épousa aussi *Florizel Rolland*, chevalier, seigneur de Bellébat, dont elle était veuve le 22 février 1694, avec un fils, Charles Rolland, écuyer, seigneur de Bellébat, y demeurant, paroisse de Champdolent, près Saint-Savinien en Saintonge[1]; 5º *Madeleine* épousa Charles Renouard, écuyer, seigneur de Servolle[2], dont elle était veuve dès le mois de février 1682. Leur fils, Isaac Renouard, écuyer, seigneur de la Magdeleine[3], figure aussi au procès ci-dessus.

ISAAC DE CULANT, chevalier, seigneur d'Anqueville, eut en partage cette terre qu'il transmit à ses descendants. Il épousa en 1662 sa cousine MARIE DE CULANT, fille d'*Henri de Culant*, seigneur de Landrais, et de *Françoise de Livenne*, d'où vinrent : 1º *Elisabeth*, baptisée le 19 avril 1670[4]; 2º *Henri*, né le 18 octobre et baptisé le 4 novembre 1670[5]; 3º *Françoise*, mariée le 5 juillet 1689 à *Jacques de Manes*,

---

1. Contrat de vente du 7 avril 1694, reçu Giraud, notaire royal à Cognac, par Jean Baud, de Vinade, paroisse de Saint-Même, à Jean de La Font, sieur de Gourson, conseiller du roi et son procureur de police de l'hôtel de ville de Cognac, d'une maison sise audit lieu, et tenue à rente de 10 sols de la seigneurie d'Anqueville (*Pièce sur parchemin communiquée par M. Deculan, notaire honoraire au Mans*).

2. Commune de Bouteville, canton de Châteauneuf, arrondissement de Cognac (Charente).

3. Ancienne paroisse, aujourd'hui de la commune de Criteuil-la-Magdeleine, canton de Segonzac.

4. 5. *Registre protestant de Saint-Même.*

écuyer, seigneur du Gazon [1]; 4° *Françoise-Marie*, mariée à *Pierre Gaubert*, écuyer, seigneur du Monac, paroisse d'Agris[2]; 5° *Geneviève*, mariée le 9 janvier 1702 à *Alexandre Chevreuil*, chevalier, seigneur de Romefort, de la paroisse de Mons [3]; 6° *Gabriel* qui suit[4]; 7° *Charles* [5]. Isaac de Culant, revenu lui aussi à la religion catholique, mourut vers 1701 (il figure encore dans un arrêt du 17 août), laissant pour successeur son fils :

GABRIEL DE CULANT, écuyer, seigneur d'Anqueville, et de Malvoisine en partie. Il était capitaine au régiment d'Angoulême [6], et fut tué en 1703, au siège d'Ostende, n'étant âgé que de 27 ans. Il avait épousé, le 3 février 1699 [7], ELISABETH HILLAYRET, fille de Raymond Hillayret, sieur de La Pomerade, conseiller du roi, élu en l'élection de Cognac, et de dame Elisabeth Mestayer, dont il laissa trois enfants, savoir: *Marie-Scolastique*, mariée, le 3 novembre 1722, à messire *Joseph de Marin*, chevalier, seigneur de Saint-Palais-sur-Mer, Chapitre et autre lieux [8]; 2° *François-Louis*, qui suit; 3° *Jean-Gabriel*, chevalier, décédé vers 1730, ainsi qu'il résulte d'un acte du 13 novembre de cette année-là [9], par lequel Scolastique et François-Louis de Culant ratifient une obligation consentie le 30 décembre 1720, par eux et leur défunt frère, procédant alors sous l'autorité de Paul Texier de La Pégerie, leur curateur à conseil.

FRANÇOIS-LOUIS DE CULANT, chevalier, seigneur d'Anqueville, fut baptisé dans l'église de Saint-Léger de Cognac, le

---

1. *Registre paroissial de Saint-Même.*

2. *Archives de la Charente*, Dubournais jeune, notaire royal à Agris.

3. 4. *Registre paroissial de Saint-Même.* — Mons, canton de Matha, arrondissement de Saint-Jean d'Angély.

5. 6. *Registres de Saint-Même.*

7. *Registres de l'état civil de Cognac.*

8. *Registres de Saint-Même.*

9. *Archives de la Charente*, minutes de Tabuteau, notaire à Angeac-Charente.

27 avril 1703 [1]. Après avoir servi quelque temps dans Royal-Artillerie, il devint lieutenant du roi à la Martinique, charge qu'il exerçait dès 1738. Il épousa en 1724 demoiselle LOUISE-CHARLOTTE DE BESNARD, fille de M. de Besnard, intendant de marine à la Martinique, et de dame Claire Portier, qui mourut à Anqueville le 1er février 1758 [2], et en eut trois enfants : 1o *Alexandre-Louis*, qui suit ; 2o *Jean-François*, né le 6 décembre 1736 [3], et qui semble être décédé avant sa mère ; 3o *Claire-Jacquette*, mariée, ainsi qu'il a été dit, à *Louis-René-Magdeleine de Saint-Hermine*, et morte vers 1806.

ALEXANDRE-LOUIS, COMTE DE CULANT, chevalier, seigneur d'Anqueville, né et ondoyé le 27 juillet 1733, ne reçut les cérémonies du baptême que le 17 novembre 1734 [4]. Son parrain et sa marraine furent René-Alexandre, marquis de Culant, et Jeanne d'Aiguières, son épouse, seigneur et dame de Saint-Même. Il épousa demoiselle MARIE-JEANNE-MONIQUE POITEVIN DE L'EPINIÈRE, dont il ne laissa pas de postérité. Capitaine au régiment de Beauvoisis (1758), puis brigadier des armées du roi, le comte du Culant fut élu en 1789, avec le marquis Claude-Anne de Saint-Simon, député de la noblesse d'Angoumois aux Etats-Généraux [5]. Il mourut à Anqueville le 29 fructidor an VII (15 septembre 1799) [6]. Après la mort de sa veuve, décédée le 30 avril 1824 [7], le domaine d'Anqueville fut vendu par les héritiers [*]. — Acquis

---

1. *Extrait légalisé des registres de cette paroisse.*
2. *Archives de la Charente.* Tabuteau, notaire à Angeac-Charente.
3. 4. *Registre paroissial de Saint-Même*
5. *L'Angoumois en 1789,* par M. de Chancel.
6. 7. *Etat civil de Saint-Même.*

[*] **De Culant.** — Très ancienne famille qui porte le nom d'une petite ville de Berry, d'où elle tire son origine, et forma plusieurs branches, notamment celle de Brie, qui suit.

Jacques de Culant, écuyer seigneur de Fontenailles, 3e fils de Louis de Culant, seigneur de Bernay, Savins, Justigny, châtellenie de Provins en Brie, et d'Etiennette de Vaux. Il épousa à La Rochelle, en 1497, *Françoise Chau-*

d'abord par l'abbé Victor Marcellin, curé de Châteauneuf, il ne tarda pas à passer dans les mains d'un spéculateur. Ces gens sont sans pitié, dirait notre fabuliste. Le château d'Anqueville l'apprit à ses dépens : ses vieilles pierres

---

drier, dame de Nieul, Soulignonne, Le Chantreau, etc., qui descendait de Jean Chaudrier, maire de La Rochelle en 1370. Enfants: 1º Louis, mort sans alliance ; 2º René, id.; 3º Jacques, id.; 4º Olivier, qui suit ; 5º Madeleine ; 6º Marguerite, mariée : 1º à Pierre de La Touche, seigneur de Ciré, qui lui donna cette terre en mourant ; 2º le 3 novembre 1531, à André de Hay, comte de Harolst, seigneur de Brouville au pays chartrain, qui, conjointement avec elle, échangea par acte du 27 novembre 1535, la terre de Ciré contre celles de Savins et de Justigny, échues à ses beaux-frères, René et Olivier de Culant, nommés ci-dessus.

Olivier de Culant, chevalier, baron de Ciré, seigneur de Flassais, Ballon, Le Guécharoux, etc., épousa, le 27 octobre 1547, *Françoise de La Rochebeaucourt*, fille de François de La Rochebeaucourt, seigneur de St-Même, Le Grollet, Varaize, Semoussac, capitaine de 100 hommes d'armes, sénéchal de Saintonge et d'Angoumois, et devint un des principaux chefs de la Réforme. Il reconstruisit le château de Ciré en 1549. Enfants : 1º Isaac, l'aîné, qui suit ; 2º Gabriel, qui partagea avec lui le 21 mars 1591, et fut tué en 1621 à la défense de Saint-Jean-d'Angély ; 3º Léa, mariée en 1581 à Jean Gombaud, seigneur de Champfleury, puis en secondes noces à Antoine Herbert, seigneur de La Forêt; 4º Barbe, mariée : 1º à François Comte, seigneur de Loiré, mort en 1572 ; 2º à Gabriel de Cailhaud, écuyer, seigneur de La Peirotière (1574); 5º Hélène, mariée à N. de La Bobinaye ; puis le 12 septembre 1576, à Jean Poussard, seigneur de Landré et de La Genouillé en Saintonge ; 6º Jean de Culant, écuyer, seigneur de Ciré (1587).

Isaac de Culant, chevalier, seigneur de Ciré, Le Grollet, Saint-Même, Ballon, La Barde, Le Mesny, etc., épousa : 1º en 1581, *Préjande Bastard*, fille de Georges Bastard, sieur de La Bastardière et de Livoix en Anjou, dont il eut deux fils, *Isaac* et *Gabriel*, morts sans postérité, et deux filles, l'une mariée à Benjamin de Magné, sieur de Cigognes, l'autre à Geoffroy de Blois, seigneur de Roussillon ; 2º le 15 novembre 1600, Marguerite de Blois, fille d'une première femme du seigneur de Roussillon, dont il eût : 1º Geoffroy, l'aîné, qui suit ; — 2º Henri, le second, écuyer, seigneur de Landrais en Aunis, qui épousa : 1º Françoise de Livenne, dont il eut les enfants ci-après; 2º Marie Bonneau. Enfants : 1º Louis-Jacques de Culant, seigneur de Landrais, capitaine de cavalerie dans Royal-Etranger, mort sans alliance après 1713 ; 2º Marie, mariée à Isaac de Culant, seigneur d'Anqueville; 3º autre Marie, qui épousa Jean Grousseaud, écuyer, sieur de Chapitre, paroisse des Touches-de-Périgné en Saintonge, et était morte en 1701 ; 4º Catherine, mariée le 13 mars 1687 à François Gaudin, écuyer, sieur du Cluzeau, paroisse d'Aims

s'en allèrent bâtir des maisons neuves, à Jarnac et ailleurs.
Ce qui restait fut vendu, en 1848, au propriétaire actuel.
Il n'y a aujourd'hui que des débris de l'ancien manoir acco-

---

en Saintonge *, morte en 1703, et dont les descendants possédèrent la terre
de Landrais ; 5° Marianne, religieuse à l'abbaye de Saintes en 1701; 6° Marguerite, qui vivait en 1701. — 3° René, troisième fils d'Isaac de Culant, fut
tué au service de la Hollande, sans postérité; 4° Marguerite, l'aînée des filles,
fut mariée à Théodore de Lescure, seigneur du Breuil-Bastard ; 5° Gabrielle
épousa François de Bonnefoy, seigneur de Bretauville.

Geoffroy de Culant, chevalier, seigneur, baron de Ciré, Flassais, Saint-
Même, etc., épousa ainsi qu'il a été dit, *Jacquette Méhée*. Nous avons donné
leurs enfants, dont l'aîné,

René de Culant, chevalier, marquis de Ciré, seigneur de Saint-Même,
Le Grollet, etc., baptisé au temple de Saint-Même le 25 mars 1635, épousa :
1° le 10 décembre 1653, *Madeleine Henry*, fille de Jacques Henry, seigneur
marquis de Cheusses **, dont plusieurs enfants ci-après; 2° Suzanne Aymer,
fille de René Aymer, seigneur de Corniou, et de Julie d'Angliers, dont
il était veuf en 1677. Enfants : 1° René, qui suit ; 2° Henri, mort sans postérité en 1670 ; 3° Madeleine, qui s'expatria et devint chanoinesse dans un
chapitre protestant de l'électorat de Brandebourg, ainsi qu'elle est qualifiée
par lettres patentes de Frédéric, électeur, données à Postdam le 23 décembre 1684. Le marquis de Culant abjura le calvinisme, et reçut du roi une
pension de 2,000 l., dont il jouit jusqu'à sa mort, arrivée le 9 avril 1701. La
dernière ordonnance lui en fut expédiée le 6 mars.

René de Culant, II° du nom, dit le comte de Culant, chevalier, seigneur de
Ciré, Saint-Même, etc., épousa le 15 septembre 1673, *Marie Gombaud de
Champfleury*, veuve en premières noces de François de La Rochefoucauld,
seigneur de Roissac, dont il eut un fils unique qui suit. Le comte de Culant,
capitaine de cavalerie, commanda la noblesse de Saintonge de 1692 à 1696,
et mourut en 1715.

René-Alexandre, marquis de Culant, chevalier, seigneur de Ciré, Saint-
Même, Champfleury, etc., épousa le 31 juillet 1710, *Jeanne d'Aiguières*, fille
de Louis d'Aiguières, seigneur de Frignan, en Provence, et de Geneviève de
Meaux, dame de L'Isle, en Poitou. Le marquis de Culant avait été dans sa
jeunesse capitaine d'infanterie d'un régiment des nouvelles levées. Il mourut
en Allemagne le 20 janvier 1744, trois mois après Jeanne d'Aiguières, sa
femme. Enfants : 1° René, mort au berceau ; 2° Marie-Geneviève, mariée le
28 mars 1757, à Louis-François Green de Saint-Marsault, chevalier, marquis

---

* Les Touches-de-Périgny et Haimps, communes du canton de Matha, arrondissement de Saint-Jean d'Angély.

** Commune de Sainte-Soulle, canton de La Jarrie, arrondissement de La
Rochelle.

lés à des constructions récentes ; mais on admire toujours ce joli vallon, arrosé par un ruisseau, qui formait jadis au

---

de Chatelaillon, morte à Poitiers en mai 1775 (*Jourdan*); 3º Marie-Gabrielle, qui épousa le 16 janvier 1737, Joseph-Hector d'Auray, comte de Brie, fils de Jacques-Armand d'Auray, marquis de Gavaudun, et de Louise-Elisabeth de Saint-Civier de Montault de Malartic, demeurant au château d'Artigues, en Agénais. Leur fils, Alexandre d'Auray, marquis de Brie, seigneur de Saint-Même et terres annexes, émigra en Angleterre à la Révolution, et y mourut accidentellement d'un coup de pied de cheval. Il avait épousé le 19 juin 1775, Anne Texier de La Pégerie, fille de Pierre-Paul Texier, écuyer, sieur de La Pégerie, baron de Chaux, juge sénéchal de Bouteville et de Barbezieux, et de dame Elisabeth-Jeanne Baudet de Beaupré, morte sans enfants en 1832[*]; 4º René-Alexandre qui suit ; 5º Louis-Alexandre, né le 18 août 1720, mort jeune ; 6º Marie-Thérèse, baptisée le 25 décembre 1721, mariée le 1er décembre 1746 à Henri-Auguste Baudouin, chevalier, seigneur de La Noue et du Vieux-Fief, et décédée le 1er mars 1765 ; 7º Charles-Alexandre, baptisé le 21 juillet 1723, mort jeune ; 8º Alexandre, né le 3 avril 1726, baptisé le 7, servit dans la marine sous le nom de chevalier de Culant, et mourut sans alliance aux îles de l'Amérique.

René-Alexandre, IIe de ce nom, marquis de Culant, chevalier, seigneur de Ciré, Champfleury, L'Isle, etc., né à Ciré en août 1717, devint successivement capitaine au régiment de Royal-Pologne, puis colonel de dragons. Il épousa le 14 octobre 1744, *Marie-Marguerite-Hélène Bady de Dourlers*, fille de François-Antoine Bady, chevalier, seigneur du Sart, Dourlers, etc., grand bailli d'Avesnes, et de Marguerite Rouillon de Castagne, dame d'Arbres et de Normont, dont il eut deux fils : 1. Louis-Marin de Culant, né le 11 novembre 1745, mort au berceau; 2. Charles-Alexandre, qui suit. Quelques années après la mort de sa femme, arrivée le 12 janvier 1747, le marquis de Culant se remaria avec Marie-Eugénie Gourgault, sœur du célèbre acteur Jean-Baptiste-Henri Gourgault, dit *Dugazon*, et mourut le 2 juin 1788. Officier distingué, il était aussi artiste et littérateur, et a laissé quelques écrits sur la musique, des drames, des poésies, etc.

Charles-Alexandre, comte de Culant, né le 27 novembre 1746 et baptisé dans l'église N.-D. de La Rochelle, devint mousquetaire dans la seconde compagnie, puis capitaine de cavalerie, et épousa le 12 décembre 1768 demoiselle

---

[*] La Pégerie, commune de Touzac, canton de Châteauneuf. Cette famille Texier de La Pégerie est aujourd'hui éteinte. Pierre-Paul Texier, ici nommé, eut plusieurs filles et un fils, Paul-Dominique Texier, marié le 12 mai 1781, avec demoiselle Luce Roche de Crassé, dont une fille, Luce-Victoire Texier, épousa, le 25 septembre 1812, M. François Gréau-Dubois, ingénieur-géomètre. Leur fils, M. Louis-Achille Gréau-Dubois, garde général des forêts en retraite, habite Le Maine-Joliet, commune de Mosnac (Charente).

pied du château un vaste étang, converti depuis longtemps en un beau tapis vert [1].

Elisabeth-Lucie Petit du Petit-Val, dont il ne laissa pas d'enfants. Il mourut avant son père, vers 1773, et sa femme le 19 juin 1781.

SOURCES : 1. Arcère, *Histoire de La Rochelle*, note VIII : maison de Culant ; 2. La Chesnaye-Desbois et Badier, *Diction. de la Noblesse*; 3. *Mémoire généalogique*, pour le marquis de Culant contre La Chesnaye-Desbois, Biblioth. nat., plaquette imprimée (*communic. de M. Deculan, notaire honoraire au Mans*); 4. *Jourdan*, notes manuscrites à la biblioth. de La Rochelle; 5. *Registres de l'état civil* de Saint-Même ; 6. (pour la branche de Landrais). *Bulletin de la Société des Archives de la Saintonge et de l'Aunis*, VII, Extraits des minutes de M. Ulysse Neau, notaire à Beauvais-sur-Matha, par le docteur A. Savatier ; etc., etc.

1. ..... « Au cours de l'eau qui descend de l'estang dudit Anqueville vers Graves. » (*Déclaration du 10 juillet 1608*). Le 16 août 1768, jour de la Saint-Roch, un orage épouvantable dont le souvenir se garde encore dans la contrée, emporta le moulin d'Anqueville et vida l'étang.

III

ETAULE

Etaule comprend deux hameaux, le Grand Etaule, de la commune de Saint-Simeux, et le Petit Etaule, de celle de Saint-Surin, réunie aujourd'hui à Châteauneuf. La seigneurie s'étendait sur sept paroisses : Saint-Simeux, Saint-Surin, Mosnac, Châteauneuf, Vibrac, Angeac et Saint-Amant-de-Graves. Elle relevait de Châteauneuf pour la plus grande portion, et du seigneur de Vibrac, pour différentes terres en Angeac, notamment un plantier appelé *le fief d'Etaule.*

« L'hostel et maison noble » d'Etaule, avec ses appartenances et dépendances de fuie, garennes, jardins, etc., était sur la paroisse de Saint-Simeux. Il a été transformé en métairie depuis le xvie siècle, car les seigneurs possédaient aussi à Châteauneuf une vaste demeure, dite *la maison d'Etaule,* sise non loin de l'église, et en face du prieuré.

Les premiers seigneurs qui nous soient connus, les Gastaud, vivaient sous le règne de Charles VII. SAVARI GASTAUD arrente le 4 mars 1437, à Hélie du Bouchet, 12 journaux de terre dans la seigneurie d'Etaule [1]. Une autre baillette du 10 mars 1442, est concédée par RAYMOND GASTAUD [2]. Le 1er mai 1450, Perrotin et Pernauld Martin, frères, cèdent à Jean Boisson, de Châteauneuf, « ung appent » qu'ils possèdent audit lieu, dépendant de la seigneurie de MONDOT GASTAUD [3].

---

1. Reçu *de La Roche (de Rupe),* notaire à Châteauneuf.
2. Reçu *Alain de Boisbrient (de Boscobrientii),* notaire sous le scel d'Angoulême.
3. Reçu *Jean Portier* l'aîné, notaire des châtellenies de Cognac et Merpins.

Le petit-fils de Raymond Gastaud, JEAN GASTAUD, fut seigneur d'Etaule durant toute la seconde moitié du XVe siècle. Empêché soit par le service militaire, soit par quelque autre cause qui n'est point exprimée, il constitua par acte du 4 mars 1454 [1], pour son procureur général, « vénérable et discrète personne messire Pierre Bazagier, prêtre, notaire à Châteauneuf [2] » ; puis, sans doute après la mort de celui-ci, par autre acte du 22 juin 1490 [3], messire Guillaume Gillibert, prêtre, curé de Cellettes [4], châtellenie de Montignac. » Ce furent ces deux fondés de pouvoir qui, à partir de 1454, passèrent au nom du seigneur d'Etaule, une multitude d'actes, tels que ventes, échanges, baillettes d'arrentement, etc. Il figure cependant lui-même dans les actes les plus importants, notamment dans deux dénombrements du 16 juin 1458, et du 28 novembre 1482.

Une enquête de l'an 1516 nous apprend que Jean Gastaud avait laissé deux fils, Jacques et François, et une fille. JACQUES GASTAUD, l'aîné, avait succédé à son père comme seigneur d'Etaule avant cette année 1516 ; et à partir de cette époque nous le voyons figurer dans un grand nombre de contrats ayant pour objet l'extension de son domaine. Un des principaux est celui par lequel, le 2 septembre 1537, « Joachim de Sainct-Hermine, escuyer, seigneur du Fa, donna à Jacques Gastaud, écuyer, seigneur d'Estaulles », la seigneurie directe et foncière d'un petit village vulgairement appelé le village des Moreaux, avec plusieurs terres aux environs d'Etaule, « lesquels lieux ledit Gastaud tiendra doresenavant à foy et homage lige, au devoir d'ung gand

---

1. Reçu *Robinet Catrix*, notaire sous le scel de Bouteville.

2. Cette famille Bazagier, de Châteauneuf, a fourni plusieurs notaires durant trois siècles.

3. Signé P. Thinon, notaire de la cour de Montignac, et Philippe Gratereau, notaire de la cour de Châteauneuf.

4. Cellettes, commune du canton de Mansle, arrondissement de Ruffec.

d'oizeau [1], ou douze deniers tournois, à nuance de seigneur et de vassal. » Cet acte fut passé au château du Fa [2], et le 4 novembre suivant, le seigneur de Saint-Hermine y accepta l'hommage ci-dessus mentionné.

Jacques Gastaud avait épousé JEANNE GIRAUD, de la maison d'Anqueville. Il mourut sans enfants en 1541, laissant pour héritiers CHARLES PETIT, écuyer, demeurant à Coursac, paroisse de Saint-Fort-sur-le-Né, marié à demoiselle MARGUERITE GOULARD [3]. Mais sa veuve étant créancière de la succession pour un capital de 2,200 livres et une rente de 10 livres tournois, céda tous ses droits à Françoise de Fédic, veuve de François Giraud, seigneur d'Anqueville, et à Charles de Sousmoulins, seigneur de Vibrac en Saintonge, son gendre, comme mari de Louise Giraud. Etaule vendu judiciairement sur la tête VINCENT PETIT, fils de Charles, fut acquis par les créanciers, et devint désormais une possession des seigneurs d'Anqueville.

Charles de Sousmoulins fut reçu à rendre hommage au roi le 29 octobre 1555, et le 21 octobre 1556, aveu et dénombrement à la Chambre des Comptes de Paris, en raison de « son fief, terre et seigneurie d'Estaulles, et de la maison noble de Chasteauneuf ». Il fit citer en même temps tous les tenanciers de sa seigneurie à fournir leurs déclarations afin d'en dresser le terrier. Cette opération dura plusieurs années, et fut faite par Me Pierre Augier, notaire royal à Châteauneuf.

Charles de Sousmoulins mourut jeune, laissant plusieurs

---

1. Gants faits en peau de buffle à l'usage des fauconniers. (*Chéruel*, Dictionnaire historique des institutions de la France, article *Gant*).

2. Reçu *Pays*, notaire royal à Châteauneuf, et *N. Hervistet*, notaire à Voulgézac.

3. Nous trouvons une déclaration de tenancier, rendue le 5 février 1520, à Marie Goulard, dame d'Etaule, mère, croyons-nous, de Jacques Gastaud. Charles Petit aurait été héritier dudit Gastaud à cause de Marguerite Goulard, sa femme, ici nommée.

enfants mineurs, et Etaule passa avec Anqueville à Jacquette de Sousmoulins, sa fille, mariée en 1581, à David Méhée, seigneur de L'Etang. Louise Giraud qui avait gardé la jouissance d'Etaule, rendit au duc d'Epernon, tout nouvellement possesseur de la seigneurie d'Angeac et Vibrac, l'hommage dû pour les terres d'Etaule relevant d'Angeac. Cet hommage fourni le 31 octobre 1597, fut accepté le 12 novembre suivant par les commissaires à ce députés. Après la mort de Louise Giraud, aveu et dénombrement d'Etaule fut rendu au roi par Jacquette de Sousmoulins, le 1er septembre 1617.

Le nom de sieur d'Etaule fut donné à Benjamin Méhée, un des fils de Jacquette de Sousmoulins, mais il ne posséda point cette terre qui, par la sentence arbitrale de 1665, dont nous parlons ailleurs, fut adjugée à son frère, Josias Méhée, sieur de La Ferrière. Dans les actes subséquents, ce dernier prend, en effet, le titre de seigneur « du Grand et du Petit Etaule ».

Isaïe Méhée, fils de Josias et mari d'Anne Le Meusnier succéda à son père ; mais il vendit, ou pour mieux dire, arrenta l'hôtel seigneurial d'Etaule en Châteauneuf, à Jacques Dussé, marchand, de cette ville, par contrat du 10 mars 1575[1]. Son fils, Pierre Méhée d'Ardenne, fut seigneur d'Etaule après lui, et cette seigneurie lui causa dans ses vieux jours de nombreux tracas. Par lettres patentes du 25 juillet 1752, le roi avait prescrit de refaire le terrier de sa châtellenie de Châteauneuf. Les seigneurs vassaux durent donc fournir le dénombrement de leurs terres, et les démêlés ne manquèrent pas avec le procureur royal chargé des vérifications. Les dernières lettres de M. d'Ardenne expriment ses doléances à ce sujet. Une contestation, entre autres, s'était élevée concernant un article du dénombrement d'Etaule, qu'il portait pour 13 journaux, et que le procureur du roi voulait réduire à 11. « *On me*

1. Reçu J. Petit, notaire royal à Châteauneuf.

conseille, dit-il, *de présenter un placet à Sa Majesté touchant le fonds du revenu de ces deux journeaux en question, qui ne peut jamais se monter au-dessus de 40 ou 50 livres. Quand le Roy les auroit, Sa Majesté ne s'aperceveroit pas d'une augmentation fort considérable dans ses revenus; et je suis persuadé que notre Monarque me relâcheroit ce modique objet. J'ay eu l'honneur de le servir, et ma patrie, 35 à 36 ans; j'y serois encore à son service, sans mes infirmités qui m'ont contrint malheureusement de me retirer...* » (20 octobre 1758). Et ailleurs : « *Si j'avcs du tems à moy, je ferois le voyage de La Rochelle* (il avait alors 82 ans), *mais il faut que je sois de retour icy* [1] *le 12 ou le 15 de juillet prochain, pour achever de finir tous mes dénombrements. Il seroit trop de vous raconter où j'en suis, et tous les embarras que cela m'a déjà donnés, sans conter le temps à venir...* » (5 juin 1759). Le dénombrement définitif d'Etaule fut enfin rendu huit jours après (13 juin), par Claude Méhée de Malvoisine, fondé de procuration du seigneur d'Ardenne, son frère, et scellé à La Rochelle le 3 juillet suivant.

M. d'Ardenne mourut le 27 février 1760. Les héritiers du côté maternel étaient sa demi-sœur, Anne Méhée de Moulidars, les trois enfants de l'autre demi-sœur, Anne-Rose Méhée, mariée autrefois à Jean-Louis de Terrasson, sieur du Maine-Michaud ; Claude Méhée de Malvoisine, nommé ci-dessus, et l'abbé Cyprien-Gabriel Méhée d'Anqueville, ses demi-frères. Du côté paternel, il restait encore neuf héritiers au degré successible, tous petits-fils de Daniel Méhée, seigneur de L'Etang, près Barbezieux, lequel était, ainsi que M. d'Ardenne, arrière-petit-fils de David Méhée ; et comme Etaule était un bien propre de la ligne des Méhée, un partage s'imposait. Mais on reconnut bien vite l'impossibilité de faire tant de portions de ce domaine, abstraction faite des droits de l'aîné et des dettes. C'est alors que l'abbé d'Anqueville

---

2. Au château de Monleau, où il résidait habituellement.

acheta, par forme de licitation, la part éventuelle de tous ses cohéritiers, en payant à chacun d'eux 300 livres comptant. Seules, les trois sœurs de Pindray, dont l'une avait épousé Me Pierre Ménager, ingénieur-géographe, l'autre Paul Busson, écuyer, seigneur de Coiffard, voulurent procéder ; mais la sentence du Parlement du 8 août 1780, en les déboutant avec dépens de leurs instances et appels, et en remettant les parties en même état qu'auparavant, dut leur faire regretter de n'avoir pas fait comme les autres.

La terre d'Etaule demeura donc à l'abbé Cyprien-Gabriel Méhée d'Anqueville. A sa mort, le 28 décembre 1783, elle passa à Cyprien-Gabriel de Terrasson, l'aîné des trois enfants de sa sœur. Lors du partage de la succession de M. de Terrasson, le 24 juin 1813, le domaine d'Etaule, réduit à 72 journaux, et estimé 23,000 francs, fut attribué à MADELEINE-ELISABETH DE TERRASSON, une de ses filles, mariée à M. Moïse-François du Mas. Leur fils, M. Michel du Mas, le vendit en 1822 au sieur Mesnard, dont les ancêtres de père en fils l'avaient cultivé à titre de métayers ou de fermiers. La même famille le possède encore en partie, et l'ancienne métairie des seigneurs d'Etaule est habitée par M. et Mme Brunet (née Mesnard). De là on jouit d'un magnifique coup d'œil sur la vallée de la Charente.

IV

TOURTERON

Tourteron (en latin *Torterum*), est le nom de ce mamelon qui domine la nouvelle route de Vibrac à Châteauneuf. C'était, au moyen âge, une dépendance de la seigneurie du Fa de Sireuil ; on trouve dans les chartes du XIIe siècle, des cadets du Fa portant le nom de Tourteron. Cette terre passa plus tard, avec le Fa lui-même, aux sieurs de Saint-Hermine, lesquels y firent construire un château qu'ils appelèrent de leur nom : *Saint-Hermine*.

Au xve siècle nous voyons Tourteron partagé en deux seigneuries, Saint-Hermine dont le manoir dominait la Charente, et étendait ses dépendances jusqu'au fleuve : c'est le Tourteron que nous connaissons. L'autre seigneurie appelée Tors-en-Tourteron [1], et plus tard le Petit-Tourteron, allait dans les terres du côté de Planson. Son logis, très rapproché du premier, en est devenu à la fin une métairie, puis a fait place à des maisons récemment construites.

A cette époque, Saint-Hermine appartenait à JEAN DE SAINT-HERMINE, écuyer, sieur du Fa. Ce seigneur se rendit à Cognac le 13 novembre 1445, après le retour de notre bon comte Jean de sa captivité d'Angleterre, et lui fournit aveu et dénombrement « *à cause*, dit-il, *de mon hébergement de Torteron, avec les isles et appartenances dudit hébergement... assis entre le fleuve de la Charente d'une part, et le mayne des hoirs feu Jean Grosgrain, valet, d'autre part, et entre chemin public par lequel on va de Vibrac à Châteauneuf, d'autre part.* »

Ces GROSGRAIN, qualifiés seigneurs de Tourteron dans plusieurs chartes de ce temps-là, étaient les possesseurs du Petit-Tourteron. Dans les confrontations du dénombrement précité, les deux domaines se rencontrent constamment. Nous trouvons pour la dernière fois ce nom de Grosgrain le 18 avril 1477, dans une baillette d'arrentement de la prise de

---

1. Peut-être nous serait-il permis de supposer que ce nom de Tors, aujourd'hui perdu, et qui se retrouve encore dans les titres du xviiie siècle, fut donné à cette terre, parce qu'elle appartenait aux seigneurs de Thors près Matha. Isabelle de Vivonne, fille unique de Regnaud de Vivonne, seigneur de Thors, fit par acte du 15 décembre 1425, donation de l'hôtel de Tourteron, châtellenie de Châteauneuf, et de l'hôtel du Solençon, châtellenie de Cognac, à Marie de Vivonne, sa parente. (*Archives nationales*, P. 1404, 2e partie, cote 219 : *Bibliothèque de Cognac*).

Pain-Perdu, en Saint-Simeux ; la pièce est dite confronter aux terres de « *Messire Symes Grosgrain.* » Tourteron passa ensuite en d'autres mains. En effet, par acte du 28 août 1481, Pierre de Rohan, chevalier, seigneur de Gyé, conseiller et chambellan du roi, et maréchal de France [1], vendit à Charles d'Orléans, comte d'Angoulême, avec la seigneurie du Solençon, châtellenie de Cognac, « *le manoir et hostel noble de Torteron, assis en la chastellenie de Chasteauneuf..., avecques tous et chascuns les autres domaines que ledit sieur de Gyé a et tient... à cause desdits hostels de Soullençon et de Torteron..., situés esdites chastellenies de Couignac et Chasteauneuf, et aussi ès chastellenies de Merpins, Bouteville, Bourg et ailleurs...* » Le tout pour la somme de neuf cents écus d'or [2].

Tourteron devint ainsi, et resta durant 112 ans, une possession des comtes d'Angoulême, et par suite des rois de France.

Saint-Hermine, de son côté, continua d'appartenir aux seigneurs du Fa, jusque vers le milieu du xvie siècle. A Jean de Saint-Hermine succéda Hélie, puis Claude de Saint-Hermine. La veuve de ce dernier, demoiselle Cécile Joubert, consentit le 18 avril 1512, deux baillettes d'arrentement à Pierre Milliassaud, de Vibrac, et à Jehan Gillibert, marchand, demeurant à Tourteron.

Joachim de Saint-Hermine, leur fils, eut pour femme Anne Guibert, laquelle devenue veuve, vendit vers 1552, en son nom et au nom de ses deux fils, Jules et Jean de Saint-Hermine, ladite seigneurie de Saint-Hermine en Saint-Simeux, à Guillaume Gelinard, écuyer, seigneur de Mala-

---

1. Fils de *Louis de Rohan*, premier du nom, seigneur de Guéméné, et de *Marie de Montauban*, mort à Paris le 22 avril 1513 ; épousa : 1º *Françoise de Penhoët*, 2º *Marguerite d'Armagnac* (Anselme).

. 2. *Corlieu*, Recueil, p. 49 ; *Archives nationales*, Titres copiés et conservés à la Bibliothèque de Cognac, *Collection Albert*.

ville, conseiller du roi et maître ordinaire des ses comptes, à Paris, qui fit dresser, de 1554 à 1565, un volumineux terrier de sa seigneurie. Ce terrier, y compris quelques adjonctions provenant de la seigneurie de Gademoulins en Châteauneuf, embrasse 14 paroisses, savoir: Saint-Simeux, Saint-Amant-de-Graves, Angeac, Birac, Châteauneuf, Champmillon, Sireuil, Claix, Saint-Estèphe, Jurignac, Mosnac, Roullet, Saint-Surin et Vibrac.

La vente précitée ne concerne que la seigneurie, c'est-à-dire la mouvance féodale de Saint-Hermine. Le logis même de Tourteron, avec le domaine y attenant, fut vendu dans le même temps aux Gillibert [1], dont le nom apparaît fréquemment dans les reconnaissances aux seigneurs du lieu. Ils en prirent le titre. Nous avons un contrat d'échange du 10 octobre 1584, entre « honorable homme Monsieur Me MATHURIN GILLIBERT, conseiller du roy, sieur de Tortron », et Jean Guérin, laboureur, dudit lieu de Tourteron.

Le même Mathurin Gillibert fit bientôt une autre acquisition. Pour contribuer à couvrir les frais de ses guerres, le roi Henri IV, au mois de février 1593, avait vendu avec faculté de rachat, la terre de Bouteville, et celles du Plessac en Bouteville et de Tors en Tourteron, qui en dépendaient, pour la somme de 26,577 écus. L'acquéreur fut messire Bernard de Béon du Massez, chevalier de l'Ordre du roi, capitaine de 50 hommes d'armes de ses ordonnances, gentilhomme ordinaire de sa chambre, lieutenant général pour Sa Majesté en Angoumois, Saintonge et Aunis, et gouverneur de

---

1. Famille des environs qui, comme beaucoup d'autres, acquit l'aisance par le commerce, puis des charges qui anoblissaient. Me Foulques Gillibert, conseiller du roi, juge de Châteauneuf et Bouteville, est fréquemment nommé dans les papiers de Tourteron et d'Etaule, avant et après 1560. Jacques Gillibert, marchand, était « fabriqueur » de la paroisse de Saint-Simeux, en 1559. Il y avait aussi à Châteauneuf des notaires de ce nom, dans la première moitié du XVIe siècle.

La Rochelle [1]. Devenu peu après propriétaire définitif de ces terres, ce gentilhomme, par acte du 8 mai 1595, céda Tourteron audit « *noble homme M. Mathurin Gillibert* », pour la somme de 674 écus, six sols tournois, évalués à 1992 livres, 6 sols 1 denier [2].

Ce ne fut pas pour bien longtemps. Le 22 juin 1599, Tourteron fut licité par les héritiers de feu HÉLIOT GILLI-BERT, et adjugé à PHILIPPE FALIGON, sieur de La Chapelle [3]. En outre, par un accord du 12 juillet suivant, entre ledit Faligon et « *damoiselle Judicq Regnouard, veufve de feu noble homme Mathurin Gillibert, vyvant sieur de Tortron,* » ladite dame Gillibert renonça, moyennant la somme de 100 écus sols, à la jouissance de « *la maison noble ou ancyenne demeure dudit Tortron* », que lui réservait, sa vie durant, son contrat de mariage ainsi que le décret d'adjudication.

La seigneurie de Saint-Hermine appartenait toujours aux sieurs de Malaville, sucesseurs de Guillaume Gelinard. FRAN-ÇOIS GELINARD, son fils, reçoit dès le 20 décembre 1571, des reconnaissances de tenanciers dépendant de son fief. Nous le retrouvons en 1590, puis en 1609 ; mais il était mort à la date du 2 juillet 1615. Il eut pour successeur son fils FRAN-ÇOIS GELINARD, qui reçut le 29 mai 1627, aveu et dénom-brement rendu par GUILLAUME FALIGON, fils de Philippe, sei-gneur de Tourteron, pour les terres relevant de Saint-Her-mine. Mais ce même Guillaume Faligon allait bientôt réu-nir en sa main les deux seigneuries. Le 5 juin 1649, EMMA-NUEL GELINARD, fils de François nommé ci-dessus, vendit [4], avec faculté de reméré, le fief de Saint-Hermine au sieur Henri Rambaud, marchand, de Châteauneuf, sur lequel il le racheta par contrat du 21 juin 1652 [5], pour le revendre le

---

1. 2. *Archives de la Charente*, Micheau et Mousnier, notaires à Angoulême.
3. Commune de Champmillon, canton d'Hiersac (Voir p.   ).
4. Reçu Frugier, notaire royal.
5. Reçu Fèvre, notaire royal.

8 juillet suivant, à Guillaume Faligon, moyennant le prix de 401 livres 18 sols de rente constituée, à prendre sur plus grande somme à lui due par M. Me Hélie Houlier, écuyer, sieur de La Pouyade [1], Rouffiac [2] et Beauchamp, conseiller du roi, lieutenant général d'Angoumois, amortissable pour la somme de 7,235 livres. Dès le 3 novembre de la même année 1652, nous voyons le seigneur de Tourteron se qualifier en même temps seigneur de Saint-Hermine [*].

---

1. Commune de Saint-Yrieix, canton d'Angoulême.
2. Commune de Plassac-Rouffiac, canton de Blanzac ; Beauchamp, même commune.

[*] **Gelinard de Malaville.** — Vigier dit que cette famille sortait des environs de Bouteville. Le premier de ce nom qui nous soit connu est

Jean Gelinard, notaire royal à Châteauneuf (1512); receveur de cette châtellenie et de celle de Bouteville (1527), juge de la Prévôté royale, et des Eaux et Forêts de la seigneurie de Châteauneuf, confirmé en cette dernière charge par Françoise de Longwy, dame des Quatre-Quints de Châteauneuf [*] (18 janvier 1543); anobli par lettres patentes d'août 1553 (*Vigier*); maître des requêtes du Palais à Paris (1554). Il eut pour fils :

Guillaume Gelinard, écuyer, seigneur de Malaville, maître des requêtes comme son père. Il acquit un grand nombre de terres dans la contrée, entre autres Malaville, Tourteron, Saint-Hermine, Varaize [**] etc., etc. Il épousa *Marguerite Pontenier*, dont vint :

François Gelinard, écuyer, seigneur de Malaville, Saint-Hermine, La Bouchardière [***], Saint-Paul [****], Vignolles, le Maine-Sablon [*****], Varaize et autres lieux, échevin d'Angoulême de 1578 à 1598 (*Sanson*); maître des comptes à Paris de 1561 à 1585 (*Vigier*). Il épousa : 1° par contrat du 12

[*] Françoise de Longwy, dame de Pagny et de Mirebeau en Bourgogne, fille aînée et héritière de Jean de Longwy, seigneur de Givry, et de Jeanne (bâtarde d'Angoulême), épousa le 10 janvier 1526, Philippe Chabot, seigneur de Brion, comte de Charny et de Buzançois, amiral de France, second fils de Jacques Chabot, seigneur de Jarnac, et de Madeleine de Luxembourg. Devenue veuve le 1er juin 1543, elle se remaria à Jacques de Pérusse, seigneur d'Escars, fils de Geoffroy de Pérusse d'Escars, et de Françoise d'Arpajon (Anselme).

[**] Canton de Saint-Jean d'Angély (Charente-Inférieure).

[***] Commune de Saint-Aulais-La-Chapelle-Conzac, canton de Babezieux.

[****] Ancienne paroisse, aujourd'hui hameau de la commune de Vignolles, canton de Barbezieux.

[*****] Il y a Le Maine Sablon, commune de Saint-Martial de Montmoreau, arrondissement de Barbezieux.

Guillaume Faligon fournit en 1655, aveu et dénombrement à Messire Bernard de Foix de La Valette, duc d'Eper-

---

janvier 1557 (*Nad.* III, 117), demoiselle *Anne de Livenne*, fille de Jean de Livenne, écuyer, seigneur de Verdille, Villejésus *, etc., et de Marguerite La Rochechandry, qui mourut en décembre 1589 ; 2º le 16 avril 1590, *Marguerite Baudouin*, fille de François Baudouin, seigneur de Fleurac, et de dame Catherine Tison, laquelle devint veuve de lui vers 1609. De ce second mariage naquit :

François Gelinard, écuyer. Dans un dénombrement au roi du 29 novembre 1618, il s'intitule seigneur de Malaville, Roumillac **, Saint-Simeux et Saint-Hermine, seigneur châtelain de Varaize, demeurant en son hôtel noble de Malaville. Il épousa, le 9 juin 1624, *Marie de Pressac*, dont il eut :

Emmanuel Gelinard, chevalier, seigneur de Malaville, vicomte de Varaize, etc., marié le 30 juillet 1646, à *Marguerite du Fossé* (*Nad.* II, 209). Il vivait encore le 20 septembre 1670, où il vendit à François Guillot, sieur de La Puisade, conseiller du roi, juge prévôt royal de Châteauneuf, et Marie Lériget, son épouse, les rentes dues à la seigneurie de Malaville, dans les paroisses de Châteauneuf, Saint-Surin et Angeac-Charente ***, et eut pour sucesseur

Marc-François Gelinard, chevalier, seigneur comte de Varaize, Malaville, et autres lieux, chevalier de justice de l'ordre de Saint-Lazare. Le 21 août 1724, il est dit demeurant ordinairement en son hôtel noble de Saint-Jean d'Angély, et actuellement à Paris, et donne procuration à Mᵉ Jean Baudet, curé de Malaville, lequel, par acte du 13 octobre suivant, afferme au nom dudit seigneur, à Jean Barbarin, sieur de La Perrière, et à Louise Mongin, sa femme, le logis et la terre de Malaville, à raison de 2500 livres par an ****. Cette même année 1724, ses biens furent saisis à la requête de Charles de Béon de Luxembourg, marquis de Bouteville.

Marc Gelinard est probablement le personnage dont parle Vigier (p. cxviii) : « Elle a fini (cette famille) dans la personne du feu seigneur de Varaise, mort de nos jours ; il avait servi, portait les choses fort haut, et s'était ruiné en procès. » Il semble avoir eu pour femme une demoiselle Chabot, car nous trouvons à la date du 5 février 1747, la mise aux enchères d'un emplacement à mettre un banc dans l'église de Châteauneuf, « entre le pilier où est écrit : *Ban de demoiselle Chabot, en son vivant dame de Malaville* », et la grande allée de ladite église *****.

---

* Verdille et Villejésus, communes du canton d'Aigre, arrondissement de Ruffec (Charente).

** Hameau de la commune de Malaville.

*** Papiers de la famille Piet, de La Descenderie.

*****Archives de la Charente*, minutes de Ferrand l'aîné, notaire à Châteauneuf.

***** *Archives de la Charente*, minutes de Tabuteau, notaire royal à Angeac-Charente.

non, seigneur d'Angeac et Vibrac, pour des terres relevant de cette seigneurie. Il vivait encore le 21 janvier 1657, et était mort à la date du 6 avril 1658. Sa femme ANNE GUY, qui lui survécut quelques années, mourut à Tourteron en 1673. Par son testament du 2 juin de cette année, elle ordonne que son corps soit inhumé « *en nostre chapelle, dans l'esglize dudit Sainct-Simeux, où sont les sépultures de laditte maison de Tourtron, proche de mondit feu mary.* » Elle ordonne en outre 12 messes avec les offices des morts à la huitaine, à la quarantaine, et au bout de l'an, et les mêmes jours, aumône à *tous les pauvres qui se présenteront;* plus aux Minimes de Châteauneuf 100 livres pour 200 messes, au curé de Saint-Simeux 40 livres pour 80 messes, au sieur Dufour, prieur de Saint-Bris-sur-Charente [1], 40 livres pour 80 messes, et des legs à ses serviteurs. Elle institue son héritière sa petite-fille, Françoise Faligon [2].

ANTOINE FALIGON, fils aîné de Guillaume et d'Anne Guy, épousa FRANÇOISE GUY, sa cousine, fille de défunt Salomon Guy, écuyer, seigneur de Ponlevin, et de dame Jeanne Martin. Elle mourut jeune laissant une fille unique, FRANÇOISE FALIGON, nommée plus haut, qui fut mariée à JEAN REGNAULD, écuyer, seigneur de Pondeville en Saint-Estèphe, Les Pallus, Guissalle [3] et autres lieux. Celui-ci rendit hommage au roi au bureau de Limoges, le 13 juillet 1685, « pour raison de son fief de Saint-Hermine, en partie scittué en la parroisse de Saint-Siméon. » M. de Pondeville perdit sa femme de bonne heure, vers 1684*, et épousa en secondes noces

1. Précédemment curé de Saint-Simeux. — Saint-Brice, canton de Cognac.
2. *Archives de la Charente*, minutes de J. Condan, notaire à Moulidars.
3. Les Pallus, paroisse de Vars, canton d'Angoulême. — Guissalle, paroisse de Vindelle, canton d'Hiersac.
* **Faligon**.— *Philippe Faligon*, procureur au siège présidial d'Angoulême, épousa *Létice de Paris*. Il était mort le 12 juin 1571*, laissant plusieurs enfants mineurs, entre autres, 1o Philippe, qui suit; 2o Toussaint Faligon,

* *Archives de la Charente*, Mousnier, notaire à Angoulême.

le 30 septembre 1686 [1], Madeleine Guyot de La Mirande, dont il eut un fils, Annet Regnauld, chevalier, seigneur de Saint-Simeux, marié le 22 juillet 1710 [2], à demoiselle Marie-Guillemine Guimard, fille de Jean Guimard, sieur de Jallais,

---

écuyer, sieur de La Chapelle et de Boisrond, dont la fille, Létice Faligon, fut mariée avant le 6 juin 1619 [**], à Henri Maron, écuyer, sieur de Logeas ; 3o Létice Faligon, qui épousa, croyons-nous, Jacques Nogerée, écuyer, sieur de La Breuillerie en Trois-Palis et de La Filière en Hiersac, lequel alors se serait marié deux fois.

Philippe Faligon, écuyer, sieur de La Chapelle et de Tourteron, fut échevin d'Angoulême et mourut dans cette charge en 1633 [**]. Il épousa *Létice de Paris*, dont il eut : 1o Guillaume, qui suit ; 2o Létice Faligon, mariée à la date du 23 février 1622, à Jean Foucaud de Pindray, écuyer, sieur d'Ambelle [***]; 3o Peut-être encore autre Létice Faligon, mariée à la date du 1er mai 1623, à Pierre Bénureau, écuyer, sieur des Soudais et de Lajasson, en Eraville [****].

Guillaume Faligon, écuyer, sieur de Tourteron, fut vice-sénéchal d'Aunis et de Saintonge, charge qu'il vendit le 30 juin 1649. Il épousa le 25 octobre 1625 [*****], *Anne Guy*, fille de Roch Guy, écuyer, sieur de Ferrière et de Ponlevin, et de Marguerite Couraudin. Enfants : 1o Antoine, l'aîné, qui suit ; 2o Anne Faligon, mariée le 7 février 1657, à Pierre Guy, écuyer, sieur de Ponlevin ; 3o Marie Faligon, mariée à Henri Méhée, écuyer, sieur de Saint-Hilaire, morte en 1648 [******]; 4o François Faligon, écuyer, sieur de Villeneuve, paroisse de Dirac, épousa le 23 septembre 1663, Marguerite Vigier, fille de Clément Vigier, sieur des Houmes [*******]; 5o Toussaint Faligon, écuyer, sieur des Gagniers, aide-de-camp des armées du roi, marié 1o le 18 avril 1660 [********], à demoiselle Marie Ballue, dont il eut Pierre Faligon, écuyer, sieur des Gagniers, capitaine au régiment de Condé, qui fut tué au siège de Landau [*********], laissant de son mariage avec demoiselle Marie Lambert des An-

* *Registres paroissiaux de Champmillon.*
** *Sanson*, édition Michon, page 135.
*** *Archives de la Charente*, Ph. Gibaud, notaire à Angoulême.
**** *Ibid.* J. Fèvre, notaire à Châteauneuf,
***** *Nadaud*, III. 107.
****** Voir *Les Courades*, p. 169.
******* *Archives de la Charente*, présidial, insinuations.
******** *Ibid.* Delachèze, notaire à Angoulême.
********* *Vigier de La Pile*, p. cxv.

1. *Registres paroissiaux de Villognon*, cités au *Rapport de l'Archiviste*, Angoulême, 1887.
2. *Archives de la Charente*, Pierre Jeheu, notaire à Angoulême.

conseiller du roi, chevalier d'honneur au présidial d'Angoulême, et de Marie Gignac : elle mourut en 1715, ne laissant que deux filles.

Jean Regnauld, le père, après son second mariage, alla habiter le logis de Guissalle, laissant Tourteron à sa fille aînée, MARGUERITE REGNAULD, qui épousa par contrat du

---

dreaux, Jacques Faligon, lieutenant au régiment de Bourbon, mort sans alliance le 1er octobre 1716, et enterré dans l'église de Saint-Simeux ; * 2o à demoiselle Madeleine Guy, fille de Salomon Guy de Ponlevin et d'Elisabeth Gallet, d'où vinrent Marie et Elisabeth Faligon et un fils, ** François Faligon, écuyer, sieur des. Gagniers et de La Borde en Gurat, lequel de son mariage avec Marie-Thérèse Navière ***, eut un fils, Philippe Faligon ****. Toussaint Faligon était mort le 10 février 1685.

Antoine Faligon, écuyer, sieur de Saint-Simeux et de Tourteron, épousa Françoise Guy, comme nous l'avons dit.

* La succession de Jacques Faligon nous fait entrevoir à quelle pauvreté étaient réduits certains nobles à cette époque. Voici un officier doublé d'un grand seigneur qui fait son testament le 30 septembre 1716, par lequel il déclare solennellement vouloir être enterré dans le tombeau de ses pères, en l'église de Saint-Simeux, et ordonne « qu'il soit fait tels services, prières, aumosnes, appelé tel nombre de prestres et dit tel nombre de messes qu'il plaira à damoiselle Marie Falligon, ma tante, m'en soumettant à sa vollonté et dévotion, m'assurant qu'elle s'en acquittera avec le zelle et toute la piété possible... »

Il est à croire que la demoiselle Faligon rendit à son neveu tous les devoirs demandés ; quant à sa succession, elle accepta sous bénéfice d'inventaire, et bien lui en prit, car voici l'inventaire du mobilier, qui fut dressé le 7 novembre 1716 :

1o Une table ronde de noyer et 7 chaises demi-usées
et dégarnies . . . .   35 sols.
2o Un bois de lit . . . .   6 livres
3o Tous les accessoires et garnitures . . . . 20 »
4o Une épée . . . . , ...   3 »
5o Hardes, perruques, etc.. . . . .   9 »
6o Une vieille jument et une selle tout usée, le tout d'aucune valeur. « A déclaré laditte damoiselle ne vouloir la nourrir un jour pour le prix de sa valeur. »

                                        TOTAL : 39 » 15 sols.

Naturellement on renonça à l'héritage, et les biens furent saisis par les créanciers.

** *Vigier* (p. cxv) dit trois filles et un fils.
*** *Archives de la Charente*, Mancié notaire à Angoulême.
**** Vigier, *loc. cit.*

1er février 1704, messire JEAN DASSIER [1], chevalier, seigneur des Brosses, fils de François Dassier, chevalier, seigneur des Brosses et de Villechaise [2], et de Marguerite Guimard, dame de Jallais, son épouse. Ils eurent plusieurs enfants entre autres, Jean-François, dit le chevalier Dassier.
Devenue veuve, Marguerite Regnauld se remaria à PIERRE
BARBARIN, sieur de La Martinie qui, le 9 novembre 1725,
se rendit en personne au bureau de La Rochelle et fit
hommage au roi de « la seigneurie et du fief de Saint-
Hermine ou de Tors-en-Torteron, mouvant de Sa Majesté
à cause de son chasteau de Chasteauneuf. »

Le dénombrement devait suivre l'hommage dans les quarante jours. Sans doute que cette prescription ne fut pas
remplie, car la seigneurie de Tourteron fut saisie féodalement, et main-levée ne fut donnée qu'après le dénombrement fourni le 1er décembre 1736. Le seigneur et la dame
de Tourteron durent aussi faire un nouveau terrier de leur
domaine, en exécution des lettres royales du 25 juillet 1752,
et il fallut y revenir à trois fois, à défaut de complète déclaration. Le tout ne fut terminé que le 17 décembre 1761.
Il y avait alors trois ans que Pierre Barbarin était mort [3].
Sa veuve afferma Tourteron et se retira à Angoulême, où
elle mourut au mois de novembre 1772, comme nous l'apprend une pièce de procédure, pendante entre elle et le sieur
de Villamont, curé de Saint-Simeux.

JEAN-FRANÇOIS DASSIER, chevalier, seigneur des Brosses,
Pers, Charzat [4], et autres lieux, né le 1er novembre 1711,

1. *Archives de la Charente*. Pierre Jeheu. On écrit aussi *d'Assier*.
2. Les Brosses et Villechaise, commune de Saint-Maurice, canton de
Confolens (Charente).
3. Le 3 novembre 1758, a été enterré dans le caveau du logis de Tourteron, Me Pierre Barbarin de la Martinie, époux de dame Marguerite
Regnaud, dame de Tourteron. Villamont, curé de Saint-Simeux. (*Registres
paroissiaux de Saint-Simeux*).
4. Pers, commune de Pressignac, canton de Chabanais. — Charzat, commune de Saint-Maurice.

succéda à sa mère comme seigneur de Saint-Hermine, Saint-Simeux et Tourteron. Il épousa, le 12 novembre 1743, demoiselle Geneviève Decescaud, de la paroisse d'Angeac-Charente [1], et eut entre autres, Joachim-Jacques Dassier, chevalier, seigneur des Brosses, né à Tourteron le 26 janvier 1747, et baptisé à Saint-Simeux le 4 juin 1750. Son parrain fut messire Jacques Trotti, chevalier, seigneur marquis de La Chétardie, chevalier des Ordres du roi, lieutenant général de ses armées, et son ambassadeur ordinaire à la cour de Turin, représenté par Joachim Regnauld, chevalier, seigneur de Saint-Laurent et de La Cour-Saint-Maurice des Lions; et sa marraine Marguerite Dassier, sa tante, veuve de Jean-Armand Poussard, chevalier, seigneur marquis de Fors et du Vigean [2]. Mme Dassier mourut âgée de 38 ans, en donnant le jour à une fille qui expira après l'ondoiement. Celle-ci fut inhumée le 18, et la mère le 20 juin 1755, dans l'église de Saint-Simeux, « dans le caveau de la chapelle de Tourteron [3]. »

Le chevalier Dassier hérita de son oncle, messire Paul Dassier, chevalier, seigneur de Charzat, capitaine au régiment de Royal-Artillerie, qui testa le 10 décembre 1736 [4], et alla habiter Confolens, tout en gardant Tourteron qu'il donna aussi à ferme jusqu'au 13 septembre 1786, où il le vendit comme nous l'avons vu, à M. Cyprien-Gabriel de Terrasson.

Lors du mariage de son fils en 1806, M. de Terrasson lui attribua Tourteron en avancement d'hoirie; mais au partage définitif, en 1813, cette terre, soumise au rapport, échut à une sœur ANNE-THÉRÈSE de Terrasson, mariée à M. GABRIEL-STANISLAS SEUILLET DE MONTÉGON, capitaine d'infanterie.

M. et Mme de Montégon habitèrent Tourteron, qui depuis

1. *Registres paroissiaux d'Angeac-Charente.*
2. 3. *Registres paroissiaux de Saint-Simeux.*
4. *Archives de la Charente*, Rivet jeune, notaire royal à Ambernac.

plus de 50 ans était entre les mains des fermiers, et réclamait de nombreuses et urgentes réparations. La maison du Petit-Tourteron détruite (procès-verbal du 25 août 1806), ne se releva pas de ses ruines[1]. L'ancien logis de Saint-Hermine fut aménagé à peu près comme il l'est aujourd'hui. Madame de Montégon y mourut le 13 novembre 1833, et son mari le 16 décembre 1835. Tous deux furent enterrés à Moulidars auprès de leurs parents, M. et Mme de Terrasson. Leur héritage fut partagé entre leurs deux filles, dont l'une avait épousé M. CHARLES-FRÉDÉRIC ESTOURNEAU DE LA TOUCHE· et l'autre M. JEAN-FRANÇOIS MATIS, général de brigade, chevalier de Saint-Louis, commandeur de la Légion d'honneur.

M. Matis racheta une partie du lot de son beau-frère, et reconstitua un assez joli domaine, à l'administration duquel il consacra les années de sa retraite. C'est à Tourteron qu'il mourut le 2 juin 1857, à l'âge de 84 ans. De ses trois fils, deux étaient établis au loin à Calais. Alors Tourteron fut vendu et démembré. M. Léonce Boiteau, négociant à Angoulême, s'est rendu acquéreur, en 1869, du logis et de ses alentours, dont il est aujourd'hui propriétaire.

Ce qui fait le charme de Tourteron, c'est sa belle situation au-dessus de la vallée de la Charente, d'où la vue embrasse un verdoyant panorama.

V

LE MAINE-MICHAUD

Le domaine du Maine-Michaud s'est formé successivement aux XVIe et XVIIe siècles, de fonds appartenant à divers pro-

---

1. Son emplacement est occupé aujourd'hui par la maison des héritiers Sorillet.

priétaires. Nous avons plusieurs déclarations fournies au XVIe siècle par les tenanciers aux seigneurs de Saint-Hermine, possesseurs de Tourteron, dont ils relevaient. La plus ancienne est du 19 février 1442. A cette époque la maison n'était qu'une petite habitation ou maine, qui a servi plus tard de métairie. Elle était sur le bord du chemin de Saint-Simeux à Tourteron. Le logis actuel, construit dans la seconde moitié du XVIIe siècle, est un peu plus bas, sur le flanc du coteau. Il est dominé par la hauteur, et domine à son tour une jolie vallée qui s'ouvre sur la Charente.

Ce fief était possédé au XVIe siècle par les Corliet, marchands, d'Angoulême. Nous avons une reconnaissance collective donnée par-devant la cour prévôtale de Châteauneuf, le 13 mars 1564, par Philippe Dalleau, Jean et Philippe Corliet, par laquelle ils déclarent tenir de Guillaume Gelinard, écuyer, seigneur de Malaville et de Saint-Simeux, comme ayant droit du sieur du Fa, par indivis entre le roi et le sieur de Malaville, « un *mayne appelé le Mayne-Michaud, assis en la paroisse de Saint-Simeux, tenant au chemin par lequel l'on va dudit Saint-Simeux au village de Tortron sur main senextre, etc...* »

JEAN CORLIET épousa JACQUETTE DAVID, de Cessac en Saint-Simeux[1], et leur fils JEAN CORLIET, PERRINE BOUTAUD, de la même paroisse.

Le 1er juin 1618, Perrine Boutaud, veuve de feu Jean Corliet, tant en son nom que comme mère et tutrice de ses enfants et dudit feu, fit au roi et au duc d'Epernon, comme ayant droit acquis du roi dans la châtellenie de Châteauneuf, la déclaration des terres qu'elle tenait du roi dans le domaine du Maine-Michaud, ladite déclaration reçue « *au Mayne-Micheaud, paroisse de Saint-Simeux, en la maison de ladite Boutaud et ses enfans.* »

---

1. Le Maine-Cessac, autrement Chez-Boutin, paroisse de Saint-Simeux réuni plus tard au domaine du Maine-Michaud.

Les enfants de Perrine Boutaud étaient : Toussaint Corliet, sieur de Cessac ; Jean Corliet, sieur de Lasdoux [1], conseiller du roi, élu en l'élection d'Angoulême ; DAVID CORLIET, sieur du Maine-Michaud, avocat au présidial d'Angoulême (1622), conseiller et élu pour le roi en l'élection particulière de Châteauneuf et Jarnac ; Claude Corliet, mariée le 18 septembre 1622 à Pierre Fé, sieur de La Côte, fils de Pierre Fé, sieur de Hauteroche, et de Marie Ranson, demeurant à Châteauneuf. (Voir précédemment, p. 118, note).

David Corliet paraît s'être marié deux fois, la seconde le 21 février 1629 avec Valérie Déroulède qui, devenue veuve en 1637, se remaria à François Vergereau, sieur d'Apremont[2]. Il laissa un fils qui suit, et probablement une fille mariée à Geoffroy Mongin, conseiller du roi, lieutenant en la prévôté de Bouteville, lequel possédait la métairie de Longeville, paroisse de Châteauneuf (31 mars 1639).

MATHURIN CORLIET, sieur des Marais [3], eut Le Maine-Michaud après son père. Il était mort à la date du 2 décembre 1672. Quelque temps auparavant, le 15 juin 1671, il avait passé un contrat par lequel il donnait à Me Guillaume Mérignot, curé de Saint-Simeux, et à ses successeurs, une pièce de pré dans la rivière de Pratou et la jouissance d'un bois à la Combe-Tavernière, à charge par eux de célébrer chaque année quatre messes basses pour le repos de son âme, le jour et lendemain de saint Mathurin, le jour et lendemain de saint Antoine, ledit contrat reçu au Maine-Michaud par Thomas, notaire royal à Châteauneuf.

Mathurin Corliet donna le Maine-Michaud à son neveu MATHURIN MONGIN, sieur de Longeville. Le nouveau pos-

---

1. Lasdoux, commune d'Angeac-Charente, canton de Châteauneuf.

2. Apremont, commune de Chavenat, canton de Villebois-la-Valette (Charente).

3. Il possédait des marais salants en Saintonge.

sesseur s'appliqua à agrandir et à améliorer son domaine. Il acquit différentes terres qui le touchaient, de plusieurs propriétaires voisins, notamment de Pierre Guy, sieur du Montet [1] ; et nous pensons que c'est lui qui fit bâtir le logis actuel du Maine-Michaud, avec la terrasse qui en est le plus bel agrément. Il voulut aussi, comme les grands seigneurs, avoir dans son église paroissiale un banc avec droit de sépulture. C'était chose assez fréquente alors. On se tromperait néanmoins si l'on pensait que l'affaire se réglait simplement entre le curé et l'intéressé, sous le manteau de la cheminée. L'acte suivant, que nous donnons en entier, nous montre toutes les formalités qui accompagnaient ces sortes de concessions.

« PARDEVANT le notaire royal héréditaire en Angoumois, et présentz les témoingtz bas nommés, ont estés présentz et personnellement establis en droit maistre Guilhaume Mérignot, prestre, curé de la paroisse de Saint-Simeux et y demeurant, d'une part ; et Mathurin Mongin, sieur de Longeville, demeurant en la ville d'Angoulesme, d'autre part. Lequel dit sieur Mérignot, de son bon gré et vollonté, et du consantement de Nicollas Ferchaud, sergier, saindic l'année présente de laditte parroisse de Saint-Simeux, ont conssanty et acordé, consantent et acordent par ses présantes audit sieur Mongin, de plasser un banc dans l'églize dudit Saint-Simeux, et ce du costé gauche de ladite églize, proche et aux dessoubz l'autel de Saint-Anthoine, et ce de longueur de six piedz, pour le regard des sépultures et banc à prendre, et jouignant ledit hostel, et de la largeur de cinq piedz ; et sera laissé quatre piedz vide entre ledit hostel et ledit banc, lequel vide est compris dans lesdittes sépultures, sans que ledit sieur curé et ses successeurs y puissent à l'advenir mettre aucun banc ; pour servir tant audit sieur Mongin, les siens, que à toutte sa famille, au saintes prières et dévotions et asistances

---

1. Le Montet, paroisse de Saint-Simeux, non loin du Maine-Michaud.

de la sainte Messe, et autres services divins cellébrés en ladittle églize, et pour ses sépultures de luy et des siens à l'advenir. Moyennant la somme de six livres tournois pour le fondz d'icelle, que ledit sieur Mongin a promis et sera tenu bailler et payer dans quinze jours prochains venant, d'entrée une fois payée, pour la fabrique et réparations du clochier de ladittle églize ; laquelle il mettra entre les mains dudit sieur curé, saindic et fabriqueurs, pour estre employée à la réparation dudit clochier. Laquelle dittle somme de six livres il a présantement, délivrée et mise entremains dudit sieur curé, du conssantement dudit Ferchaud et autres habittans bas nommés ; laquelle ledit sieur a promis icelle employer aux réparations dudit clochier.

Et en oultre, a promis ledit sieur Mongin, de bailler et payer annuellement et perpétuellement, par forme de légat, à chascun jour et feste de Nouel, la somme de dix solz, et pour ledit sieur curé autres cinq solz, à la charge qu'il sera tenu, et ses successeurs, de dire un *Libera* sur les sépultures dudit sieur Mongin, annuellement, le jour de la feste des Trépassés, pour le repos de ses parans et de luy après sa mort.

Et a ledit sieur Mongin assigné par ses présantes laditte somme de dix solz, sur une pièce de pré scituée audessoubz le village de Coutardière, en laditte paroisse de Saint-Simeux, contenant cinq journaud et demy ou environ, confrontant d'une part au fleuve de Charante, d'autre part aux prés de Me Pierre Fèvre.

Et pour l'antretenemant de tout ce que dessus, ledit sieur Mongin a obligé et hipotéqué tous ses bien présens et futurs quelconques, et par spécial laditte pièce de pré, sans que la spéciallitté desroge à la générallitté, ne au contraire. Renonceant, etc... (*formules ordinaires*).

Fait et passé audit bourg de Saint-Simeux, audevant la porte de l'églize dudit lieu, jour de Dimanche, à issue de grande messe y cellébrée ledit jour, et à plus grande affluance de peuple, après les publiquations dheuement faictes par ledit sieur curé, comme il appert de son certifficat datté de aujourd'huy et de luy signé, Fait ce cinquiesme jour de juillet mil sixcens quatre vingtz deux, en présance et du conssantement des habittans cy après nommés, qui sont Hélie et François Andrés, Jean Brisson, Léonnard Arnaudie, Me François Fèvre, Guilhaume Jobit, Anthoine Durandeau, François Blanchard dit Pisy, Jean Mesnier, Pierre Nicot, Jacques Drouineau, Michel et Pierre Ordonneaux, Pierre Aubineau et Hélie Guignard; et aussy en présance de Léonnard Gratreau, praticien, demeurant en la parroisse de Champmilhon, Philippe Foraut, masson, et Pierre Merceron, laboureur, demeurant au bourg et parroisse de Cireuilh, témoingtz requis, les tous fors les soubzsignés ont déclaré ne scavoir signer, de ce requis.

L'original est signé : G. Mérignot, *pour avoir receu les six livres csnoncée cy dessus*; Mongin, F. Ferchaud, Arnoudie, Fèvre, L. Gratreau, et A. Thomas, notaire royal héréditaire.

Thomas, *notaire royal héréditaire.* »

Mathurin Mongin rendit aveu et dénombrement de sa terre du Maine-Michaud, au roi à cause de Châteauneuf, et à Jean Regnauld de Pondeville, à cause de Tourteron et de la seigneurie de Saint-Hermine en Saint-Simeux, le 10 octobre 1685. La dernière pièce où nous le voyons figurer, est une reconnaissance signée de sa main du 9 octobre 1694. Il avait épousé Marguerite Barreau dont il eut le suivant.

Etienne Mongin, sieur de Boisseguin [1], baptisé à Angoulême le 9 mai 1655 [2], succéda à son père par la démission de ce dernier, du 14 février 1686. Nous le voyons, le 11 juin, traiter avec sa mère qui lui abandonna, moyennant 400 livres de pension alimentaire, la jouissance du Maine-

---

1. Boisseguin, commune de Lignières, canton de Segonzac (Charente).
2. *Registre paroissial de Saint-André d'Angoulême.*

Michaud, à elle assignée par son défunt mari. Marguerite Barreau mourut le 7 juin 1709, et fut inhumée le lendemain dans l'église de Saint-Martial d'Angoulême [1].

Le sieur de Boisseguin épousa en premières noces GENE-VIÈVE MENAULT, fille, croyons-nous, de Clément Menault, avocat au présidial d'Angoulême, et de Françoise Dubois; et en secondes noces *Henriette Gervais*. Il eut une nombreuse famille, et comme il s'était quelque peu engagé pour doter ses filles, il vendit le Maine-Michaud pour la somme de 18,500 livres aux demoiselles Anne-Rose et Elisabeth Méhée d'Anqueville, par acte passé à Angoulême le 2 mars 1720, devant Jeheu et Mancié, notaires royaux. Il se retira ensuite aux Journeaux, paroisse de Saint-Genis de Blanzac, où nous le retrouvons le 3 février 1722 [*]. Il mourut vers la fin de 1723 [**].

---

1. *Registres paroissiaux de Saint-Martial.*

[*] **Les Journeaux** ou *Chez-Journeau*, hameau de la commune de Saint-Genis, canton de Blanzac (Charente), doit son nom à une importante famille de l'Angoumois au XVIe siècle, qui posséda le fief de La Dourville, près Blanzac. Laurent Journeau fut membre du corps-de-ville de 1516 à 1544, et maire d'Angoulême de 1524 à 1527. Il mérita les plus grands éloges par son dévouement au bien public, et reçut le titre de *Père du pays. (Sanson,* édition Michon, p. 114 et suivantes.) Messire Jean Journeau, prêtre à Saint-Genis de Blanzac, donna le 11 juin 1555, à Noël Joubert, marchand, de Châteauneuf, baillette d'arrentement pour une maison et deux jardins qui lui appartenaient dans ladite ville.

Chez-Journeau appartient actuellement à M. Pissot, maire de Saint-Genis.

[**] **Mongin.** Cette famille sortait de Bouteville. Louis Mongin était notaire dans cette localité en 1565, 1593, 1603, et avait pour femme Catherine Dussieur; *Daniel Mongin,* greffier de la châtellenie en 1601, avait épousé *Jeanne Le Musnier; Geoffroy Mongin,* conseiller du roi, lieutenant en la prévôté de Bouteville, avait été constitué par le testament de Perrine Boutaud, du 16 mai 1624, son légataire pour la somme de 300 livres. Nous le voyons paraître en 1638, dans une sentence du juge-prévôt de Châteauneuf concernant le Maine-Michaud. Peut-être était-il père de *Mathurin Mongin. Etienne Mongin,* fils de ce dernier, eut de Geneviève Menault 8 enfants: 1° Gabriel Mongin, l'aîné, sieur de La Garde, demeurant à la Voûte, paroisse d'Ambleville, marié le 3 juin 1715, à Mathurine Ballue; 2° Geneviève Mongin,

Le contrat de vente du Maine-Michaud et les mémoires qui l'accompagnent, nous disent très bien ce qu'était le domaine à cette époque. Il comprenait :

1º La maison de maître « *toute neufve et très jolye et très commode* », avec chais, granges, étables, greniers, beau « *coulombier avec son dessous bien vousté, le tout renfermé dans deux belles basses-cours à trois porteaux, le tout joignant ensemble avec les jardins hauts et bas arrosant par deux fontaines, en sorte qu'on fait passer l'eau dans tous les rayons du jardin sans aucune incomodité ; et encore une fort belle câprière.* »

2º Les deux métairies de Chez-Boutin et du Maine-Michaud, à quatre bœufs chacune.

3º Seize journaux de près de réserve et bois.

4º Trente journaux de vignes ayant donné en 1719, après avoir « *gelé et battu deux fois* », 17 barriques et demie de vin blanc, et 25 et demie de vin rosé ; et en 1718, quoiqu'elles eussent gelé, 80 barriques qui se sont vendues 42 livres le tonneau ; et enfin en 1700, alors qu'elles étaient toutes très vieilles, 30 barriques de vin rosé à 72 livres le tonneau, et 8 tonneaux de vin blanc à 35 livres.

5º Les rentes consistant en 10 boisseaux de froment, 7

---

femme de Joseph Constantin, notaire royal, demeurant à Grolet, paroisse de Péreuil ; 3º Marie Mongin, mariée le 3 février 1718, à Hélie Testaud, sieur du Maine, demeurant au Pérou, puis aux Aubiers, paroisse de Péreuil ; 4º Louise Mongin, mariée à Jean Barbarin, sieur de La Perrière, demeurant à Confolens ; 5º Jean Mongin, prêtre, curé de Brie de Barbezieux en 1722, 1737, 1740 ; 6º Elisabeth Mongin, qui épousa Pierre Durandeau, marchand, de Villars-Marange, morte en 1720, avec enfants ; 7º François Mongin, encore mineur en 1725 ; 8º Marguerite Mongin, fille majeure (1740), qui donna à Geneviève et Etienne Barbarin, sieur de Flayat, enfants de sa sœur. Geneviève Menault vivait encore le 6 mars 1716. De sa seconde femme, Henriette Gervais, le sieur de Boisseguin laissa au moins deux enfants qui étaient tout jeunes à la mort de leur père en 1723, et eurent pour curateur Gabriel Mongin, sieur de La Gerde, leur demi-frère.

Une branche de cette famille Mongin s'établit à La Buzinie, paroisse de Champniers, dans le courant du XVIIᵉ siècle.

boisseaux d'avoine, argent et volailles pour 15 livres, et 6 meules de frette.

6° Le Fossé-Dody, dans lequel il se prend dans les gros d'eau, quantité de beau et bon poisson, et le droit de pêche depuis les moulins de Saint-Simeux jusqu'à Malvy ; et les truffières qui font encore un gros article.

Le vendeur n'oublie point de mentionner dans son mémoire le droit de banc et de sépulture dans l'église.

« *Il est aussi vray de dire*, ajoute-t-on, *que la cituation où est la France à présent, fait beaucoup enchérir tous les domaines, mais particulièrement les lieux qui sont aussi agréables, aussi bien assortis, et aussi commodes que celui de Saint-Simeux.* »

Le même mémoire nous fait connaître tous les seigneurs dont relevait alors le Maine-Michaud, et dans quelle proportion : de Bouteville pour 700 livres, de Châteauneuf pour 1,900 livres, de la cure de Saint-Simeux pour 1,050 livres, d'Etaule, pour 1,200 livres, du sieur de La Chapelle pour 400 livres, du sieur de Fondenis pour 240 livres, du sieur de Ponlevin pour 120 livres, de Tourteron pour 10,842 livres.

Les demoiselles Méhée habitèrent ensemble le Maine-Michaud. Là fut passé, le 23 juin 1723, le contrat de mariage entre « Messire Jean-Louis Terrasson, escuyer, seigneur de La Faye et capitaine au régiment de Limousin, fils légitime de deffuncts Messire Jean Terrasson, aussy escuyer, seigneur de La Faye et de dame Eléonnord de Fayard, demeurant ledit sieur Terrasson au lieu de La Petillerie, parroisse de Roullet, d'une part : et damoiselle Anne-Rose Méhée d'Ardenne, fille légitime de deffuncts Messire René Méhée, chevallier, seigneur d'Anqueville, Malvoisine et autres lieux, et dame Anne Le Meusnier, demeurante ladite damoiselle au lieu du Maine-Michaud, parroisse de Saint-Simeux, d'autre part ». (Reçu Ferrand et Rullier, notaires royaux à Châteauneuf).

M. de Terrasson mourut en 1739, et son épouse en 1746 [1], laissant deux garçons et une fille, émancipés par sentence du 5 février 1746, sous la curatelle de Messire Jean-François Dassier, chevalier, seigneur de Tourteron.

Au partage qui eut lieu le 19 octobre 1763, entre les trois enfants Terrasson, Le Maine-Michaud fut dévolu à l'aîné Cyprien-Gabriel, mari de Thérèse-Anne Arnauld de Ronsenac. Leurs enfants naquirent au Maine-Michaud, à l'exception d'Anne-Thérèse de Terrasson, l'aînée, et autre Anne-Thérèse, la plus jeune de tous, qui naquirent à Angoulême. M. de Terrasson était souvent à Versailles, où l'appelait son service dans la compagnie des Chevau-Légers de la garde du roi.

Le 28 décembre 1783, l'abbé Méhée d'Anqueville étant mort, laissa pour héritiers les trois enfants de sa sœur Anne-Rose Méhée. Cyprien-Gabriel de Terrasson, l'aîné, eut en partage Ardenne et Moulidars. Il quitta aussitôt Le Maine-Michaud et vint s'établir au château d'Ardenne.

Le Maine-Michaud ne fut plus désormais habité que par des fermiers ou des colons, jusqu'en l'année 1807, où M. de Terrasson le vendit à M. Mallet, de Saint-Simeux, qui eut pour gendre M. Janet, juge à Angoulême. Le gendre de ce dernier, M. Guibert, posséda après lui le Maine-Michaud, et son fils, M. Joseph Guibert, l'a vendu en 1883 à M. Priollaud, négociant, ancien maire de Saint-Simeux, qui s'efforce, par une culture intelligente, d'accroître tous les jours la valeur de ce domaine.

VI

LES COURADES

Tout près et à l'est de Vibrac, on aperçoit un petit castel au pied duquel passe l'ancien chemin de Vibrac à Angou-

---

1. L'inventaire de sa succession est du 24 mai de cette année.

lême, que le tracé de la route n'a pas suivi en cet endroit. On l'appelle *Les Courades*. C'était une seigneurie relevant du château de Vibrac. Elle appartenait à la fin du XVIᵉ siècle à la famille de Lestang. Dans un acte de partage du 16 mars 1592, reçu J. Mousnier, notaire royal à Angoulême, nous voyons figurer AYMAR DE LESTANG, écuyer, sieur des Courades, y demeurant, paroisse de Vibrac-Charente.

Ce seigneur mourut peu d'années après, car sa veuve, demoiselle MARIE DE LA PORTE, rendit, le 3 février 1598, aveu et dénombrement de la terre des Courades, au duc d'Epernon, alors seigneur de Vibrac. Elle avoue tenir du noble duc son « *hostel et maison noble des Courades.... à cause de son chasteau et seigneurie dudit Vibrac, à droict d'hommage, au debvoyr par chascune prestation dudict hommage, muance de seigneur et vassal, de une paire de ganz ou ung teston* [1].

Ce dénombrement fut reçu et approuvé le 10 juin 1598, par « Raymond de Forgues, escuyer, sieur dudit lieu, et noble homme Martial de La Charlonnie, sieur de Noire, seneschal des terres et seigneuries d'Angeac et Vibrac-Charente, commissaires depputés en ceste partie » par le duc d'Epernon.

MARIE DE LESTANG, fille d'Aymar de Lestang et de Marie de La Porte, épousa, le 31 janvier 1607, JOSIAS MÉHÉE, écuyer, sieur de La Ferrière, et elle lui porta la seigneurie des Courades. Il en fit aveu et dénombrement au duc d'Epernon le 19 septembre 1618; lequel hommage fut reçu par François des Ruaux, écuyer, sieur de Moussac, « procureur et commissaire en cette partie » par le duc d'Epernon, le 20 septembre 1618.

Les Courades restèrent très longtemps dans la descen-

---

1. Petite monnaie d'argent valant 10 sous tournois. Elle tirait son nom de l'effigie qui représentait la tête du souverain. (Chéruel, *Dictionnaire historique*).

dance de Josias Méhée. Henri Méhée, sieur de Saint-Hilaire, son fils cadet, y perdit sa femme, Marie Faligon, morte en 1648, en donnant le jour à un fils, François Méhée [1]. Cet enfant mourut jeune, car le sieur de Saint-Hilaire épousa en secondes noces, le 3 mars 1660, dame Claude Chasteigner, veuve de son cousin René Méhée, seigneur d'Anqueville, et décéda lui-même peu d'années après, sans héritiers.

Josias Méhée mourut aux Courades, en 1671. Son fils aîné, Isaïe Méhée, sieur des Courades, y habita avec sa femme, Anne Le Musnier, laquelle continua d'y résider pendant son veuvage, et même après son second mariage, jusqu'au partage de 1691, qui lui donna Moulidars. Plusieurs de ses enfants y naquirent.

Pierre Méhée d'Ardenne, son fils du premier lit, hérita de la terre des Courades, qu'il posséda jusqu'à sa mort en 1760. Elle passa alors à M. Cyprien-Gabriel de Terrasson. Au partage de 1813, entre les enfants de M. de Terrasson, les Courades furent comprises dans le lot de son fils, M. René de Terrasson. En 1821, Mme de Terrasson, fondée de procuration par son mari, alors malade, vendit les Courades pour la somme de 23,000 fr. à plusieurs particuliers. Le logis, d'abord divisé, appartient aujourd'hui à un seul propriétaire, M. Pierre Richard, maire de Vibrac.

VII

SAINT-SIMON

Saint-Simon n'est que l'abréviation populaire du nom de Saint-Sigismond que portait autrefois cette localité. Dans les anciennes chartes latines, on ne trouve naturellement que

---

1. *Registres paroissiaux de Vibrac.*

Saint-Sigismond; dans les autres en langue française, on voit de bonne heure apparaître la forme contractée, souvent même les deux concurremment, jusqu'au XVIIIe siècle, où la dernière prend définitivement le dessus, tout en conservant néanmoins le *d* final, *Saint-Simond*, comme pour attester son origine. Depuis longtemps ce *d* même a disparu, et on serait tenté de nier l'identité des deux vocables, si nous n'en avions pas des preuves certaines.

La paroisse était partagée entre quatre fiefs relevant soit du château de Vibrac, soit de l'abbaye de Bassac, savoir : Hautemoure, La Rocque, Juac et L'Epineuil.

HAUTEMOURE (*Alta Mora*), est situé, comme l'indique son nom, sur une colline qui n'est que la continuation de celle de Saint-Simon. C'était un *hébergement* appartenant au XIVe siècle à OLIVIER, puis à HUGUES DE SAINT-SIGISMOND, valets. Le premier est cité dans le dénombrement de Pierre Amblard, de 1327; l'autre fournit aveu et dénombrement à Hugues de Montchaude, chevalier, seigneur d'Angeac et Vibrac, en l'année 1329 ou 1339 [1]. Le fief d'Hautemoure, appelé aussi de Saint-Simon, était dans la mouvance de la châtellenie de Bouteville, et comprenait, entre autres choses, le mas de *Bousson* (*de Bosco*, *du Bois*), avec ses îles, essacs et moulins. Ce lieu qui se compose uniquement de prairies, s'appelle encore aujourd'hui *le Bois*. Il y avait aussi *le bois des Deffends*, sur le chemin de Moulidars, formant actuellement un plantier appelé *le Bois de Hautemoure*; plusieurs terres en Saint-Simon et Moulidars, telles que *Courret*, et les bois de *Larat*, de *Soute*, des *Laquets*, sur la route d'Angoulême à Jarnac. *La Font*, dans la paroisse de Mérignac, en dépendait également, ainsi que quelques terres près

---

1. Les dernières lettres de cette date sont difficiles à lire, à cause de la moisissure du parchemin; mais la signature est la même que celle du dénombrement de Pierre Amblard : « *Helias de Barrâ* ».

d'Archiac, dans les paroisses d'Arthenac et de Saint-Palais-du-Né [1].

La famille, du moins une branche de la famille de Saint-Sigismond se transporta à Saint-Simeux. Nous la trouvons en effet durant tous le cours des xve et xvie siècles, au chef-lieu de cette dernière paroisse, comme une famille importante. Plus tard, une alliance l'amena à Vindelle, où nous la voyons en 1717 [2].

Au xvie siècle, Saint-Simon appartenait aux Montalembert. Le 25 février 1567, dénombrement du fief de Haute-moure fut fourni par JEAN DE MONTALEMBERT, écuyer, seigneur de Vaux (Rouillac), à messire Nicolas d'Anjou, marquis de Mézières, et Gabrielle de Mareuil sa femme, seigneur et dame de Vibrac. Ce dénombrement comprend exactement les mêmes articles que le précédent. Le fief de Saint-Simon, échu en partage aux deux frères, Jacques de Montalembert, seigneur de Vaux, et GUY DE MONTALEMBERT, seigneur de Saint-Simon, fut cédé par eux, le 17 mai 1628, à JEAN THOMAS, écuyer, conseiller du roi, et l'un des échevins de la ville d'Angoulême. Il en rendit aveu et dénombrement au duc d'Epernon, le 1er mai 1633 [3], et mourut l'année suivante [4]. Son fils, PIERRE THOMAS, écuyer, sieur de « Saint-Simon, autrement Saint-Sigismond », rendit même dénombrement, le 2 novembre 1645 [5], à messire Bernard de Foix de La Valette, fils du duc d'Epernon, et son successeur comme seigneur de Vibrac et Angeac.

---

1. Archiac, chef-lieu de canton de l'arrondissement de Jonzac.— Arthenac, commune du même canton. — Saint-Palais-du-Né, commune du canton de Barbezieux.

2. 23 août 1717. Reconnaissance de François de Saint-Simon, pour lui et son fils mineur, Pierre de Saint-Simon, demeurant tous deux au village des Picauds, paroisse de Vindelle, à André et Jean Valleteau, marchands, d'Hiersac (Baudet, notaire royal à Moulidars).

3 *Archives de la Charente*, H. Chérade, notaire à Angoulême.

4. *Sanson*, édition Michon, p. 135.

5. Reçu P. Dubois, notaire à Angoulême.

Jean-Louis Le Musnier, sieur de Moulidars, acquit des Thomas le fief de Saint-Simon, dont une partie passa aussi à la famille Aigron nommée plus loin. Il paraît dans une pièce du 30 juillet 1673, avec le titre de « seigneur d'Haulte-moure. » La transaction du 27 mai 1689, entre les deux beaux-frères René Méhée d'Anqueville et Louis Le Musnier de Lartige, assura à ce dernier la terre de Saint-Simon, qui avait été promise en mariage à sa femme Catherine Le Musnier. Nous lisons dans un titre du 21 octobre 1700 : « Louis Le Musnier, chevalier, seigneur de Lartige, Mouli-dars en partie, Rouffignac, Saint-Simon, Triac et autres places, demeurant en son château de Lartige, paroisse de Triac. »

Le fils de ce seigneur, Jacques-Louis le Musnier de Lartige, vendit le 16 février 1717 [1], à Pierre Navarre, écuyer, sieur du Cluzeau, conseiller de la Maison-de-Ville, à Angoulême, et à Jean Navarre, son fils, conseiller au Présidial, le fief et seigneurie de Saint-Simon, pour la somme de 9,000 livres. La même famille le tint assez longtemps. Clément Navarre et Pierre Navarre le possédèrent successivement et en prirent le titre (5 décembre 1740, 17 décembre 1766).

Le fief se trouva aboli à la Révolution, par la suppression des rentes, cens, agriers et autres redevances féodales. Le logis, passé quelque temps avec les moulins qui en dépendaient entre les mains de PIERRE VIGIER, écuyer, sieur de Baucaire [2], par son mariage avec MARIE AIGRON, fut acquis d'eux, le 30 septembre 1712, pour le prix de 12,330 livres, par JEAN BOUCHERIE et sa femme, MARGUERITE ROY, de Saint-Simon [3]. Hautemoure est toujours resté depuis dans la famille Boucherie dont les diverses alliances ont amené son

---

1. *Archives de la Charente*, contrat reçu Pierre Jeheu, notaire à Angoulême.
2. Commune de Saint-Amant-de-Nouère, canton d'Hiersac.
3. *Archives de la Charente*, Jolly, notaire royal à Châteauneuf.

morcellement; c'est aujourd'hui un hameau de plusieurs feux sur la route de Saint-Simon à Vibrac.

La Rocque. —Située à l'extrémité du bourg de Saint-Simon, du côté de Bassac, La Rocque était anciennement une métairie noble du fief de Hautemoure possédé alors par les Montalembert. François le Musnier en fit l'acquisition. Dans son testament du 3 décembre 1603, il s'intitule « sieur de Lartige, Rouffignac et La Roque-Saint-Simon. Passée à Clément Le Musnier, son fils puîné, elle fut acquise par François Aigron, écuyer, sieur de Combizan, lieutenant particulier à Angoulême, puis lieutenant général à Cognac, et enfin vice-sénéchal d'Aunis, Saintonge et Angoumois. Il vivait encore en 1663, et était mort en 1676 *. Son fils et successeur Pierre Aigron, écuyer, sieur de Combizan et de La Rocque de Saint-Simon, « y demeurant, » donna en cette qualité une baillette d'arrentement, le 2 novembre 1689. Il dissipa sa fortune en grande partie (Vigier, p. lxxxvi), et la terre de La Rocque fut acquise vers 1695, par Pierre Rambaud, sieur de Mareuil, conseiller du roi, lieutenant particulier au

---

* **Aigron.** Cette famille sortait de Montignac-Charente, où elle possédait le fief de Combizan. (*Vigier*, p. lxxxvi).

Abraham Aigron, écuyer, sieur de La Motte et de Combizan, conseiller de la Maison-de-Ville à Angoulême, de 1626 à 1642, avait épousé *Guillemine Bardin* (*Nad.*); il mourut à Angoulême le 3 février 1642 (*Registre de la paroisse de Saint-André*), laissant plusieurs enfants, entre autres : 1º François, qui suit ; 2º Jacques Aigron, sieur de La Motte, qui alla s'établir à La Rochelle, où il devint conseiller au présidial. Il commanda, sous le nom de La Motte-Aigron, une compagnie rochelaise au siège de cette ville, en 1629. (*Chronique protestante de l'Angoumois*, p. 211);

François Aigron, écuyer, sieur de Combizan, nommé plus haut, épousa le 8 août 1623 (*Nad.*) *Anne Boire*, d'où plusieurs filles et

Pierre Aigron, écuyer, sieur de Combizan et de La Font, né à Angoulême le 7 mars 1637 (*Registre de Saint-Martial*). Il épousa le 16 janvier 1663 (*Nad.*), *Marie de Girard*, d'où plusieurs enfants, entre autres

Jean-Henri Aigron, écuyer, sieur de Saint-Simon, qui épousa *Catherine-Thérèse Joubert*, de Birac, dont il ne laissa qu'une fille, Marie Aigron. Il mourut à La Galacherie, paroisse de Birac, le 30 novembre 1745. (*Registre paroissial de Birac*).

siège de Cognac, d'où elle passa à ses descendants. Marie-Mauricette Rambaud, fille de François Rambaud de Mareuil, arrière-petit-fils de Pierre, fut mariée à M. Pierre-Philippe Marett, de Cognac. A la mort de Mme veuve Marett, en 1860, La Rocque fut acquise par M. Gustave Despéroux, mari de sa petite-fille, Mlle Lydie Souchet, lequel l'a donnée à sa fille aînée, mariée à M. Philippe Castaigne, commandant d'infanterie en retraite, qui l'habite actuellement.

Il y a une soixantaine d'années, M. Marett fit subir à cette habitation une transformation complète, mais peu artistique. Le corps de logis, sorte de petit castel à pavillons, fut rasé et remplacé par un long bâtiment sans caractère. Plusieurs magasins s'échelonnèrent sur la pente qui descend à la Charente. A un négociant, il fallait une maison propice pour le commerce : rien de mieux. Mais pourquoi avoir poussé l'amour du neuf, jusqu'à brûler une masse de vieux papiers, entassés là par plusieurs générations de magistrats? C'est une perte des plus regrettables, assurément. Le propriétaire actuel, mieux inspiré, a su concilier l'utilité et l'art. La Rocque est aujourd'hui une maison où l'agriculture et le commerce se donnent la main, en même temps qu'une charmante habitation agrémentée de vertes pelouses. On y remarque sur le bord de la Charente plusieurs ormeaux séculaires, que le temps et les ouragans éclaircissent malheureusement tous les jours.

Disons, pour terminer, que le nom de La Rocque (*Rupes*), donné autrefois à ce logis à cause de sa situation au-dessus de la rivière, est aujourd'hui à peu près inconnu. C'est un archaïsme. *

---

* **Rambaud**. Famille très ancienne de Châteauneuf, dont le nom est resté dans la *Croix-Rambaud, Chez-Rambaud, La Rambaudrie, le Bois-Rambaud* etc. A partir du xve siècle, nous la rencontrons à chaque pas dans les papiers d'Ardenne.

Au xviie siècle, cette famille enrichie par le négoce, jette de nombreux rameaux sur différents points de la province. On la trouve à Angoulême, au

L'Épineuil. — Petit hameau, avec un logis situé à l'extrémité de la paroisse de Saint-Simon, près de la Charente

Puy-du-Maine en Vindelle, au Rainaud en Champmillon, à Châteauneuf, à Maillou, paroisse de Saint-Saturnin, à Saint-Simon, Bassac, Bourg-Charente, etc. Elle acquit la noblesse dans la personne d'Henri Rambaud, sieur de Maillou, secrétaire du roi et maire d'Angoulême en 1723 et 1724.

Nous donnons la filiation des Rambaud de Saint-Simon.

Pierre Rambaud, sieur de Mareuil *, conseiller du roi et lieutenant particulier au siège de Cognac, eut pour femme *Jeanne Fleury*, de Châteauneuf, dont nous trouvons, en 1706, la signature sur les registres de Saint-Simon *. Il acquit La Rocque, comme nous l'avons dit. Les actes de ce temps l'appellent indifféremment M. de Mareuil ou M. de La Rocque. Il mourut en 1727, à 64 ans, et fut inhumé le 3 novembre dans l'église de Saint-Simon. Sa femme était décédée depuis quelques années. Ils avaient plusieurs enfants : 1° Louise Rambaud, mariée le 18 mars 1721 à Joseph Dexmier, sieur de La Couture, fils de Louis Dexmier, sieur de La Groix, conseiller du roi et son lieutenant criminel à Cognac, et de défunte Marie Guillet, de Cognac ** ; 2° Marguerite Rambaud, qui épousa, le 17 août 1716, Jean-Louis Poirier, sieur de Longeville, de Châteauneuf ; 3° Pierre et 4° Jean Rambaud, tiges des deux branches de Mareuil et de La Rocque.

Pierre Rambaud, sieur de Mareuil, conseiller du roi, lieutenant particulier à Cognac, l'aîné, épousa le 28 septembre 1711***, demoiselle Thérèse Guillet. Il mourut à 79 ans, en 1763, et fut enterré le 20 août dans l'église de Saint-Simon. Sa veuve lui survécut dix ans, et fut inhumée près de lui le 3 juin 1773. Elle avait 86 ans. Ils eurent entre autres enfants :

Louis Rambaud de Mareuil, conseiller du roi, lieutenant particulier à Cognac, puis maire de cette ville, décédé à Saint-Simon, le 8 octobre 1791, à 76 ans. Il eut pour femme *Marie-Mauricette Bouillon*, d'Angoulême, d'où

---

* Les sires de Mareuil, seigneurs de Villebois, possesseurs de Vibrac, laissèrent leur nom à quelques plantiers de cette terre. Nous en connaissons deux : le *fief de Mareuil*, appelé plus tard et aujourd'hui encore L'*Aubrune*, près du logis des Courades ; les *Rentes de Mareuil*, en Moulidars. Les Rambaud furent très longtemps fermiers de Vibrac au xviiᵉ et au xviiiᵉ siècles, et nous voyons Pierre Rambaud, sieur de Mareuil, ici nommé, demeurant au château de Vibrac, vendre à Louis Le Musnier de Lartige, par acte du 20 juin 1695, tous les droits seigneuriaux à lui appartenant sur trois mas de terre appelés « *les mas de Mareuil* », situés sur les paroisses de Douzat et de Moulidars. D'où lui venaient ces droits ? Evidemment des seigneurs de Vibrac, et, suivant l'usage universel dans la noblesse et la bourgeoisie, il prit le nom du fief, qui passa à ses enfants.

* La plupart des renseignements qui suivent sont tirés de ces registres.

** *Archives de la Charente*, Brugeron, notaire royal à Saint-Amant-de-Graves.

*** *Registres paroissiaux de Bassac.*

et sur le bord de la Guirlande[1]. Son nom se rencontre dans des titres assez anciens, notamment dans le dénombrement de la seigneurie d'Anqueville, rendu par Pierre Giraud à la comtesse d'Angoulême, le 4 juillet 1470.

---

plusieurs enfants : 1° Pierre Rambaud, baptisé à Saint-Simon le 18 janvier 1743, lieutenant particulier à Cognac, puis juge au tribunal de première instance. Incarcéré à Paris pendant la Terreur, il mourut à Saint-Simon le 22 février 1828, sans avoir été marié ; 2° François Rambaud, qui suit ; 3° Catherine Rambaud, baptisée le 23 novembre 1745, morte à L'Epineuil, célibataire, le 17 décembre 1837 ; 4° Jean Rambaud, baptisé le 10 novembre 1846, est peut-être le prêtre enterré à 27 ans dans l'église de Saint-Simon, le 21 juillet 1775 ; 5° Jean Rambaud, baptisé le 22 juin 1749, est peut-être Jean Rambaud le receveur à Cognac, incarcéré dans la prison de cette ville en 1794 ; 6° Pierre Rambaud, sieur de L'Epineuil, baptisé le 9 avril 1754, détenu à Paris pendant la Terreur, mort sans postérité sous la Restauration ; 7° Jean Rambaud, sieur de L'Isle, né en 1756, détenu à Cognac en 1794, maire de Saint-Simon, mort célibataire le 26 octobre 1833, à l'âge de 77 ans ; 8° Catherine Rambaud, mariée à M. François-Augustin Moizan, décédée à 97 ans, le 11 janvier 1846.

François Rambaud de Mareuil, deuxième fils de Louis Rambaud, fut baptisé le 4 octobre 1744. Il épousa, le 28 juin 1774, demoiselle *Jeanne-Ursule Jayet*, des Bauries, paroisse de Birac. Le mariage fut célébré à Saint-Simon. Ils eurent, à notre connaissance, deux filles : 1° Catherine Rambaud, née le 18 juin et baptisée à Saint-Simon le 2 juillet 1775 ; 2° Marie-Mauricette Rambaud, née à Birac le 24 août 1777 [*], mariée à M. Pierre-Philippe Marett, de Jersey (Angleterre), fils d'Henry Marett et d'Anne Villeneuve. Le mari mourut le 29 août 1843, à 74 ans, et la femme le 13 juin 1860. Ils eurent un fils, M. Henry Marett, mort célibataire, et quatre filles mariées à MM. Jeantin, Souchet, Arbouin et Castillon du Perron.

JEAN RAMBAUD, sieur de La Rocque, épousa le 8 février 1721, demoiselle ANNE GUILLET, fille de Louis Guillet, sieur de Planteroche, conseiller du roi, lieutenant en l'élection de Cognac, y demeurant, et de défunte Catherine Frugier. Il possédait la maison de Bassac qu'il donna en mariage à sa fille. Enfants : 1° Jean Rambaud, qui suit, 2° Pierre Rambaud, sieur du

---

[*] *Registre paroissial de Birac.*

1. Le joli nom de *Guirlande* donné aujourd'hui à ce petit ruisseau est une invention moderne. Les anciennes chartes portent : « *Riparia de Esguirandâ* », rivière de « l'Esguirande » ou de « l'Aiguirande », dénomination tout à fait conforme au radical latin *Aig, aqua*. Le peuple a dit, par corruption, les Guirandes ou les Guillandes, d'où l'on a cru devoir faire « La Guirlande ».

Le logis et la terre de L'Epineuil appartenaient, au XVIIe siècle, à une branche de la nombreuse famille des Dexmier, les sieurs de Bélair.

FRANÇOIS DEXMIER, sieur de Bélair, conseiller du roi, élu

Gré, épousa Marguerite Baudet de Marvaud, de Mérignac, et mourut maire de Bassac, le 24 mars 1821, à l'âge de 83 ans, sans laisser de postérité ; * 3° Pierre Rambaud de La Rocque embrassa l'état ecclésiastique : clerc en 1755 **, il fut vicaire de Saint-Eutrope de Saintes, puis curé de Barret près Barbezieux, le 3 octobre 1757, et entra enfin chez les Bénédictins de Saint-Maixent dont il devint prieur : décédé à Bassac en 1795 ; 4° François Rambaud, qui devint moine génovéfain et prieur ; 5° Catherine, qui fut mariée à M. Pierre Marchais de La Berge, de Champmillon ; 6° Anne, célibataire, décédée à Bassac le 10 juillet 1805, à 76 ans ; 7° Catherine-Julie, décédée aussi sans alliance, le 13 mars 1814, à l'âge de 79 ans ; 8° Marie-Anne, célibataire.

Jean Rambaud, sieur de La Rocque, de Bassac, épousa, le 20 novembre 1753, demoiselle *Marie-Anne de La Croix*, fille de Jean de La Croix et d'Anne Bonniot, de Cognac. Il mourut en 1786, et sa femme le 6 brumaire an III (27 oct. 1794). Enfants : 1° Pierre, l'aîné, Garde-Magasin des vivres à Cognac, épousa, en 1786, Marie-Françoise Magny, fille de Louis-Eugène Magny, peintre de l'Académie de Saint-Luc, et de dame N. Loliot, mort sans postérité ; 2° Louis, le cadet, qui suit ; 3° Jean, sans postérité ; 4° Marie-Catherine, l'aînée des filles, mariée le 20 juin 1782, à M. Jean Janet de Lafond, avocat au Parlement ; 5° Marie-Henriette, la cadette, épousa le 19 février 1781, François Toutant, receveur des domaines du roi au siège présidial de La Rochelle ; 6° Françoise-Sophie, mariée le 13 novembre 1787 à M. André-Pierre Prévéraud, de Vinade, paroisse de Saint-Même, conseiller du roi, Garde-Marteau des eaux et forêts de la maîtrise de Cognac ; 7° Marie-Julie.

Louis Rambaud de La Rocque, né à Bassac le 7 février 1759, fut Directeur des vivres de la marine. Il épousa le 30 juillet 1815, demoiselle *Marie-*

---

* Il possédait du chef de sa femme, près de l'église Saint-Nicolas, à Bassac, un domaine avec un logis qui passa ensuite à son neveu, M. Louis Dubosquet, d'Ambérac, qui le transmit à son fils, dont le gendre, M. Gustave Cunéo d'Ornano, député de la Charente, l'habite aujourd'hui. Le domaine de Bassac, avec ses maisons et métairies, avait été acheté le 14 février 1738, pour le prix de 20,500 livres, par M. Michel Baudet, notaire royal à Echallat, de messire Joseph de Marin, chevalier, seigneur de Saint-Palais-sur-Mer, Fayolle et autres lieux, et demoiselle Elisabeth-Scolastique de Culant, son épouse, laquelle le tenait de sa mère, Elisabeth Hillayret, qui l'avait eu de son père, Raymond Hillayret, sieur de La Pommerade en Bassac.

** *Archives du chapitre d'Angoulême*, registre des insin. ecclésiastiques.

en l'élection de Cognac, avait pour femme MARIE-ANNE
GALLERAUD, inhumée dans l'église de Saint-Simon, le 5 mai
1733 [1]. Son fils,

LOUIS DEXMIER, sieur de Bélair, demeurant à L'Epineuil,
conseiller du roi et élu en l'élection de Cognac, était juge
sénéchal de Bassac. En cette qualité, il donna à ferme le 31
décembre 1716, au nom de messire Antoine Arcis, abbé de
Bassac, à François Foucaud, de Moulidars, les moulins banaux
de Bassac et du Bois, moyennant la somme de 1100 livres,
pour une année à partir du 1er janvier 1717 [2]. Il avait
épousé MARIE-ANNE DEXMIER, sa parente, et eut plusieurs
enfants, dont trois fils : Louis Dexmier, baptisé le 23 février
1719, et inhumé dans l'église de Saint-Simon, le 10 décembre 1744 [3]; François Dexmier, baptisé le 16 août 1727,
inhumé dans l'église, le 8 avril 1747 [4]; Jean Dexmier, baptisé le 22 avril 1729 [5].

Les deux familles Rambaud et Dexmier s'unirent par des
alliances. L'Epineuil passa à LOUIS RAMBAUD, sieur de Mareuil, et MARIE-MAURICETTE BOUILLON, sa femme. Une de

---

Eulalie de La Charlonie, fille de François de La Charlonie, de Villars-
Marange, et de dame Marie Frugier. Il décéda le 30 août 1826, et sa femme
le 14 octobre 1872.

Pierre-Louis Rambaud de Larocque (orthographe actuelle), fils des
précédents, né le 19 février 1819, est depuis longtemps président du Conseil général de la Charente. Il a épousé le 29 juillet 1844, Mlle *Jeanne-
Clémence d'Asnières*, fille de M. le marquis Robert d'Asnières, de La
Barde, commune de Saint-Même, et de dame Jeanne-Clémence Bédoire,
dont un fils qui suit, et une fille, Marie-Marguerite Rambaud de Larocque,
mariée à M. Maurice Hériard.

Marcel Rambaud de Larocque, avocat au Conseil d'Etat et à la Cour de
Cassation, marié en 1881 à demoiselle *Marie-Julie Groualle*, fille de
M. Victor Groualle, président de section au Conseil d'Etat. Elle est décédée
à Bassac le 14 octobre 1885, laissant une fille unique, mademoiselle Louise
Rambaud de Larocque.

1. *Registres paroissiaux de Saint-Simon.*
2. *Archives de la Charente*, Baudet, notaire à Moulidars.
3. 4. 5. *Registres de Saint-Simon.*

leurs filles, CATHERINE, fut mariée le 16 septembre 1783, à M. JEAN-AUGUSTIN-FRANÇOIS MOIZAN, bourgeois, de Sireuil. Le mariage fut célébré à Saint-Simon, par M. Moizan, archiprêtre de Pérignac [1]. Leur fils, M. LOUIS MOIZAN, épousa demoiselle MARIE-GENEVIÈVE-ELISABETH FÉ DE BARQUEVILLE, fille de François-Jean-Louis Fé de Barqueville et de Françoise-Elisabeth Jaubert. M. Moizan fit remplacer le vieux logis de L'Epineuil par la maison bourgeoise que l'on voit aujourd'hui. Il y mourut sans enfants le 19 juin 1854 [2], et sa femme le 3 avril 1868 [3]. Aussitôt après le décès du mari, ses héritiers vendirent tout. Le logis appartient aujourd'hui à M. Victor Salmon, négociant.

JUAC.— La désinence gallo-romaine du nom, *Joviacum*, indique assez l'ancienneté de ce hameau important. Il figure fréquemment dans des dénombrements, comme celui d'Anqueville du 4 juillet 1470, où nous voyons paraître ses possesseurs du nom d'YTHIER. Juac est le point le plus fréquenté de la commune de Saint-Simon, depuis la construction du pont de pierre, qui y relie la rive droite de la Charente à la station de Saint-Amant-de-Graves.

Il y avait jadis à Juac, un peu en amont du pont actuel, des moulins appartenant à l'abbaye de Bassac, dont la canalisation de la Charente, en vue de la navigation, a fait disparaître les derniers vestiges. Les barques tournaient cet obstacle, en suivant le canal de Terre-Neuve, qui débouche dans la rivière près de là. Nous devons dire que jusqu'en ces dernières années, au moment où fut établie la ligne du chemin de fer, la navigation était l'occupation exclusive des habitants de Saint-Simon; et cela depuis plusieurs siècles, ainsi que nous en trouvons la preuve dans un acte du 3 novembre 1603, par lequel Liot Barangier, gabarier, de

---

1. *Registres de Saint-Simon.* — Pérignac, aujourd'hui paroisse du doyenné de Blanzac (Charente).
2. 3. *Etat civil de Saint-Simon.*

Gondeville, vend à sire Martin Gandaubert, marchand, Jean Bernard, Jean Blais, Pierre Fournier le jeune, et Jean Blanchard, gabariers, demeurant à Saint-Simon, « *une grande gabare naviguant sur la Charente, portant mille boisseaux, mesure de Taillebourg, avec tous ses appareils et garnitures, pour la somme de 200 livres* [1]. »

Puisque la navigation n'est plus bientôt qu'un souvenir pour Saint-Simon, donnons à titre de documents les deux pièces suivantes tirées des papiers de la famille Blais, une des plus anciennes dans le métier.

DE PAR LE ROY

COPIE DE LA PANCARTE DE COGNAC

TARIF des droits de la pancarte et coutume qui se perçoivent au pont de Cognac sur la rivière de Charente, par M. Salaumon engagiste du domaine du Roy. Les droits de menu coutume sur les bateaux passant sous les ponts de Cognac, qui se chargent et déchargent au port de ladite ville jusqu'à Dompierre, suivant l'arrest du Conseil d'Etat du Roy, du 23 mars 1775 :

N° 1. Par chaque tonneau de vin gros fûts . .	»	1 s.	3 d.
2. Par chaque tonneau de vin petite futaille .	»	»	10
3. Par chaque pièce d'eau-de-vie.	»	1	6
4. Par chaque 100 l. pésant poids de marc de marchandise en fer, ascier, ou autrement d'étein, de métail mistraile de plomb, d'airein, de léton, maluteau, morue, cir, bœure, gemme, raisine, suif, chandelle, plume, gomme, bray, couperose, allun, poivre et toute autres sortes d'épicerie.	»	»	4
5. Par chaque muid de sel	»	»	6
6. Par chaque balle de leine, pastel, poissons et toute autre marchandise de quelque sorte que ce soit. . , ...	»	1	4

---

1. *Archives de la Charente*, minutes de Mousnier, notaire à Angoulême.

7. Par chaque douzaine peau de mouton . .	»	1	4
8. Par chaque douzaine moutons ou brebis.	»	8	»
9. Par chaque cheval, jument, âne, bœuf, vache, pourçau, mort ou vif.	»	»	4
10. Par chaque fessaut de cuir, chaque traque de cuir et chaque trousseau de pelletrie.	»	»	4
11. Par chaque barique sardines	»	»	10
12. Par chaque barique de marchandise . .	»	»	10
13. Par chaque pipe de marchandise. . . .	»	1	8
14. Par chaque barique de poisson ou autre marchandise	»	3	4
15. Par chaque tonneau de marchandise . .	»	6	8
16. Par chaque pipe de rappe	»	1	8
17. Par chaque baril d'harant, bœure, poix, raisain, ou autres marchandises. . . .	»	»	5
18. Par chaque baril d'huille	»	4	»
19. Par chaque fardeau cordé	»	1	4
20. Par chaque faix de tamis . . , . . .	»	5	»
21. Par chaque peau de bœuf fraiche ou sallée	»	»	4
22. Par chaque paire de soufflets de forge . .	»	»	8
23. Par chaque millier de mairin	»	»	8
24. Par chaque auberions	»	»	4
25. Par chaque meulle percée ou non percée et par chaque lit de meulle de moulin .	»	5	»
26. Par chaque meulle de barbier ou maréchal.	»	1	6
27. Par chaque châlit ou couchette, table, buffet et coffre . , ...	»	1 s.	4 d.
28. Par chaque banc ou chaise, 8 deniers ; si les chaises sont petites . . . . . , .	»	»	4
Les ustensiles de ménage servant à l'usage des mariniers seront exempts desdits droits.			
29. Par chaque gabare de buches, fagots ou auzier	»	»	8
30. Par chaque millier de bois marein . . .	»	3	4
31. Par chaque charté de planches et toutes sortes de bois pour les batiments. . .	»	»	4
32. Par chaque bateau chargé de potrie, tuille, brique, ardoise	»	»	6
33. Par chaque tonnean de futaille	»	»	4
34. Par chaque tonneau de chanvre ou filasse.	»	3	4

35. Par chaque gabare chargée de pierres de taille	»	5	»
36. Par gabare chargée de verre	»	»	6
37. Par gabare chargée de noix, chataignes ou autres fruits	»	»	6
38. Par chaque bateau chargés de moucles, huitres, petoncles ou autre poisson ferme.	»	1	»
39. Par bateau chargé d'oranges ou citrons .	»	3	»
40. Par chaque charge de peilles	»	3	»
41. Cabat, figues et raisins	»	»	4
42. Par gabare neuve la première fois qu'elle passe	»	5	»
43. Par chaque cloche.	»	5	»
44. Par chaque moulle de frettes ou cercles .	»	»	2

Plus 5 boisseaux de sel par chaque gabare passant ou abordant Cognac, évalués 6 sols 3 deniers au total par arrests du Conseil d'Etat du Roy du 1er décembre 1739 et le 16 mars 1751. Par le prieur de Merpein, un boisseau de sel par chaque gabare chargée de sel arrivant et passant sous les ponts de Cognac, évalué 10 s. 3 d. par arrest du Conseil d'Etat du Roy du 16 avril 1737. Par le sieur Lériget comme seigneur du Charmant, un demi-boisseau de sel à prendre en nature par chaque bateau ou gabare chargée de sel arrivant ou passant sous les ponts de Cognac, confirmée par arrest du Conseil d'Etat du Roy du 9 janvier 1749.

ÉTAT

DE CE QUI EST DUB AU SIEUR DE SALOMON POUR LA COUTUME DE MOULINEUF

1° par tonneau de vin en gros fust, six deniers tournois,

2° par tonneau de vin en petit fust, cinq deniers

3° par grosses pièces d'eau-de-vie, neuf deniers.

4° par barrique d'eau-de-vie, six deniers.

5° par petite barrique d'eau-de-vie, cinq deniers.

6° par barrique d'huille, deux sols six deniers.

7° par barrique de sardines, cinq deniers.

8° par baril de harengs, trois deniers.

9° par cent de merluches ou de morues, deux deniers.

10° par tonneau ou boueau de poisson, un sol huit deniers.

11° par bateau chargé de moucles, pétoncles et huitres, un sol.

12° par bateau chargé d'oranges ou citrons, trois sols.

13° par bateau chargé de cabats, de figues, raisins secs, de noix, chataignes, pommes, prunes et autres fruits, deux deniers.

14° par cent pesant poids de marc de poisvre et autres épiceries, deux deniers.

15° par cent pesant poids de marc de cire, de beurre, de suif, de chandelle, de pois, de bray, de gomme, de gemme, de raisine, de couperose ou d'alun, deux deniers.

16° par cent pesant de fer ouvré ou non ouvré, de mitrail, de métail, d'airain, d'estin, de plomb et de léton, deux deniers.

17° par bal de pastel, huit deniers.

18° par cent pesant poids de marc de plumes, deux deniers.

19° par cent pesant poids de marc de laine, huit deniers.

20° par peau de bœuf fraiche ou sallée, deux deniers

21° par douzaine de peau de moutons ou brebis, deux deniers.

22° par faisseaux de cuir, deux deniers.

23° par trousseau de pelleterie, deux deniers.

24° par pipe de rape, dix deniers.

25° par millier de mairrin, un sol huit deniers.

26° par futaille vuide, deux deniers.

27° par meulle de frette, un deniers.

28° par cent de bottes d'osier, deux deniers.

29° par fut de treuil, deux deniers.

30° par gabarrée chargées de pelles, de solliveaux, de planches, de bois, de roues, et aultres sortes de bois, trois sols.

31° par gabarre chargée de foin ou de paille, trois sols.

32° par gabarre chargée de pierre de taille, deux sols six deniers.

33° par gabarre chargée de pierres de libe, un sol trois deniers.

34° par gabarre chargée de poterie, de thuilles, carreaux, briques ou ardoise, par chascun millier, un sol huit deniers.

35° par gabarre ou bateau chargé d'oisy, six deniers.

36° par gabarre chargée de verre, six deniers.

37° par tonneau de chaux ou plastre, un sol huit deniers.

38° par chasque chaudière à bruler avec son chapeau et serpentine, deux sols, six deniers.

39° par chasque soufflet de forge deux deniers.

40° par chasque gabarre chargée de bois de lits, couchettes, tables, chaisses, coffres ou buffets, trois deniers.

41° par cloche, deux sols six deniers.

42° par lit de meulle de moulin, deux sols six deniers.

43° par meulle de moullin, dix deniers.

44° par meulle de barbier ou de maréchal, dix deniers.

45° par gabarre ou bateau neuf et vuide la première fois qu'il passe, deux deniers; les ménages servant aux mariniers seront exempts dedits droits.

Luy fait Sa Majesté très expresses inhibitions et défenses de percevoir d'autres et plus grands droits que ceux compris dans le tarif cy dessus, ni aucuns droits sur les bateaux chargés de bled, grains, farines et laigumes verds ou secs, ou d'autres marchandises que celles spécifiées dans ledit tarif, nonobstant tout arrest, réglement, tarif, ou pancarte à ce contraire, auxquels il est dérogé par le présent arrest. Luy enjoint Sa Majesté, de faire netoyer et baliser la rivière de Charente dans lestendue de la seigneurie de Moulineuf, et d'acquitter les austres charges dont il peut être tenu pour raison dudit droit, et de se conformer dans la perception d'iceluy, aux édits, déclarations, arrest et réglement concernant les droits de péages, etc.

La petite église de Saint-Simon est un des spécimens les mieux conservés de ce style roman, si fréquent dans notre contrée. Son architecture, aussi bien qu'une reprise vers le milieu, accuse deux époques : la nef du xie siècle, la coupole et le chevet du xiie. Sur cette coupole s'élevait jadis une tour carrée, dont les traces sont visibles au-dessus des voûtes. Il n'en reste plus qu'un côté, aménagé tant bien que mal en forme de campanile à deux ouvertures. La cloche, qui occupe l'une d'elles, est déjà ancienne ; en voici l'inscription :

AD VSVM PARŒCIÆ STI SIGISMVNDI. CVRIS MAGISTRI PETRI DVRAND RECTORIS FABRICATA. PATRINVS L RAMBAVD. MATRINA ANNA DEXMIER. ÆDITVVS I LVSSAVD. FECI L BARAV. 1721. IHS ✝ [1].

---

1. *En français* : « Faite à l'usage de la paroisse de Saint-Sigismond, par les soins de maître Pierre Durand, curé. Parrain, Louis Rambaud. Marraine, Anne Dexmier. Sacristain, Jean Lussaud. Fondeur, L. Barau. 1721 ».

Nous voudrions donner ici les noms des curés de cette paroisse, mais les archives communales sont détruites en grande partie. La liste suivante est extraite des registres qui restent, et de divers documents que nous avons trouvés par ailleurs.

CURÉS DE SAINT-SIMON

NOTA. — Les registres antérieurs à 1704 sont perdus.

1587 François Berthonier, vic. [1].
1618 Jean Poirier, curé [2].
1633 N. Lavergne, vic. [3].
1644-1646 N. Piffre, id. [4].
1647-1649 François Guillocheau, vic. [5].
1665-1670 Pierre Tabois, curé. [6].
1682 Pierre-Joseph Bareau, curé. [7].
1704-1713 Denat-Desvalade, id. [8].
1718-1767 Pierre Durand, curé, prieur de St-Robert[9].

---

1. Enterré le 19 septembre de cette année (*Registre de Vibrac*).
2. *Archives de la Charente*, H. Chérade, notaire à Angoulême.
3. *Registres de Vibrac*.
4. *Registres de Moulidars ; id. de Vibrac*.
5. *Registres de Moulidars ; Archives du chapitre d'Angoulême*.
6. *Registres de Vibrac ; Registres de Saint-Simon*, feuillet détaché de 1670.
7. Procuration *ad resignondum*, donnée cette année-là, par Etienne de La Chassaigne, curé de Vibrac, en faveur « *et non autrement* » de Pierre-Joseph Bareau, prêtre, curé de Saint-Sigismond. (Reçu Feuillet et Micheau notaires ; se trouve aux *Archives de la Charente*, dans les minutes d'Audouin, notaire à Angoulême.
8. Nous supposons que ce double nom désigne la même personne, car nous trouvons au registre tantôt *Denat*. tantôt *Desvalade*.
9. Fut, à partir de 1737, prieur commendataire de Saint-Robert en Saintonge (commune de Saint-Bris-des-Bois, canton de Burie, Charente-Inférieure). Démissionnaire en 1767, mort à Saint-Simon en 1771, et enterré dans l'église, le 4 octobre. (*Registres de Saint-Simon*).

1765-1766 N. Guillemot, vic.

1766-1767 N. Roche, id.

1768-1770 N. Laforest, id.

1770-1781 Pierre Durand, curé [1].

1782-1793 Jean-Charles Vigneron, id.

. . . .

1806 Pierre-Pascal Lagillière, c.

1814-1821 Jean-Baptiste Siscand, c.

1821-1826 Marien Bourrec, c.

1826-1835 Jean Pastor, id.

1835-1836 Etienne Farjon, id.

1836-1843 Louis-Joseph Léger, id.

1843-1869 Jean-Cirice Despert, id. [2].

1885 François Bichaud, vicaire, puis curé.

VIII

LARTIGE [3]

La seigneurie de Lartige, châtellenie de Jarnac, appartenait au xve siècle aux sieurs de Lestang, qui la tenaient des comtes de Jarnac, sous l'hommage lige et au devoir de 10 sols à muance de seigneur et de vassal. Il en passa une partie au xvie siècle dans la famille Le Musnier, par une alliance d'un Le Musnier avec la famille Géraud de Frégeneuil, alliée elle-même à celle de Lestang [4]. Ce furent les Le Musnier, croyons-nous, qui, dans les premières années

---

1. Neveu du prieur de Saint-Robert, précédemment curé de Bassac ; enterré à Saint-Simon le 30 novembre 1781.(*Registre paroissial*).

2. Décédé à Saint-Simon le 31 août 1889, à l'âge de 89 ans, et enterré devant la croix du cimetière.

3. La plupart des renseignements contenus dans cet article sont tirés du mémoire imprimé cité plus loin, page 190.

4. Voir ci-après l'acte de partage du 12 janvier 1519.

du XVIIᵉ siècle, élevèrent au bourg de Triac, un château remplacé plus tard par celui que nous voyons aujourd'hui, et désigné dans les papiers de l'époque sous le nom de « château de Lartige, paroisse de Triac » [1].

François Le Musnier, seigneur de Lartige, transmit cette terre à son fils puîné, Clément Le Musnier, dont un des fils, Jacques Le Musnier, la posséda après lui [2]. Louis Le Musnier, fils de Jacques, épousa sa cousine Catherine Le Musnier, dame de Rouffignac, et réunit ainsi les deux seigneuries, qui passèrent successivement à leur fils, Jacques-Louis Le Musnier de Lartige, et à leur petit-fils, Louis Le Musnier, seigneur de Raix, lieutenant général, lequel vendit Triac vers 1768 (*mémoire cité*) à messire Abraham Bonniot, chevalier, seigneur de Fleurac, Salignac et autres lieux. Ce dernier fit construire à grand frais un nouveau château pour remplacer l'ancien qu'un incendie, à ce qu'il paraît, venait de détruire en partie, et qui, vers 1802, fut acquis de ses héritiers par M. Roy d'Angeac, dont les enfants et petits-enfants l'ont possédé jusqu'en ces derniers temps *. Vendu

---

1. Ceci résulte de plusieurs pièces du XVIIᵉ siècle. — Triac, commune du canton de Jarnac (Charente).

2. Il en passa cependant une partie, avec le nom, dans la famille Lambert, par le mariage de Catherine Le Musnier avec François Lambert, sieur des Andreaux; et de là dans la famille Pasquet, par l'union de Catherine Lambert, leur fille, avec Samuel Pasquet, écuyer sieur de Piégu, le 7 février 1645 *. Leur petit-fils, François Pasquet, écuyer, conseiller au Présidial et magistrat distingué, était appelé « *M. de Lartige* », comme Jacques-Louis Le Musnier, son cousin, qui vivait à la même époque. Jeanne Pasquet de Lartige, sa fille, épousa Jean Normand, écuyer, sieur de Garat et de La Tranchade. (*Vigier*, page CXXX et suiv.)

*. **Roy d'Angeac.** — Ancienne famille noble de l'Angoumois, fixée à Segonzac en 1590.

Arnaud Roy était procureur royal de la châtellenie de Bouteville, le 11 mai 1629.

Jean Roy, un de ses descendants, occupa les fonctions de sénéchal de Bourg-Charente et Moulineuf, des Courades, Mazotte, Puyguiller, et mourut

* *Registres paroissiaux de Saint-André d'Angoulême.*

en 1871, incendié en 1877, il fut encore revendu peu après au propriétaire actuel.

L'autre partie de la seigneurie de Lartige, la plus considérable de beaucoup, entra en 1607 dans la famille Méhée,

---

à Segonzac, le 22 mars 1745, âgé de 71 ans. Il avait épousé, en 1707, *Julie Duquéroix*; de ce mariage naquirent Jean Roy et Guillemette Roy.

Jean Roy, avocat au parlement de Paris, acheta, en 1760, les terres des Courades et de Puyguiller, et en 1770, la seigneurie d'Angeac-Champagne, des Brémond d'Ars. En 1775, il fut nommé secrétaire, conseiller du roi, maison et couronne de France, près le parlement de Clermont-Ferrand, et fit ainsi ses preuves de noblesse, suivant actes et parchemins réguliers. Il mourut à Segonzac le 17 juin 1784.

Guillemette-Anne Roy, fille du sénéchal de Bourg-Charente nommé plus haut, épousa, le 27 mai 1755, Mᵉ *Jean Dupuy*, avocat au parlement de Bordeaux, longtemps deuxième échevin de la ville de Cognac. Né le 27 novembre 1724, au château de Treillis, il mourut à Cognac le 14 décembre 1791.

Louis-François Roy d'Angeac, écuyer, seigneur d'Angeac-Champagne, fils unique de Jean Roy d'Angeac, conseiller du roi susnommé, épousa en 1780, demoiselle *Apollonie Texier de La Pégerie*, fille de Pierre-Paul Texier de La Pégerie, et sœur de la marquise de Brie*. Il mourut maire de Segonzac, le 25 mai 1823, et sa femme, le 22 octobre 1851, au château de Triac. Ils eurent un fils,

Louis-Apollinaire (dit *Paulin*) *Roy d'Angeac*, dernier du nom, qui fut aussi maire de Segonzac, décédé à Triac, âgé de 30 ans, le 10 août 1843. Il avait épousé mademoiselle *Elisabeth-Pauline de Belhade*. Veuve de bonne heure, avec une fille unique, cette dame se remaria à *M. Pierre Mascureau de Sainte-Terre*, dont elle n'eut pas d'enfants, et mourut à Angoulême le 17 février 1871.

Marie-Louise-Gabrielle Roy d'Angeac, épousa M. *Louis-Joseph de Féreire de Saint-Antonin*, et eut plusieurs enfants; seuls survivants aujourd'hui : Monsieur *Maurice de Féreire* et Mademoiselle *Marie de Féreire*, religieuse du Sacré-Cœur. Madame de Féreire la mère est morte à Paris, le 20 mai 1851, à l'âge de 39 ans**.

La famille Dupuy, une des plus anciennes de l'Angoumois, alliée aux Roy d'Angeac en 1755, les représente seule aujourd'hui.

Jean Dupuy naquit le 17 juillet 1692 au château de Treillis; il était juge, conseiller du roi, receveur des eaux et forêts de la maîtrise de Cognac.

Jean Dupuy, fils du précédent, avait épousé le 27 mai 1755, demoiselle

*. Voir ci-dessus *Anqueville*, p. 139.

. Ces derniers renseignements sont tirés des registres de la paroisse de **Bassac, où cette famille a sa sépulture.

par le mariage de Josias Méhée, sieur de La Ferrière, avec Marie de Lestang, fille d'Aymar de Lestang, seigneur de Lartige et des Courades, et de damoiselle Marie de La Porte. De Josias Méhée elle passa à son fils Isaïe Méhée des Courades, puis à son petit-fils, Pierre Méhée d'Ardenne. Tombée en partage à l'abbé Méhée en 1760, elle échut après sa mort à M. Jean de Terrasson de Monleau, par l'acte de 1785. Mais dès 1784, aussitôt après le décès de l'abbé d'Anqueville, plusieurs particuliers, se disant issus des Lestang par les femmes, présentèrent une requête au lieutenant général d'Angoumois, dans le but de se faire adjuger le fief de Lartige, comme étant un propre de la ligne de Lestang. M. Jean-César de Lestang de Rulle intervint aussi dans le même but.

Guillemette-Anne Roy d'Angeac, fille du sénéchal de Bourg-Charente. Il mourut à Cognac le 14 décembre 1791.

Jean Dupuy et *Léon Dupuy*, ses deux fils, fondèrent en 1795, à Cognac, avec Jacques O'Tard de La Grange, l'importante maison O'Tard, Dupuy et Cie.

Jean Dupuy, né le 2 mars 1756, avait épousé demoiselle *Gilbert de La Cannonerie*; il fut député de Cognac sous la Restauration, et chevalier de la Légion d'Honneur.

Léon Dupuy n'eut qu'une fille qui épousa le comte Renaud des Montiers-Merinville.

Jules Dupuy d'Angeac, fils du précédent, chevalier de la Légion d'honneur, chevalier de l'Ordre de Saint-Grégoire-le-Grand, issu par son aïeul des Roy d'Angeac, et en étant le seul représentant, en a relevé le nom depuis plusieurs années.

De son mariage avec mademoiselle *Félicité Robert de Lézardière,* il eut un fils qui suit, et trois filles mariées, l'une à M. Trotté de Maisonneuve, les autres au vicomte Lodoïs de Roumefort, et au comte Ogier d'Ivry.

Léon-Gabriel Dupuy d'Angeac épousa, en 1860, mademoiselle *Laure d'Andigné*, d'une des anciennes familles de l'Anjou, dont il a quatre enfants : *Robert,* né en 1865; *Noel*, né en 1867, élève de l'Ecole de Saint-Cyr; *Louise*, mariée au baron de Croze; *Madeleine*, mariée au vicomte de Rivaud La Raffinière.

M. Jules Dupuy d'Angeac est mort à son château de Brives (Charente-Inférieure), le 26 décembre 1888, à l'âge de 89 ans.

(*Communication de M. Gabriel Dupuy d'Angeac*).

1. Rulle, commune de Sigogne, canton de Jarnac, a appartenu durant plusieurs siècles à cette famille de Lestang.

Un mémoire imprimé présenté en 1810 par MM. Lurat, avoué, et Descordes, avocat à Angoulême, nous donne de nombreux détails sur ce procès, auquel la Révolution avait fait perdre beaucoup de son intérêt.

Nous donnons ci-après une analyse des pièces qui touchent à l'histoire de la seigneurie de Lartige.

1363. — Aveu et dénombrement du fief de Lartige, rendu par Bertrand de Lestang (au comte de Jarnac sans doute). Cité dans le mémoire ci-dessus.

1390. — Id. par Guillaume de Lestang (Ibid.).

1426. — Id. par autre Guillaume de Lestang (Ibid.).

1435. — Id. par Guillon de Lestang (Ibid.)

15 janvier 1500. — Hommage et dénombrement rendu par Pierre de Lestang, à Madeleine de Luxembourg, dame de Jarnac, veuve de Jacques Chabot, seigneur de Jarnac, et mère de Charles Chabot, pour : *Primo*, « l'ébergement de Lartige avec les terres, vignes, bois et prés, et ledit ébergement avec toutes ses appartenances, confronté et situé et environné par le moulin de Saint-Sibart, jusqu'au grand chemin que l'on va de Jarnac à Angoulême, et jusqu'au lieu de Maillebraq [1], et ensuitte on va jusqu'aux terres de Guilhomme (Guillaume) Ménard, de Châteauneuf, et ensuitte au petit bois de Brussat, et ensuitte jusque à la rivière de Lartige; *Item*, un bois que tiennent de moi les Marin de Triac, appellé le Bois d'Ardenne [2], situé le lon dudit chemin (de Jarnac à Bassac), d'une part; *Item*, tous les droits que j'ai dans les terres tenant le lon du chemin qu'on va de Bassac vers Cheville [3], d'une part, et le Cormier de la Fontenelle, de l'autre part.... etc. »

---

1. Malbrac, hameau de la commune de Jarnac.

2. Au bourg de Triac. Est cité dans la charte de fondation de l'abbaye de Bassac (Voir *l'Abbaye royale de Saint-Etienne de Bassac*, par l'abbé Jules Denise, p. 4).

3. Cheville, autrefois Chicheville, hameau de la commune de Bassac, canton de Jarnac.

Ledit hommage et dénombrement reçu par la dame de Jarnac.

12 janvier 1519. — Partage entre Isabeau de Lestang, veuve de Pierre Géraud, et Jean Géraud son fils, écuyer, seigneur de Frégeneuil, d'une part, et Pierre de Lestang, frère de ladite Isabeau, des biens à eux laissés par indivis en vertu d'un acte du 11 mai 1498, reçu Rondeau, notaire, par Jean de Lestang, frère aîné de ladite Isabeau et dudit Pierre, son frère, père d'autre Pierre de Lestang, neveu de ladite Isabeau, ledit Pierre de Lestang, seigneur de Dion[1], et de Richemont[2]. Nous croyons devoir en citer cet article : « *Item*, est aussi demeuré audit Pierre de Létangt, les fons, rentes, dus à ladite Izabeau de Létangt et audit Géraud, pour raison de la succession de feu Marc-Pierre Verzabelle, escuier, en son vivant chambrier de France... etc. »

28 mai 1533. — Aveu de Jean de Lestang, du « mainement » de Lartige et fief en dépendant; ledit Jean fils de feu Pierre de Lestang, seigneur de Dion et dudit fief et seigneurie de Lartige. Ce dénombrement rendu à Charles Chabot, seigneur de Jarnac.

10 novembre 1554. — Déclaration du même Jean de Lestang, par laquelle il dit qu'ayant rendu foi et hommage à Charles Chabot père, le 28 mai 1533, il n'est tenu le rendre à Guy Chabot fils, qu'à muance de vassal.

30 mai 1572. — Dénombrement de la seigneurie de Lartige, rendu par Aymar de Lestang, écuyer, sieur de Lartige et de Debat[3], fils et héritier de Jean de Lestang, sieur de Dion et de Richemont, à Guy Chabot, seigneur de Jarnac, baron de Montlieu et de Saint-Aulais, chevalier de l'Ordre du roi, capitaine de 50 hommes d'armes de ses ordonnances, gouverneur

---

1. Dion, commune de Chérac, canton de Buric (Charente-Inférieure).

2. Richemont, canton de Cognac. Tout le monde sait que l'ancien château est occupé aujourd'hui par le Petit Séminaire diocésain.

3. Commune de Saint-Même, canton de Segonzac.

et lieutenant pour Sa Majesté en la ville et gouvernement de La Rochelle, maire perpétuel de Bordeaux, etc. Les 140 articles de ce dénombrement sont répartis sur les paroisses de Jarnac, Triac, Foussignac, Plaizac, Houlette, Sigogne, Mérignac, Bassac, Bourg-Charente, Sainte-Sévère, Chassors. Nous y relevons les suivants :

Art. 1. « Mon hébergement de Lartige [1], avec toutes les terres, vignes, bois et prez apartenant audit hébergement, qui se tient d'un côté au chemin qu'on va de *la chapelle de Saint-Cybard* au chemin d'Angoulême, et de là jusqu'au lieu de Mailbrac, et d'iceluy suivant ledit chemin, et retournant le long des terres des Rousseaux de la Touche qu'ils tiennent à l'agrier de Messieurs, un fossé entre deux, soi rendant le longt du fossé par lequel on vat de Lartige à Triac, et d'iceluy chemin frapant au pré Hérodeau que tiennent Jean du Puis-Bretton et Blanchet Martin, à rente de l'abbeye de Chastre [2], soi retournant au pré de (*blanc*) que tiennent les dits Rousseaux de mesdits sieurs, et d'iceluy fossé ce randant au cours de la fontaine de Triac et de la Touche, et retournant au Brasoux et au pré d'Antoine de la Roche.....

Art. 17. « Une pièce de terre tenant au chemin que l'on va dudit Jarnac à la Maladerie.....

Art. 21. « Un jardin sis devant les fossés de la présente ville (de Jarnac), tenant d'une part audit fossé, un chemin entre deux, d'autre au chemin par lequel on va de la Croix-des-Hurtauld à Saint-Gille, sur main dextre, et au jardin du curé tenant à un vergier mouvant du prieur de Jarnac.... »

15 décembre 1633. — Partage entre Guy Chabot, seigneur de Jarnac et Josias Méhée, seigneur de La Ferrière, d'un mas de terre dans la paroisse de Triac, contenant 22 journaux un tiers indivis entre eux, dont il appartient un tiers au sei-

---

1. C'est le hameau de Lartige, commune de Jarnac.
2. Chastres, ancienne abbaye dont il ne reste plus que l'église, encore bien conservée, commune de Saint-Brice, canton de Cognac.

gneur de Jarnac, et deux tiers au seigneur de La Ferrière.

10 juin 1671. — Lettre de terrier adressée au sénéchal d'Angoumois pas Isaïe Méhée, seigneur des Courades et de Lartige, afin de faire rendre les hommages et passer les reconnaissances à lui dus à cause de la terre de Lartige.

10 mai 1687. — Acte de foi et hommage rendu par René Méhée au nom et comme mari d'Anne le Musnier, veuve d'Isaïe Méhée et tutrice de ses enfants mineurs, de la seigneurie de Lartige, à Guy-Charles Chabot, au nom et comme fondé de procuration de Guy-Henri Chabot, seigneur de Jarnac.

1689. — Anne Le Musnier, veuve d'Isaïe Méhée, et ayant la garde noble de ses enfants mineurs et dudit feu, à présent femme de René Méhée d'Anqueville, est portée au rôle des nobles de la châtellenie de Jarnac, comme possédant tant dans la paroisse de Jarnac que dans celles de Chassors, Foussignac, Triac, Sigogne et Houlette, les fiefs de Richemont [1] et de Lartige.

19 avril 1739. — Aveu et dénombrement rendu à Pierre Méhée, à cause de sa seigneurie de Lartige, par Jean Tallon, sieur d'Orlut, Jean Tallon, sieur de La Rente, et Pierre-Louis Rullier, sieur d'Orlut, veuf de Françoise Tallon, et tuteur de leurs enfants, de deux fiefs en Mérignac, l'un contenant 70 journaux, appelé le mas des Brousses, et l'autre contenant 56 journaux, appelé anciennement le Mas et à présent les Petites-Plantes.

---

1. Ce nom de fief rappelle le château dont les sieurs de Lestang avaient été possesseurs au XVIᵉ siècle. L'abbé d'Anqueville, dans une foule d'actes, s'intitule lui aussi seigneur de La Ferrière, Lartige, *Richemont*, etc.

SEIGNEURIES VOISINES

I

CHATEAUNEUF

Châteauneuf, par son importance, mérite une étude à part qui sortirait complètement de notre cadre. Nous donnons ici un court abrégé de son histoire, suivi de quelques notes fournies par nos archives, particulièrement le fonds d'Etaule, près de la moitié de la ville de Châteauneuf ayant relevé en arrière-fief de cette seigneurie.

NOTICE HISTORIQUE

« Anciennement le lieu de Chasteauneuf n'estoit qu'un petit bourg appelé *Berdeville,* où y avoit un vieux chasteau qui, par accident, fut bruslé en l'an 1084, et d'autant que ce chasteau fut rebasty à neuf, le lieu perdit son premier nom, et fut deslors appellé *Chasteau-Neuf* [1]. »

Comme seigneurie, Châteauneuf appartenait au XIe siècle, aux comtes d'Angoulême. Cédée à des seigneurs particuliers, cette terre fut rachetée au XIIIe siècle par Hugues de Lusi-

---

1. Corlieu, *Recueil,* p. 20. La plupart des renseignements suivants sont empruntés au même auteur.

gnan, comte d'Angoulême, et Isabelle Taillefer, sa femme, qui, en 1242, la donnèrent par testament à Geoffroy, un de leurs enfants. Geoffroy II, son fils, qui avait épousé Péronnelle de Senlis, comtesse de Dreux, mourut sans postérité en 1305. Eustache de Lusignan, sœur de Geoffroy, mariée à Dreux de Mello, IIIe du nom, seigneur de Château-Chinon, hérita alors de Châteauneuf, que leur fils, Dreux de Mello IV, posséda après eux. Raoul, comte d'Eu, connétable de France, seigneur de Châteauneuf, fut condamné à mort comme traître, et ses biens confisqués en 1350, par ordre du roi Jean-le-Bon. Le quint ou cinquième de la terre de Châteauneuf, fut dévolu alors à la Couronne; le reste appartint successivement à Jean d'Eslion, sieur d'Arlay, à Amaury et à Guillaume de Craon, seigneurs de Jarnac, enfin à Guy de La Rochefoucauld, VIIIe du nom, qui l'acheta de ce dernier, dont il avait épousé la fille, Marguerite de Craon.

Le traité de Brétigny, en 1360, rendit les Anglais maîtres de Châteauneuf. Ils l'occupèrent vingt ans, après quoi il fut donné en apanage à Louis d'Orléans, frère du roi Charles VI. Jean-le-Bon, comte d'Angoulême, son fils, acheta de Jean de La Rochefoucauld, les quatre quints de Châteauneuf, et mourut en 1467. Charles d'Orléans, fils de Jean-le-Bon et père du roi François Ier, décéda à Châteauneuf, le 1er janvier 1496. Sa veuve, Louise de Savoie, devenue duchesse d'Angoulême, eut la jouissance de cette terre jusqu'à sa mort, arrivée le 22 septembre 1531. Possédée quelques années par messire Philippe Chabot, amiral de France, la seigneurie retourna à la Couronne, au milieu du xvie siècle.

Pendant les guerres civiles, Châteauneuf fut occupé tour à tour par les deux partis, et eut beaucoup à souffrir, ainsi que toute cette contrée. A partir de la même époque, les rois de France engagèrent cette terre à divers seigneurs, savoir : aux sieurs de Rochechouart-Mortemart en 1568, au duc d'Epernon en 1597, puis au maréchal de Navailles et à ses héritiers. Des mains de la marquise de Courcillon, elle passa, en 1747, toujours à titre d'engagement, à M. Jean Paris de Montmartel, puis à son fils Armand-Louis-Joseph Paris de Montmartel, marquis de Brunoy. Le comte d'Artois, devenu apanagiste du duché d'Angoumois, reprit Châteauneuf en 1777 sur les héritiers de M. de Brunoy, et en jouit jusqu'à la Révolution.

CHATEAU ET FORTIFICATIONS

Le nouveau château qui donna son nom à la ville était beaucoup plus rapproché que l'autre de la Charente, et sur la hauteur qui domine la rivière. On en voit encore quelques restes perdus parmi des constructions modernes. Il a souffert également des guerres étrangères et civiles qui ont ravagé autrefois ce pays.

La ville, elle aussi, était fortifiée : elle avait portes et fossés. M. Michon (*Statistique monumentale*, p. 242) met la chose en doute, mais divers documents nous permettent de l'affirmer. 1º Arrentement d'un « maynement » au Marché Vieux, tenant par devant au grand chemin de Châteauneuf à Bouteville, et d'un côté au grand chemin par lequel on va « *du pourtal de la ville* » à Angeac (17 janvier 1458) ; 2º Vente d'un terrain tenant par devant à la grande rue par laquelle on va des bancs anciens de Châteauneuf (ancienne halle remplacée aujourd'hui par l'Hôtel-de-Ville) « *au portal de Planeaux* » (1er mars 1484, 12 avril 1537, etc.) ; 3º Déclaration d'un chai et aireau, confrontant vers l'orient à la Charente ; vers l'occident, au chemin « qui prend son origine *de la porte du pont de la ville de Chasteauneuf* » ; vers le midi, au port de la rivière ; vers le nord, à ladite rivière et au susdit chemin (21 mars 1727) ; 4º Vente d'une rente sur une maison et un jardin sis à Châteauneuf, « tenant d'une part à la grande rue du Planeau, d'autres *aux vieilles douës et fossés de la ville dudit Chasteauneuf »* (24 août 1563).

EGLISE ET CHAPELLES

Eglise. — Il est très fréquemment question de l'église de Saint-Pierre de Châteauneuf comme point de confrontation. Une seule fois, dans une reconnaissance du 4 mai 1579, il s'agit d'un immeuble tenant par le devant à la rue par laquelle on va du « temple » de Châteauneuf au Marché Vieux. Une autre reconnaissance par les mêmes lieux, du 9 mars 1608, porte *église* au lieu de *temple* [1].

Châteauneuf était un prieuré-cure relevant de l'abbaye de Bassac. Quelquefois les deux titres de prieur et de curé se confondaient dans la même personne. Le 30 novembre 1624, Gilles Lurat, prêtre du diocèse d'Angoulême, déjà prieur de Châteauneuf depuis plusieurs années, prit possession de la cure, dont l'avait pourvu Etienne Hillayret, abbé de Bassac, par lettres en date du 13 novembre ; et le 26 juin 1625, Denis Lurat, clerc tonsuré du même diocèse, prit possession du prieuré malgré les protestations du prieur Gilles Lurat [2]. En d'autres temps le prieur était commendataire, et contribuait à la subsistance du curé résidant. C'est ainsi qu'en 1731 et années suivantes, nous trouvons comme prieur messire Jacques-André de Richérolle, prêtre, et comme curé Gabriel Lauzet. Les revenus décimaux du prieuré étaient alors affermés 950 livres, sur lesquelles les fermiers devaient en donner au curé 200 et 215. Le 7 septembre 1746, messire Méry Pommier des Arches, prêtre du diocèse de Paris, licencié en Sorbonne, prit possession par procureur du prieuré de Châteauneuf, vacant par la mort du dudit sieur de Richérolle [3], en même temps

---

1 Pour l'étude monumentale de l'église de Châteauneuf, voir **Michon**, *Statistique*, p. 296 et suivantes.

2. *Archives de la Charente*, J. Ferrand l'aîné, Fèvre, notaires à Châteauneuf.

3 *Archives de la Charente*, Ferrand l'aîné, notaire à Châteauneuf.

que la cure avait pour titulaire Marc Dexmier, successeur de Lauzet. Quelques années après, Châteauneuf fut détaché de l'archiprêtré de Jurignac et devint lui-même un archiprêtré jusqu'à la Révolution. Dans la nouvelle circonscription départementale et diocésaine, Châteauneuf fut érigé en chef-lieu de canton et la paroisse en cure inamovible.

Chapelle de Notre-Dame de Pitié, dans l'église de Châteauneuf. On la nommait aussi N.-D. de la Porte ou du Portail, à cause de sa situation. Elle avait un chapelain particulier pris souvent en dehors du clergé de la paroisse, et dont les fonctions étaient d'y célébrer la messe tous les mercredis. Le chapelain était en 1740 et années précédentes, Clément Rigaillaud, prêtre, curé de Saint-Surin ; et après 1740, François Piet, également curé de Saint-Surin. Nous voyons, en 1614, Georges Grimperel, clerc du diocèse de Paris, prendre possession de ladite chapelle [1].

La famille Piet de La Descenderie avait dans cette chapelle sa sépulture où furent enterrés entre autres : *Marie Fé*, femme de François Piet de La Bergerie, morte à 40 ans, le 26 octobre 1690 ; *François Piet*, son mari, mort le 25 mai 1734 ; *Jean Piet de La Descenderie*, leur fils, décédé le 2 novembre 1754, et sa femme, *Jeanne Poirier de Longeville*, le 16 janvier 1762 ; *Anne Piet*, fille des précédents, épouse d'Antoine Jayet, sieur des Bauries en Birac, morte à 33 ans, le 25 février 1753 ; *Marie-Anne Jaubert*, de Barbezieux, qui épousa, le 15 juin 1761, François Piet de La Descenderie, lieutenant de police à Châteauneuf, fils de Jean Piet et de Jeanne Poirier, nommés plus haut, et mourut le 8 octobre 1762.

Chapelle de Saint-Jacques, dans l'église de Châteauneuf. Les Dexmier, branche des anciens seigneurs de Mosnac, y avaient leur tombeau. Par son testament du 30 avril 1685, Marguerite Dexmier, fille de Jean Dexmier, sieur de La Motte

---

1. *Ibid.* H. Chérade, notaire à Angoulême.

en Mosnac, et d'Anne Leclerc, de Châteauneuf, femme de Pierre Fé, sieur de La Descenderie, déclare vouloir être enterrée dans l'église de Châteauneuf, chapelle de Saint-Jacques, dans le tombeau de ses père et mère ; ce qui fut exécuté le 13 avril 1689.

Chapelle de Notre-Dame, dans l'église des Minimes. Catherine Piet, fille de Jean Piet de La Descenderie et de Jeanne Poirier, mariée le 10 février 1755 à François Fé, écuyer, sieur de Fondenis, mourut le 6 juillet 1757, et fut enterrée le lendemain dans ladite chapelle.

Chapelle du Tillet. (Voir ci-après, page 204).

Chapelle du château. Arrentement de quatre journaux de pré, en la rivière « de Pratsecq, sous le Petit Etaule », tenant d'un côté au chemin de Tourteron à Châteauneuf, d'un bout au pré que tient « Doumays de Jambes, dit Magry, de la chappelle du chastel de Chastelneuf ».

Chapelle de l'Hôpital. Voir l'article suivant.

AUMONERIE OU HOPITAL

Baillette d'une maison et appartenances située « hors le portal de l'ausmonerie ».., tenant par devant à la rue publique « comme l'on va dudit portal à l'églize de Saint-Pierre de Chastelneuf. (3 février 1461.) Déclaration donnée à Jean du Tillet, greffier du Parlement, pour une maison près l'aumônerie de Châteauneuf, tenant par devant à la rue publique de la halle à l'église, par derrière au Marché Vieux, d'autre à la maison de Jean Fé, d'autre à celle de Michel Jarland, cordonnier. (28 janvier 1552.)

La maison du Tillet est dite confronter « à l'hospital et chapelle de ce lieu ». (Sent. du 19 mai 1620.) L'hôpital et l'aumônerie semblent donc être la même chose.

MALADRERIE

Il y avait à Châteauneuf une maladrerie où étaient traités

les ladres ou lépreux. Par son testament du 14 février 1492, Marguerite de Rohan, veuve du comte Jean, lui fit un legs de 10 livres tournois, ainsi qu'à l'aumônerie[1].

Cet établissement était sur le chemin de Châteauneuf à Angeac. Baillette d'une terre sise au pré Clergeault, tenant d'une part « au long du grant chemin par lequel l'on va de Chasteauneuf à la Maladerie. » (11 mars 1460). Une autre déclaration de la même terre au pré Clergeault, porte : « tenant d'un côté au chemin de Châteauneuf à Angeac (11 août 1594). »

FIEFS ET SEIGNEURIES

Il y avait en Châteauneuf beaucoup de fiefs nobles ; voici quelques renseignements sur les principaux.

ETAULE. — Le logis d'Etaule, avec dépendances, clos, jardin, etc., situé en face du prieuré, ainsi que nous l'avons dit, comprenait dans sa mouvance à peu près tout le terrain circonscrit par la grande rue de l'église à la halle (Palais de justice), et de là au Plaineau, plus divers immeubles sur d'autres points de la ville et de la banlieue.

BARQUEVILLE — autrefois Berqueville (peut-être l'ancien Berdeville), appartenait, au xve siècle, aux BOMPART, seigneurs de Puyrobert[2]. JEAN BOMPART rendit hommage pour sa terre de Puyrobert, et son hôtel à Châteauneuf, au comte Jean-le-Bon, en 1445[3]. Même hommage fut rendu le 20 mai 1524[4], à Louise de Savoie, par autre JEAN BOMPART, qui lui-même reçut, comme seigneur de Puyrobert, le dénombre-ment de tous les droits seigneuriaux possédés en Châteauneuf par François des Ages, écuyer, seigneur de Macqueville, le 2 novembre 1526.

---

1. *Etudes historiques sur la ville de Cognac*, par Marvaud, I, p. 200.
2. En la paroisse de Champniers près d'Angoulême.
3. 4. *La Charente Révolutionnaire*, par V. et J. Bujeaud, t. I, Intro-duction, Pièces justif., p. CCLXXVII.

Après les Bompart vinrent les DU TILLET. Nous avons vu (page 72) JEAN DU TILLET, évêque de Saint-Brieuc, puis de Meaux, recevoir les hommages de la seigneurie d'Auge en Moulidars, le 27 septembre 1560 et le 15 août 1566. Nous trouvons ensuite comme seigneur de Barqueville, JACQUES CATRIX, petit-fils de MARIE BOMPART. Dans plusieurs pièces de 1584 à 1623, il s'intitule *écuyer, sieur de Berqueville, le Maine-Charles, le Maine-Bompart, le Maine-Ladoux, le Maine-Dupuy*, etc. Il avait pour femme ANTOINETTE D'INGRANDES, dame de Flaville *. Jacques Catrix fournit au roi le dénombrement de sa seigneurie de Barqueville, le 1er décembre 1617. HENRI CATRIX, son fils, en fit autant le 1er novembre 1633 et le 20 octobre 1636. ANTOINETTE CATRIX, héritière d'Henri, épousa CLÉMENT FROTIER-TISON,

---

* **Flaville**. La seigneurie de Flaville, paroisse de Bonneuil, près Châteauneuf, appartenait au XVIe siècle à la famille d'Ingrandes. *François d'Ingrandes*, écuyer, sieur de Flaville, épousa *Anne des Ages*, fille de François des Ages, écuyer, seigneur de Maumont. Il était mort à la date du 2 juin 1590 (J. Mousnier notaire à Angoulême), et Antoinette d'Ingrandes, sa sœur et héritière, porta Flaville à Jacques Catrix, écuyer, sieur de Barqueville, son mari. Le mariage d'Antoinette Catrix avec Clément Frotier-Tison, fit passer Flaville dans cette dernière famille*. Mais, en 1674, un échange eut lieu entre Clément Frotier-Tison, sieur de Flaville, et *Marc Guillaumeau*, sieur de Ruelle et de Villars, par lequel le premier cédait Flaville et le second Villars **. Les Guillaumeau possédèrent toujours Flaville, qui passa à la famille de La Croix, par le mariage de *Jeanne Guillaumeau* avec *Jean-Baptiste-Hector de La Croix de Saint-Cyprien*. M. *Marc de La Croix*, leur petit-fils, vient de vendre Flaville (1889) à M. Léon Croizet, négociant à Saint-Même.

*. M. Marvaud (*Etudes historiques sur la ville de Cognac*, 1, p. 42), dit que Flaville appartenait, en 1670 et 1672, à Philippe Fé de Ségeville, conseiller du roi et président en l'élection de Cognac, et qu'il en rendit aveu à Alexandre de Galard de Béarn, comte de Brassac, seigneur de Salles et Genté. Nous pensons qu'il y a confusion. En effet, les *Archives historiques de la Saintonge et de l'Aunis*, t. XV, p. 281, donnent un de ces aveux daté du 2 mai 1670, par lequel Philippe Fé déclare tenir du seigneur de Salles, son fief de Flaville, situé « tant en les dittes parroisses de Salles et Genté, qu'an celle de Sainct-Bris sur Charante, comme le l'ayant acquis de Bertrand Guy, escuyer, sieur de Ferrière et de Labaury. » Il ne s'agit donc pas de Flaville en Bonneuil, qui avait alors pour possesseurs ceux que nous indiquons ici.

**. *Archives de la Charente*. Dubournais, notaire à Agris.

écuyer, sieur de La Rochette, fils de Roch Frotier-Tison, écuyer, seigneur du même lieu, et de dame Léonor Laisné de Rochecorail, et lui porta Barqueville. Nous avons un extrait des rentes de Barqueville, écrit et signé par ledit Frotier-Tison, le 7 juillet 1664.

Par contrat du 10 avril 1674, MARC GUILLAUMEAU, écuyer, sieur de Ruelle, acquit la seigneurie de Barqueville du sieur de La Rochette. Son fils, FRANÇOIS GUILLAUMEAU, seigneur de Flaville et Barqueville, vendit cette dernière terre, le 26 janvier 1701, à JEAN FÉ, écuyer, sieur de Boisragon, dont les descendants l'ont toujours possédée. M. FRANÇOIS-LÉON FÉ DE BARQUEVILLE, y mourut sans postérité le 22 avril 1870. Le logis, légué à la ville de Châteauneuf, est aujourd'hui converti en hospice.

VIGNES ET LE GRÉ. — La seigneurie de Vignes s'étendait sur les paroisses de Mosnac et de Châteauneuf, et avait autrefois son siège dans cette dernière. Elle appartenait au xvᵉ siècle à Jean Gastaud, seigneur d'Etaule, comme héritier et ayant droit de GUILLAUME DE VIBRAC, de Marie, sa femme, et d'Hélie, leur fils. En cette qualité, il rendit, le 16 juin 1458, aveu et dénombrement de son « maynement de Vignes et ses appartenances en Chasteauneuf », à « ncble home Jehan Frondebeuf, escuyer, sieur de Rouillac, et Jehanne Celebrache, sa femme, et à cause d'elle, principale héritière de feu Ithier Celebrache, son père. »

Après les Gastaud, Vignes et les fiefs voisins du Grand et du Petit Gré passèrent successivement et en peu d'années, à maître SIMON ROUHAULT, licencié ès lois, fils de François Rouhault, avocat au présidial et ancien maire d'Angoulême, et de Guillemette Denaut ; à ANDRÉ JANVIER, sieur de La Pougnerie, maître des eaux et forêts d'Angoumois, fils de défunts Pierre Janvier et Françoise Gentils, d'Angoulême (8 août 1551) ; à JEAN TESSERON, bourgeois de Châteauneuf, receveur général des finances à Poitiers (11 avril 1553); enfin à Philippe Gandillaud, procureur du roi à Châteauneuf (18 novembre 1557), par échange contre le fief des Plassons #. Antoine Gandillaud, son fils, seigneur de Vignes et du Gré, vendit ces fiefs, comme nous vous l'avons dit, (page 118, note), le 29 janvier 1620, à Pierre Fé, sieur de Hauteroche, dont le fils Jean Fé, président en l'élection de Saint-Jean d'Angély, les vendit à son tour, le 2 avril 1654, à Henri Rambaud, son beau-frère, pour la somme de 4,250 livres. Henri Rambaud, peu de temps après, en céda la moitié à Jean Fé, sieur de Fondenis, élu en l'élection d'Angoulême, dont le fils Jean Fé, écuyer, sieur de Boisragon, acquit le reste, le 31 décembre 1698, d'Emmanuel Rambaud, sieur du Gré. Cela explique pourquoi nous trouvons simultanément le titre de *sieur du Gré* dans les deux familles Fé et Rambaud.

BOISRAGON, — appelé au xvie siècle *Chez-Ragon ou Les Ragons*, doit son nom à un bois ou garenne entourée autrefois de hautes murailles, entre ce village et celui de Convigier. Cette garenne appartenait alors aux Gelinard de Malaville et relevait d'Etaule. Acquis au xviie siècle par JEAN FÉ, sieur de Fondenis, Boisragon est resté dans cette famille jusqu'en ces derniers temps. Il appartient actuellement à M. Jules Richard, de Châteauneuf.

Les Plassons, paroisse de Bors, châtellenie d'Aubeterre, aujourd'hui canton de Montmoreau (Charente). Ce fief noble était tenu à foi et hommage du seigneur d'Aubeterre, au devoir de 20 sols. Il appartenait au xvie siècle à Nicolas Raymond, écuyer, sieur de Ribérolle * et de Mazotte, de qui il passa à Antoine Bride, de Montmoreau, puis, par héritage, à sa nièce, Marguerite Gandillaud, fille d'Antoine Gandillaud, écuyer, sieur de Fontfroide, mariée à Jean Desbordes, écuyer, sieur de Chauvin. Ils le vendirent à Philippe Gandillaud, ici nommé, lequel l'échangea à Jean Tesseron contre les fiefs de Vignes et du Gré. Celui-ci, dès le lendemain, 19 novembre 1557, vendit Les Plassons pour la somme de 1700 livres tournois, à Guy Bouchard d'Aubeterre, évêque de Périgueux, abbé de l'église collégiale et séculière d'Aubeterre, représenté par maître Bernard Bonnin, prêtre, chanoine d'Aubeterre, de qui cette terre fut héritée par Pierre Bouchard d'Aubeterre, écuyer, sieur des Plassons.

* Commune de Rivières, canton de La Rochefoucauld.

HAUTEROCHE — appartenait au XVIe siècle à l'importante
famille des BÉNUREAU, d'Eraville, qui posséda aussi Les
Rosiers, Les Soudais, Lajasson, etc... LOUIS BÉNUREAU, sieur
de Hauteroche, paraît dans une transaction du 9 juillet 1602,
comme curateur des enfants de feu noble homme Me Nicolas
Bénureau, sieur des Rosiers, son frère. Plusieurs membres
de cette famille allèrent se fixer à La Rochelle, entre autres
Louis nommé ci-dessus ; Anne Bénureau, qui épousa noble
homme Jean Guibert, conseiller du roi au siège présidial de
cette ville ; Charlotte Bénureau, femme de noble homme
Daniel Barbot, de La Rochelle. Tous figurent dans ladite
transaction.

Hauteroche fut acquis au commencement du XVIIe siècle
par Pierre Fé, marchand, de Châteauneuf, qui en porta le
nom, et transmit cette terre à ses descendants.

LE TILLET. — Il est très fréquemment question dans les
papiers d'Etaule de la seigneurie et du logis du Tillet en
Châteauneuf. La seigneurie s'étendait dans les châtellenies de
Châteauneuf, Bouteville, et ailleurs. La maison ou logis du
Tillet « avec ses appartenances de chappelle, basse-cour,
jardrin, fours, et autres dépendances », était à Châteauneuf
même, « près de l'aumosnerye dudit lieu, tenant d'une part,
et par le devant, à la grande ruhe publique par laquelle l'on
va de la halle dudit Chasteauneuf à l'église dudit lieu, à
dextre, d'aultre et par derrière au marché vieulx dudit lieu...
etc. » Le logis du Tillet relevait des seigneurs d'Etaule, sous
l'hommage d'un baiser et d'une paire de gants blancs ou
20 deniers. Son nom lui vient du premier à qui ils l'avaient
arrenté, maître HÉLIE DU TILLET, « clerc, garde du scel de
Châteauneuf » en 1488, qui fut plus tard vice-président de
la Chambre des Comptes, à Paris, maire d'Angoulême en
1502 et 1503, et échevin jusqu'en 1526. Son fils, « honorable et discrète personne monsieur maistre JEHAN DU TIL-
LET, protonotaire et secrétaire du roy, et son greffier en la
court du Parlement à Paris », le possédait le 28 janvier

1552. Compris dans le dénombrement d'Etaule du 20 octobre 1556, il fut acquis peu après par JEAN DES AGES, seigneur de Macqueville, d'où il passa à François des Ages, sieur de Maumont en Magnac, dont la fille, Bertrande, épousa, comme nous l'avons dit, François de La Rochefoucauld d'Orbé. Ce dernier, par acte du 28 janvier 1608, vendit le logis du Tillet à Raymond de Forgues, baron de La Rochechaudry, qui le céda à François Redon, sieur de Neuillac, et dame Guillemine Jargilhon, son épouse. Acquis par ANTOINE LEVISTE, receveur des consignations de la prévôté royale de Châteauneuf, celui-ci, par acte du 4 novembre 1624, l'arrenta pour 40 livres annuelles, à MICHEL GUIMBERTEAU, écuyer, sieur du Treuil, conseiller de M. le vice-sénéchal d'Angoumois, demeurant audit lieu du Treuil, paroisse de Péreuil. Ses héritiers, les frères et sœurs Guimberteau du Treuil, l'arrentèrent à leur tour pour 30 livres, le 25 avril 1651, à « honorable homme FRANÇOIS GUILLOT, sieur de La Puisade, conseiller du roi, juge prévôt de Châteauneuf... Attendu, est-il dit, que ladite maison est fort ensienne et ruinée », on en dressera procès-verbal, et le preneur pourra y faire toutes réparations utiles. Les Guillot de La Puisade possédèrent le logis du Tillet, de père en fils durant le XVIIe et le XVIIIe siècles. M. d'Ardenne le relate comme relevant d'Etaule sous l'hommage sus-indiqué, dans son dénombrement de cette terre.

Quant à la seigneurie du Tillet elle-même, elle resta longtemps encore dans la maison de Forgues. Marguerite Gandillaud, veuve de Bernard de Forgues, l'afferma le 16 octobre 1676, à Jean Rullier, notaire royal à Châteauneuf, et à ses enfants, puis elle passa aux Fé, qui en portèrent le nom.

CHASSORS. — Il est question du fief noble de Chassors dans différents titres depuis le XVe siècle. Comme la plupart de ceux qui avoisinent Châteauneuf, il était possédé au dernier siècle par la famille Fé. Le 3 juin 1736, eut lieu au logis de Chassors le contrat de mariage de Mlle Louise Fé, fille de Philippe Fé, sieur « d'Auteroche », conseiller du roi et son procureur en la prévôté de Châteauneuf, demeurant audit Chassors, et de défunte Marie Chollet, avec Maurice Piet, marchand, de Châteauneuf, fils de feu François Piet, sieur de La Bergerie, et de vivante Antoinette Mesnard. Chassors est aujourd'hui à M. Jules Richard.

MAUMONT, GADEMOULINS, FRÉGENEUIL, MAZOTTE. — Ces quatre fiefs purement nominaux, car il n'y a en Châteauneuf aucune localité ainsi appelée, dépendaient d'autres seigneuries qui avaient leur siège ailleurs.

Maumont en Châteauneuf, appartenait au XVIe siècle, avec Le Tillet, à Jean des Ages, seigneur de Maumont, paroisse de Magnac-sur-Touvre, qui en rendit aveu et dénombrement au roi le 2 mai 1557. Les deux seigneuries passèrent successivement à François de La Rochefoucauld, Raymond de Forgues, François Redon, et plus tard à la famille Fé, dont une branche a porté le nom de Maumont jusqu'en ces derniers temps.

Gademoulins. Le 20 janvier 1415, JEAN DE VILLARS, fils de GUILLAUME DE VILLARS, possédait à Châteauneuf l'hôtel de *La Vouture*, « lequel était le fief de Gademoulins, qui n'a changé de nom que dans la suite », lorsqu'il fut passé aux mains des seigneurs de Gademoulins près Cognac[1]. Il relevait de Barqueville. La date ci-dessus est celle de l'hommage qu'en rendit Jean de Villars à Jean Bompart, sieur de Puyrobert. Le 10 avril 1445, nous trouvons comme possesseur du « maître hôtel de La Vouture », HAMET DE VÊTURE, comme mari de SIMONNE DE VILLARS. Le 1er mars 1484, ce fief appartenait à noble homme JEAN PORTIER l'aîné, écuyer, sieur de Villars, qui avait son hôtel à Châteauneuf, dans la rue de la halle au Plaineau. Ce seigneur était mort à la date du 2 mars 1492. Nous trouvons un hommage rendu le 2 juin 1566 par

1. Gademoulins, commune de Gensac-la-Pallue, canton de Segonzac.

François Dexandrieux, écuyer, seigneur de Gademoulins, à Jean du Tillet, évêque de Meaux, successeur des Bompart. Vers le même temps, Gademoulins, *en Châteauneuf*, fut acquis par Jean Gelinard, écuyer, sieur de Malaville, de qui il passa aux Janvier. Le 11 juin 1580, noble homme Pierre Janvier, conseiller du roi et son lieutenant particulier en Angoumois, reçoit une déclaration de tenanciers, « comme ayant droit et transport de la seigneurie de Gademoulins ». Dans le dénombrement de Barqueville du 1er décembre 1617, cité précédemment, nous lisons: « Plus j'avoue que tout ce que tient dame Jeanne Prévéraud, veuve de Barthélemy Janvier, seigneur de Gademoulins, qui s'appelloit anciennement La Vouture, ayant appartenu à feu Jean de Villard, tant en maisons, rentes, agriers et autres devoirs seigneuriaux dépendant de ladite seigneurie, qu'elle les tient à hommage de moi, au devoir d'un fétu à muance seulement ». Cette dame rendit elle-même son dénombrement le 9 janvier 1618. Dans un acte du 30 septembre 1656, figure Michelle de La Barre, veuve de Pierre Janvier, écuyer, seigneur de Gademoulins, conseiller en la cour du parlement de Paris. Vigier de La Pile dit que ces Janvier, devenus conseillers au Parlement, quittèrent l'Angoumois. Gademoulins fut alors acquis par François Guillot, sieur de La Puisade, juge prévôt royal de Châteauneuf, et sa femme Marie Lériget, lesquels en rendirent hommage en 1673. Marc-Toussaint Guillot de La Puisade, leur petit-fils, fournit au roi, le 1er août 1753, aveu et dénombrement de sa seigneurie de Gademoulins. Françoise Guillot de La Puisade la porta à son mari, Jean Tabuteau, sieur de Birac. M. Tabuteau de Gademoulins était juge prévôt royal de Bouteville en 1789.

Frégeneuil, paroisse de Soyaux, près Angoulême, donna son nom à un fief que ses seigneurs possédaient en Châteauneuf. Il appartenait, le 9 janvier 1521, à Jean Géraud, et le 25 octobre 1550, à Pierre Géraud, l'un et l'autre écuyers, sieurs de Frégeneuil. Possédé ensuite par les des

Ages, il fut acquis par Jacques Le Musnier et cédé par sa veuve, en 1633, à Catherine Redon, avec Le Tillet et Maumont. Le tout passa ensuite à la famille Fé.

Mazotte, près de Segonzac, avait en Châteauneuf un fief connu sous le même nom, dont il est quelquefois question dans les papiers d'Etaule; mais nous n'avons pas à ce sujet de données assez suivies. Nous savons seulement que le 24 août 1562, demoiselle JEANNE DE BIRAC, demeurant à la Marguerie, paroisse de Jurignac, veuve de feu NICOLAS RAYMOND, écuyer, seigneur de Mazotte, céda à Guillaume Gelinard de Malaville, une rente sur un pré dépendant de cette seigneurie, en la paroisse de Saint-Surin.

Fondenis et *Beaufort* étaient aussi deux fiefs en Châteauneuf. Le premier, qui était aux Gandillaud, fut acheté au XVIIe siècle par Jean Fé, élu en l'élection d'Angoulême, et resta dans cette famille; le second avait pour possesseur en 1787, « messire Louis Fé, écuyer, seigneur de Fondenis, Le Gré, Vignes, Beaufort et autres lieux, lieutenant au régiment de Monsieur, demeurant au logis de Beaufort, paroisse de Châteauneuf. »

NOMS DE QUELQUES FONCTIONNAIRES

Allain (Antoine), procureur postulant au siège royal de Châteauneuf (4 janvier 1609).

Augeay (Guillaume), greffier (26 février 1630), puis substitut du procureur du roi ; mort à la date du 7 juillet 1660. Sa veuve Marie Bareau.

Bareau (Dorothée), greffier de la cour prévôtale (6 octobre 1618, 19 mai 1620).

Boisson (Antoine), procureur du roi à Châteauneuf (12 janvier 1618, 7 juin 1625).

Boisson (Antoine), écuyer, sieur de Bussac, procureur du roi (11 mai 1638, 7 juillet 1664).

Calluaud (Léonard), greffier de la prévôté (3 février 1563, 2 août 1571).

Calluaud (Pierre), maître clerc et commis du greffier (12 novembre 1590, 19 mai 1620).

Calluaud (Pierre), commis du greffier (8 septembre 1672).

Calluaud (Jean), greffier des Présentations (18 novembre 1669).

Calluaud (Jean), greffier de la prévôté (25 janvier 1716, 13 juin 1720).

Constantin (Bernard), conseiller du roi, juge prévôt royal (février 1592, 11 août 1594 ; sa veuve Marie Marchand, 30 octobre 1609).

Corlict (David), conseiller et élu pour le roi en l'élection particulière de Châteauneuf et Jarnac (24 août 1639).

Couprie (Jean), notaire royal, et Marguerite Bazagier, sa femme, fermiers de la terre de Châteauneuf (1760-1777).

Delhuile (Jean), sieur de Balzac en Nonaville, fermier (avec MM. Jean Tabuteau, sieur de Birac, et Jean Tabuteau, notaire royal à Châteauneuf) de la terre de Châteauneuf (14 novembre 1754).

Dexmier (Louis), receveur, pour le duc d'Epernon, de la chatellenie de Châteauneuf (21 juin 1612) ; greffier de la prévôté (23 août 1616, 7 juin 1625).

Dussé (Jacques), commis du greffier (30 mars 1600); greffier de la prévôté (19 février 1602, 1610), procureur du roi (19 mai 1620).

Fé (Denis), conseiller du roi et son procureur à Châteauneuf (10 mars 1675, 11 mai 1687) ; juge prévôt royal (14 août 1694).

Fé (Philippe), sieur de Hautcroche, conseiller du roi et son procureur en la prévôté de Châteauneuf (3 juin 1736).

Font (de La), commis du greffier des Présentations de la prévôté (6 décembre 1672).

Gallais (André), greffier de Châteauneuf (24 décembre 1604).

Gandillaud (Philippe), procureur du roi (4 mars 1550, 8 février 1563).

Gelinard (Jean), receveur de Châteauneuf et de Bouteville (8 novembre 1527), juge particulier de la Cour prévôtale et des eaux et forêts.

Gillibert (Foulques), licencié ès lois, juge de la châtellenie de Châteauneuf et de Bouteville (11 janvier 1533, 10 juin 1564).

Gillibert (N.), commis du greffier (3 mars 1563).

Gillibert (Mathurin), juge de Châteauneuf et de Bouteville (fin du xvie siècle).

Girard (N.), greffier de Châteauneuf (3 avril 1540).

Gorron (G), greffier des Présentations de la prévôté royale (2 janvier 1669).

Gratereau (Philippe), receveur de Châteauneuf (1540).

Guillaumeau (David), conseiller du roi, juge prévôt royal de Châteauneuf et Bouteville (30 avril 1610, 12 août 1625).

Guillebot (N.), greffier de la prévôté (2 juin 1733, 5 novembre 1740).

Guillot (François), sieur de La Puisade, conseiller du roi, juge prévôt royal (1638, 1651) ; était en 1623 lieutenant en la prévôté.

Guillot (François), sieur de La Puisade, conseiller du roi, juge prévôt royal (9 mai 1674, 6 août 1693).

Guillot (Marc), sieur du Maine-Brun, conseiller du roi, juge prévôt royal (1er décembre 1711, 2 juin 1733).

Guillot de La Puisade (Marc-Toussaint), conseiller du roi, juge prévôt royal (25 septembre 1750, 19 novembre 1764.

Guillot de La Puisade (N.), juge prévôt royal (1789).

Janvier de Launay (Charles-Michel), avocat au Parlement, procureur du roi de la commission chargée de la confection du papier terrier de la seigneurie de Châteauneuf, y demeurant (1er juillet 1760).

Joubert (N.), greffier de la Cour prévôtale (1er avril 1542, 22 décembre 1562).

Joubert (Antoine), procureur du roi (3 janvier 1581, 24 décembre 1604).

Laloube (N.), greffier de Châteauneuf (1541).

Lambert (Jean), receveur de Châteauneuf (vers 1617).

Lamusnière (Claude de), receveur pour le roi de Châteauneuf et de Bouteville (8 mars 1590, 7 décembre 1608).

Leviste (Antoine), receveur des consignations de la châtellenie de Châteauneuf (15 décembre 1617, 1624 ; sa veuve Jeanne Levêquot, 6 mai 1632).

Martineau (Nicolas de), lieutenant de Bernard Constantin, juge prévôt royal (février 1592). — Idem, conseiller du roi, lieutenant et élu pour le roi à Châteauneuf (12 novembre 1590).

Menault (N.), procureur du roi à la prévôté (1775, 1791) ; cet office était dans la famille depuis plusieurs générations.

Moreau (N.), greffier de la Cour prévôtale (1634, 1638).

Morpain (N.), greffier de la châtellenie (26 février 1581).

Morpain (G.), greffier de la Cour prévôtale (1469, 1530).

Nouveau (N.), commis du greffier (1er avril 1720).

Nouveau (Maurice), procureur du roi au siège de police (1712-1742).

Nouveau (N.), fils du précédent, même charge (1742, 14 janvier 1775).

Odeau (Pierre), garde des forêts de la seigneurie de Châteauneuf (18 janvier 1543).

Petit (Saturnin), commis du greffier (30 août 1666).

Piet (François), maire perpétuel de Châteauneuf (1715, 1717).

Piet (François), sieur de La Bergerie, procureur du roi au siège royal de police de Châteauneuf (1712).

Piet (Maurice), conseiller du roi et son procureur à Châteauneuf (1759 ; procureur du roi honoraire, 1769).

Piet (François), sieur de La Descenderie, lieutenant général de police à Châteauneuf (1760, 1789).

Rammonet de La Serre (N.), écuyer, lieutenant de Châteauneuf (13 novembre 1505).

Rambaud (J.), greffier de la Cour prévôtale (27 novembre 1760).

Rondeau (Gabriel), sieur de Lasdoux et de Chassors, conseiller du roi, précédemment son procureur à Bouteville, subdélégué de l'intendant de La Rochelle, créé lieutenant général de police par lettres royales du 3 août 1704).

Rullier (N.), greffier des Présentations de la Cour prévôtale (20 mai 1733).

Rullier (Louis-Guillaume), conseiller du roi et son procureur à la prévôté de Châteauneuf (8 août 1763).

Rullier (L.), greffier de la prévôté (12 octobre 1776).

Tesseron (Jean), receveur de quatre quints de Châteauneuf (18 janvier 1543).

Tabuteau (Jean), sieur de Birac, fermier de Châteauneuf (14 novembre 1754), époux de Françoise Guillot de La Puisade.

Tabuteau (Jean), notaire royal et greffier de Châteauneuf (même date).

Tiboyeau (Hélie), commis du greffier (12 novembre 1590.

II

SAINT-SIMEUX

Saint-Simeux, dans les anciennes chartes, est appelé de son vrai nom : *Saint-Siméon*. Le 30 juillet 1459, « noble homme Anthoyne du Lourier, escuyer, et noble femme Péronnelle de Losme, damoyselle, sa femme », arrentent à Jean et Pierre Frère, père et fils, « le maynement vulgairement appellé *Pessart*, assiz en la paroisse de Sainct-Syméon ». Le 10 août 1460, Jean Gaslaud, écuyer, seigneur d'Etaule, arrente à « Caterine Boucher, veufve de feu Lioton Bonnaud, un maynement vulgairement appellé le Mesne Poictevin (appelé plus tard le village des Bonnauds), en la paroisse de Saint-Siméon. »

Il ne paraît pas que Saint-Simeux ait jamais eu de château seigneurial. Les fiefs distribués sur le territoire de cette paroisse relevaient soit de Châteauneuf, soit du Fa de Sireuil. Plusieurs abbayes comme Bassac, Bournet, Fontdouce, y possédaient aussi quelques biens-fonds. Les principaux fiefs, outre Etaule, Tourteron et Le Maine-Michaud, dont nous avons parlé, étaient Montmedou, Planson, Le Montet, auxquels nous joindrons L'Etang-Godard.

Un mot d'abord sur l'église.

Romane à l'origine, elle fut restaurée plus tard dans le style ogival du XIVe siècle. En 1844, la chute du clocher ayant amené l'écroulement du sanctuaire, une municipalité plus prudente qu'éclairée jugea à propos de faire tomber aussi les voûtes à nervures de la nef, dont la solidité exigea de grands efforts. Destruction regrettable : sans cela l'église de Saint-Simeux avec son sanctuaire aujourd'hui relevée, sa coupole romane et sa flèche élancée, serait un monument aussi complet par son architecture qu'il est pittoresque par sa position.

Il y avait jadis deux chapelles formant transsepts : celle de droite, consacrée à la Sainte Vierge, tombeau des seigneurs de Tourteron : la sacristie actuelle en occupe l'emplacement; celle de gauche dédiée à saint Antoine, lieu de sépulture des seigneurs du Maine-Michaud : elle n'existe plus.

La cloche, bénite le 11 août 1759, eut pour parrain le

chevalier Jean-François Dassier, et pour marraine Catherine Rullier, femme de Simon Vigier, écuyer, sieur de Planson.

Les anciens registres paroissiaux de Saint-Simeux manquent presque complètement; ceux qui restent commencent à 1785. Nous n'avons que les noms de quelques curés recueillis çà et là, et que nous donnons dans la liste suivante forcément incomplète.

CURÉS DE SAINT-SIMEUX

1488-1498. Frère Jean Chollet, curé [1].

. . . .

    1621. François Dumont, prêtre, curé [2].
1622-1623. Toussaint Descombres, id. [3].
    1622. François Chaban, prêtre, vicaire [4].
    1625. Pierre Pommeret, id. [5].
1630-1635. Louis Bonnet, curé [6].
1635-1656. Antoine Bonnet, id. [7].
    1664. N. Dufour [8].

---

1. Paraît dans une baillette du 22 août 1488 et une transaction du 3 décembre 1498.

2. Acte du 28 mai 1623, reçu J. Fèvre, notaire royal à Châteauneuf, *Archives de la Charente*.

3. Acte du 28 mai 1623, *ibid.*

4. Acte du 3 octobre 1622, *ibid.*

5. Certificat signé de lui, du 25 mai 1625.

6. Messire Louis Bonnet, prêtre, secrétaire de Monseigneur l'évêque d'Angoulême, curé de N.-D. de Cherves en Angoumois, pourvu de la cure de Saint-Simeux, afferme les revenus de ladite cure. (Acte de 1630, reçu Hélie Chérade, notaire royal à Angoulême, *Archives de la Charente*). Il était curé de Cherves dès 1621, et de Sers en 1613 (*ibid.*)

7. Acte du 5 mai 1635 ; « Parrain Messire Antoine Bonnet, prieur et curé de N.-D. de Cherves » (Acte de baptême du 18 juin 1656, *Registre paroissial de Moulidars*.

8. Certificat signé de lui le 12 mai (*Registre paroissial du Petit-Saint-Cybard d'Angoulême*); devint ensuite prieur de Saint-Brice-sur-Charente (Testament d'Anne Guy, 1673).

1671-1682. Guillaume Mérignot, id. [1].

1707. Pierre Decescaud, id. [2].

1713. N. Birot, id. [3].

1715-1717. N. Brunelière, id [4].

1718-1732. François Coulaud, id. [5].

1732-1774. Pierre de Laconfrette de Villamont, id. [6].

1774-1791. Jean-Pierre Vergeraud-Duranclaud, id. [7].

1785. Pierre Fèvre, prêtre, vicaire [8].

. . . .

1806-1808. Jean-François Menault [9].

. . . .

---

1. Semble être resté assez longtemps; nous n'avons trouvé que ces deux dates extrêmes.

2. Fait une sépulture à Vibrac le 19 septembre. (*Registre de Vibrac*) ; devint peu après curé d'Angeac-Charente.

3. Ancien capitaine d'infanterie, de la famille des sieurs de Brouzède (*Vigier, p.* xc); assiste le 11 janvier à l'enterrement d'Anne Le Musnier (*Registre de Moulidars*).

4. Nous le trouvons dans deux actes extraits des registres de Saint-Simeux, du 20 avril 1715 et du 20 juillet 1717.

5. François Héraud, curé de Cellefrouin, après une requête adressée le 11 janvier 1718, à Mgr l'évêque d'Angoulême, aux fins d'être mis en possession de la cure de Saint-Simeux, vacante par la mort de M. Brunelière, dernier et paisible possesseur, en prit en effet possession le 12 janvier. (*Archives de la Charente*, P. Jeheu, notaire royal à Angoulême). D'autre part, François Coulaud, curé de Moulidars, prit aussi possession de Saint-Simeux le même jour, 12 janvier. (*Ibid.*, Baudet, notaire à Moulidars). Il y avait donc compétition. François Coulaud demeura curé de Saint-Simeux, et son concurrent le remplaça à Moulidars (Voir la liste des curés de Moulidars). Dans la suite curé de Saint-Yrieix, dont il se démit le 5 février 1734 (F. Jeheu).

6. Fils de Jean de Laconfrette, receveur des consignations d'Angoulême, et de Catherine Mousnier (*Archives de la Charente*, Guillaume Jeheu) ; mourut à Saint-Simeux et fut inhumé dans l'église le 27 mars 1774, après avoir desservi « avec édification » ladite paroisse pendant 42 ans (Extrait des registres) ; avait été précédemment curé de L'Isle-d'Espagnac, dont il prit possession le 19 janvier 1730 (P. Jeheu).

7. D'une famille qui existe encore dans la paroisse de Chavenat, canton de Villebois-la-Valette.

8. Voir la liste des curés de Moulidars.

9. Ancien curé de Mosnac. (*Archives de l'Evêché*, Etat de 1806).

1836-1838. Jean Fauque [1].

1838-1843. Michel Rigal [2].

1843-1845. Jean-Thomas Bruneteau [3].

1855-1856. P. Briand.

1856-1865. Jean-Pierre Battouc [4].

1865-1873. Jean Delage.

1873-1877. Pierre Delage.

1877-1883. Abel Gros.

1883-1884. Louis Firmont.

1884-1889. Armand Mazières.

1889. François Nivet.

MONTMEDOU. — Il existait jadis, non loin du bourg de Saint-Simeux, au-dessus du chemin de Châteauneuf, et dominant la Charente, une forteresse qualifiée « tour et hostel noble de Montmedou » détruite pendant la guerre de Cent Ans, et dont il ne reste aujourd'hui que le nom donné à un plantier. Elle appartenait, au xve siècle, à ANTOINE DU LAURIER et PÉRONNELLE DE LOUSME, nommés précédemment, et fut acquise par les seigneurs de Saint-Hermine. Le passage suivant, tiré des papiers de Tourteron, met hors de doute l'existence d'un château-fort.

« *Extraict des rentes parsonières entre le Roy et le sieur du Fa, à cause de l'hostel de Monmedou, à la feste de Saint-Michel.* Jean Espain, au lieu de Berthoumé Espain, son père, tient des mazureaux près la tour de Monmedou..., un vergier à la part de devant... Item, un autre vergier au dehors, les foussés de ladite tour entre deux.... Item, une pièce de terre.... assiz au dessoubz ladite tour de Montmedou, près la loge d'Hélyot de Sainct-Symon, attenant du four de Mont-

---

1. Nommé le 1er octobre 1836. (*Archives de l'évêché*).

2. Nommé le 1er juillet 1838 (*Ibid*).

3. Nommé le 1er juillet 1843 (*Ibid.*).

4. Premier curé résidant à partir de 1860. Durant les intervalles de vacance, le service paroissial a été fait par des prêtres voisins.

medou au chemin que l'on va de Sainct-Simeulx à Chasteauneuf.... etc. »

PLANSON, — petit hameau avec un logis situé à l'ouest de
Saint-Simeux, et tout près des Courades. Son nom figure
dans la transaction du 27 juin 1479, entre Moulidars et
Bassac ; mais nos renseignements les plus anciens sur cette
localité remontent au xvɪᵉ siècle. Dans une déclaration du
1ᵉʳ mai 1565, plusieurs particuliers reconnaissent tenir de
Guillaume Gelinard, seigneur de Tourteron, « tant pour eux
que pour la veuve et héritiers de maistre François de Bar,
lieutenant criminel d'Angoumois [1], maistre Philipes Falligon
et autres leurs consorts..., à cause et pour raison du village
appelé des Planssons. »

Le 2 juillet 1615, SIMON et MICHEL DE MARCILLAC [2],
écuyers, sieurs de Planson, donnent une reconnaissance
pour terres en Saint-Simeux, à demoiselle Marguerite Baudouin, veuve de François Gelinard, écuyer, sieur de Malaville. Simon de Marcillac avait pour femme MARGUERITE
YRVOIX, qui figure avec lui dans un acte du 6 mai 1617 [3].

Ce fief passa ensuite à la famille Vigier.

PIERRE VIGIER, écuyer, sieur de Beaucaire et de Planson,
épousa, le 21 décembre 1688 [4], MARIE AIGRON, fille de
Pierre Aigron, écuyer, seigneur de Combizan et de Saint-
Simon, et de Marie de Girard, qui était veuve de François
Lambert, écuyer, sieur de Cesseau. Ils moururent dans un
âge très avancé, et furent enterrés dans l'église de Saint-
Simeux, la femme le 21 avril 1744, le mari le 26 septem-
bre 1746 [5]. Leur fils, GODEFROY VIGIER, écuyer, sieur de

1, 2. Ces deux familles de Bar et de Marcillac ont fourni plusieurs membres du Corps-de-Ville d'Angoulême, en qualité de maires, eschevins ou conseillers, au xvᵉ et au xvɪᵉ siècle (Voir *Sanson*, édition Michon).

3. *Archives de la Charente*, Ph. Gibaud, notaire à Angoulême.

4. *Registres paroissiaux de Champmillon*.

5. Extraits des registres de Saint-Simeux.

Planson, épousa le 17 mai 1713 [1], Françoise-Marie de Garoste, fille de défunts Hélie-François de Garoste, seigneur
du Roule, et de dame Paule Gauthier, sa femme. Devenu
veuf, Godefroy Vigier se fit prêtre, et fut curé de la paroisse
de Birac, dont il prit possession le 30 juillet 1737, à la
place de Jacques Jousset, dernier titulaire décédé le 30 juin
précédent. Il mourut en 1760, et fut enterré le 8 novembre
dans le chœur de l'église de Saint-Simeux [2].

Simon Vigier, écuyer, sieur de Planson, fils de Godefroy,
épousa, le 11 juin 1750, demoiselle Catherine Rullier, de
la paroisse de Saint-Estèphe [3], dont il eut plusieurs enfants.
Il mourut longtemps avant sa femme qui vivait encore le
14 septembre 1803. Le logis de Planson fut acquis par Pierre
Dexmier de La Groix des Barreaux, receveur des tailles en
l'élection de Cognac, et son épouse Marie-Anne Tioulet, de
Bois-Charente, dont le fils, M. Pierre Dexmier de La Groix,
l'a vendu et s'est retiré à Vibrac, où il est mort le 29 novembre 1862 [4].

Le dernier représentant, dans notre contrée, de la famille
Vigier de Planson, a été M. François Vigier, fils des précédents, baptisé à Saint-Simeux, le 7 septembre 1760 [5], et
décédé à Angoulême, le 13 juin 1846 [6]. Il avait épousé
Jeanne Gauron, de Vibrac, dont il avait eu un fils, mort
avant lui.

Le Montet. — Nous dirons un mot d'un hameau dont la
position explique suffisamment le nom, Le Montet, bâti sur
une hauteur tout près du bourg de Saint-Simeux. Ce petit

1. *Registre paroissial de Saint-Martial d'Angoulême* ; contrat du 14
avril 1712, reçu Pierre Jeheu.
2. *Registre paroissial de Saint-Simeux*, au greffe de Cognac.
3. *Registres de Saint-Estèphe* inventoriés par M. P. de Fleury, archiviste de la Charente.
4. *Registre paroissial de Saint-Simon.*
5. *Registre de Saint-Simeux*, greffe.
6. *Etat civil d'Angoulême.*

fief nous est connu par quelques-uns de ses anciens possesseurs. Le 5 mai 1602, CHARLES HUSLIN, sieur du Montet, demeurant au bourg du Mainxe, fait échange de terres avec un habitant de Tourteron. Le même donne, le 28 février 1628, une reconnaissance pour des prés en Saint-Simeux, à « frère Adam Faure, pitancier de l'abbaye d'Ambournet *(sic)* [1]». La métairie du Montet fut acquise ensuite par Roch Guy, écuyer, sieur de Ponlevin, et se trouva dans sa succession au partage du 24 mai 1636 (Voir *Champmillon*, p. 220, note). Nous avons déjà vu PIERRE GUY, sieur du Montet, vendre des terres à Mathurin Mongin, sieur du Maine-Michaud. Après lui, nos archives ne nous donnent plus rien sur Le Montet. Mais si nous ignorons son histoire, nous retrouvons toujours sa situation pittoresque. On y voit une jolie maison avec une terrasse d'où la vue embrasse la vallée de la Charente.

L'ETANG-GODARD, — hameau près de Tourteron, sur l'ancien chemin de Vibrac à Châteauneuf, est appelé Le Maine-Godard dans une baillette de 1458 ; mais le premier de ces deux noms a prévalu depuis longtemps. Ce maine appartenait au XVIIe siècle à JEAN GRELAUD, et dame PHILIPPE ROBERT, sa femme, qui firent, le 27 janvier 1650, un échange de terres avec Josias Méhée, seigneur des Courades. ANDRÉ GRELAUD, leur fils, sieur de L'Etang-Godard, épousa le 12 mai 1664, demoiselle SUZANNE BARREAU, d'Angoulême [2]. Jean Grelaud et sa femme étaient décédés en 1676, et leurs biens vendus au seigneur des Courades et à Toussaint Faligon, sieur des Gagniers. En 1682, L'Etang appartenait à JEAN LEDOUX, marchand, et sa femme, RENÉE POUSSARD, lesquels n'ayant qu'une nièce, MARGUERITE POUSSARD, lui firent donation en 1706, et la marièrent à GUILLAUME DECESCAUD, sieur de La Courrière en Torsac. Elle mourut âgée de 34 ans,

---

1. *Archives de la Charente,* J. Fèvre, notaire à Châteauneuf.
2. *Registres paroissiaux du Petit-Saint-Cybard d'Angoulême.*

le 19 juillet 1717, laissant deux filles, Jeanne Decescaud, née
le 13 mai 1713, mariée à Jean Piet, sieur de Saint-Surin,
fils de Pierre Piet et de Jeanne Calluaud, de Châteauneuf;
et Marie, née le 20 avril 1715, qui devint en 1733, femme de Léonard Parcelier, sieur de Puymasson [1]. Le sieur
de La Courrière épousa en secondes noces Françoise Pinier,
dont il eut Geneviève, mariée au chevalier Dassier (Voir
Tourteron, p. 157). Les descendants de Jean Piet ont toujours habité depuis l'Etang-Godard [*].

CHAMPMILLON

« Avant le siège de Milon, la paroisse de Champmillon
s'appelait la paroisse d'Andoury, suivant les anciens titres. »
Cette note écrite sur un registre paroissial de 1667, et

---

1. Hameau de la commune de Mainzac, canton de Montbron (Charente).

[*] **Decescaud.** — Ancienne famille des environs de Charras, canton de
Montbron, qui au XVIII° siècle contracta des alliances vers Châteauneuf.
Voici quelques renseignements en outre de ceux que nous avons donnés.

10 juillet 1719. Contrat de mariage entre Jean-François Decescaud,
avocat au présidial, fils de Jean Decescaud, sieur de La Barrière, et de
demoiselle Françoise Faurion, demeurant au village de Vignérias, paroisse
de Charras, avec Gabrielle Valleteau, fille de Jean Valleteau, conseiller du
roi et élu en l'élection, et de Gabrielle Levèquot, demeurant à Angoulême.
(*Archives de la Charente*, Pierre Jehan, notaire à Angoulême).

31 mai 1734. Philippe Vigier, écuyer, sieur de La Pile, et demoiselle
Françoise Decescaud de Vignérias, sa femme, paraissent comme parrain et
marraine à un baptême dans l'église de Champmillon. (*Registres paroissiaux
de Champmillon*).

17 juillet 1736. Bail par dame Jeanne Decescaud, veuve de Jean de
Fornel, écuyer, seigneur de Mainzac, des maisons, logis, terres de la métai-
rie de Mainzac. (*Archives de la Charente*, Tabuteau, notaire à Angeac-
Charente).

1741. Vente par Guillaume Decescaud, sieur de La Courrière, demeurant au
bourg d'Angeac, au nom de Pierre Decescaud, son frère, curé de Torsac,
de terres en Angeac (*Ib.*).

On trouve aussi ce nom écrit en deux mots : *de Scescaud.* Famille encore
représentée dans la Charente.

répétée sur d'autres en termes identiques, est pour nous une énigme. Quel était ce Milon ? Un général anglais, dit la légende populaire. Mais on trouve le nom de Champmillon, *Campomilonis*, plus de deux siècles avant la guerre de Cent Ans. Ne serait-ce pas plutôt un de ces chefs barbares qui ont envahi la Gaule romaine au v° siècle? Nous regrettons de ne pas connaître les « anciens titres » dont il s'agit.

Ce qu'il y a de certain, c'est que Champmillon est une localité fort ancienne. Son territoire est très accidenté, et le chef-lieu, éparpillé sur une colline élevée, domine la vallée de la Charente. L'église du xii° siècle est à coupoles, et mériterait d'être préservée de la ruine qui la menace. Un clocher surmonté d'une flèche, comme à Saint-Simeux, serait du plus bel effet dans le paysage.

De temps immémorial, les religieux de Saint-Cybard possédaient en Champmillon des terres que leur avaient données les comtes d'Angoulême, lorsqu'au mois d'octobre 1172, Pierre, évêque d'Angoulême, fit don à Ranulphe, abbé de Saint-Cybard, de l'église de Champmillon avec toutes ses appartenances. Les successeurs de cet abbé, surtout Hélie Charel, aux xiii° et xiv° siècles, accrurent considérablement leurs possessions, en sorte que cette paroisse dépendait en majeure partie de l'abbaye de Saint-Cybard.

On y comptait un grand nombre de fiefs dont les plus connus sont Ponlevin, La Chapelle, La Pile.

PONLEVIN. — Nous avons dit (p. 22), que Ponlevin fut acquis de ses anciens seigneurs par les Guy de Ferrière, qui en prirent le nom. Ce fief relevait aussi de Saint-Cybard.

ROCH GUY, écuyer, sieur de Ferrière et de Ponlevin, fils de Geoffroy Guy, écuyer, seigneur de Ferrière [1], et d'Antoinette Paulte, épousa MARGUERITE COURAUDIN, et eut pour enfants [2]: 1° *Salomon*, l'aîné, qui suit ; 2° *François Guy*, cha-

---

1 Hameau de la commune de Champniers, canton d'Angoulême.
2. *Archives de la Charente*, Acte de partage du 24 mai 1636, reçu Saul-

noine d'Angoulême, mort à 65 ans, et enterré dans l'église de Champmillon, le 25 mai 1673 ; 3º *Jean Guy*, écuyer, qui hérita de Ferrière, et épousa Jacquette Garnier ; 4º *Bertrand Guy*, écuyer ; 5º *Godefroy Guy* ; 6º *Jean Guy*, religieux minime ; 7º *Marguerite Guy*, qui était entrée chez les Ursulines le 16 juin 1629 ; 8º *Jeanne Guy*, femme de Jacques Nogerée, écuyer, sieur de La Breuillerie, dont elle était veuve à la date du 24 mai 1636 ; 9º *Anne Guy*, femme de Guillaume Faligon, sieur de Tourteron. Il y avait aussi *Jeanne Guy*, bâtarde de Ponlevin, qui était femme de François Dexmier (1654).

SALOMON GUY, écuyer, seigneur de Ponlevin, La Cour de Champmillon, et autres places, épousa en premières noces, le 6 avril 1633, JEANNE MARTIN, dont il eut : 1º *François*, aîné, né en 1634, mort sans alliance vers 1657 ; 2º *Pierre*, qui suit ; 3º *Salomon Guy*, qui fut chanoine d'Angoulême ; 4º *Françoise Guy*, mariée à Antoine Faligon, sieur de Saint-Simeux, décédée à la date du 28 janvier 1659, laissant Françoise Faligon, femme de Jean Regnauld de Pondeville. Devenu veuf, Salomon Guy épousa ELISABETH GALLET, dame du Fief-Gallet[1], veuve de Louis Rougier, et eut 5º *Madeleine Guy*, qui épousa d'abord Toussaint Faligon, écuyer, sieur des Gagniers, et en secondes noces Jean Pandin, écuyer, sieur de La Prade. Salomon Guy mourut en 1653.

PIERRE GUY, écuyer, seigneur de La Cour de Champmillon et de Ponlevin, épousa le 7 février 1657, ANNE FALIGON, qui mourut à 40 ans, et fut enterrée le 27 septembre 1677, dans les sépultures de sa famille en l'église de Saint-Simeux, à cause, dit le registre de Champmillon, des contestations qui sont entre le seigneur abbé de Saint-Cybard et le sieur de Pon-

---

terot, notaire royal à Angoulême ; et *Registres paroissiaux de Champmillon*.

1. Commune de Pessines, canton de Saintes, Charente-Inférieure. (*Archives de Saintonge*, XIII, 482).

levin. Enfants : 1o *François*, l'aîné, qui suit; 2o *Jean*, baptisé le 22 juillet 1660; 3o *Marie*, baptisée le 1er juin 1662; 4o *Anne*, baptisée le 12 novembre 1664; 5o *Bertrand*, baptisé le 25 mai 1666; 6o *Françoise*, baptisée le 12 septembre 1667, mariée à François, comte de Polignac, d'où plusieurs enfants, entre autres Françoise de Polignac, mariée à Michel Guy, chevalier, seigneur de Livernan [1], Chillac et autres lieux, fils de Pierre Guy, seigneur des mêmes lieux, et de Jeanne Levêquot (disp. du 4e deg.); 7o *Madeleine*, née en 1670, enterrée le 6 septembre 1738; 7o *Marguerite*, baptisée le 16 juin 1672; 8o Autre *Marguerite*, baptisée le 31 août 1676; 9o Autre *Marguerite*, baptisée le 16 septembre 1677.

FRANÇOIS GUY, écuyer, seigneur de Ponlevin, épousa CHARLOTTE DEXMIER, laquelle mourut à 53 ans, et fut enterrée le 2 octobre 1721. Enfants : 1o *Charlotte*, née en 1697, morte en 1707; 2o *Guy Guy*, baptisé le 19 mars 1699; 3o *Jeanne*, née en 1701, morte en 1779 ; 7o *Jean*, qui suit, baptisé le 21 août 1702.

JEAN GUY, écuyer, seigneur de Ponlevin, se maria avec demoiselle FRANÇOISE DE POLIGNAC. Enfants : 1o *Marie*, baptisée le 15 mars 1724; 2o *François*, baptisé le 2 décembre 1725, mort deux ans après; 3o *Jean Guy*, baptisé le 6 juin 1730; 4o *Louise*, qui épousa, le 27 décembre 1758, Léonard Monnereau, seigneur du Maine-Lafond en Voulgézac; 5o *Marie*.

Devenu veuf, le seigneur de Ponlevin épousa MAGDELEINE VALLETEAU, le 10 février 1762 [2]. Il mourut après elle, et fut enterré le 11 janvier 1779.

Ponlevin fut donné à ferme, puis vendu quelques années après. Il reste aujourd'hui peu de chose de l'ancien château, qui a fait place à une maison toute moderne.

---

1. Les Guy de Ferrière ont possédé longtemps la « maison noble de Livernan », paroisse de Charmant (aujourd'hui du canton de Villebois-la-Valette, arrondissement d'Angoulême).

2. *Registres paroissiaux de Saint-Antonin d'Angoulême.*

La Chapelle. — Il est plusieurs fois question de cette terre dans le cartulaire de l'abbaye de Saint-Cybard. En 1286, le jeudi avant l'Annonciation, Gardrat de La Chapelle, guerrier, et Clémence, sa femme, firent une donation à Saint-Cybard [1].

Devenu une possession de l'abbaye, le maine de La Chapelle et du Chêne fut inféodé et anobli, le 11 novembre 1583, par Gabriel de Livenne, abbé de Saint-Cybard, en faveur de Jean Faligon, procureur fiscal de l'abbaye, fils de feu Philippe Faligon, procureur au siège présidial d'Angoulême, et de vivante Létice de Paris. Il est stipulé que ladite Létice de Paris et les siens tiendront dorénavant La Chapelle de l'abbé de Saint-Cybard, sous l'hommage lige, au devoir d'un psautier à l'usage de Cluny [2]. Le 3 janvier 1608, aveu et dénombrement de La Chapelle fut rendu par Toussaint Faligon, écuyer, sieur de La Chapelle et de Boisrond, tant pour lui que pour Létice de Paris, sa mère [3]. Le mariage de Létice Faligon, sa fille, avec Henri Maron, écuyer, sieur de Logeas, porta La Chapelle dans cette dernière famille. Leur fils, Nicolas Maron, écuyer, sieur de La Chapelle, baptisé le 31 décembre 1620 [4], épousa Antoinette de Lestang, dont il eut plusieurs enfants. Le mari et la femme furent inhumés dans l'église de Champmillon, le 10 décembre 1697 et le 2 novembre 1691 [5]. Jacques Maron, écuyer, sieur de La Chapelle, leur fils aîné, fut aussi enterré dans l'église, à l'âge de 71 ans, le 11 juillet 1724 [6]. Elie-François Maron, écuyer, sieur de Gorce, capitaine au régiment de Picquigny, le cadet, perdit à Champmillon, le 13 avril 1730 [1], sa femme Barbe-Prudence Dupré, et se remaria le 24 janvier 1733, avec Marie-Anne Devars, fille de François Devars, écuyer, seigneur du Repaire, et d'Anne Dexmier, demeurant au Rainaud, paroisse de Champmillon [7]. Il mourut au village de Chez-Pajot, en Champmillon, à l'âge de

1. 2. 3. *Archives de la Charente*, Cartulaire de Saint-Cybard.
4. 5. 6. 7. *Registre paroissial de Champmillon*.

87 ans, et fut inhumé dans l'église le 30 mai 1750 [1]. Cette famille ne laissa pas de postérité. Anne Maron et Marie Maron, sœurs des précédents, furent enterrées dans l'église, la première à 88 ans, le 3 janvier 1738, la seconde à 80 ans, le 10 décembre 1744 [2]. La Chapelle et ses dépendances furent vendues par eux le 2 juin 1737, pour le prix de 21.600 livres à M. JEAN-BAPTISTE MARCHAIS, négociant, et demoiselle ROSE JUSSÉ, son épouse, habitant au faubourg L'Houmeau, à Angoulême [3]. Leurs descendants en demeurèrent possesseurs bien près d'un siècle. Le 7 mars 1835, M. ANDRÉ MARCHAIS DE LA BERGE, et sa femme CATHERINE-LAURE VALLIET, vendirent La Chapelle au sieur Pierre Labrousse, de Moulidars, qui la laissa à son fils. Après la mort de M. Lériget, gendre de ce dernier, ses héritiers ont vendu le domaine de La Chapelle, en 1886, à M. Bernard Durand, capitaine d'infanterie en retraite, chevalier de la Légion d'honneur, qui en est actuellement propriétaire.

LA PILE. — Le maine de La Pile est aussi fort ancien, puisqu'il en est question dans les cartulaires de Saint-Cybard. Il est surtout connu par l'auteur de l'*Histoire de l'Angoumois*, François Vigier.

Après avoir appartenu à GUILLAUME ROUSSEAU, avocat du roi, qui fut maire d'Angoulême en 1554 et 1555, ROBERT GEOFFROY, seigneur des Bouchauds, JEAN MARTIN, seigneur d'Andreville en Saint-Cybardeaux, La Pile fut vendue à Jacques Vigier, avocat, par ce dernier, qui acquit le lieu noble de Bourgon, en la paroisse de Ventouse, près de Mansle.

PIERRE VIGIER, écuyer, fils de Jacques Vigier, écuyer, gradué ès droits, et de Catherine Normand, s'était marié à la date du 15 août 1577 à LUCRÈCE TERRASSON, fille de Jean Terrasson, écuyer, sieur du Roc, paroisse de Mouthiers, et

---

1, 2. *Registre paroissial de Champmillon.*

3. *Archives de la Charente,* minutes de Caillaud, notaire à Angoulême.

de Marguerite Sanguin. Il eut le fief d'Andreville en Saint-Cybardeaux, de sa mère qui l'avait acquis en commun avec son second mari, Edouard Davisson, sieur de **Grignols**, de la garde écossaise, venu en France à la suite de Marie Stuart.

JEAN VIGIER, écuyer, fils des précédents, avocat au parlement de Paris, fit imprimer vers 1650 *Les Coutumes d'Angoumois*. Son fils unique,

JACQUES VIGIER, écuyer, sieur de La Pile, avocat au parlement de Paris, prépara dès 1659, une seconde édition de cet ouvrage, qu'il ne put pas publier avant sa mort arrivée en 1698. Il paraît avoir eu pour femme MADELEINE MUSSET, enterrée à Champmillon le 24 octobre 1708, âgée de 87 ans.

JACQUES VIGIER, écuyer, sieur de La Pile, son fils, épousa ELISABETH PRÉVÉRAUD DE NITRAT, dont il eut plusieurs enfants, entre autres le suivant. Il mourut le 3 avril 1721, et sa femme le 10 octobre 1700.

FRANÇOIS VIGIER, écuyer, sieur de La Pile, avocat au Parlement, a publié la seconde édition des *Coutumes*, et est l'auteur de l'*Histoire de l'Angoumois*. De son mariage avec MARIE-JEANNE PIGORNET, fille de Philippe Pigornet, célèbre avocat à Angoulême, il eut un très grand nombre d'enfants, entre autres une fille MARIE-JEANNE VIGIER, qui épousa messire JEAN-JACQUES NAVARRE, écuyer, gendarme de la garde du roi, et lui porta La Pile, qu'ils habitaient encore en 1778. En l'an IV, ce logis passa en d'autres mains. Il appartient actuellement à la famille Allayrat [1].

---

1. Nous pensons que nos lecteurs nous sauront gré d'insérer ici l'état civil authentique de François Vigier de La Pile.

Extrait des registres de la paroisse de Champmillon :

« Le dix-huitiesme aoust mil six cent quatre-vingt-sept, a été baptisé dans l'église de Champmillon, François Vigier, fils légitime de Jacques Vigier, escuyer, sieur de La Pille, et d'Elizabel Prévéraux, père et mère du baptizé. A esté parrin Elie-François Marron, escuyer, et marraine Léonord Vigier, tous

Le bourg de Champmillon était partagé entre trois fiefs nobles, savoir : 1º *La Cour*, possession des Guy de Ponlevin; 2º *Sarramieû*, relevant de Saint-Cybard, au devoir d'un éperon de moine. Il était possédé au xive siècle par les CAILLE. REGNAULD CAILLE, fils de PIERRE CAILLE, bourgeois d'Angoulême, en rendit hommage en 1362, le vendredi après la Saint-Nicolas. Même hommage fut rendu le 4 juillet 1404, par Robert Barbe, bourgeois, au nom de FLORENCE CAILLE, dont il était tuteur ; le 13 novembre 1442, par EGIDE DYERS, mari de ladite Florence Caille ; et le 27 avril 1483, par COLAS DES AGES, écuyer ; 3º Le troisième fief était celui de *La Pégerie*, tenu également de Saint-Cybard, au devoir d'un gant noir apprécié 12 sols, à muance de seigneur et de vassal. Il appartenait aux xve et xvie siècles, à la famille Sanguin. FRANÇOIS SANGUIN, écuyer, fils de feu JEAN SANGUIN, écuyer, seigneur de La Pégerie, en rendit hommage le 21 octobre 1525. Il dit que cet hôtel noble et ses préclôtures tenaient « d'un côté au chemin par lequel on vient de l'église de Champmillon sur main droite; du bout de dessus au cimetière de Champmillon, le chemin entre deux ; et de toutes autres parts à la garenne, logis, préclôtures de La Cour de Champmillon ». La Pégerie passa plus tard à une branche de la nombreuse famille des Valleteau. PIERRE VALLETEAU, sieur du Maine-Touchard et de La Pégerie, en fournit aveu et dénombrement à Saint-Cybard, le 30 septembre 1697. Le 2 mai 1713, nous trouvons encore JÉRÔME VALLETEAU, sieur de La Pégerie.

---

deux de la présente paroisse ; et ledit François Vigier, baptisé, est né le vingt-quatriesme may de la présente année. »

Signé : Léonord Vigier, F. Maron, Boyvin, prêtre, curé de Champmillon.

Extrait des registres de la paroisse de Saint-Paul d'Angoulême :

« Le cinq avril mil sept cent quarante-trois, a été enterré dans cette église, Mº François Vigier, escuyer, sieur de La Pile, avocat en Parlement, décédé le jour d'hier, après avoir reçu les sacrements. Présents audit enterrement les soussignez. »

Signé : B. Vigier des Brions, F. Lessac, Civadier, curé de Saint-Paul.

Il y avait en outre sur d'autres points de la paroisse : *Le Picot, Les Cagnons*, dépendances de Ponlevin ; *Le Chêne, Chez-Liaud, Chez-Pajot, Gorces*, dépendances des La Chapelle, *Le Rainaud*, propriété successive des familles Dugas, Rambaud (xviiᵉ siècle), Devars du Repaire, Marchais de La Berge (xviiiᵉ siècle) ; *Le Chambourg, Borbudeau*, ce dernier en partie sur Hiersac.

Le maine de La Gorce ou des Gorces était possédé par une famille qui en portait le nom, et qui figure quelquefois dans le cartulaire de Saint-Cybard, au xiiiᵉ et au xivᵉ siècles. Ce maine fut alors acquis (1300, 1304 et années suivantes), par Hélie Charel, abbé de Saint-Cybard, et nous le trouvons plus tard appartenant aux seigneurs de La Chapelle.

De même pour Le Chambourg, dont les dîmes inféodées furent vendues en 1283 à Hélie Charel, par Itier, fils de Vivien du Chambourg et d'Adélaïde, alors sa veuve. Plus tard, le mercredi après Pâques, an 1300, il y eut un échange entre l'abbé de Saint-Cybard et Pierre, abbé de Bassac. Le premier céda à Bassac « toutes les dîmes et dîmeries sur le clos et clôture continguë à sa maison du Chambourg, et le mainement de Borbudeau en Hiersac »; par contre, l'abbé de Bassac transporta à Saint-Cybard « le droit, propriété et possession » qu'il avait sur La Gorce et le Champ-de-Saint-Vincent[1], en la paroisse de Champmillon. Le Chambourg passa lui aussi à la famille Valleteau. Pierre Valleteau, sieur du Maine-Touchard, nommé plus haut, y demeurait, et eut pour fils FRANÇOIS VALLETEAU, sieur du Chambourg, qui épousa, le 2 août 1712, MARIE VALLETEAU, sa cousine, de la paroisse de Champmillon comme lui. Le prévôt du Chambourg, *præpositus de Camborno*, possédait beaucoup de terres dans les paroisses voisines, notamment Moulidars.

---

1. L'église de Champmillon a pour titulaire saint Vincent, martyr.

CURÉS DE CHAMPMILLON

d'après le *Cartulaire de Saint-Cybard* et les *Registres paroissiaux.*

1172. N. Acmée, chapelain.
1172.   Jean de Vaisnac, vic. perp.
1271.   Hélie Charel, prieur.

. . . .

1448. Hélie Rangerd, vic. perp.
1449-1487. Jean Durand, id.
1487.   Jean Vergnaud, id.
1498.   Pierre du Breuil, id.
1520. Arnaud Roy, id.
1520-1521. Jean Bichon, id.
1521-1522. Pierre Cyboul, id.
1522-1525. Jean Dalmagne, id.
1525.   Jean Nau, id.
1560. Poncet de Livenne, id.
1560.   Gabriel de Livenne, id.
1560-1563. Pierre Pertit, id.
1563-1566. Jacques de Livenne, id.
1566.   Pierre Boussion, id.
1566. Arnaud Croizet, vicaire.
1578. Jean Dupré, id.
1616-1621. Thomas Grellet, curé.
1621-1623. Toussaint Descombres, curé.
1623-1626. Vincent Troplonge, vicaire.
1623-1636. Bernard Couvreleau, curé.
1636-1646. Jean de La Font, curé.
1646-1667. Jean Matté, id.
1670-1691. Nicolas Boyvin, id. [1]
1691-1693. Louis de La Quintinie curé, [2].

1. 2. Morts à Champmillon et enterrés dans l'église.

1693-1713. Pierre Dreuille, id. [1].

1713-1748. François-David Janssen, id. [2].

1721-1726. N. Lépine, vicaire.

1748-1758. N. Nicault, curé [3].

1758-1793. N. Rullier-Decombes, id.

La paroisse est supprimée et réunie pour le culte à Sireuil [4].

IV

VIBRAC

Vibrac (Charente) est à 5 kilomètres de Châteauneuf, sur la route de Jarnac. L'église, qui remonte au XIIe siècle, a beaucoup souffert à l'époque des guerres. On a relevé au XVIe siècle la travée occidentale; mais ce n'est plus qu'un long bâtiment dépourvu de style, sans voûtes, aux murailles nues, sur lesquelles on aperçoit encore comme une ombre des anciens piliers disparus. Il y a au midi une chapelle dans le goût de l'église, et au nord, dans le mur de la nef, un enfoncement en forme d'arcature plein-ceintre ornée de moulures et portant, avec le millésime 1594, deux

---

1, 2, 3. Morts à Champmillon et enterrés dans l'église.

4. Nous extrayons des registres de Mosnac un acte qui intéresse l'église de Champmillon :

« Le vinctcinquiesme jour d'aoust 1661, damoiselle Anne Françoise Guischard a repceu le saint Cresme et les cérémonies du baptesme par messire Jehan Matthé, curé de Champmillon, en son église ; et de laquelle cérémonie ont esté parrain et marraine Monseigneur l'Illustrissime et Révérendissime Messire François de Péricard, évesque d'Angoulesme, et damoiselle Anne de Faligon, en présence des soubsignés. Et ladite damoiselle fille naturelle et légitime de feu Pierre Guischard, escuier, et de damoiselle Catherine Berthomé.

Signé : François, évesque d'Angoulesme; Anne Faligon, marraine ; G. Moulin, curé.

monogrammes formés l'un des lettres DHMG, l'autre des lettres SI entrelacées. La cloche est assez récente [1].

En entrant dans l'église, on voit à droite l'ancien presbytère [2], vendu comme bien national le 24 prairial an IV (12 juin 1796) [3]. Vibrac n'ayant pas été reconnu paroisse après la Révolution, est demeuré depuis lors réuni pour le culte à Saint-Simon dont il est très rapproché.

Vibrac était le siège d'une seigneurie qui, outre cette paroisse, comprenait Angeac-Charente, Saint-Amant-de-Graves en partie, et la portion est de Saint-Simon avec Hautemoure. Elle appartenait au moyen-âge aux seigneurs de Montchaude. JOVIDE, fille de HUGUES DE MONTCHAUDE, épousa au XIVe siècle RAYMOND DE MAREUIL, seigneur de Villebois [3], et lui porta Vibrac, dont l'histoire resta dès lors intimement liée à celle de la seigneurie de Villebois.

GEOFFROY DE MAREUIL, fils de Raymond, fut seigneur de Villebois, Angeac et Vibrac. Il vivait sous Charles VI [4]. Après lui vinrent successivement : GUY, du temps du comte Jean-

---

1. Voici l'*acte de baptême* de l'ancienne cloche :

« Le dix et huictiesme jour de febvrier mil six cent quarante et six, nostre cloche de Saint-Pierre de Vibrac a esté béniste par moy curé soubz signé, avec permission de Monseigneur l'évesque d'Angoulesme, présent les tesmoins soubz signés et autres. Ont esté parrein et marreine Jozias Mehée, escuyer, sieur de la Ferrière d'Anqueville et de la Courade de Vibrac, et damoyzelle Charlotte Laisné, veufve de François Le Musnier, escuyer, sieur de Lartige, de Ruffignac et autres lieux, conseiller et président de l'élection d'Angoulmois. Et ledit sieur parrein aagé de soixante ans anviron, et laditte damoyselle marreinne aagée de quatre vingt sept ou huict ans anviron, qui ont signé comme sensuit : J. MÉHÉE. CHARLOTE LAISNÉ. FEUILLET. PIFFRE, *pbre assistant.* DEXMYER. ROY. G. GIBOURY, *curé de Vibrac.*

2. Il fut bâti en 1626, si nous en croyons cette note insérée dans l'ancien registre paroissial de Vibrac :

« Le veint et quatriesme jour de dessambre, vigile de Nouel, mil sis cens veint et sis, je me suis remeué à la maison neuve de la Chappellenie. Je prie Dieu et sa glorieuse mère, et Monsieur saint Pierre, qu'il m'y veille ayder et protéger. Desforges, curé. »

3. *Archives de la Charente,* bien nationaux, Vibrac.

4. Corlieu, *Recueil,* page 44 et suivantes.

le-Bon [1]; JEAN, fils de Guy [2]; puis GUY IIe du nom, qui fut sénéchal d'Angoumois sous Louis XII et François Ier [3], et mourut en 1519 [4]. Il avait épousé 1o PHILIPPE PESNEL, d'où trois filles, *Marguerite, Françoise et Jeanne de Mareuil* [5]; 2o CATHERINE DE CLERMONT, dont étaient nés *François*, mort en 1533, et GABRIELLE qui, devenue son unique héritière [6], fut mariée par contrat du 29 septembre 1541 [7], à NICOLAS D'ANJOU, marquis de Mézières [8], d'une branche bâtarde des rois de Naples [9]. Le marquis de Mézières était gouverneur d'Angoulême lors de la seconde prise de cette ville par les protestants, en 1568. RENÉE D'ANJOU, leur fille, épousa en 1566, FRANÇOIS DE BOURBON, duc de Montpensier, et mourut jeune, laissant un fils unique, HENRI DE BOURBON, duc de Montpensier, né en 1573. Ce dernier vendit vers 1597 [10] les terres de Villebois, Angeac et Vibrac à JEAN-LOUIS DE NOGARET DE LA VALETTE, duc d'Epernon, qui les transmit à son fils BERNARD DE FOIX DE LA VALETTE, duc d'Epernon, de La Valette et de Candale.

En 1660, le duc d'Epernon vendit pour la somme de 540,000 livres à messire PHILIPPE DE MONTAULT DE BÉNAC, duc de Navailles, et à son épouse SUZANNE DE BAUDÉAN, dame d'honneur de la reine, la seigneurie de La Valette, compre-

---

1, 2, 3. Corlieu, *Recueil*, page 44 et suivantes.

4. *Nadaud*, III, 187 ; Vigier, *Coutumes*, p. 325.

5, 6. Vigier, *Coutumes*, p. 325 et 377.

7. *Bulletin de la Société archéologique de la Charente*, 2e série, tome I, page 326, note de M. Eusèbe Castaigne.

8. Mézières-en-Brenne, chef-lieu de canton de l'arrondissement du Blanc (Indre).

9. Il était petit-fils de Louis, qui était fils naturel de Charles d'Anjou, comte du Maine, mort en 1472 (*Moréri*).

10. Nous avons deux pièces qui précisent cette date autant que possible. La première est un acte du 7 juillet 1595, reçu Dexmier, notaire sous le scel de Vibrac et Angeac, *pour monseigneur le duc de Montpensier;* la seconde est la commission donnée le 21 septembre 1597, *par le duc d'Epernon, seigneur de Vibrac,* pour recevoir les aveux ou déclarations de ses tenanciers. 1597 paraît être la date exacte.

nant 21 paroisses, plus les châtellenies de Vibrac et Angeac,
« consistant, la première en une paroisse appelée Saint-
Symon, et la seconde en deux paroisses appelées Graves et
Saint-Amant-de-Graves [1] », le tout en droit de haute,
moyenne et basse justice.

Le duc de Navailles, maréchal de France, mourut le
5 février 1684. Il avait trois filles pour héritières : *Françoise*,
mariée au duc d'Elbeuf [2] ; *Gabrielle-Eléonore*, au marquis
de Rothelin [3] ; GABRIELLE, qui épousa HÉLIE-LÉONARD DE
POMPADOUR, marquis de Laurière, baron de Nontron, grand
sénéchal du Périgord.

FRANÇOISE DE POMPADOUR, leur fille, baronne de Nontron,
duchesse de La Valette, dame d'Angeac et Vibrac, épousa
le 17 juin 1708, messire PHILIPPE-EGON DE COURCILLON,
marquis de Dangeau, brigadier des armées du roi, gouverneur de Touraine, dont elle devint veuve de bonne heure.
Leur fille, MARIE-SOPHIE DE COURCILLON, fut mariée : 1o le
20 janvier 1729 à Charles-François d'Albert d'Ailly, duc de
Picquigny, pair de France, mort le 14 juin 1731 ; 2o le
2 septembre 1732, à Hercule-Mériadec de Rohan, duc de
Rohan-Rohan, capitaine-lieutenant des gendarmes du roi,
veuf d'Anne-Geneviève de Lévis-Ventadour (Anselme).

Le marquis de Courcillon était criblé de dettes. Ses biens
furent saisis et vendus en partie pour satisfaire les créanciers. La Valette, Angeac et Vibrac passèrent aux héritiers

---

1. *Archives de la Charente*, série E, 329.

2. Charles de Lorraine, IIIe du nom, fils de Charles II et de Catherine-
Henriette, fille légitimée de Henri IV et de Gabrielle d'Estrées, se maria en
troisièmes noces, le 25 août 1684, avec Françoise de Montault, d'où deux
filles. Mort en 1692 (*Moréri*).

3. Henri d'Orléans, IIe du nom, fils de Henri-Auguste d'Orléans, marquis
de Rothelin, et de Marie Le Bouteiller de Senlis, épousa le 25 juin 1675,
Gabrielle-Eléonore de Montault, dont il eut entre autres Charles d'Orléans,
abbé de Cormeilles, de l'Académie française, dit *l'abbé de Rothelin*, et
Françoise-Gabrielle, qui embrassa la vie religieuse et devint abbesse de
Saint-Ausone d'Angoulême (*Ibid.*).

de Mme de Courcillon, qui les vendirent un peu après
1784 [1], à la veille de la Révolution.

Le château de Vibrac, aujourd'hui complètement en ruines,
existait lors des guerres de religion, car il est mentionné
dans le rapport du duc d'Anjou à Charles IX sur la bataille
de Jarnac, le 13 mars 1569 [2].

Bâti par les sieurs de Mareuil, il était délicieusement assis
dans une île de la Charente, qui, en cet endroit, se ramifie
en mille manières pour former une infinité d'îles et d'îlots
boisés. Tous ces cours d'eau, outre l'agrément qu'ils procu-
raient, formaient un système de défense naturelle, sans
compter que le château lui-même est bastionné.

On y accède par plusieurs ponts de pierre successifs. Le
long de la façade règne une large terrasse à balustres en
pierre, soutenue par trois grandes arcades voûtées, et sur
laquelle viennent s'ouvrir les appartements. Deux de ces
arcades sont surbaissées ; la troisième, celle du milieu, est
en plein-ceintre et correspond au portail d'entrée, au-dessus
duquel on voit sculptés dans la pierre les insignes de l'Ordre
royal du Saint-Esprit : la colombe aux ailes étendues sur la
croix à huit pointes.

Le corps de logis était vaste et avait la forme d'un quadri-
latère entourant la cour d'honneur. Un des côtés est totale-
ment détruit, et le reste n'en vaut guère mieux. On ne voit
de tous côtés que murs écroulés, fenêtres brisées, escaliers
démolis, voûtes et planchers effondrés. La ruine va très vite
depuis quelques années, et l'on est même étonné de voir ces
pans de murailles découverts résister si longtemps aux
tempêtes et aux inondations.

Si jamais vous allez visiter le château de Vibrac, choi-
sissez un beau jour d'été, asseyez-vous sur l'herbe, et là,
tandis que vos oreilles seront frappées par le bruissement du

---

1. *Album de l'Ecole de Lavalette*, août 183C, p. 24, note de l'abbé Michon.
2. *Bull. de la Soc. arch. de la Charente*, année 1870.

vent à travers cette forêt de saules et de peupliers, et par le fracas monotone des chutes d'eau, barrages, essarts et moulins, vous sentirez votre âme inondée d'une mélancolique pitié, en portant les yeux sur ce vieux cadavre de pierre gisant au milieu de cette nature si vivante, si animée.

Le château de Vibrac ne paraît pas avoir été beaucoup habité par ses maîtres, surtout à partir du XVIIe siècle ; les grands seigneurs qui le possédaient avaient tant d'autres terres et châteaux ! A peine trouvons-nous dans les registres de la paroisse un ou deux actes où il est mentionné. C'est ainsi qu'en 1651, nous lisons dans un acte de baptême : « Parrain, M. Vignial, capitaine pour M. le duc d'Espernon au château de Vibrac ». Ce titre de capitaine et cette date de 1651 nous rappellent que nous sommes au temps de la Fronde, et en l'année même du siège de Cognac par les révoltés. Nous trouvons encore l'année suivante, 31 mai 1652, le baptême de Gabriel Vignial, fils de Gabriel Vignial, « receveur de Monsieur le duc d'Espernon ès provinces d'Angoulmois, de Xaintonge, et capitaine du chasteau de Vibrac ». Et c'est tout ou à peu près. Au XVIIIe siècle, Mme de Courcillon est dite, dans plusieurs titres, habitant à Paris en son hôtel, rue de Bourbon, faubourg Saint-Germain. Vibrac était alors affermé.

On voit encore au bourg de Vibrac un ancien logis, avec un vaste domaine aujourd'hui morcelé. Le tout a appartenu ces trois derniers siècles, à la famille Dexmier dont plusieurs membres exercèrent des charges dans les finances de l'élection de Cognac. RAYMOND DEXMIER, sieur de Bélair, était en 1659 conseiller du roi, élu en l'élection de Cognac ; d'autres furent de père en fils receveurs des tailles. PIERRE DEXMIER, sieur de La Groix, fut aussi échevin, puis maire de Cognac de 1752 à 1757, et de 1769 à 1772 [1]. Son fils,

---

1. Marvaud, *Etudes historiques sur la ville de Cognac*, II, 258, 264.

Pierre Dexmier de La Groix des Barreaux, était encore rece-
veur des tailles à la Révolution. La maison de Vibrac a ap-
partenu en dernier lieu à JEAN-PIERRE-MICHEL DEXMIER DE
LA GROIX, receveur particulier des finances de l'élection de
Cognac, et dame MARGUERITE FÉ, son épouse, dont la fille,
MARGUERITE DEXMIER DE LA GROIX, épousa, le 12 nivôse an
XII (3 janvier 1804), M. GABRIEL DE FRÉTARD, fils de feu
Charles de Frétard, et de vivante Anne Philippier, demeu-
rant à Bois-au-Roux, commune de Rouillac (Charente).
Mme de Frétard mourut sans enfants le 8 avril 1830 [1], et
ses héritiers vendirent le domaine et la maison, qui appar-
tiennent maintenant à plusieurs propriétaires.

Quant à M. de Frétard, il alla habiter le logis de Gondeville acquis de M. de Mirebeau, et y mourut en 1837, laissant de son second mariage avec Mlle Agathe-Eustelle de La
Charlonie, de Villars-Marange, une fille unique, Gabrielle de
Frétard, qui épousa M. Eusèbe Piet, de La Descenderie, et
mourut en 1886.

Il y avait autrefois sur le chemin de Vibrac à Moulidars,
et à la limite des deux paroisses, une vieille chapelle où se
faisait chaque année une procession solennelle, le jour de
l'Assomption. On l'appelait N.-D. de Bonne-Rencontre, et
plus communément N.-D. des Fossés, peut-être parce qu'elle
était bâtie sur le bord même de l'ancien Fossé-du-Comte.
Cette procession devait être le but d'un grand concours
populaire, car la frairie ou assemblée se tient toujours à
Vibrac le jour de l'Assomption, alors que la fête patronale est
la St-Pierre-ès-Liens. Cette chapelle, délaissée au moment
de la Révolution, fut vendue nationalement le 8 messidor an
IV (26 juin 1796) pour la somme de 270 francs, à M. François Hospitel de Lhomandie, avoué à Angoulême [2]. Le procès-
verbal, qui en fut dressé alors, nous apprend que ses pro-

1. *Registres paroissiaux de Saint-Simon.*
2. *Archives de la Charente*, Biens nationaux, *Vibrac.*

portions étaient assez vastes, puisqu'elle avait 60 pieds de long. Elle n'était point voûtée, mais simplement munie d'un tillage en bois, et se trouvait en mauvais état, n'ayant reçu aucun entretien depuis 1790. Complètement démolie, les matériaux en furent vendus, et il ne reste plus d'elle, aujourd'hui, que l'emplacement marqué par un tertre buissonneux, à l'embranchement de la route de Vibrac à Echallat, et des chemins qui descendent de Moulidars,

Plusieurs actes de l'ancien état civil parlent de la chapelle. Des personnes de distinction y furent inhumées, entre autres Josias Méhée, sieur de La Ferrière (voir p. 40, note); et « Louyse Rondeau....., par Monseigneur nostre évesque d'Amgoulesme, le douziesme octobre 1661 [1]. » Le 31 octobre 1677, Jean Dexmier, sieur de La Garenne, et Anne Gesmond sa femme, firent donation solennelle d'une lampe d'argent, pour être portée chaque année le 15 août, à la procession, « en la chapelle de N.-D. des Fossés [2]».

Nous ne terminerons pas cette étude sur Vibrac, sans donner les trois notes suivantes extraites des anciens registres de la paroisse. Ces registres remontent à 1584.

1° Tempète. « Le 9° jour du moys de jullet 1598, le jeudy soir, entre soleilh couché et jour failhy, sesleva une si grande tempeste avec esclaires et thonneres et grand mouvement de vent, telement qu'il ne y avoit personne qui pust ressister dehors ; et dura ladite esmotion de vant environ une heure et demye. Lequel vent arracha ung nombre infiny d'arbres fructiers, et porta fort grand domage en ce pays d'Angoumois. Et estans a présent résidant en ce lieu de Vibrac disent : *A fulgure et tempestate deffende nobis Domine* ».

» Faict par moy vicaire soubz signé,

» Degozauld. »

2° Peste. « Il a pleut à Dieu nous affliger de mal contagieux

---

1. 2. *Registres paroissiaux de Vibrac*

en ceste paroisse de St-Pierre Vibrac Charante, en lanée presancte 1631. Et en sont morts ceulx qui sans suive, et premièrement,.. L. Desforges, curé de Vibrac. »

Suit une longue liste, jour par jour, des personnes décédées, avec noms, prénoms, âge et condition. Du 24 avril au 23 septembre on en compte 174, et encore il manque au registre un feuillet à cet endroit, ce qui nous prive de connaître le nombre total des victimes du fléau, et de lire les réflexions que cette calamité a dû inspirer au vénérable curé Desforges. Qu'on essaie de s'imaginer l'état dans lequel devait être une bourgade qui jamais n'a guère compté plus de 500 âmes !

3° Trombe. « Le 21 juin de la présente année (1724), vers les 3 heures après midy, il s'est élevé un orage si terrible aux environs de cette paroisse et en celle de Moulidars, que l'eau a rempli dans moins d'une demi-heure toutes les rues de ce bourg ; avec une telle rapidité que, si l'orage eût arrivé de nuit, plusieurs personnes eussent été submergées dans leurs maisons. L'eau, qui venoit de Moulidars comme un vray torrent, a fait son passage par les terres de la chapelle de Vibrat, et a suivi comme une rivière portant bateau, dans tous les vallons, et ensuite s'estant toute rassemblée comme plusieurs fleuves, a fondu dans ce bourg avec telle impétuosité, qu'il sembloit arriver un nouveau déluge. Ce cambouil (sic) si terrible a perdu tous les bleds des valées de cette paroisse ; et l'herbe des prés du clos de M. de La Groix, vis à vis la métairie, a été tout entraînée dans la rivière, à la réserve de deux charetées qui avoient été chargées avant l'orage. On peut juger de ce que c'étoit, lorsqu'on apprendra que pendant trois ou quatre heures après l'orage, le torrent a couru depuis la métairie qui est sur le chemin de Châteauneuf, en remontant dans le bourg, et qu'elle (sic) a pris son passage par le chemin le long de la maison de Sureau et Souchet, pour aler à la rivière, le chemin bas n'ayant pas été suffisant pour son passage. Le tout est arrivé sans gresle, mais avec un tonnerre effrayant. »

« Pinier, curé. »

CURÉS DE LA PAROISSE

DE SAINT-PIERRE-ÈS-LIENS DE VIBRAC, D'APRÈS LES REGISTRES.

NOTA. — La date indique l'entrée en fonctions.

1584. Claud Ouvrard, vicaire.

1594. Guy, vicaire.

1597. Jean Tousac, vicaire.

1598. Degozauld, vicaire.

1600. Delaborie, vicaire.

1602. Guillaume Leroy, vicaire.

1605. Jean Leclerc, vicaire.

1606. Delacoste, vicaire.

1611. Jardin, vicaire.

1613. Grellet, vicaire.

1614. Pinault, vicaire.

1616. Mathurin Girard, vicaire.

1616. Léonard Desforges, curé [1].

1636. Guillaume Giboury, vicaire.

1641. de Mérignac, vicaire.

1645. Guillaume Giboury, curé [2].

1663. Claude du Bray, curé [3].

1665. Pierre Dubois, curé [4].

---

1. C'est le premier qui est désigné sous le titre de curé.

2. Le même que précédemment. Il fut autorisé à faire le voyage de Rome pour l'accomplissement d'un vœu (*Archives du Chapitre*).

3. Devint ensuite curé de Saint-Martin d'Angoulême. Le 16 février 1667, il fit acte de résignation de la chapelle de St-Jean-Baptiste, en l'église de Saint-Victor de Nevers, en faveur de Jean Maignen, clerc du diocèse d'Angoulême. (Guillaume Jeheu, notaire royal à Angoulême).

4. Il s'intitule : « Bachelier en théologie, prieur des chevaliers des Ordres du roi militaires de N.-D. du Mont-Carmel et de Saint-Lazare de Jérusalem. » Le *Mémoire historique sur le Séminaire d'Angoulême*, p. 16, explique comment il devint curé de Saint-Martial d'Angoulême, et fut remplacé à Vibrac (et non pas Vitrac, comme on a imprimé par erreur), par Etienne

1672. Etienne de La Chassaigne, curé [1].

1674. Bourilhon, vicaire.

1682. Jean Nouveau, curé [2].

1684. Chesnaud, vicaire.

1685. Jean Venaud, curé [3].

1708. Jean Pinier, curé [4].

1741. Marc-Antoine de La Martinière, curé [5].

1753. Pierre Prévost du Las, curé [6].

1768. Bitard-Lacombe, vicaire [7].

1770. Thomas, vicaire [8].

1771. De Prémont, vicaire [9].

1774. Houmaux, vicaire.

---

de La Chassaigne, qui suit. Ce dernier, du diocèse de Bordeaux, et n'étant encore que simple acolyte, fut curé de Saint-Martial, par la résignation en sa faveur de Blaise de La Chassaigne, son parent. Il prit possession de cette cure le 6 septembre 1672, et le lendemain, 7, il permuta avec Pierre Dubois. (Guill. Jeheu, notaire à Angoulême). Nous comprenons pourquoi il ne paraît dans les registres de Vibrac, comme exerçant le ministère, qu'en 1674 : il n'était pas encore dans les Ordres.

1. Mourut à Vibrac et y fut enterré le 10 août 1682 (*Registre paroissial*).

2. Devint plus tard curé de Moulidars (1696-1702).

3. Doit être le même qui fut curé de Saint-Martial d'Angoulême de 1705 à 1722 (Voir *Mémoire sur le séminaire d'Angoulême*, pp. 24, 28, 87).

4. Pendant très longtemps il signe curé de Vibrac et de Saint-Martial d'Angoulême. Il fut en effet nommé à cette dernière cure, mais ne put en prendre possession. (Voir *Mémoire cité*, p. 28 et suivantes). Mort curé d'Angeac.

5. Dans les minutes de Poussard, notaire royal à Moulidars, nous trouvons à la date du 16 mai 1745, une délibération des habitants de Vibrac, rendant un témoignage favorable à M. de La Martinière, leur curé, et repoussant l'accusation qui pèse sur lui. On ne dit pas de quelle accusation il s'agit. (*Archives de la Charente*). Quelques années après, 13 décembre 1752, il quitta la paroisse et le diocèse, et échangea la cure de Vibrac contre la cure de Courserac, avec M. Pierre Prévost du Las qui en était le titulaire. (*Archives du Chapitre*, registre des insinuations).

6. Mourut à Vibrac et fut enterré dans l'église, le 16 septembre 1776. (*Registre paroissial*).

7. 8. *Registre paroissial de Moulidars.*

9. Devint ensuite curé de la paroisse de Moulidars (*Ibid.*)

1775. Lousmeau-Dupont, vicaire.
1777. Jean Guimard, curé [1].
1791. Etienne Tiffon, curé constitutionnel.

V

ANGEAC-CHARENTE

Angeac a toujours été uni à Vibrac. Comme Vibrac, il appartenait aux seigneurs de Montchaude, avant de passer dans la maison de Villebois-Mareuil au XIVe siècle.

Le chemin unissant Angeac à Montchaude par Bouteville, et que suivaient les seigneurs pour aller d'une terre à l'autre, est continuellement appelé dans les confrontations « le chemin de Montchaude ».

Angeac ne paraît pas avoir eu de logis seigneurial. [2] Le château était celui de Vibrac, très rapproché d'ailleurs. Chaque fois qu'il s'agit de pièces de chancellerie, réceptions d'hommages et autres, c'est toujours « fait et passé » au château de Vibrac.

---

1. M. Guimard refusa de prêter le serment, lors de la Révolution. Déclaré réfractaire, il fut remplacé par Tiffon, prêtre assermenté, précédemment vicaire de Vars. Le dernier acte qu'il signe est du 11 avril 1791, et le premier que signe Tiffon, du 24 avril. Quant au titulaire légitime, il est dit « déporté » le 12 prairial an II (31 mai 1794); et le 23 fructidor an III (9 septembre 1795), il réclame par une lettre datée d'Angoulême, aux administrateurs du district, un secours dû en conformité à la loi, disant que sa maison d'Angoulême et celle de Vibrac ont été séquestrées (*Archives de la Charente*, biens nationaux, *Vibrac*). Il survécut à la Révolution, et figure au nécrologe du diocèse pour l'année 1807, sous ce titre : « *ancien curé de Vibrac*. »

2. On voit près du bourg d'Angeac une vieille ruine à grand appareil, à laquelle ont été accolées des constructions plus récentes. Ce lieu appelé Boisrond, nous semble avoir été une dépendance du château de Vibrac, destinée à recevoir le blé, le vin et autres denrées dues par les tenanciers d'Angeac.

Les sieurs de Mareuil, châtelains de Vibrac, semblent avoir eu quelque prédilection pour Angeac. Ils ont bâti leur château à proximité de ce dernier bourg, qu'ils dotèrent, au XIVe siècle, d'une fort belle église, entièrement construite dans le style ogival, chose rare sur les rives de la Charente. Les nobles bienfaiteurs ont eu soin d'y mettre leur signature, qu'on lisait encore récemment au haut de l'arcade faisant séparation de la nef et de la chapelle actuelle de la Sainte Vierge : « MISSIRE GUY DE MARUEYLL, CHEVALIER, ET DAME JOHANNE D'IRCHIAC, SA FAE. » (*Caractères gothiques*)[1].

Les autres fiefs remarquables de la paroisse d'Angeac étaient *Ortre* et *Lasdoux.* Le 12 novembre 1562, « Jean Boisson, d'Angeac-Charente, Jean de Jarnac dit Bicquot, André de Jarnac pour et au nom de Jean de Jarnac, son père absent, Antoine Marquet, Jean Besson, Pierre Hélies, demeurant dans la paroisse de Segonzac, tant pour eux que pour Jean de Jarnac, arpenteur, et autres parsonniers, reconnaissent tenir de Guillaume Gelinard, écuyer, sieur de Malaville, comme ayant droit de Jean de La Roche, écuyer, sieur de Saint-Mesme, un mayne appelé le *Mayne d'Orte,* avec ses appartenances, maisons, jardins, etc... » Ortre a appartenu longtemps à la famille Tabuteau.

Lasdoux a été la possession des familles Corliet (Voir *Le Maine-Michaud*), Rondeau, Fé, Dutillet, etc. Gabriel Rondeau, sieur de Lasdoux et de Chassors, lieutenant général de police à Châteauneuf, mourut le 2 novembre 1735, et fut inhumé le lendemain dans l'église de Châteauneuf[2]. Le 26 août 1751, messire Henri Fé, écuyer, seigneur de Maumont, Lasdoux, etc., lieutenant au régiment de Rouergue-infanterie, décéda à l'âge de 36 ans, et fut inhumé dans

---

1. Des réparations ont amené le déplacement de la pierre qui portait cette inscription, au mois d'août 1889.

2. *Archives de la Charente,* Ferrand jeune, notaire à Châteauneuf.

l'église d'Angeac [1], laissant de son épouse, Marguerite de La Quille, plusieurs enfants mineurs : 1° Jean-Louis-François Fé de Maumont, lieutenant en 1772 au même régiment que son père, qui épousa demoiselle Horric, fille de Gaspard Horric, chevalier, seigneur du Raby, y demeurant, paroisse de Bouteville, et mourut vers 1787, laissant plusieurs enfants mineurs; 2° Marie Fé de Maumont, mariée le 28 novembre 1767, à Jacques-Gabriel Augier de La Chaise, dont postérité : ils habitèrent le logis de Lasdoux ; 3° Marie Fé de Frégeneuil, qui épousa Pierre Babinet, écuyer, sieur de Nouzière, Chillac, Saint-Fort, etc.; 4° Jacques Fé, mort à 7 ans et inhumé le 30 mars 1754 dans l'église d'Angeac [2].

Le 26 juillet 1808, mariage de Martial Dutillet, de Nonaville, avec Marie-Elisabeth Augier de La Chaise, de Lasdoux, fille des susnommés [3]. Le 1er septembre 1840, mariage d'Antoine Dutillet, de la commune de Genouillac, avec Madeleine Rigaillaud, fille de François Rigaillaud et de défunte Madeleine Fé, de Lasdoux [4].

Nous extrayons des registres d'Angeac quelques notes intéressantes.

1° FROID. Janvier 1709. « Froid et gelée effroyable durant 13 jours ; arbres et hommes morts. »

2° CLOCHE. 29 octobre 1723, baptême de la cloche d'Angeac. Parrain : Pierre Rambaud de Mareuil, lieutenant particulier à Cognac ; marraine : Françoise de Pompadour, dame d'Angeac, représentée par Marguerite Geoffroy, femme de M. Dexmier de La Groix, receveur des tailles à Cognac. Decescaud, curé.

3° ORAGE. « Le cinq juillet mil sept cent quarante-six, vers les quatre heures du soir, un orage des plus surprenans a porté dans cette paroisse et autres circonvoisinnes une gresle si épouvantable, quaucun homme vivant eut jamais veue. Tout, sans aucune réserve, a été écrasé ; les arbres les plus forts en aparance ont été arrachés, et toutes les vitres de cette église, sans

---

1. *Registres d'Angeac-Charente.*
2., 3., 4. *Registres d'Angeac-Charente.*

aucune exception, ont été brisées. *Ad perpetuam rei memoriam.*
Pinier, curé d'Angeat. »

4° Froid. « Nous avons éprouvé dans cette province un grand
froid qui a commencé vers la fin du mois de novembre 1788, et
qui a duré un mois et demi. La rivière était gelée, les chemins
étaient impraticables par les frimats, les glaçons et la neige, qui
ont occasionné beaucoup d'accidents et de détresse. Cependant,
cet hiver n'est pas comparable pour notre païs à celui de 1766
ny à celui de 1784. Les denrées n'ont presque point été endom-
magées. » Fruchet, curé d'Angeac.

5° Disette. « 1789. La disette des grains occasionnée par la
dureté et la durée de l'hiver précédent, qui avait gelé les
semences, s'est fait sentir dans la capitale et dans les provinces. » Id.

CURÉS D'ANGEAC-CHARENTE
D'APRÈS LES REGISTRES ET AUTRES DOCUMENTS

1486-1487. Arnaud Pinault, prêtre, vicaire d'Angeac [1].

. . . .

1617-1640. Michel-Pierre Durousseau, curé.
1621.　　　　N. Claverie, vicaire.
1622.　　　　N. Puychaud, id.
1623.　　　　N. Buchonnaud, id.
1640-1651. Jean Poctevin, id.
1651-1653. Jean Caillet, curé.
1653-1654. Jean Lavau, vicaire.
1654-1655. T. Menhier, vicaire.
1657-1683. Jean Guinier, curé.
1669-1679. Léonard Desrivault, vicaire.
1685-1686. N. Blanchard, vicaire.
1686-1688. Jacques Piet, curé [2].

---

1. Témoin dans deux actes du 5 octobre 1486 et du 15 novembre 1487.
2. Enterré dans l'église d'Angeac le 27 septembre 1688 (*Registres
paroissiaux*).

1688-1690. N. Rigaillaud, curé.

1691-1708. Pierre Piet, curé [1].

1708. N. Aultier, curé.

1708. F. Victurnien Merlin, vicaire.

1709-1740. Pierre Decescaud, curé [2].

1740-1746. N. Rigaillaud, vicaire.

1741-1749. Jean Pinier, curé [3].

1748. Charles Thiboyaud, vicaire.

1749-1755. Pierre-Etienne Albert, curé [4].

1755-1784. Elie Guitton de La Malinie, curé [5].

1783-1785. N. Grelier, vicaire.

1785-1792. Jean-Baptiste Fruchet, curé [6].

1787. Jean-Baptiste Laboureur, vicaire.

1789. Simon Dussouchet, vicaire.

. . . .

1806-1810. Etienne Ducoux, curé.

1824-1825. Alain Le Roux.

1825. Jean-Baptiste Durand.

1825. Joseph-Jean-Pierre Héral.

1828. Jean-Pierre Giraud.

1836. Maurice Charles.

1839-1841. Michel Rigal.

1841-1845. Léon Paraud.

---

1. Précédemment archiprêtre de Saint-Ciers; enterré dans l'église d'Angeac le 25 mai 1708, à 64 ans, en présence de ses frères et neveux (*Registres paroissiaux*).

2. Précédemment curé de Saint-Simeux; était en 1741 curé de Torsac. (*Archives de la Charente*), Tabuteau, notaire à Angeac.

3. Enterré dans l'église d'Angeac le 1er février 1749, à 72 ans.

4. Passa en 1755 à l'archiprêtré de Jauldes.

5. Précédemment curé de Mérignac (*Registres de Moulidars*). Enterré dans le cimetière d'Angeac le 19 septembre 1784, à 72 ans. (*Registres paroissiaux*).

6. En 1790, il signe « curé et maire d'Angeac »; il cote et paraphe en cette qualité les registres pour 1791, « en attendant, dit-il, que l'Assemblée Nationale en ait autrement ordonné ».

1847.   N. Sicard.
1850-1862. François Poignet.
1862-1866. Jean-Baptiste-Louis Traignac.
1866-1867. Eugène Cousin.
1867-1871. Jean-Joseph Guérin.
1871-1880. Théodule-Marie Loir-Mongazon.
1880.   Antoine Guignabert.

VI

BASSAC

L'histoire de Bassac est celle de son abbaye de Bénédictins, dont cette petite ville a partagé la bonne et la mauvaise fortune. Fondée au xɪᵉ siècle par Wardrade, seigneur de Jarnac, ruinée par la guerre étrangère au xvᵉ siècle et par la guerre civile au xvɪᵉ, elle fut supprimée par la Révolution qui heureusement n'abattit rien, de sorte que l'on peut encore admirer sa magnifique église devenue l'église de la paroisse, et tout nouvellement restaurée.

Cette histoire d'ailleurs est des plus sommaires, à cause de la pénurie des documents, qui eux n'ont pas échappé à la destruction. De louables recherches viennent d'en ressusciter quelques pages [1]. Nous renvoyons le lecteur à ce travail, et ne donnons ici que certains renseignements inédits.

Ainsi qu'il a été dit (page 11), les seigneurs de Moulidars et Mosnac contribuèrent pour leur part à la dotation de l'abbaye, en lui assignant sur leurs terres une rente annuelle de 2 pipes de froment et 2 pipes de vin, mesure de Châteauneuf. Aussitôt après la guerre de Cent Ans, l'abbé de Bassac, Henri

---

1. *L'Abbaye royale de Saint-Etienne de Bassac*, par l'abbé Jules Denise. Angoulême, 1881.

de Courbon, s'appliqua à réparer les désastres du monastère, notamment en reconstituant les titres détruits de son temporel. C'était une entreprise grosse de litiges, et nous savons qu'ils ne manquèrent pas [1].

En ce qui concerne Moulidars, une convention amiable était intervenue dès le 10 juin 1458, entre ledit Henri de Courbon, d'une part, et Jean Dexmier et Perrinet du Bois du Fresne, d'autre, par laquelle ces derniers cédaient à l'abbé et à ses successeurs, la jouissance perpétuelle de deux mas de terre appelés le Grand et le Petit Puymiaud (*Podium medium*), de la contenance de 250 journaux, répartis sur les paroisses de Mérignac, Saint-Simon et Moulidars, aux confins de cette dernière seigneurie ; moyennant quoi les religieux se désistaient à jamais de ladite rente, et de tous autres droits assis sur la seigneurie de Moulidars et Mosnac. Tout semblait donc indiquer de ce côté une solution pacifique. Il n'en fut pas ainsi.

Au mois de mars 1461, une enquête fut ordonnée par « les abbé et religieux de Bassac, pour la preuve de la consistance de leurs revenus, à cause de la perte de leurs titres arrivée à l'occasion de la guerre », enquête qui dura plusieurs années. Pendant ce temps, Claud Nourrigier, devenu seigneur de Moulidars, essaya de reprendre ce qu'avaient donné ses prédécesseurs. Il attaqua les religieux comme prélevant indûment, depuis plusieurs années, des droits sur les 250 journaux dépendants de sa seigneurie, et conclut en demandant qu'ils fussent condamnés à s'en désister pour l'avenir, et à rendre ce qu'ils avaient déjà perçu, et qu'il estimait à 100 livres par an. Ceux-ci, de leur côté, s'abritèrent derrière leur possession immémoriale, dont les principaux titres avaient péri, mais surtout derrière la transaction de 1458. A cela les époux Nourrigier répondirent que si les

---

religieux tenaient des droits de Jean Dexmier, c'était sur l'hôtel de Mosnac et non sur celui de Moulidars. Réplique des religieux; pourvoi devant le sénéchal du Poitou siégeant à Niort; bref, « à la parfin, pour bien de paix, pour esviter plaits et procès, sont icelles dittes parties establies en droit ez courts des scelz establis aus contrats en la ville et chastellenie de Chasteauneuf, pour treshaut et très puissant prince Monseigneur le comte d'Angoulesme, seigneur dudit lieu; et en la cour du scel estably aus contrats en la ville et chastellenie de Barbezieux, pour très noble et puissant seigneur Monseigneur de Mallyé, de Roche-Corbon, de Mussidan, et dudit lieu de Barbezieux[1], pardevant les nottaires cy-dessous signez, jurez et auditeurs des dittes cours... Personnellement estably en droit, à savoir est révérend père en Dieu *Seguin*, abbé de Bassac; frères *Foucques Vigier*, prévôt moine, *Alexandre de Villiers*, prieur de cloistre; *Jean Chasteau*, segretain; *Guy Raimond*, chantre; *Jean Amblert*, ausmonier; *André Pessard*, *Gilbert Petiton*, *Gilbert Petiton* (*sic bis*), *Pierre de Blois*, *Rogier Vigier*, *Jean Girault*, *Jean Amblart*, *Héliot de Cassaignes*, *Héliot Ressepeau*, religieux cloistriers dudit moustier et abbaye de Bassac, et tout le couvent d'icellui moustier, eux congrégez et assemblez en leur chapitre au son de la campane, ainsi qu'il est accoustumé de faire en tel cas, pour illec traitter de négoces et affaires dudit moustier, pour eux, d'une part; et le dit Clau Nourrigier, pour luy et en nom de la dite Marguaritte Guillarde, sa dite femme, d'autre part.... » Suit une transaction aux termes de laquelle les religieux renoncent à 150 journaux sur les 250 de la terre en litige. Le seigneur et la dame de Moulidars, de leur côté, leur transportent la rente annuelle d'une pipe de froment à eux due par les possesseurs des moulins des Bouchets, sur la Charente, à Châteauneuf; et

---

1. Hardouin IX, baron de Maillé (Voir page 273, note 2).

de plus « iceux dits conjoints ont promis et seront tenus par chacun an de rendre et payer aus dits religieux, abbé et couvent et à leurs successeurs, une pipe de froment bon et marchand, rendu audit lieu de Bassac en chacune feste de Saint-Michel.... »

« Ce fut fait et passé audit moutier et abbaye dudit lieu de Bassac..., présens témoings à ce requis, frère Pierre Barragier, prieur de Saint-Martin de Coustz, Rogier Girauld, escuier, et autres, le vingt-septiesme jour de juin, l'an mil quatre cents soixante-dix-neuf.

Ainsy signé : Bourret, pour la cour de l'Eglise, et Gourrion, pour la cour de Châteauneuf. »

C'était en définitive une rente de deux pipes de blé qui était due à Bassac par le seigneur de Moulidars, l'une payable directement sur les terres de sa seigneurie, l'autre garantie sur les moulins de Châteauneuf. Cette seconde devint la cause de quelques différends dans la suite; car, avec le temps, il arriva qu'elle ne se payait pas toujours exactement, et que les religieux s'en prenaient aux seigneurs. Le présidial d'Angoulême dut intervenir à ce sujet au commencement du XVIIe siècle, du temps d'Isaac Méhée. Mais un dernier procès s'éleva cinquante ans plus tard entre Jean-Louis Le Musnier, sieur de Moulidars, et messire Victor Méliand, évêque de Gap, abbé commendataire de Bassac. Par une première sentence du 16 novembre 1668, le premier fut condamné à donner les 2 pipes de blé, quitte à se pourvoir contre les meuniers de Châteauneuf. Là-dessus, appel sur appel et productions de titres, enfin sentence définitive du Grand Conseil, à Paris, le 25 septembre 1682, par laquelle le seigneur de Moulidars dut payer aux religieux 500 livres de compromis, mais demeura déchargé à l'avenir d'une des pipes de blé, objet du procès, sauf aux religieux à se pourvoir contre qui de droit. Les choses demeurèrent en cet état, et Moulidars paya à Bassac une pipe de 24 boisseaux de blé par an, jusqu'à la Révolution. Plusieurs quit-

tances en font foi ; la dernière est du 10 janvier 1789,
signée : « *Fr. de Sainte-Marie, prieur* [1]. »

CURÉS DE LA PAROISSE

DE SAINT-NICOLAS DE BASSAC, D'APRÈS LES REGISTRES.

1617-1652. Nicolas Coustaud, curé.
1652-1658. N. Fèvre, id.
1658. N. Miallet, vicaire.
1658-1659. N. Peythieu, vicaire.

---

1. Nous donnons ici les noms de quelques religieux, à ajouter à la liste
publiée par l'*Abbaye royale*, p. 78.

1479, 27 juin. *Tous les religieux* qui figurent dans la transaction ci-
dessus, moins Seguin, abbé, Vigier, prévôt, Chasteau, sacristain.

1623, 19 novembre. Fr. *Claude Rahard*, infirmier, paraît dans un acte
de ce jour (*Archives de la Charente*, J. Fèvre, notaire à Châteauneuf).

1624, 13 novembre. *Pierre Pommeret* contresigne comme secrétaire de
l'abbé Etienne Hillayret, les lettres de provision du prieuré de Châteauneuf,
en faveur de Gilles Lurat, prêtre du diocèse d'Angoulême (*Ibid.*, même
notaire).

1717, 28 janvier. Dom *Jacques de Crespat*, prieur conventuel, reçoit
l'aveu et dénombrement du fief de La Font en Mérignac. *Ibid.*), Maurice
Nouveau, notaire à Châteauneuf).

1718, 21 janvier. Fr. *Georges Lomier*, procureur syndic de l'abbaye,
paraît dans un acte d'acquisition par lui faite au nom de ladite abbaye (*Ibid.*,
Baudet, notaire à Moulidars).

1720, 8 avril. Fr. *Bordelon* paraît dans un acte de ferme faite par les
religieux au sieur Le Vacher Le Cluzeau, prieur d'Echallat (*Ibid.*, Brugeron,
notaire à Saint-Amant-de-Graves).

1720, 28 juin. Hommage de La Font par Jean Fé de Ségeville, reçu et
signé par les deux précédents, et par Fr. Michel Garneteau, alors sous-prieur,
Fr. *Gilbert Maubet* (?) et autres (*Ibid.*, même notaire).

1729, 11 février. Ferme faite par les religieux à Pierre Girardin, mar-
chand, du village de Bordeville, paroisse de Rouillac, et signée par Fr.
Junien Ribaud, sous-prieur, Fr. Gabriel Le Gal, alors cellérier, Fr. *Léonard
Colomb* et autres (*Ibid.*, même notaire).

1730, 18 août. Fr. *Barthélemy Epagnou*, cellérier, signe une quittance
de lods et vente pour des immeubles à Cesseau, relevant en partie de l'abbaye (*Ibid.*, A. Boisteaud, notaire à Sireuil).

1782, 20 juin. Dom *Jean Menut*, prieur, assiste au contrat de mariage de
Jean Janet de Lafond, son frère utérin, avec demoiselle Marie-Catherine
Rambaud de La Rocque (*Papiers de famille*, grosse dudit contrat).

1659-1701. Jean Ledoux, curé.

1701-1711. N. Galien, id.

1711-1721. N. de Brie, id. [1]

1721-1723. Dom Jacques de Douhet, desservant.

1723-1724. Dom Gabriel Le Gal, id.

1724-1742. N. Boutiller, curé.

1742-1746. N. Chollet, id.

1746-1749. N. Maurin, id.

1749-1754. N. Duchon, id.

1754-1755. N. Fornel, desservant.

1755-1768. Pierre Durand, curé.

1768-1772. N. Sudraud-Desilles, id.

1772-1776. N. Girardin, id.

1776-1790. François Gaschet, id.

1790-1793. Dom Mathieu Meisseix, id.

. . . .

N. L'église paroissiale de Saint-Nicolas ayant été vendue nationalement, le service religieux est transféré à l'église abbatiale de Saint-Etienne.

1803-1816. Pierre Prévéraud.

1816-1828. Jean-Joachim Menault.

1828-1831. Charles Dunoyer.

1831-1835. N. Carles.

1835-1840. Louis Tarrère.

1840-1841. Edouard Chenu.

1841-1863. Florestan Marchadier.

1863-1874. Jean Riffaud.

1874-1887. Jules Denise.

1887   Louis Texier.

---

1. Nous avons cité (page 45, note 1) à la date du 11 janvier 1713, un curé de Bassac du nom de *Puygier* qui ne figure pas ici. Peut-être s'appelait-il Puygier de Brie.

DEUXIÈME PARTIE

RECHERCHES GÉNÉALOGIQUES

ET HÉRALDIQUES

GÉNÉALOGIES

I

LE MUSNIER

Sources : 1° Papiers de famille ; 2° *Archives de la Charente*, minutes des notaires d'Angoulême ; 3° *Archives du Chapitre*, fonds du Petit-Saint-Cybard ; 4° *Sanson*, édition Michon, page 126 et suivantes ; 5° *Registres d'Angoulême*, paroisses du Petit-Saint-Cybard et de Saint-André, etc., etc.

La famille Le Musnier [1] était d'Angoulême, et son nom apparait très fréquemment aux XVIe et XVIIe siècles dans les minutes des notaires de cette ville. Elle possédait plusieurs terres aux environs, entre autres La Vergne, paroisse de Fléac. Elle acquit noblesse et fortune des différentes charges qu'elle exerça dans la magistrature et les finances. Des nombreuses branches de cette maison, nous nous occuperons surtout de celle qui a possédé Moulidars.

François Le Musnier, écuyer, seigneur de Lartige, conseiller du roi. Nous le trouvons en 1571, greffier des cours ordinaire et présidiale d'Angoumois ; en 1572, pair de la Maison-de-Ville ; en 1585, président en l'élection ; en 1592,

---

1. On écrit souvent *Le Meusnier* ou *Le Meunier* ; les membres de cette famille signaient *Le Musnier* ou *Lemusnier*, et, au XVIIe siècle, *Lemusnyer*.

1593 et 1600, maire d'Angoulême, conseiller et échevin dans le temps intermédiaire.

François Le Musnier mourut en 1605, et fut remplacé, le 13 octobre de cette année, en l'office de conseiller. Outre Lartige, il possédait encore La Rocque en Saint-Simon, la maison noble de Loumelet ou le fief de Brisebarre, à Angoulême [1], les seigneuries de Rouffignac et de Mosnac, etc. Son hôtel d'habitation à Angoulême était dans la paroisse du Petit-Saint-Cybard, non loin de l'évêché.

Il avait épousé en premières noces, MADELEINE DE PARIS, dont naquit, à notre connaissance, une fille, *Jeanne Le Musnier*, mariée par contrat du 1er mars 1593, à Daniel Mongin, greffier de la châtellenie de Bouteville ; et en secondes noces CHARLOTTE LAISNÉ, fille de noble homme Clément Laisné, avocat au Présidial, et de dame Marie de Voyon. Il en eut plusieurs enfants, énumérés dans le testament du père, du 3 décembre 1603, et celui de la mère du 23 septembre 1608. Ce sont : 1o *Jacques Le Musnier;* qui fit la branche de Moulidars ; 2o *Clément Le Musnier* qui continua celle de Lartige ; 3o *Catherine Le Musnier*, épouse de François Lambert, écuyer, sieur des Andreaux et de Lugeat, avocat du roi, dont elle était veuve à la date du 24 avril 1620 ; 4o *Françoise Le Musnier*, mariée le 31 décembre 1598 à noble homme Jean de Paris, écuyer, seigneur du Cluzeau en Vindelle, avocat au Parlement ; 5o *Lucrèce Le Musnier*, devenue le 9 février 1608, femme de Daniel Paulte, écuyer, sieur des Riffauds [2]. Elle était veuve le 29

---

1. Le logis et le fief venaient de Jean de Loumelet, avocat. François de Loumelet, descendant de Jean, s'intitule, le 18 septembre 1573 et le 29 janvier 1581, « écuyer, sieur de Brisebarre. » Les petits-fils de François Le Musnier vendirent la maison aux Dames de l'Union Chrétienne, le 26 mars 1694. Le fief fut vendu le 26 septembre 1717, par Jacques-Louis Le Musnier de Lartige, à Jean Navarre, sieur du Cluzeau, et Thérèse Forgerit, sa femme (*Archives de la Charente*, Baudet, notaire à Moulidars).

2. Les Andreaux, commune de Saint-Estèphe ; Lugeat, commune de Fléac ; Les Riffauds, commune de Ruelle : le tout, canton d'Angoulême.

novembre 1657, date à laquelle ses enfants, **Elie** et **Samuel Paulte**, partagèrent la succession de leur père.

Par leurs testaments relatés plus haut, François Le Musnier et sa femme élisent leurs sépultures dans l'église du Petit-Saint-Cybard, et y fondent des messes à perpétuité. Ils laissent aussi quelques sommes pour les pauvres et les hôpitaux, et afin de contribuer, disent-ils, à la réparation de ladite église, ruinée par les protestants.

Charlotte Laisné survécut plus de 40 ans à son mari. Nous l'avons vue le 6 mai 1646, donner son consentement au mariage de son petit-fils Jean-Louis Le Musnier, seigneur de Moulidars.

JACQUES LE MUSNIER, chevalier, seigneur de Rouffignac, Mosnac, Moulidars, Lartige, etc., le plus riche et le plus honoré de cette branche, fut trésorier de France au bureau de Limoges, maire d'Angoulême à différentes fois, conseiller et échevin dans le temps intermédiaire. Il exerça la mairie les années 1609, 1610, 1614, 1615, 1616, 1622. En 1615, il reçut à Angoulême et harangua le roi Louis XIII, se rendant à Bordeaux pour épouser Anne d'Autriche.

Jacques Le Musnier mourut à Angoulême en 1629, et fut enterré le 24 septembre, comme nous l'avons vu, dans l'église du Petit-Saint-Cybard.

Il avait épousé par contrat du 16 mars 1608, reçu Debrandes, notaire à Angoulême, demoiselle HIPPOLYTE DE LA PLACE, fille de Pierre de La Place, écuyer, seigneur de Torsac et de La Tour-Garnier[1], gentilhomme ordinaire de la Chambre du roi, et de dame Gabrielle Tison d'Argence, cette dernière, fille de « haut et puissant messire Benoist Tizon, chevalier, seigneur d'Argence[2] et de Dirac, et de dame Françoise Delheur. » Il eut, d'après Vigier, plusieurs

---

1. Torsac, commune du canton de Villlebois-la-Valette ; La Tour-Garnier, commune d'Angoulême.
2. Argence, commune de Champniers, canton d'Angoulême.

enfants. Nous lui en connaissons huit : 1° *Jean-Louis Le Musnier*, qui suit; 2° *Charlotte*, 3° *Gabrielle*, reçues l'une et l'autre au monastère de Saint-Ausone le 5 septembre 1624, 4° *Marie*, baptisée le 1er mars 1617; 5° *Françoise*, le 28 novembre 1621; 6° *Jacques*, le 13 octobre 1623; 7° *Charles*, le 3 octobre 1626; 8° *Pierre*, le 30 octobre 1628. Sur le contrat de mariage de Jean-Louis Le Musnier, où figurent un grand nombre de parents, nous ne voyons mentionnés ni frères ni sœurs.

Hippolyte de La Place survécut très longtemps à son mari. Elle mourut à Angoulême le 18 décembre 1670, et fut inhumée le lendemain dans l'église du Petit-Saint-Cybard.

JEAN-LOUIS LE MUSNIER, chevalier, seigneur de Moulidars, nous est déjà connu, ainsi que sa femme et ses enfants.

CLÉMENT LE MUSNIER, second fils de François, conseiller de Grand'Chambre au parlement de Paris, est qualifié seigneur de Lartige, Saint-Romain [1] et Nanteuillet [2]. Il épousa à Paris le 10 octobre 1610, ANNE BRISART, et eut trois garçons et deux filles. Il était mort le 14 août 1670, et tout récemment, ainsi qu'il résulte d'une lettre de ce jour, écrite de la main d'Isaïe Méhée, sieur des Courades. Enfants : 1° *Jacques*, qui suit; 2° *René Le Musnier*, seigneur de Lartige et de Tagné [3], conseiller-clerc de Grand'Chambre au parlement de Paris; vivait encore le 5 juin 1720. Il fut doyen du chapitre d'Angoulême après Castain de Guérin, successeur de Jean Mesneau. Au bout d'un an, il permuta avec

---

1. Saint-Romain ne désigne point ici une des localités connues sous ce nom, mais la paroisse de Saint-Romain de Triac, près Jarnac. C'est ce qui résulte clairement de l'acte de partage des biens de Clément Le Musnier, du 29 novembre 1675, qui adjugea à Jacques Le Musnier, « le château et terres et seigneurie de Lartige et de Saint-Romain de Triac, châtellenie de Jarnac. »

2. Ancienne enclave, aujourd'hui de la commune de Voulgézac, canton de Blanzac.

3. Commune de Chaunay, canton de Couhé, arrondissement de Civray (Vienne).

Pierre Duverdier, qui lui céda les prieurés de Vervant, au diocèse d'Angoulême, et de Magnac, au diocèse de Limoges, le 23 septembre 1662 [1]; 3° *Louis Le Musnier*, seigneur de Moulineuf [2], conseiller au Parlement, mort en 1670, et inhumé le 6 novembre dans l'église du Petit-Saint-Cybard. Il épousa Jeanne Raudot, et eut deux enfants qui partagèrent, le 10 mars 1711, l'héritage de leur mère, savoir *Louis-Omer Le Musnier*, chevalier, seigneur de Moulineuf, et *Claude-Louise Le Musnier*, qui fut mariée à messire Philippe-Louis Le Jumel, chevalier, seigneur d'Equemauville, en Normandie [3]. Elle était veuve et vivait encore le 1er juillet 1751. Cette branche a dû finir dans la personne de M. Le Musnier de Moulineuf, ancien mousquetaire, demeurant à Metz, qui, le 13 janvier 1790, perdit sa femme, dont il n'avait que des filles au nombre de quatre; 4° *Anne Le Musnier* fut mariée à François de Lameth, chevalier, seigneur de Bussy; 5° *Madeleine Le Musnier*, devint la femme de messire Jacques de Raity de Villeneuve, chevalier, marquis de Trans et des Arts.

JACQUES LE MUSNIER, seigneur de Nanteuillet, Lartige, Raix, Saint-Romain de Triac, etc., conseiller au Parlement, épousa à Paris, le 29 janvier 1646, demoiselle Marie de Villevault. Il en eut six enfants, savoir : 1° *Louis*, qui suit ; 2° autre *Louis*, écuyer, seigneur de Forges, qui prit possession le 14 août 1680, de la charge de maître-école de la cathédrale d'Angoulême; 3° *Jacques*, seigneur de Villarmois;

---

1. *Gallia Christiana*, t. II, col. 1029.

2. Commune de Bourg-Charente, canton de Segonzac. Ce fief appartenait aux seigneurs de Jarnac. Il fut acheté en 1639 par Clément le Musnier (*Archives de la Charente*). Acquis plus tard par les seigneurs de Bourg-Charente, il passa successivement à Pierre Salomon et à Jacques-Pierre Salomon, son fils, seigneur de Moulineuf et Cressé, le même dont il est question pages 180 et 182.

3. Commune du canton de Honfleur, arrondissement de Pont-l'Evêque (Calvados).

4º *Marie-Madeleine,* femme de Louis-Charles Le Boucher, chevalier, seigneur de Martignac; 5º *Marie-Françoise,* mariée à Balthazar de La Place, chevalier, seigneur de La Brosse; 6º *Catherine,* épouse de Paul de Valladon, chevalier, seigneur d'Arcy [1].

Louis Le Musnier, chevalier, seigneur de Lartige, épousa à Paris, par contrat du 7 mars 1685, sa cousine Catherine Le Musnier, seconde fille du seigneur de Moulidars, Jean-Louis Le Musnier. Cette dame lui porta Rouffignac, qui passa ainsi dans la maison de Lartige. Il mourut en janvier 1710 [2], laissant comme unique héritier

Jacques-Louis Le Musnier, chevalier, seigneur de Lartige, Raix [3], Rouffignac, Blanzac, etc. On l'appelait « M. de Lartige » Il habitait le château de Triac, et surtout celui de Rouffignac, où il termina ses jours le 6 novembre 1749. Il épousa en 1721 Marguerite Chérade, fille d'Etienne Chérade, lieutenant général d'Angoumois, maire d'Angoulême de 1693 à 1708, et de Madeleine Husson*. C'était une

---

1. Tous ces enfants, sauf le deuxième, paraissent dans une sentence du présidial d'Angoulême de l'an 1696 (*Archives de la Charente,* Présidial), au sujet d'une saisie de la terre de Raix, opérée, à défaut d'hommage, par le marquis de Ruffec, qui était alors Louis de Rouvroy, duc de Saint-Simon (1675-1755), l'auteur des *Mémoires,* fils de Claude, duc de Saint-Simon, et de Charlotte de L'Aubespine, laquelle était fille de François de L'Aubespine, marquis de Châteauneuf-sur-Cher et de Hauterive , lieutenant général des armées du roi, et d'Eléonore de Volvire, marquise de Ruffec (*Ans*).

2. *Archives de la Charente,* inventaire de ses meubles fait au château de Rouffignac, le 4 avril 1710, par Ordonneau, notaire royal à Sireuil.

3. Raix, commune du canton de Villefagnan, arrondissement de Ruffec.

* **Chérade.** I. *Etienne Chérade,* fils de *Clément Chérade* et de *Marguerite Cladier,* bourgeois d'Angoulême, baptisé dans l'église de Saint-André, le 14 janvier 1663, épousa *Madeleine Husson,* de La Rochelle, dont il eut un fils qui suit, et Marguerite, nommée ci-dessus. Vigier loue son intelligence et son activité, qui le firent parvenir rapidement à une très grande fortune. Il acquit en effet les charges de lieutenant général pour 80,000 livres, et de secrétaire du roi pour 70,000 livres ; la mairie perpétuelle d'Angoulême, qu'il vendit plus tard 14.000 livres à Jean Mesnard, sieur de Laumont; puis un grand nombre de terres en Angoumois et aux

très riche héritière, qui lui apporta les seigneuries de Blanzac et de La Rochechandry, mais qui, avec cela, ne le rendit pas heureux. Femme bizarre, aux goûts excentriques et aux volontés changeantes, elle habitait à Angoulême, séparée de son mari qui vivait à la campagne. Dix mois après la mort de celui-ci, le 18 septembre 1750, elle contracta, bien que mère de cinq enfants tous adultes, un second mariage qui, pour différentes causes ne fut célébré que le 16 sep-

---

environs, telles que le marquisat de Clairvaux et la baronnie de Thuré en Poitou; le comté de Montbron avec la baronnie de Manteresse et la terre de La Grelière, pour 150,000 livres (15 avril 1690); la baronnie de La Rochechandry (14 mai 1710)*; la terre des Bauries en Birac, pour 25,000 livres; les seigneuries de Blanzac et Marthon pour 335,000 livres (février 1712), etc. Il mourut le 23 octobre 1714, en sa maison du Mas, paroisse de Voulhon, et fut enterré le lendemain dans l'église de Montbron. Sa veuve se remaria l'année suivante à messire Armand de Saint-Martin, chevalier, conseiller du roi en sa cour du parlement de Paris. Elle était veuve le 20 août 1738, et mourut très âgée en novembre 1758.

II. *Etienne-Adrien Chérade*, comte de Montbron, baptisé dans l'église de Saint-André, le 16 septembre 1697, épousa en 1725 (contrat du 16 août 1720, reçu Boilevin et Porcheron, notaires à Angoulême, et sommation à sa mère du 7 septembre 1725, par Pierre Jeheu, notaire à Angoulême), *Louise-Marie-Anne Deval*, fille de Guillaume Deval, président en l'élection d'Angoulême, et de Marthe Barreau. Le 8 janvier 1730, il acquit pour 70.900 livres de Jean de Paris, sieur du Couret, son oncle, comme mari de Madeleine Chérade, sœur de son père, la charge de lieutenant général, qu'il garda jusqu'à sa mort en 1744. Il laissa trois enfants : 1° Adrien, qui suit; 2° Pierre-Adrien Chérade de La Rochechandry ; 3° Marguerite Chérade de La Garenne **.

III. *Adrien-Alexandre Chérade*, chevalier, comte de Montbron, épousa le 15 octobre 1759, *Elisabeth Le Musnier*, d'où vinrent Pierre-Etienne Chérade de Montbron, marquis de Clairvaux, Joseph Chérade, comte de Montbron, et Louise-Elisabeth Chérade de Montbron, veuve en 1807 de M. Dabos.

* De messire Henri de Forgues de Lavedan. Au nombre des créanciers du seigneur de La Rochechandry, nous trouvons Mathieu Vidaud, chevalier du Dognon, capitaine au régiment d'Auvergne, d'une famille noble qui a donné entre autres Jean Vidaud, chevalier, comte du Dognon, lieutenant général d'épée du Limousin, décédé à la date du 6 décembre 1721 (*Archives de la Charente*, P. Jeheu). Elle est représentée aujourd'hui par M. Jean Vidaud du Dognon, propriétaire à Pérignac, canton de Blanzac.

** V. et J. Bujeaud, *La Charente Révolutionnaire*, p. cxxiii et suivantes.

tembre de l'année suivante, avec Elie des Ruaux, comte de Rouffiac, chevalier de Saint-Louis, lieutenant-colonel au régiment de Rouergue. Mais dès le jour du mariage, elle le quitta pour ne jamais habiter avec lui. Elle lui fit même souscrire, chose singulière ! un engagement d'honneur de la laisser vivre « *à sa fantaisie* » (ce sont les termes mêmes du billet), et cette fantaisie elle voulut bien la lui payer la somme de 1,000 livres de pension annuelle, outre 30,000 livres qu'elle lui avait données par contrat de mariage. Entre temps, et sans sortir de chez elle, elle trouvait moyen de dissiper une grande fortune, d'engager ou de détériorer les plus belles terres de son patrimoine. Devenue veuve encore en novembre 1768, et âgée de 69 ans, elle songea, elle qui n'était pas restée un seul instant avec son dernier mari, à se marier une troisième fois et à partir pour Paris. C'est alors que ses enfants et petits-enfants, alarmés autant qu'humiliés, après avoir longtemps souffert ses ruineux caprices, adressèrent au sénéchal d'Angoumois une requête collective aux fins de faire prononcer son interdiction; ce qui eut lieu probablement, car nous n'avons pas la suite de cette affaire, dont le dossier a dû rester dans les papiers de la famille Le Musnier. Ce que nous venons d'en dire est tiré d'une copie de la requête au sénéchal, signifiée par Pierre Gaudichaud, huissier, à M. Cyprien-Gabriel de Terrasson, pour comparoir en cette cause à l'audience du 25 juillet 1769.

Marguerite Chérade était morte en 1775. De son mariage avec Jean-Jacques-Louis Le Musnier vinrent, avons-nous dit, cinq enfants: 1o *Madeleine*, l'aînée, ondoyée le 15 avril 1722 et baptisée le 10 mars 1734. Elle épousa, en premières noces, en 1747, Pierre Ventongeren, écuyer, dont elle eut trois enfants; et en secondes noces, le 16 mai 1757, Guy-Claude de Balathier, marquis de Lantage, d'une famille de la Bourgogne. Ils eurent trois enfants, savoir: une fille, Catherine-Julie-Elise, mariée à René-Elie de Vassoigne, seigneur du

Repaire, et deux fils. L'aîné, Elie-Antoine de Balathier, épousa Mlle de Balathier de Lantage, sa cousine, dont il eut un fils, Henri-Alexandre de Balathier. Le cadet, Armand-Joseph de Balathier, émigra à la Révolution avec M. de Terrasson, son cousin. Rentré en France, il épousa, à Paris, Mlle de Lagrange, et eut un fils et une fille. Il est mort en Allemagne. Une lettre écrite par lui de Francfort-sur-le-Mein, le 16 septembre 1849, à Mme veuve de Terrasson, nous apprend qu'il avait à cette date 83 ans ; 2° *Madeleine-Adrienne*, baptisée le 11 avril 1723, doit être celle qui entra en religion ; 3° *Elisabeth*, dite « Mademoiselle de Triac », baptisée le 9 avril 1724, ne paraît pas avoir été mariée ; 4° *Louis*, qui suit ; 5° Autre *Elisabeth*, la plus jeune des filles. Elle fut mariée deux fois ; d'abord au mois de mai 1751, à Jean de Lageard, marquis de Cherval, dont elle eut un fils. Devenue veuve, elle se remaria en 1759 à messire Adrien-Alexandre-Etienne Chérade, chevalier, comte de Montbron, son cousin germain, d'où vinrent plusieurs enfants.

Louis Le Musnier, chevalier, seigneur de Raix, Rouffignac, baron de Blanzac, etc., est connu sous le nom de *Monsieur de Raix*. Il acquit, en 1746, la charge de lieutenant général, qu'avaient possédée son oncle et son aïeul, MM. Chérade de Montbron, et la garda jusqu'à la Révolution. Nous le voyons le 18 mars 1789, présider l'assemblée du Tiers, tenue à Angoulême, pour l'élection des députés de l'ordre aux États-Généraux, et les assemblées suivantes ayant le même objet [1]. Retiré des affaires, il résida souvent au château de Rouffignac. C'est à Angoulême qu'il mourut le 9 avril 1807, à l'âge de 81 ans. Comme il n'avait pas été marié, son héritage passa à ses neveux. En lui s'éteignit la famille Le Musnier de Lartige issue de François Le Musnier et de Charlotte Laisné.

---

1. Voir *L'Angoumois en 1789*, par M. de Chancel.

II

MÉHÉE

Une tradition de famille, dont nous n'avons d'ailleurs trouvé aucune trace dans les documents écrits que nous connaissons, veut que les Méhée soient originaires d'Irlande, d'où ils auraient émigré lors de la conquête de l'île par les Anglais. La forme même de ce nom MEHE, ainsi écrit jusqu'à la fin du xvie siècle, semble bien indiquer une provenance étrangère. Ce qu'il y a de certain, c'est que nous les trouvons au xive siècle établis en Saintonge, à Saint-Jean d'Angély et aux environs. Ils figurent dès lors avec le titre de chevaliers, bien qu'on dise que leur noblesse n'a pas d'autre origine que l'échevinage de la ville de Saint-Jean d'Angély [1]. Nous réunissons tout ce que nous avons trouvé sur la généalogie de cette maison, qui a étendu ses rameaux en Saintonge, en Poitou, en Angoumois et ailleurs. Les renseignements suivants sont tirés pour la plupart des anciens papiers et parchemins de famille, qui ont suivi la branche aînée de Saint-Jean d'Angély à Moulidars, par Estray, Le Vergerbeau, L'Etang, Anqueville et Les Courades (Voir à la fin du volume).

LES MÉHÉE ET LEURS ALLIANCES [2]

« Mehée porte d'azur à 3 aigles d'argent. » [3]

---

1. *Bulletin de la Société des Archives de la Saintonge*, vi, p. 65.
2. Josias Méhée, seigneur de La Ferrière, lors de l'enquête de 1666 pour la vérification des titres de noblesse, et après débat contradictoire avec le procureur du roi, fut maintenu sur le rôle des nobles par arrêt du Conseil d'Etat, du 29 septembre 1667. Après cette sentence, son fils Isaïe Méhée, seigneur des Courades, dressa deux tables généalogiques, où il donne non

« Messire Jean Mehée, chevalier, seigneur d'Estré [1], près Tailleborg en Xaintonge [2], feut marié avecq damoiselle Jehanne de La Roche, duquel mariage vient Louis Mehée, escuier, seigneur, apprès la mort de son père, de la terre et seigneurie d'Estré. Cela justifie tant la ditte qualité de chevalier que du dit mariage, par son testament du dernier décembre 1344, signé Langlois. Il mourut soubs le règne de Philipe de Vallois, sixiesme du nom, qui estoit père du roy Jehan qui commença de régner en 1350. »

« Ledit Louis Mehée, seigneur d'Estré, feut marié avecq damoiselle Fransoise du Chesne ; justifie par le susdit testament, 1344. Duquel mariage vient

« Messire Pierre Mehée, chevalier, seigneur de la Girault, d'Estré et de la Leigne [3], feut marié avecq damoiselle Marie d'Asnières ; duquel mariage vient Jehan et Guillaume Mehée, chevalier, seigneur de la Leigne, tous deux frères, soubs les règnes du roy Jehan et de Charles cinquiesme, son fils. Justifie de leur qualité et filliation, par leur partage faict le sixiesme [4] juin 1400, signé Albi. »

---

seulement la descendance de la famille, mais ses alliances. Il s'étend surtout avec complaisance sur ses degrés de parenté avec les grandes maisons nobles de l'époque. Ce document a de l'intérêt, parce qu'il est autographe, écrit tout entier de la main du sieur des Courades. Comme les deux tables se répètent à peu de chose près, nous donnons la plus complète, empruntant à l'autre les détails qui manquent dans celle-ci.

3. C'est la seule fois que nous trouvons d'azur ; les Preuves de Noblesse d'Elisabeth Méhée, les sceaux, les vieilles tapisseries du château d'Ardenne portent de gueules à trois aigles d'argent becquées et membrées de sable, 2 et 1. Ce changement de couleur est une brisure, Josias Méhée étant cadet de la maison d'Anqueville.

1. Estray, commune de Juicq, canton de Saint-Hilaire-de-Villefranche, arrondissement de Saint-Jean d'Angély.

2. Taillebourg, commune du canton de Saint-Savinien, arrondissement de Saint-Jean d'Angély (Charente-Inférieure).

3. La Giraud, La Leigne et, plus loin, Les Fontaines et Les Barreaux, commune d'Asnières, canton de Saint-Jean d'Angély.

4. Les Preuves de Noblesse ci-dessus portent le 26 juin.

« Messire JEHAN MEHÉE, 2ᵉ du nom, chevalier, seigneur de la Girault et d'Estré, feut marié avecq JEHANNE DE LA ROCHE, aussi segonde du nom, comme il justifie par leur contract de mariage du dixiesme [1] may 1433, signé Lespagnoul. Il feut marié pour la deuxiesme fois avecq damoiselle Isabeau Marchadière. De ce mariage vient Louis Mehée. [2] »

« LOUIS MEHÉE, seigneur de la Girault et des Fontaines, feut marié avecq ISABEAU GRAND, de la maison de Maïsac en Xaintonge. De ce mariage vient Joachain, Pierre et Souveraine Mehée. Joachain et Pierre Mehée font le partage de leurs biens le 26 avril 1512. Audit Joachain Mehée escheut avecq autres terres, la terre et seigneurie d'Estré et de la Girault. Le dit Joachain feut marié avecq damoiselle Marie de la Tour, duquel mariage vient Bertrand, Guillaume, et Souveraine Mehée. Bertrand feut marié avecq damoiselle Marie Girard, duquel mariage vient Marie Mehée, qui feut mariée avecq Gui Goumard, seigneur d'Agonnay. »

« De Guillaume Mehée, escuier, seigneur de la Girault, vient François Mehée, escuier, seigneur de la Girault, marié avecq... (*sic*); duquel mariage vient Georges Mehée, escuier, seigneur de la Girault, qui feut marié avecq Sapho de la Jaille, de la maison de Monsieur le marquis d'Achon en Auvergne ; duquel vient Paul Mehée, escuier, seigneur de la Girault, duquel la lignée est enfin périe, n'estant resté que des filles.

» Souveraine Mehée feut mariée avecq Guillaume du Val; justifie par leur contract de partage du (*blanc*) 1480.

» Le dit Louis Mehée est employé au livre de l'arrièreban convoqué le 21 septembre 1467, imprimé à Poictiers en 1666, et mis au rang des hommes d'armes de la province de Xaintonge. »

---

1. Les *Preuves*, ainsi que l'acte lui-même, portent le 16 mai.

2 On pourrait croire que Louis Méhée est fils de cette dernière femme ; mais un acte cité dans les *Preuves* dit positivement qu'il avait pour père et mère Jean Méhée et Jeanne de La Roche.

« PIERRE MEHÉE, fils du dit Louis, escuier, seigneur des Fontaines et des Barreaux, par son partage faict avecq le dit Joachain Mehée, son frère, le 26e jour d'avril 1512, feut marié avecq damoiselle RENÉE BEAU, dame du Vergerbeau, qui estoit fille de Fransois Beau et de Marie d'Appellevoisin. Il faict partage de la terre du Vergerbeau avecq damoiselles Isieux et Louise Belles, seurs de la ditte Renée, le X juillet 1504 ; assiste au mariage d'Anne d'Appellevoisin avecq Léon de Sainte-Maure, deuxiesme du nom, seigneur de Montausier, [A] [1] qui feut faict en 1501, comme estant oncle à la façon de Bretaigne, à cause de Renée Beau, sa femme, de la ditte Anne d'Appellevoisin.

» Duquel mariage vient Fransois Mehée, seigneur du Vergerbeau, Jeanne Mehée, damoiselle, qui feut mariée avecq Benoist de la Rochebeaucourt, seigneur de Salignac en Xaintonge, Isieux Mehée, qui feut religieuse à Bressuire, de l'Ordre saint Benoist [2].

« Fransois Beau, seigneur du Vergerbeau, est employé dans l'arrièreban convoqué le 21 septembre 1467, et mis au rang des hommes d'armes du Poictou. »

« FRANSOIS MEHÉE, escuier, seigneur du Vergerbeau, à cause de Renée Beau, sa mère, feut marié avecq damoiselle Claire de la Guirande [B] [3]. Elle estoit fille de Guillaume de La Guirande, escuier, seigneur de Lestang, près Barbezieux en Xaintonge *, et de damoiselle Catherine Aisse, fille de la

---

1. Renvoi dans l'original : Voir ci-après p. 270.

2. Deux actes notariés, du 31 mai 1551 et du 22 octobre 1555, portent « saint François » au lieu de saint Benoît, qui est une erreur.

3. Renvoi dans l'original : Voir ci-après p. 271.

⁂ L'Etang. — La maison noble de L'Etang était située dans l'ancienne paroisse de Saint-Seurin, réunie à Barbezieux en 1754. Elle appartenait au XVIe siècle à Aimery d'Archiac, damoiseau, qui paraît dans un acte du 8 février 1337, * puis à Guion de La Guirande, gendre de Jean de La Rochefoucauld, seigneur de Verteuil et de Barbezieux. Penot de La Guirande,

* *Archives de la Charente*, E, 438.

maison de Cougoussac, [1] de laquelle famille venoit feu
la marquise de Sauvebeuf, qui feut dame de Cougoussac et
Chéronnac. Le contract de mariage du dit Fransois Mehée,
seigneur du Vergerbeau, avecq la ditte Claire de la Guirande
est du dixiesme juillet 1512. Et ledit Pierre Mehée, lors
veuf, se maria avecq Catherine Aisse, damoiselle, veufve de
Guillaume de la Guirande, escuyer, seigneur de Lestang,
en Xaintonge, par contract de mariage du 10e juillet 1512.

« Du mariage dudit Fransois Mehée avec Claire de La Guirande vient Didier, seigneur de Lestang ; Anthoine, seigneur
des Fontaines ; Georges, seigneur de la Leigne ; Claire Mehée,

---

son petit-fils, la possédait le 26 février 1461, conjointement avec les Aisse,
ses cousins * (Voir ci-après p. 275). Claire de La Guirande, par son mariage avec François Méhée en 1512, porta la seigneurie de L'Etang dans
cette famille, qui la posséda durant trois siècles. Par son testament du 30
juillet 1810, enregistré à Barbezieux le 18 février 1814, la dame Elisabeth
Laugerat, veuve en premières noces, de M. Michel-Pierre Méhée de L'Etang,
et en secondes noces de M. Henri de Guérin (Voir plus loin page 287), donna
cette terre à Françoise-Lucile Dodard, veuve de M. Joseph Brinbœuf-
Dulary, dont les héritiers la vendirent, le 25 juin 1841, à M. Jean Giet,
de Barbezieux. Enfin, le 10 mai 1852, L'Etang fut acheté par M. Pierre
Pinard, dont la famille le possède actuellement. **

1. Cougoussac, commune de Sciecq, canton de Niort (Deux Sèvres), était
possédé au XVIe siècle par la famille Aisse. Marguerite Aisse, fille ou petite-
fille de François Aisse et de Françoise de Barbezières, mariés le 15 avril
1564 (*Archives historiques de la Saintonge*, XVI, 265), épousa Claude des
Rouzières. Leur fille, Claude, dame de Cougoussac, et Chéronnac***, fut mariée
en 1636, à Antoine-Charles de Ferrières, marquis de Sauvebœuf, **** maréchal
de camp, puis lieutenant général de l'armée du roi et du duc de Parme, veuf
de Marguerite de Pierrebuffière en Limousin *****. (*Nad.* II, 124).

* *Archives de la Charente*, E. 435. E. 288.
** Nous devons ces derniers renseignements à l'obligeance de M. Pinard lui-
même, et de M. Daviaud, ancien notaire à Barbezieux.
*** Chéronnac, commune du canton et de l'arrondissement de Rochechouart
(Haute-Vienne).
**** Sauvebœuf, commune de Lalinde, chef-lieu de canton de l'arrondissement
de Bergerac (Dordogne).
***** Pierrebuffière, chef-lieu de canton de l'arrondissement de Limoges (Haute-
Vienne).

damoiselle, mariée avecq Girard Du Seault, seigneur de Villars; Mondot; Anne Mehée ».

« DIDIER MEHÉE, escuier, seigneur de Lestang et du Vergerbeau, feut marié avecq damoiselle MARGUERITE DE MENDOSSE, par contract de mariage du 3 mai 1556. Elle estoit fille de Bertrand de Mendosse, escuier, seigneur de Montlau, et de damoiselle Jehanne de Cossé. Elle estoit dame de la maison, terre et seigneurie de la Motthe-Migarde en Gascoigne, et de Pierrelongue. Elle avoit deux seurs touttes deux nommées *Anne*, la première desquelles feut mariée avecq Bertrand Arnoul, seigneur de Nieuil en Xaintonge, conseiller au parlement de Bourdeaux, de laquelle il vient des garsons et des filles. Les uns furent seigneurs de Nieuil, les autres [durent a] voir mille escus. Une des filles du seigneur de Nieuil feut mariée avec le grand-père de Monsieur le conte d'Estrades, [1] chevalier des Ordres du roy; l'autre fille nommée Marie Arnoul, feut mariée avecq Antoine de Sainte-Maure, seigneur de Mosnac et de Jonsac; duquel mariage vient Geoffroy de Sainte-Maure, qui feut marié avecq dame Vivienne de Polignac; duquel mariage est venu Léon de Sainte-Maure, seigneur de Jonsac, chevalier des Ordres du roy, lieutenant du roy ès provinces de Xaintonge et Angoulmois, qui a esté marié avecq damoiselle Marie d'Esparbès de Lussan, fille de feu monsieur le maréchal d'Aubeterre [2] et dame Hipolyte Bouchard d'Aubeterre; duquel mariage est venu le seigneur marquis de Jonzac d'apprésent. [3] Des filles encore du seigneur de Nieuil sont

---

1. Antoinette Arnoul fut mariée par contrat du 30 mars 1579, à Jean d'Estrades, seigneur de Bonel et de Campagnac, dont François qui épousa Suzanne de Secondat, dont Godefroy, comte d'Estrades, ici indiqué (*Note de M. L. Audiat, président de la Société des Archives de Saintonge et d'Aunis.*

2. François d'Esparbès de Lussan, seigneur d'Aubeterre, mort maréchal de France en 1628.

3. Alexis de Sainte-Maure, qui fut lieutenant général et gouverneur de

venus le seigneur de Sallegourde, du nom de Raimont, président aux enquestes du parlement de Bourdeaux ; madame la marquise de La Roche-Chalais venoit encore de cette parenté, à cause de sa grand'mère ; messieurs de... Lycouis... de Rocquetaillée, monsieur le marquis de..... [1], monsieur du Fournel de Vaumondois, les enfans de monsieur le marquis de Clermont, le seigneur de Montlault (?), le seigneur du Bois-Charante, [2] à cause de son ayeul qui estoit Arnoul, sont tous parans de Josias Mehée, seigneur de La Ferrière d'Anqueville, et de ceux de sa branche, du trois au quatriesme degré. »

« Du mariage de Didier Mehée et de Marguerite de Mendosse sont issus neuf enfans : David, Jeanne, Josias, Eséchias, Anne, Salomon, Isaac, Marthe, et Elizabeth Mehée. Cela justifie par le testament dudit Didier et de la ditte Marguerite de Mendosse, signé de leurs mains. Josias et Eséchias, Anne et Marthe sont décédés sans enfans. »

« DAVID MEHÉE, escuier, seigneur de Lestang et du Vergerbeau, feut marié avecq damoiselle JACQUETTE DE SOUBSMOULINS, fille de Charles de Soubsmoulins, seigneur de Vibrac en Xaintonge, et de damoiselle Louise Giraud, dame d'Anqueville en Angoulmois, par contract de mariage du dernier may 1581 [*]. Il eut plusieurs beaux emplois soubs le

---

Cognac après son père, et mourut dans cette ville le 22 juin 1671 (*Les gouverneurs de Cognac*, par M. P. de Lacroix, p. 22).

1. Les coupures du papier ont fait disparaître plusieurs noms, et rendu les autres d'une lecture difficile.

2. Christophe Giraud, fils de Charles Giraud, écuyer, seigneur de Bois-Charente, et de Jeanne Arnoul.

[*] « Du mariage de Charles de Soubsmoulins, seigneur de Vibrac, et de Louise Girault, dame d'Anqueville, sont issus Jeanne, Anthoinette, Jehan et Jacquette de Soubsmoulins. Jeanne feut mariée avecq Jean de Soubsmoulins, seigneur d'Assas (?) Il y eut des enfans, mais la famille est périe. Anthoinette feut mariée avecq le viconte de Saint-Mathieu en Limousin. Il ni eut point d'enfans. Jehan de Soubsmoulins, seigneur de Vibrac, feut promis en mariage avec la niepce de Monsieur Dabin, ambassadeur pour le roy à Romme, au-

règne d'Henri-le-Grand : il commandoit la Compagnie des gens d'armes, feut gouverneur de Doumes [1], qui est un passage de conséquence sur la rivière de Dourdoigne. Il feut tué devant la ville de Chalus, en Limousin, au mois de juin 1592. De son mariage vint Gédéon, Josias, Henri, Benjamin, Salomon et Anne Mehée. Henri, Salomon et Anne sont décédés sans enfans » (Pour Henri, voir p. 286).

« Josias Mehée, escuier, seigneur de La Férrière d'Anqueville, feut marié avecq damoiselle Marie de Lestang, dame des Courades. Elle estoit fille d'Esmard de Lestang, seigneur des Courades, et de damoiselle Marie de La Porte, de la maison de Fleurac en Angoulmois. Duquel mariage estoient issus plusieurs enfans, mais Esaïe Mehée, seigneur des Courades, est resté seul. »

« Gédéon Mehée escuier, seigneur de Lestang et du Ver-

---

quel contract de mariage le pape et le colège des Cardinaux assista. Mais, ayant rompu, par mauvais conseil, son mariage, il feut toute sa vie malheureux. Il espousa néanmoins deux femmes, sçavoir : Françoise Goumard, héritière de la maison d'Eschilais en Xaintonge, et Rachel de Fédic, de la maison de Charmans en Angoumois, desquelles il n'eut point d'enfans. Il commandoit un régiment d'infanterie au service du roy Henri-le-Grand, duquel il estoit fort aimé. Il mourust à Chastelerault soubsonné de poison, le 1er jour de l'an 1598 » (*Note dans l'original*).

1. **Domme**, chef-lieu de canton de l'arrondissement de Sarlat, fut pris en 1588 par les protestants, sous le commandement du capitaine Vivant, sieur de Doissac, lequel, après s'être emparé de cette position, disait avec orgueil :

« *Plutôt pape quittera Rome,*
Que Vivant ne quittera Domme. »
(*Bulletin de la Société archéologique du Périgord*, VIII, 423).

Domme avait pour gouverneur, le 5 mars 1589, le vicomte de Turenne*, et le 23 février 1593, Martin Descluzet fut nommé par Henri IV capitaine-gouverneur de la ville et château de Domme (*Ibid.* IV, 248). C'est donc entre les deux qu'il faut placer David Mehée.

* Henri de La Tour d'Auvergne, duc de Bouillon, prince de Sedan, maréchal de France (1555-1623), épousa : 1o le 15 octobre 1591, Charlotte de La Marck, duchesse de Bouillon, morte le 15 mai 1594 ; 2o le 16 avril 1595, Elisabeth de Nassau, qui fut mère du grand Turenne (*Ans.*).

gerbeau, feut marié avecq damoiselle Renée Regnon, de la maison de La Braconnière en Poictou. De ce mariage sont issus : René Mehée, sieur d'Anqueville, et damoiselle Jacquette Mehée, dame de Ciré. Jacquette Mehée, mariée avecq Geoffroy de Culant, seigneur de Ciré ; de ce mariage sont venus trois enfans et deux filles.

« Benjamin Mehée, escuier, seigneur d'Estaules, feut marié avecq damoiselle Elizabeth d'Alloue, fille de la maison des Ageots en Poictou. »

[A] « GÉNÉALOGIE de Sainte-Maure de Montausier. »

« LÉON DE SAINTE-MAURE, deuxiesme du nom, seigneur de Montausier, espousa ANNE D'APPELLEVOISIN, niepce à la façon de Bretaigne de Renée Beau, mariée avecq Pierre Mehée, seigneur, à cause de sa femme, de la terre du Vergerbeau. Le dit seigneur de Montausier eut de ce mariage Gui de Sainte-Maure. »

« GUI DE SAINTE-MAURE, seigneur de Montausier, feut marié avecq MARGUERITE DE LANNE. Il estoit parent du segond au troisiesme degré de Fransois Mehée, seigneur de Lestang. Du mariage de Gui de Sainte Maure et de la ditte Marguerite de Lanne, vient François de Sainte-Maure. »

« FRANSOIS DE SAINTE-MAURE, seigneur de Montausier, feut marié avecq LOUISE DE GILLIER, d'où naquirent quatre enfans masles et une fille, dont l'aisné feut Léon de Sainte-Maure troisiesme du nom, Gui de Sainte-Maure, seigneur de Fougère, et Marguerite de Sainte Maure, dame comtesse de Brassac [1]. Le dit Fransois de Sainte-Maure estoit parent du troisiesme au quatriesme degré de Didier Mehée, seigneur de Lestang. »

« LÉON DE SAINTE-MAURE, troisiesme du nom, seigneur de Montausier, feut marié avecq MARGUERITE DE CHATEAUBRIANT, de laquelle il eut deux enfans masles et une fille. Le premier, Hector de Sainte-Maure, feut tué au siège de Cazal ; le segond,

« CHARLES DE SAINTE-MAURE, chevalier des Ordres du roy, duc de Montausier, marié avecq JULLIE D'ANGENNES, héri-

---

1. Par son mariage avec Jean de Galard de Béarn, comte de Brassac, chevalier de l'Ordre du Saint-Esprit, gouverneur d'Angoumois.

tière de la Maison de monsieur le marquis de Rambouillet [1]. »

Gui de Sainte-Maure, segond fils de Fransois de Sainte-Maure et de Louise de Gillier, seigneur de Fougère, feut marié avecq Louise de Jussas d'Ambleville. Il y a eu plusieurs enfans. Le dit Fransois de Sainte-Maure estoit cousin du trois au quatriesme degré de David Mehée, seigneur de Lestang ; et Léon de Sainte-Maure, Gui, seigneur de Fougère, et madame la comtesse de Brassac, du quatriesme au cinquiesme degré de Josias Mehée, seigneur de La Ferrière d'Anqueville ; et Monsieur le duc de Montausier et Messieurs de Fougère du cinq au sixiesme du sieur des Courades.

Quant à la parenté de Monsieur le comte de Jonsac, elle est expliquée au chef de la généalogie de Didier Mehée, sieur de Lestang. »

[B] « GÉNÉALOGIE de Monsieur le duc de La Rochefoucault, de laquelle est venue Claire de la Guirande [2].

GUI DE LA ROCHEFOUCAULT, sixiesme du nom [3], espousa ANNE DE ROCHECHOUART, dame de Tors, et contesse de Fronsac [4]. De ce mariage vient Emeri de La Rochefoucault, deuxiesme du nom, qui espousa Daulphine de la Tour, de laquelle il eut Gui VII. »

Gui septiesme du nom, seigneur de la Rochefoucault [5], espousa Aignès de Culant [6], de laquelle il eut Emeri (IIIᵉ du nom, *Anselme*), seigneur de la Rochefoucault, et Geoffroy, (Iᵉʳ du nom, *ibid.*), seigneur de Verteuil. » (*Il n'en est plus question ici*).

---

1. Charles d'Angennes, marquis de Rambouillet, maréchal de camp, marié en 1600 à demoiselle Catherine de Vivonne, fille de Jean, marquis de Pisany et de Julie Savelli. — *Pisany*, canton de Saujon, arrondissement de Saintes (Charente-Inférieure).

2. Si l'on constate des omissions, ne pas oublier que le but de l'auteur est moins de donner une généalogie complète des La Rochefoucauld, que de faire ressortir sa parenté avec cette illustre maison. Il est intéressant de rapprocher cette généalogie de celles données par le P. Anselme et autres auteurs.

3. Mort en 1295 (*Anselme*).

4. D'après La Charlonie (Annotations au *Recueil* de Corlieu, p. 74), et le P. Anselme, il y aurait eu deux femmes, dont la première s'appellerait *Agnès* de Rochechouart, et l'autre *Tors de Fronsac*.

5. Testa en 1344 (*Anselme*).

6. Fille de *Renoul*, seigneur de Culant en Berry, et de Catherine de Carency (*Ibid.*)

« EMERI IIe du nom, seigneur de la Rochefoucault [1], faict la branche des aisnés ; marié avec DAUPHINE DE LA TOUR, fille de Bernard de la Tour, comte d'Auvergne. De ce mariage vient Gui huictiesme [2]. »

« GUI huictiesme [3] espousa MARGUERITE DE CRAON [4], duquel mariage vient Foucault de la Rochefoucault. »

« FOUCQUES ou FOUCAULT DE LA ROCHEFOUCAULT (IIIe du nom, Ans.) [5], espousa JEANNE DE ROCHOUART, fille de messire Foucques de Rochouart [6], fils de Gui

« GEOFFROY (IIIe du nom, Ans.) [7], seigneur de la Roche, espousa AGNÈS DE BARBEZIEUX, fille d'Itier de Barbezieux (et d'Ænor de Sully, Ans.) de laquelle il eut Gui et Emeri de la Roche. Itier de Barbezieux estoit frère d'Itier de la Rochebeaucour duquel viennent messieurs les contes de Brassac, et d'Itier de Villebois. »

« GUI DE LA ROCHE eut de son mariage avecq (blanc) Geoffroy II [8]. »

« GEOFFROY deuxiesme du nom [9], (Guy, d'après le P. Ans.), eut trois femmes : la 1re ROUSSINE DE MONTAULT [10], dame de Mussidan et de Montandre ; la deuxiesme MARGUERITE D'ALBRET ; la troisiesme JEHAN-

---

1. Mort en 1297 (*Anselme*).

2. Il y a ici quelque confusion. D'après Anselme, Emeri II et Dauphine de La Tour eurent Guy VII, lequel d'Agnès de Culant eut Emeri III, qui épousa Rogette de Grailly, dont il eut Guy VIII.

3. Testa en 1427 (*Ibidem*).

4. Fille de Guillaume de Craon, vicomte de Châteaudun, et de Jeanne de Montbazon. Guillaume de Craon avait eu une première femme, Jeanne de Luxembourg (*Ibidem*).

5. Testa en 1466 (*Ibidem*).

6. Fille de Geoffroy, vicomte de Rochechouart, seigneur de Tonnay-Charente, et de Marguerite Chenin (*Anselme*).

7. Petit-fils de Geoffroy I, fils puîné, nommé plus haut, d'Emeri II et de Dauphine de La Tour.

8. Il existe ici une certaine confusion dans les noms. Ce Guy de La Roche semble être le même que Geoffroy qui suit. Le P. Anselme et les autres auteurs éprouvent aussi quelque embarras pour ces premiers degrés.

9. Vivait encore en 1432 (*Anselme*).

10. *Rosine*, fille de Raymond de Montault, seigneur de Mussidan, Montendre et Montguyon, et de *Marguerite d'Albret* (*Anselme*). Notre auteur semble avoir confondu cette dernière avec Marie d'Usaiges, que le P. Anselme donne pour deuxième femme à Guy de La Rochefoucauld.

huictiesme du nom, d'une part, et de dame Jeanne de Rochouart. De ce mariage vient Jehan de la Rochefoucault, qui feut chevalier de l'Ordre, chambelan des rois Charles septiesme, Louis Onze, gouverneur d'Angoulmois, Bayonne et terres de Labour, capitaine du chasteau de Fronsac, grand sénéchal de Guiene, et curatteur de Charles de Valois, comte d'Angoulesme. »

« JEHAN DE LA ROCHEFOUCAULT [1], espousa MARGUERITE DE LA ROCHE, sa cousine [2], par contract de mariage du 29 février 1446. Il estoit beau-frère de Guion de La Guirande qui avoit espousé Enor de La Roche, sœur de la ditte Marguerite. Il eut de son mariage Fransois, Ier du nom, seigneur de La Rochefoucault. »

NE DE ROGEMONT [3], de laquelle il eut Jehan de La Roche. »

« JEHAN DE LA ROCHE, seigneur de Verteuil, et de Barbezieux [4], espousa JEHANNE SANGLIER [5]. De ce mariage vient deux filles [6], Marguerite et Enor de la Roche. Marguerite feut mariée avec Jehan, seigneur de la Rochefoucault, fils de l'aisné de la Rochefoucault ; et Enor de La Roche feut mariée avecq Guion de La Guirande, seigneur de Lestang près Barbezieux. »

1. Testa le 2 décembre 1471 (*Anselme*).
2. 27 février (*Anselme*). Devenue veuve, Marguerite se remaria à *Hardouin* IXe du nom, fils d'Hardouin VIII, baron de Maillé, et de Perrenelle d'Amboise, dame de Rochecorbon (*Anselme*).
3. Jeanne de Rougemont, veuve de Guillaume Sanglier, seigneur de Bizay et de Bournan.
4. Testa le 14 août 1439 (*Anselme*).
5. Fille de Guillaume Sanglier et de Jeanne de Rougemont nommée plus haut (*Anselme*).
6. Énor, la seconde, que notre auteur donne ici, n'est pas nommée par le P. Anselme.

« FRANSOIS premier, seigneur de LA ROCHEFOUCAULT 1, espousa damoiselle FRANSOISE DE CRUSOL 2. Il estoit cousin germain de Bertrand et d'Odette de La Guirande. De ce mariage de Fransois de La Rochefoucault et de Fransoise de Crusol, vient Fransois Segond, Antoine de La Rochefoucault, seigneur de Barbezieux, et Louis de La Rochefoucault, seigneur de Montendre 3 [a]. »

« FRANSOIS segond, seigneur de LA ROCHEFOUCAULT 4, espousa ANNE DE POULLIGNAC 5. Il estoit cousin segond de Bertrand Aisse, seigneur de Touvérac, et de Penot de La Guirande, seigneur de Lestang. De ce mariage vient Fransois III, premier conte de La Rochefoucault. »

« GUION DE LA GUIRANDE, seigneur de Lestang, espousa ENOR DE LA ROCHE. De son mariage vient plusieurs enfans, scavoir : Bertrand de La Guirande, Odette et autres. »

1

« ODETTE DE LA GUIRANDE feut mariée avecq HÉLIE AISSE. De leur mariage vient Bertrand Aisse. »

1

« BERTRAND DE LA GUIRANDE feut marié avecq GUILLEMETE GAILLARDE, duquel mariage vient Penot de La Guirande. »

2

« BERTRAND AISSE feut marié (blanc) ; duquel mariage vient Prégent Aisse. »

2

« PENOT DE LA GUIRANDE feut marié deux fois. La première avecq JEHANNE COMBEAU ; duquel mariage vient Antoine de La Guirande ; la seconde avecq CLAIRE DU CHASTENET, qui feut re-

---

1. Premier comte, d'après Anselme, qui ajoute que la baronnie de la Rochefoucauld fut érigée en comté en sa faveur, par le roi François Ier, son filleul. Mort avant 1533.

2. *Louise de Crussol*, fille de Louis, seigneur de Crussol, sénéchal de Poitou, et de Jeanne de Lévis (*Anselme*). Le même auteur donne pour seconde femme à François I de La Rochefoucauld, *Barbe du Bois*, fille de Jean, seigneur du Bois, d'Esquerdes, etc., d'où *Louis* (Voir ci-après p. 279).

3. Renvoi dans l'original : Voir plus bas, p. 278.

4. Mort en 1533 (*Anselme*).

5. Fille de Jean de Polignac, seigneur de Randan, et de Jeanne de Chambes (*Anselme*).

« FRANSOIS troisiesme, premier conte[1] de LA ROCHEFOUCAULT[2], espousa en premières nopces SILVIE PIC DE LA MIRANDE[3]; en secondes nopces CHARLOTTE DE ROYE, contesse de Roussi[4], de laquelle vient Fransois, quatriesme du nom[5] et Charles de la Rochefoucault, conte de Roussi. Il vient encore de ce mariage : Henri, qui mourut jeune, Josué, tué à la journée d'Arques. Il y eut encore Benjamin, Madeleine et Isabeau. Le dit Fransois Troisiesme estoit cousin au troisiesme degré de Prégent Aisse, seigneur de Touvérac, et d'Antoine de La Guirande, seigneur de Lestang. »

« FRANSOIS quatriesme, conte de LA ROCHEFOUCAULT[6], feut marié avecq CLAUDE D'ESTISSAC, fille de messire Louis d'Estissac, chevalier de l'Ordre du roy[7]. Il estoit cousin au

mariée avecq Renault de Sainte-Maure, seigneur de Jonsac. »

3

« PRÉGENT AISSE feut marié avecq CHATERINE DE SAINTE-MAURE; duquel mariage vient Gui, Claire, et Chaterine Aisse. Claire feut mariée avecq Artus Goulard; et Chaterine avecq Guillaume de La Guirande, de laquelle vient CLAIRE DE LA GUIRANDE, mariée avecq François Mehée.»

3

« ANTOINE DE LA GUIRANDE, marié avecq MARIE DE LA ROCHEFOUCAULT; duquel mariage vient

4

« Du mariage d'ARTUS GOULARD, seigneur de Touvérac, et de la dit-

4

« GUILLAUME DE LA GUIRANDE, marié avecq CHATERINE AISSE; duquel

---

1. Voir précédemment, p. 274, note 1.

2. Mort en 1572, victime de la Saint-Barthélemy (*Anselme*).

3. Fille aînée de Galéas Pic, prince de La Mirandole, et d'Hippolyte de Gonzague (*Anselme*).

4. Fille de Charles de Roye, comte de Roucy, et de Madeleine de Mailly (*Anselme*).

5. D'après Anselme, François est seul fils du premier lit.

6. Tué par les ligueurs le 15 mars 1591 (*Anselme*).

7. Gouverneur de La Rochelle, et de Louise de La Béraudière, sa seconde femme (*Anselme*).

quatriesme degré de Claire Aisse qui feut mariée avecq Artus Goulard, premier seigneur de Touvérac, et de Chaterine Aisse, mariée avecq Guillaume de La Guirande, seigneur de Lestang. Duquel mariage de Fransois IV et de la ditte Claude d'Estissac, vient

« FRANSOIS cinquiesme, premier duc de LA ROCHE-FOUCAULT [1], qui feut marié avecq damoiselle GABRIELLE DU PLESSIS, fille de Monsieur de Liancourt [2], au mois de juillet 1611, [lequel] feut marié avecq damoiselle Antoinette de Pons ; duquel mariage est issu Fransois sixiesme du nom, et une fille mariée avec monsieur le marquis de Cilleri.....[3] René Méhée seigneur d'Anqueville, marié avecq damoiselle Claude Chasteigner ; de ce mariage il y a un fils et

te Claire Aisse, vient

5

« JEHAN GOULARD, seigneur de Touvérac, qui feut marié avecq (*blanc*;[dont]vient Fransois Goulard. »

6

« FRANSOIS GOULARD, seigneur de Touvérac, fut marié avecq (*blanc*); duquel mariage vient Jacques Goulard, seigneur de Touvérac et de La Faye. [4]»

7

« JACQUES GOULARD, seigneur de La Faye et de Touvérac. »

mariage vient CLAIRE DE LA GUIRANDE. »

1. Mort le 8 février 1650 (*Anselme*).

2. Charles du Plessis, seigneur de Liancourt, gouverneur de Paris, marié à Antoinette de Pons (*Anselme*).

3. *Marie-Catherine de La Rochefoucault* épousa le 27 mai 1638, Louis-Roger Brulart, marquis de Puiseux et de Sillery (*Anselme*). Il y avait 10 autres enfants d'après le P. Anselme.
Ici cinq ou six mots effacés ou illisibles, dont le sens paraît être que ces enfants du duc François V étaient parents de René Méhée, à cause de sa femme Claude Chasteigner, laquelle était fille de Madeleine de Pons.

4. La Faye, commune de Deviat, canton de Montmoreau, arrondissement de Barbezieux. Jacques Goulard, épousa Françoise de La Touche, héritière de cette terre, vers 1585.

deux filles. Il estoit cousin au cinquiesme degré de Jehan Goulard, seigneur de Touvérac, et de Claire de La Guirande, dame de Lestang. »

« Monsieur de La Ferrière d'Anqueville est parent de Monsieur le baron de La Faye, par le moyen d'Odette de La Guirande, mariée avecq Hélie Aisse duquel il vient et le sieur de La Ferrière, à cause de Bertrand de La Guirande, fils et fille de Guion de la Guirande et d'Enor de La Roche, dame en partie de Barbezieux, au septiesme degré ; et à cause de Chaterine Aisse de laquelle le dit sieur de La Ferrière vient, qui estoit seur de Claire Aisse mariée avecq Artus Goulard, du quatriesme au cinquiesme degré. Les dittes Chaterine et Claire Aisse estoient filles de Prégent Aisse, seigneur de Touvérac, et de Chaterine de Sainte-Maure, et partant les seigneur de La Ferrière d'Anqueville et baron de La Faye, sont parans de monsieur le duc de Montausier au cinquiesme degré. »

« Fransois VI, seigneur de la Rochefoucault [1], a esté marié avecq (blanc) de Vivonne [2], de la maison de La Chasteigneray. Il estoit cousin au sixiesme degré de Fransois Goulard, seigneur de Touvérac et baron de La Faye, et de Didier Mehée, seigneur de Lestang. De ce mariage est venu François VII. »

« Fransois VII, seigneur de la Rochefoucault, prince de Marsillac [3], a espousé (blanc) Du Plesis, fille unique héritière de

---

1. L'auteur des *Maximes*, né le 15 décembre 1613, mort le 17 mars 1680 (*Anselme*).

2. Andrée, fille unique d'André de Vivonne, seigneur de La Béraudière et de La Châtaigneraye, grand-fauconnier de France, et de Marie-Antoinette de Loménie (*Anselme*).

3. Né le 15 juin ou juillet 1634, mort le 11 janvier 1714 (*Anselme*).

Monsieur de Liancourt [1]. Il auroit esté parent au septiesme degré de Jacques Goulard, et baron de La Faye, et de David Mohée, seigneur de Lestang, qui est père du seigneur de La Ferrière d'Anqueville ; tellement que le seigneur de La Ferrière est parent au huictiesme degré de Monsieur le duc de La Rochefoucault. »

[a] « Branche des seigneurs de Barbezieux et de Montandre. »

« ANTOINE DE LA ROCHEFOUCAULT, seigneur de Barbezieux [2], espousa ANTOINETTE D'AMBOISE [3]. Ledit Antoine estoit cousin segond de Bertrand Aisse, seigneur de Touvérac, et de Penot de La Guirande, seigneur de Lestang. Duquel mariage [4] vient Charles, Antoine, seigneur de Chaumont, Louis, baron de Cellefroin, Anne, femme de Fransois de Pompadour, Jacquette, femme de Bonnaventure viconte de Rochechouart. »

« CHARLES DE LA ROCHEFOUCAULT [5], fils d'Antoine, espousa FRANSOISE CHABOT, fille de Philippe Chabot, admiral de France [6]. Duquel mariage il y eut trois filles : Fransoise de La Rochefoucault espousa Claude d'Espiné conte d'Urtal [7]; Antoinette espousa Antoine Brichateau [8], seigneur de Nangis ; (*ici un blanc où devait sans doute être mentionnée la troisième fille* [9]). Le dit Charles estoit cousin au troisiesme degré de Prégent Aisse, seigneur de Touvérac, et d'Antoine de La Guirande, seigneur de Lestang. »

---

1. Jeanne-Charlotte du Plessis-Liancourt, fille d'Henri du Plessis, comte de La Rocheguyon, premier gentilhomme de la chambre du roi, et d'Elisabeth de Lannoy (*Anselme*).

2. Mort en 1537 (*Anselme*).

3. Fille de Guy d'Amboise, seigneur de Ravel, et de Françoise [de L'Espinasse, dite] Dauphin (*Anselme*).

4. Il y a ici confusion. D'après Anselme, les deux suivants sont les enfants d'Antoine, les trois autres ses frères et sœurs.

5. Mort le 15 juin 1583 (*Anselme*).

6. Voir page 151, note.

7. Claude d'Espinay, comte de Durtal, fils de Jean, marquis d'Espinay, et de Marguerite de Scépeaux (*Anselme*).

8. Antoine Brichanteau, fils de Nicolas Brichanteau, seigneur de Beauvais-Nangis, et d'Anne Daguerre (*Anselme*).

9. Charlotte de La Rochefoucauld, qui épousa François des Barres, seigneur de Neuvy-Bannegon en Bourbonnais (*Anselme*).

« LOUIS DE LA ROCHEFOUCAULT, seigneur de Montandre 1, espousa ANTOINETTE MORTEMER [2] et Barbe Du Bois [3]. De ses mariages vient Fransois, son successeur, Gaston, seigneur de Salles, Louis, seigneur de Roissac. Le dit Louis estoit cousin au troisième degré de Prégent Aisse, seigneur de Touvérac, et d'Antoine de La Guirande, seigneur de Lestang. »

« FRANSOIS DE LA ROCHEFOUCAULT, seigneur de Montandre et de Monguion [4], espousa HÉLÈNE GOULARD, de la maison de La Faye, sa cousine [5]. Il eut plusieurs enfants : Isaac, son successeur ; Henri, mort jeune ; autre Henri, mort au siège d'Amiens [6] ; Judicq, mariée avec Anthoine du Chastelet [7] ; Marie, mariée avec Josias de Brémont sieur d'Ars [8]. Le dit Fransois estoit cousin au quatriesme degré de Claire Aisse, mariée avec Artus Goulard, seigneur de Touvérac, et de Catherine Aisse, mariée avec Guillaume de La Guirande, seigneur de Lestang. »

« ISAAC DE LA ROCHEFOUCAULT, seigneur de Montandre et de Montguion [9], espousa HÉLEINE DE FONSÈQUES, dame de Surgères [10]. De ce mariage vient Charles, Louis, Marie, femme de Messire Gui Chabot, seigneur de Jarnac [11], Lucie, mariée en premières nopces avec le baron de Cusagues, de la maison de Durefort [12] ; en secondes avec le conte de Tourville [13]. Le dit

1. Vivait encore en 1559 (*Anselme*).

2. *Jacquette* (*Anselme*), fille de François de Mortemer, seigneur d'Ozillac, et de Françoise d'Aydie de Ribérac (*Ibid.*).

3: D'après Anselme, Barbe du Bois est la seconde femme de François Ier de La Rochefoucauld, et la mère de Louis, lequel ne s'est marié qu'une fois.

4. Mort le 12 janvier 1600 (*Anselme*).

5. Fille unique d'Egmond Goulard, seigneur de Marsay et de La Boulinière, et de Guyonne du Puy du Fou (*Anselme*).

6. En 1597.

7. Seigneur de Saint-Amand et de Cirey (*Anselme*).

8. Fils de Charles de Brémond d'Ars et de Louise de Valzergues (*Anselme*).

9. Mort vers 1612 (*Anselme*).

10. Fille de Charles de Fonsèque, seigneur de Surgères, et d'Esther Chabot de Sainte-Foy (*Anselme*).

11. Fils de Léonor Chabot, baron de Jarnac, et de Marguerite de Durfort-Duras, sa seconde femme (*Anselme*).

12. Geoffroy de Durfort-Duras, baron de Cuzaguez (*Anselme*).

13. César de Costentin, comte de Fismes et de Tourville (*Ibidem*).

Isaac de La Rochefoucault estoit cousin au cinquiesme degré de Jehan Goulard, seigneur de Touvérac, et de Claire de La Guirande mariée avecq Fransois Mehée, seigneur de Lestang. Madame de Jarnac et Madame de Tourville estoient parentes de Didier Mehée au sixiesme degré. Leurs enfans sont parans de David Mehée, seigneur de Lestang, au septiesme degré; Monsieur de Jarnac d'apprésent [1] [du sieur de La Ferrière] au huictiesme degré, et du sieur des Courades du huict ou neufiesme degré. »

« CHARLES DE LA ROCHEFOUCAULT, seigneur de Montendre [2], fils d'Isaac, espousa MARIE TEVIN [3], duquel mariage est venu Charles segond, mariée avecq Mlle Pithou, fille de M. Pithou [4]. Il y a eu trois filles. »

« (Blanc) [5] DE LA ROCHEFOUCAULT, seigneur de Surgères, a esté marié avecq la veufve de feu M. de Courbon. Il y a des enfans et des filles de ce mariage. Ils sont parans au neufiesme degré du seigneur de La Ferrière d'Anqueville et de Monsieur le baron de La Faye. »

« GASTON, seigneur de Salles, fils de Louis [6], espousa CHARLOTTE DE LA ROCHEFOUCAULT, sa cousine [7], de laquelle il eut Jacques. Le dit Gaston estoit cousin au quatriesme degré de Claire Aisse, mariée avecq Artus Goulard, et de Catherine

---

1. Guy-Henri Chabot, fils de Louis Chabot, comte de Jarnac, et de Catherine de La Rochebeaucourt, né le 27 novembre 1648, mort le 6 novembre 1690 (Anselme). Il était petit-fils de Guy Chabot et de Marie de La Rochefoucauld.

2. Vivait en 1627 et défendait l'île de Ré contre les Anglais (Anselme).

3. Fille de François Thevin, seigneur de La Dublière, et de Marie Le Franc (Anselme qui l'appelle Renée).

4. Charles-Louis de La Rochefoucauld de Fonsèque, marquis de Montendre, épousa Madeleine-Anne Pithou, fille de Pierre Pithou, seigneur de Luyères, conseiller au parlement de Paris, et de Chrétienne Loysel (Ibidem.)

5. François de La Rochefoucauld (Anselme; Louis, nommé ci-devant, était un bâtard), second fils d'Isaac et d'Hélène de Fonsèque, épousa : 1o Anne Philippier, de Cognac, veuve de Louis de Courbon, seigneur de Roumette, capitaine au régiment de Champagne; 2o Marie de Gombault de Chamfleury.

6. Voir ci-dessus p. 279.

7. Fille d'Antoine de La Rochefoucauld, seigneur de Chaumont, qui était fils d'Antoine de La Rochefoucauld et d'Antoinette d'Amboise, nommés ci-dessus,

Aisse mariée avecq Guillaume de La Guirande, seigneur de Lestang. »

« JACQUES, seigneur de Salles, feut marié avecq (blanc) DE LA FOSSE [1], seur de Monsieur de La Fosse, conseiller d'Estat. Il n'y a eu qu'une fille [2] de ce mariage, mariée avec Alexandre de Gallard de Béarne. »

« LOUIS, seigneur de Roissac [3], feut marié [avecq] JEHANNE BOUCHARD D'AUBETERRE [4] ; duquel mariage vient [5] :

« ELEONOR, seigneur de Roissac, marié avecq LIDIE DE LANNES, fille de M. de La Rochechalais [6], duquel mariage il y a des enfans. »

(Fin du manuscrit du seigneur des Courades).

SUITE DE LA GÉNÉALOGIE.

David Méhée, écuyer, seigneur de L'Etang, eut, comme il est dit ci-dessus, 1º Gédéon ; 2º Josias ; 3º Henri ; 4º Benjamin ; 5º Anne, morte vers 1595 ; 6º Salamon, mort vers 1618.

I. — GÉDÉON MÉHÉE, écuyer, seigneur de L'Etang, d'Anqueville, et du Vergerbeau, épousa RENÉE REGNON, fille de Jean Regnon, écuyer, sieur de La Braconnière en Bas-Poi-

---

1. Marguerite du Fossé, fille de Jean du Fossé, écuyer, seigneur de La Fosse, maire d'Angoulème en 1602, et échevin les années suivantes (Sanson), et de Catherine Birot. (Contrat du 20 août 1621, reçu H. Chérade, notaire à Angoulême.

2. Charlotte de La Rochefoucauld (Anselme). Le même auteur donne une autre fille, Catherine, mariée à Antoine Boysson.

3. Fils de Louis de La Rochefoucauld, seigneur de Montendre, et de Jacquette de Mortemer, nommés plus haut.

4. Fille de Louis Bouchard d'Aubeterre, seigneur de Saint-Martin-de-La-Coudre, et de Jeanne Hamon (Anselme).

5. Ces derniers degrés sont traités sommairement ; il y en a ici un d'omis. Eléonor ou Léonor de La Rochefoucauld qui suit, est le petit-fils de Louis par son père Isaac de La Rochefoucauld, seigneur de Roissac, et sa mère Jeanne de Pons (Anselme).

6. Charles de Lanes, marquis de La Rochechalais, marié avec Françoise Vigier (Anselme).

tou, et de dame Antoinette Prévost. Mort en 1613, laissant :
1° *René*, qui suit ; 2° *Jacquette*, mariée le 10 mars 1633,
à Geoffroy de Culant, seigneur de Saint-Même et de Ciré.

RENÉ MÉHÉE I⁰ʳ du nom, chevalier, seigneur de L'Etang,
d'Anqueville et du Vergerbeau, épousa CLAUDE CHASTEIGNER ✻.

✻ GÉNÉALOGIE de René Méhée d'Anqueville, seigneur de
Moulidars, par sa mère Claude Chasteigner [1] :

PHILIPPE III, dit le Hardi, roi de France, mort le 5 octobre
1285.

ISABELLE D'ARAGON, sa première femme [2], morte le 28 janvier
1271.

Charles de France, comte de Valois, leur fils, mort le 16 décembre 1325.

Mahaut ou *Mathilde de Châtillon*, sa troisième femme [3],
morte le 3 octobre 1358.

Isabelle de Valois, leur fille, demi-sœur du roi Philippe VI,
épousa le 25 janvier 1336, *Pierre I⁰ʳ, duc de Bourbon*, tué à la
bataille de Poitiers en 1356. Isabelle mourut le 26 juillet 1383.

Marguerite de Bourbon, leur fille, sœur de Jeanne de Bourbon, femme de Charles V, roi de France, et de Blanche de
Bourbon, femme de Pierre le Cruel, roi de Castille, épousa le

1. Les éléments de cette généalogie sont tirés d'un tableau commençant à
Philippe-le-Hardi, et se terminant à René Méhée I⁰ʳ du nom, seigneur d'Anqueville. Ce document est aux archives du département de Seine-et-Marne
(Série F. 46), mais il y manque plusieurs dates importantes. Nous l'avons
scrupuleusement vérifié et complété à l'aide d'auteurs recommandables, notamment le chevalier de Courcelles (*Généalogie des Pairs de France*), et nous
avons eu la satisfaction de le trouver en général exact, et de combler ses
lacunes. Nous croyons donc pouvoir donner cette pièce comme un titre
sérieux et intéressant.

2. Sa seconde femme fut Marie de Brabant.

3. Il épousa : 1° en 1290, Marguerite d'Anjou ou de Sicile, fille de Charles II d'Anjou, dit le Boiteux, roi de Naples, morte le 31 décembre 1299 ;
2° en 1300, Catherine de Courtenay, fille de Philippe et petite-fille de Beau-
doin de Courtenay, dernier empereur latin de Constantinople, morte le
2 janvier 1307 ; 3° au mois de juin 1308, Mahaut de Châtillon, fille de
Guy III de Châtillon, comte de St-Paul, morte à la date ci-dessus. (*Courcelles*, I. 78).

Mort en 1658, laissant : 1º *René*, qui suit ; 2º *Madeleine*, qui épousa Henri de Pocquaire, chevalier, seigneur de Fontaulière ; 3º *Henriette*, qui se fit religieuse.

RENÉ MÉHÉE IIe du nom, chevalier, seigneur d'Anqueville,

---

4 mai 1368, *Arnaud Amanieu*, sire d'Albret, vicomte de Tartas, grand chambellan, d'où :

CHARLES, SIRE D'ALBRET.

Marguerite d'Albret épousa en 1400 *Gaston de Foix*, captal de Buch, comte de Benauges, seigneur de Grailly.

CHARLES II, SIRE D'ALBRET.

Isabelle de Foix, leur fille, épousa le 20 septembre 1425, *Jacques Ier sire de Pons*, fils de Renaud VI, sire de Pons, vicomte de Turenne, et de Marguerite de La Trémouille. Isabelle mourut en 1459, et son mari en 1472 ou 73.

ALAIN dit LE GRAND, SIRE D'ALBRET.

Guy, sire de Pons, vicomte de Turenne, seigneur de Montfort, épousa, le 3 novembre 1461, *Jeanne de Châteauneuf* ou *Castelnau*, fille d'Antoine de Castelnau, baron du Lau en Armagnac, seigneur de Castillon, de Duras et de Blanquefort, grand sénéchal de Guienne, favori de Louis XI.

JEAN, SIRE D'ALBRET, épousa CATHERINE DE FOIX, reine de Navarre.

François Ier, sire de Pons, vicomte de Turenne, prince de Mortagne-sur-Gironde en partie, épousa le 15 novembre 1483, *Marguerite* [1] *de Coëtivy*, fille d'Olivier de Coëtivy, seigneur de Taillebourg, et de Marie [2] de

---

1. *Courcelles* ; notre tableau donne *Catherine*.

2. Courcelles donne *Marguerite*, mais il ajoute en note qu'elle est ailleurs appelée *Marie*.

épousa ANNE LE MUSNIER, d'où vinrent : *1o René-Claude* ; *2o Elisabeth* ; *3o Anne-Rose* ; *4o Joseph* ; *5o Anne* ; *6o Cyprien-Gabriel*, en qui s'éteignit cette branche.

	Valois, fille naturelle de Charles VII et d'Agnès Sorel.
HENRI, DUC D'ALBRET, roi de Navarre.	*François II, sire de Pons*, vicomte de Turenne, seigneur de Montfort, épousa, le 6 juin 1504, *Catherine de Ferrières*, fille de Jean II, baron de Ferrières, et d'Anne Geoffroy [1] :
JEANNE D'ALBRET, reine de Navarre, épousa ANTOINE DE BOURBON.	*Charles de Pons*, chevalier, seigneur de Brosses, né le 20 mars 1523, devint le chef du nom et des armes de sa maison, par la mort de son aîné, Antoine, sire de Pons. Il épousa en secondes noces (vers 1750 ?) [2] *Bonne de Martel*, fille de Jean de Martel-Fontaines, baron de Caussade et de Réalville en Quercy, et de Claire du Buisson d'Aussonne, d'où vint :
HENRI IV, roi de France et de Navarre, mort en 1610.	*Pons de Pons*, seigneur de Brosses et de Bourg-Charente, par l'achat de cette dernière terre en 1607, épousa le 22 [3] juin

1. Le tableau donne ces deux degrés dans l'ordre inverse ; nous suivons ici Courcelles, et tout démontre que c'est l'ordre vrai.

2. Charles de Pons avait épousé en premières noces Antoinette d'Arpajon, fille d'honneur de la reine Éléonore, femme de François Ier, qui avait pour père René d'Arpajon, sire de Sévérac, maître d'hôtel de la reine, et pour mère, Géraude du Prat. Il n'en eut pas d'enfants. Quant à son second mariage avec Bonne de Martel, ni notre tableau, ni Courcelles ne nous en apprennent la date. Celle de 1570 est vraisemblable, à s'en rapporter aux indications données par les chartes. Malgré cette légère lacune, l'ordre généalogique n'est pas douteux, car Charles de Pons et Bonne de Martel figurent comme père et mère, sur le contrat de mariage de Pons de Pons avec Cécile de Durfort (Voir cet acte).

3. Courcelles donne le 12 juin ; l'acte porte le vingt-deux *en toutes lettres*.

II. — JOSIAS MEHÉE, chevalier, seigneur de La Ferrière, épousa le 21 janvier 1607, MARIE DE LESTANG, dame des Courades, d'où vinrent : 1º *René,* 2º *Jacquette,* 3º *Renée,* morts sans postérité ; 4º *Henri Méhée,* écuyer, sieur de Saint-Hilaire, qui épousa : 1º Françoise Faligon, dame de Tourteron, morte en 1648, d'où François Méhée, né en 1648, mort jeune ; 2º Claude Chasteigner, veuve de René Méhée d'Anqueville, Ier du nom ; 5º *Isaïe Méhée,* chevalier, seigneur des Courades, marié avec Anne Le Musnier, d'où 1º Pierre Mehée Ier du nom, seigneur de Monleau, puis d'Ardenne, mort sans postérité en 1692 ; 2º Pierre Mehée IIe du nom, seigneur de Saint-Hilaire, puis d'Ardenne, marié avec Thérèse Lemoine, dame de Brugnac, mort sans postérité le 27 février 1760. Il termina cette branche.

1592. *Cécile de Durfort,* fille de Jean-Claude de Durfort, seigneur de Civrac en Bordelais, et de Madeleine d'Aydie des Guitinières. Elle testa le 18 décembre 1625 [1]. De ce mariage il eut :

Louis XIII, roi de France, mort en 1643.

Madeleine de Pons, mariée le 10 août 1614, à *Isaac Chasteigner,* chevalier, seigneur du Lindois, fils de René Chasteigner, seigneur du Lindois, et de Claude de Salignac-Rochefort. Leur fille,

Louis XIV, roi de France, mort en 1715.

Claude Chasteigner, épousa, le 28 janvier 1652, *René Méhée,* chevalier, seigneur d'Anqueville.

---

1. Après sa mort, Pons de Pons épousa Elisabeth de Puyrigauld, fille de Jean de Puyrigauld, chevalier, seigneur du Bois et de Charmant, et de Suzanne de Gombaud de Champfleury (*Courcelles*). Il en eut Mmes de Miossens et de Heudicourt, dont il est question page 51.

III. — HENRI MÉHÉE, écuyer, seigneur de La Barde, épousa MADELEINE DAMOURS ; mort avant 1624, laissant *Henri Méhée*, seigneur de La Barde, mort sans alliance en 1642. Branche éteinte.

IV. — BENJAMIN MÉHÉE, écuyer, seigneur d'Etaule, épousa le 26 février 1624, ELISABETH D'ALLOUE, fille de Charles d'Alloue, écuyer, seigneur des Adjots, et d'Espérance du Nourrigier, décédée en 1638 ; 2º en 1648, JEANNE DE TUSTAL. Du premier mariage il eut : 1º *Charles*, seigneur de Lestang, l'aîné, mort sans postérité, vers 1668 ; 2º *Isaac*, qui suit ; 3º *Jacquette*, mariée 1º le 30 janvier 1668, à Jean Daudenet, sieur de Larsaud et des Robinières, conseiller du roi, élu en l'élection de Saintes ; 2º le 2 janvier 1676, à Mathieu Bertelot, écuyer, sieur du Couret, paroisse de Condéon. Elle testa le 28 avril 1686 ; 4º *Marie*, peut-être la même qu'*Henriette*, mariée au sieur d'Angoulême ; 5º *Suzanne*, femme de François Patronier, écuyer sieur du Vignaud ; 6º *Rachel*, mariée à Madelon de Bercier, écuyer, sieur de Lage ; 7º *Espérance* ; 8º *Elisabeth* ou *Isabelle*, épousa 1º en 1670, François Descombres, écuyer, sieur de Marsège, mort en 1671 ; 2º Antoine Racaud, écuyer, sieur de Laugerie, demeurant au Maine-Arnaud, paroisse de Pérignac, en Angoumois [1].

ISAAC ou ISAIE MÉHÉE, chevalier, seigneur de La Barde, puis de L'Etang, après la mort de Charles, son aîné, épousa 1º le 1er février 1664, GABRIELLE DE LA COUR ; 2º HÉLÈNE GOMBAUD. De son premier mariage il eut entre autres : 1º *Daniel*, qui suit ; 2º *Marthe*, mariée en 1702 à Gabriel Aisse ; 3º *Madeleine*, mariée à Jacques de Cursay.

DANIEL MÉHÉE, chevalier, seigneur de L'Etang, épousa : 1º MARIE RULLEAU ; 2º JEANNE DU BOUCHET. Il eut de la

---

1. La plupart des renseignements contenus dans ce paragraphe, sont extraits du *Bulletin des Archives de la Saintonge et de l'Aunis*, 1886, page 232 et suivantes, documents publiés par M. de Lafaye.

première : 1º *Etienne*, qui suit ; 2º *Marthe*, qui épousa, en 1728, Alexandre de Pocquaire, écuyer, sieur des Granges, fils d'Henri de Pocquaire, écuyer, seigneur de Fontaulière, et de Madeleine Méhée ; 3º *Marthe Méhée*, épouse de N. Drois, et peut-être en secondes noces de Louis Dubois, écuyer, seigneur de Boisnard ; 4º *Catherine*.

ETIENNE MÉHÉE, chevalier, seigneur de L'Etang, épousa MADELEINE LEVÈQUOT, d'où : 1º *Etienne* qui suit; 2º *Pierre*, né en 1736, lieutenant au régiment de La Sarre, marié le 9 novembre 1785 à Marie Guillotin, fille de Jean Guillotin, conseiller du roi, juge au siège royal de Brouage et châtelnie d'Hiers, et de Marie-Gabrielle Levêquot [1] ; mort sans enfants en 1801 ; 3º *Michel-Pierre*, né en 1731, officier au régiment de Poitou, épousa, le 3 août 1774, Elisabeth Laugerat-Largentrie, fille de Jean Laugerat-Largentrie et de Jeanne Gardrat. Il mourut sans enfants, et sa veuve se remaria le 25 octobre 1784 à Antoine-Henri de Guérin, fils de Pierre de Guérin, chevalier, et de Françoise-Louise de Mirande, qui mourut aussi à 84 ans le 27 janvier 1790 [2] ; 4º *Henri-Pierre*, né en 1751 [3], capitaine au régiment de Poitou, mort sans postérité peu après 1801.

ETIENNE MÉHÉE, chevalier, seigneur de L'Etang, capitaine d'infanterie au régiment de Poitou, épousa, le 10 février 1779, MARIE-ELISABETH DE MALET, fille de François de Malet, chevalier, seigneur de La Garde, et de Jeanne-Elisabeth de Terrasson. Il mourut en 1782, laissant une fille unique, *Marie-Elisabeth Méhée de L'Etang*, mariée 1º à Louis-Sébastien du Mas de Scée ; 2º à Antoine-Florimond Juzeaud, d'Angoulême, dont elle eut des filles. Famille éteinte [4].

---

1. *Registres de Barbezieux.*

2, 3. *Bulletin des Archives de la Saintonge*, Extraits des registres de Barbezieux, par M. Jules Pellisson.

4. Noms isolés dont la filiation n'est pas établie :

Catherine Méhée épouse de *Jean Berthoumé*, écuyer, sieur du Fraize, décédé en mars 1577, avec enfants mineurs ; remariée le 20 novembre 1595,

Nous ne terminerons point notre étude sur les Méhée, sans dire quelque chose d'un singulier personnage que cette famille a produit.

Un descendant de la branche restée en Saintonge, Jean-Etienne Méhée de Latouche, fils de Jean-Etienne Méhée, lieutenant des chirurgiens de Saint-Jean d'Angély, et de Marguerite Hémery, vint s'établir lui-même comme chirurgien à Crécy-en-Brie, où il épousa Marie-Jeanne Lemaître, fille d'un de ses confrères, puis de là à Meaux. C'est dans cette dernière ville que naquit, le 2 novembre 1762, Jean-Claude-Hippolyte Méhée de Latouche, leur fils. Ardent et spirituel, parlant plusieurs langues, il se lança de bonne heure dans la politique, et embrassa avec enthousiasme les principes de la Révolution. Tour à tour pamphlétaire, espion, intrigant, secrétaire-greffier de la Commune de Paris, puis grand seigneur, et finalement mort à l'hôpital, à Paris, le 8 février 1827, Méhée de Latouche a la triste

---

à noble homme *François Lamy de Monvallier,* écuyer, sieur du Parc (*Transaction* reçue Jean Gibaud, notaire à Angoulême).

Etienne Méhée, cité comme possédant des terres en Bouteville, le 10 juin 1599 (*Déclaration de tenanciers* à Louise Giraud, dame d'Anqueville).

Jacques Méhée, seigneur de Fontpeyre, à Saint-Magne, près Castillon-sur-Dordogne, marié à *Jeanne de Beaupoil,* fille de Raymond de Beaupoil, sieur de La Tour, à Pessac de Gensac (Gironde), au commencement du XVIIᵉ siècle. (*Renseignements fournis par M. Léo Drouyn, de Bordeaux*).

Anne Méhée, veuve, épousa le 14 juin 1629, *Pierre Horric,* sieur de La Valade et de Bellevue, fils de Philippe Horric et de Renée de Pontas (*Courcelles,* II, génér. de Beaupoil de Saint-Aulaire ; *Nad.* II, 530).

Pierre Méhée de La Vigerie, figure au ban et arrière-ban d'Angoumois en 1635 (*Procès-verbal du ban et arrière-ban,* par M. Th. de B. A.). Pas d'autres renseignements.

Catherine Méhée, femme du sieur Le Boucher de Martigny, avait un procès au XVIIᵉ siècle avec René Méhée d'Anqueville IIᵉ (*Pap. d'Ardenne*).

François Méhée, sieur de Jarnerseu (?), mari de Renée de La Couture-Renon (*D'Hozier,* Armor. général).

Méhée, curé de Cherbonnières, près Saint-Jean d'Angély en 1761 (*Bulletin des Archives de la Saintonge,* 1886, pag. 66). Probablement de la famille du chirurgien cité plus loin.

gloire d'occuper une placè dans la galerie des hommes de la période révolutionnaire. (*Méhée de Latouche*, brochurè in-12, par M. Th. Lhuillier, chef de division à la préfecture de Meaux. Meaux, 1880).

III

TERRASSON

SOURCES : 1º Papiers de famille. — 2º *Preuves de noblesse* pour l'admission de M. Cyprien-Gabriel de Terrasson dans la compagnie des Chevau-Légers, 1749. — 3º *Archives de la Charente*, minutes des notaires d'Angoulême. — 4º *Registres paroissiaux* de Saint-Martial, Saint-André, Saint-Antonin d'Angoulême. — 5º Nadaud, I, p. 500 et suivantes. — 6º Vigier, *Histoire de l'Angoumois*, p. LXXXVI et suivantes. — 7º Sanson, édition Michon, 119 et suivantes. — 8º Extraits des anciens registres de Saint-Simeux, par M. Charles de Terrasson, dernier décédé. — 9º Etat civil de Moulidars, etc., etc.

La famille Terrasson est d'Angoulême, et tient sa noblesse de la charge de maire et d'échevin de cette ville, qu'exercèrent avec distinction plusieurs de ses membres au XVIᵉ et au XVIIᵉ siècles.

Le premier qui nous soit connu est MATHELIN ou MATHURIN TERRASSON, un des 75 pairs de la Maison-de-Ville, élu en la mézée du 17 mars 1496, et réélu les années suivantes. Il avait pour femme JACQUETTE MASSON, laquelle était sa veuve à la date du 2 mai 1531. Enfants : 1º *François*, qui continue la filiation ; 2º *Jacques*, qui partagea avec lui les biens de leurs parents défunts, le 24 décembre 1535 ; ce dernier épousa Jeanne Janvier, dont il eut plusieurs fils ecclésiastiques, et François Terrasson qui testa le 3 juillet 1617, et choisit sa sépulture dans l'église du Petit-Saint-Cybard « en la sépulture des Janviers » ses prédécesseurs maternels.

FRANÇOIS TERRASSON, sieur de Cheneuzac, paroisse de Linars, docteur en médecine à la date du 30 octobre 1532, fut maire d'Angoulême en 1553, puis conseiller et échevin jusqu'en 1586, où il se démit en faveur de son gendre François Desmoulins, sieur des Benéchères en Saint-Saturnin.

En 1556, François Terrasson voulut être maire une seconde fois, et pour assurer son élection, eut recours à l'intervention du roi Henri II, ce qui amena un incident caractéristique, qui nous montre jusqu'à quel point les anciennes communes étaient jalouses de leurs privilèges. Au moment où le Corps-de-Ville réuni allait procéder à l'élection du maire, François Terrasson présenta une lettre royale qui le recommandait au choix des conseillers. Ceux-ci fort embarrassés levèrent la séance, et députèrent deux des leurs vers Sa Majesté, pour lui faire leurs remontrances et lui rappeler leurs privilèges. Nouvelle réunion, nouvelle lettre. L'assemblée, afin de se tirer de ce mauvais pas, nomma pour être présentés au sénéchal, trois candidats parmi lesquels était François Terrasson, et le choix du sénéchal tomba... sur un autre.

« Le roi n'en fut pas fâché, dit Vigier de La Pile; Terrasson se contenta que son maître l'eût jugé digne de cette place, et la ville et le sénéchal se servirent de la liberté qui leur est ordinaire en pareille occasion. »

François Terrasson était mort dans un âge très avancé, vers 1590. Il avait épousé FRANÇOISE JANVIER, sœur de Jeanne Janvier nommée ci-dessus, d'une famille distinguée d'Angoulême. Enfants : 1° *Pierre*, qui suit ; 2° *Aymar Terrasson*, qui était, en 1572, pair de la Maison-de-Ville ; 3° *Jean Terrasson*, écuyer, sieur du Roc, paroisse du Mouthiers, qui épousa Marguerite Sanguin ; ils étaient morts à la date du 18 avril 1579, laissant sous la tutelle d'Aymar Terrasson leurs trois enfants mineurs : Mathurin, dont nous ne retrouvons plus trace, Lucrèce, qui devint femme de Pierre Vigier (voir p. 224), Philippe, écuyer, sieur du Roc; 4° *N. Terrasson*, mariée à François Desmoulins, sieur des Benéchères, cité plus haut.

PIERRE TERRASSON, écuyer, sieur de Cheneuzac, pair en 1572, qualifié premier et ancien élu en l'élection d'Angoumois, fut maire et capitaine de la ville d'Angoulême en 1580, échevin la même année, maire de nouveau en 1596, et sous-maire en 1597.

Il avait épousé MARIE FAURE, laquelle était morte à la date du 16 janvier 1617. Il en eut : 1° *François Terrasson*, l'aîné, écuyer, sieur de Cheneuzac, qui vivait encore en 1629; 2° *Jean Terrasson*, écuyer; 3° *Pierre Terrasson*, qui suit; 4° *François Terrasson* le jeune, écuyer. Le père dut se marier deux fois, car nous trouvons à la date du 7 octobre 1615, Pierre Terrasson, écuyer, sieur de Cheneuzac, et demoiselle Isabeau Gentil, sa femme. Il mourut en 1622, et le 11 juin de cette année, fut remplacé comme échevin [1].

PIERRE TERRASSON, écuyer, sieur de Boisresnier, en La Couronne, et de La Faye, en Mouthiers, conseiller du roi, élu en l'élection d'Angoumois, fut reçu comme échevin le 10 mars 1606, en vertu de la résignation faite en sa faveur par François Desmoulins, sieur des Benéchères, son oncle. Il avait épousé en 1602 CATHERINE RUFFIER, fille de Jean Ruffier, écuyer, sieur de La Faye et du Maine-Riffault, et de Marie Le Roux. C'est par là que les Terrasson devinrent sieurs de La Faye.

Pierre Terrasson mourut en 1637, et le 15 novembre de cette année il fut pourvu à son remplacement comme éche-

---

1. Nous trouvons ici une divergence sensible entre l'extrait des registres de la Maison-de-Ville donné par les *Preuves*, et le texte de Sanson. Suivant Sanson, Pierre Terrasson fut remplacé le 13 septembre par Guillaume Guez, sieur de Balzac, et Jean du Fossé par Jacques Mongeon, sieur de Fléac; tandis que d'après notre extrait, il le fut dans la mézée générale du 11 juin, en même temps que Charles Raoul, sieur de Vouzan, prit la place de François Ruffier, sieur des Grimardières.

vin, charge qu'il avait occupée 31 ans. Il eut plusieurs enfants, entre autres :

JEAN TERRASSON, écuyer, sieur de La Faye, avocat au Parlement, qui épousa le 24 juin 1633, demoiselle LOUISE FERRET, fille de Me Philippe Ferret, receveur de la principauté de Marcillac, en Poitou, et de dame Anne Prévéraud, demeurant en la ville de Verteuil. Par le contrat de mariage, reçu Pascaud, notaire à Verteuil, l'épouse est dotée de 12,000 livres tournois. L'époux reçoit de ses parents la maison où ils demeurent à Angoulême, avec les mobiliers et les domaines qu'ils possèdent en la paroisse de Vars et environs [1], à condition qu'ils demeureront ensemble à Angoulême. De plus, le sieur Pierre Terrasson promet de résigner en faveur de son fils son office d'élu en l'élection d'Angoumois, ou de lui donner 18,000 livres pour la valeur dudit office. Jean Terrasson vivait encore le 28 janvier 1653, et il est qualifié conseiller du roi, élu en l'élection d'Angoumois; mais il était mort à la date du 4 février 1658. Sa veuve vécut encore longtemps. Enfants : 1° *Anne*, baptisée dans l'église de Saint-Martial d'Angoulême, le 22 juillet 1635; 2° *François*, baptisé le 2 novembre suivant ; 3° *Marguerite*, le 19 octobre 1639; 4° *Jean*, qui suit; 5° *Jeanne*, baptisée le 3 septembre 1642.

JEAN TERRASSON, écuyer, sieur de La Faye, baptisé dans l'église de Saint-Martial, le 31 mai 1641, épousa le 11 février 1667, ELÉONOR DE FAYARD, veuve de Pierre de Nesmond, écuyer, sieur de La Petillerie. * Elle vivait encore

---

1. Ce domaine venait de Jean Ruffier et sa femme. Il était répandu sur les paroisses de Vars et de Marsac, et fut vendu le 13 janvier 1686, par Jean Terrasson de La Faye et son épouse, à Mgr François de Péricard, évêque d'Angoulême.

✻ **La Petillerie**, paroisse de Roullet, était une métairie noble dépendant de la seigneurie dudit lieu. Vendue au XVIIe siècle par les sieurs de Langallerie, seigneurs de Roullet, à François de Nesmond, avocat au Présidial, et sa femme Françoise Terrasson, elle passa à son fils, Pierre de Nesle 29 juin 1691, et était morte à la date du 22 novembre 1695. Le sieur de La Faye, maintenu dans la noblesse par d'Aguesseau (1666-1667), figure au ban de 1689 sous le nom de « La Faye-Terrasson » ; c'est ainsi qu'il signait, témoin son testament olographe de l'an 1695. Il était mort le 23 janvier 1700. Enfants : Le testament ci-dessus en donne cinq dans l'ordre qui suit : 1° *Achille Terrasson*, écuyer, sieur de Verneuil et de La Petillerie, épousa le 5 février 1695, demoiselle Hippolyte Lambert, fille de François Lambert, écuyer, sieur des Andreaux, et de Marguerite Castain, et eut : 1° Marguerite, baptisée le 10 mars 1696; 2° Jean, baptisé le 22 mars 1699; 3° Eléonore-Silénie, mariée à François de Giboust, écuyer, sieur du Châtelux. Devenu veuf, Achille Terrasson épousa le 28 novembre 1709, Marthe-Elisabeth de La Place, et eut de ce second mariage, entre autres enfants, un fils, Louis-Charles Terrasson, écuyer, sieur de Verneuil, capitaine au régiment de Vexin, qui épousa le 12 novembre 1740, Marie Thenault, fille d'Honoré Thenault, négociant d'Angoulême, et de défunte Marguerite Jacquard, duquel mariage vinrent trois fils, tous officiers de terre ou de mer, et une fille, Françoise-Julie, baptisée le 13 novembre 1744, et mariée le 9 février 1763 (contrat du 19 novembre 1762) à son cousin, Jean de Terrasson de Monleau. Achille Terrasson mourut à La Petillerie le 2 février 1720. Sa veuve vivait encore le 20 janvier 1771 ; 2° *Jean-Louis Terrasson*, qui suit; 3° *Louis-Antoine Terrasson*, écuyer, sieur de La Petillerie, épousa le 23 janvier 1700, Marguerite Gandillaud, fille de Gabriel Gandillaud, chevalier, seigneur de Fontguyon, et de défunte Charlotte de Galard de Béarn, dont vint, entre autres, Louis-René Ter-

mond, qui épousa Eléonor de Fayard, demeurant au château des Combes, paroisse de Beaussac, en Périgord. Devenue veuve, cette dame se remaria à Jean Terrasson et lui porta La Petillerie, qui est restée fort longtemps dans cette famille. — Verneuil, paroisse de Roullet.

rasson, officier de marine ; 4° *Gabriel Terrasson*, né le 31 décembre 1682, mort jeune ; 5° *Eléonor Terrasson*, mariée à François Faucher, écuyer, seigneur de La Ligerie, en la paroisse de Fontaines (Périgord), était veuve le 11 août 1712. Son fils Jean Faucher, sieur de Lacaud et de La Ligerie, a laissé des descendants ; 6° *François Terrasson*, religieux cordelier d'Angoulême (1720), était un quatrième frère.

JEAN-LOUIS TERRASSON, écuyer, seigneur de La Faye, né à Verteuil en 1672, épousa le 23 juin 1723, damoiselle Anne-Rose Méhée d'Ardenne. Entré au service à vingt ans en 1693, il devint successivement lieutenant au régiment de Navarre, capitaine au régiment de Trecesson, et enfin capitaine réformé à la suite du régiment de Limousin. C'est en cette qualité qu'il prit sa retraite le 23 février 1716[1]. Il mourut au Maine-Michaud le 31 octobre 1739, et fut enterré le lendemain dans l'église de Saint-Simeux, « *devant l'hôtel de la Vierge* ». Enfants : 1° *Cyprien-Gabriel*, l'aîné qui suit ; 2° *Jean Terrasson*, chevalier, seigneur de Monleau [2], qui épousa, comme nous l'avons dit, Julie-Françoise Terrasson de Verneuil, sa cousine. Il eut pour fils Alexandre-René-Gabriel de Terrasson de Monleau, qui fut page de Louis XVI, et devint en 1824 député de la Charente. Ce dernier épousa Françoise-Victoire d'Arlot de Cumond, et eut pour fils M. Adrien de Terrasson de Monleau, marié à Mlle Charlotte Duboys de La Barre, lequel est mort en 1884, aux Andreaux, commune de Saint-Estèphe ; 3° *Jeanne-Elisabeth Terrasson*, née au Maine-Michaud, le 2 novembre 1728, et baptisée le lendemain dans l'église de Saint-Simeux[3]; mariée le 17 no-

---

1. *Pièces justif.*, numéros XVII et XVIII.

2. Le nom de seigneur de Monleau fut donné à Jean Terrasson, pour le distinguer de son frère aîné, Cyprien-Gabriel, à partir de 1762, après qu'Anne Méhée de Moulidars, par son testament du 25 avril de cette année, eût donné à ses deux neveux la part qu'elle avait (le tiers) dans cette terre.

3. « Parrain messire Jean Gourdin, chanoine, aumônier de Saint-Pierre

vembre 1756 à *François de Malet*, chevalier, seigneur de La Garde du Chastenet, demeurant au château de La Garde paroisse de Cornille, en Périgord [1], fils de François de Malet, écuyer, et de dame Angélique de Beaussac. Elle mourut le 15 avril 1785 et son mari en 1793, laissant trois enfants : 1° François de Malet, chevalier, seigneur de La Garde, capitaine au régiment du roi-cavalerie (1785). Il émigra à la Révolution, et à son retour se fixa à Paris où il se livra au commerce pour rétablir sa fortune perdue. Son fils, M. le marquis Olivier de Malet, est mort à Angoulême en 1882; 2° Marie-Elisabeth, l'aîné des filles, mariée en premières noces le 10 février 1779, à Etienne Méhée, chevalier, seigneur de L'Etang, capitaine d'infanterie au régiment de Poitou, mort en 1782, et en secondes noces à Jean-Nicolas Bordet, avocat, magistrat de sûreté à Barbezieux (1804); 3° Anne-Marie, mariée à François Lesnier, demeurant aussi à Barbezieux.

CYPRIEN-GABRIEL DE TERRASSON, chevalier, seigneur du Maine-Michaud, Les Courades, Ardenne, etc., naquit au Maine-Michaud le 6 juin 1727, et fut baptisé le lendemain dans l'église de Saint-Simeux [2]. Entré au service le 21 mars 1746, il fut admis l'année suivante dans la compagnie des Chevau-Légers, après avoir fourni ses preuves de noblesse, et montré par titres authentiques, qu'il descendait de Pierre Terrasson, écuyer, sieur de Cheneuzac, maire et capitaine de la ville d'Angoulême en 1580. Nommé chevalier de Saint-Louis en 1771, il prit sa retraite le 15 décembre 1775, après 29 ans et 8 mois de service, plus 4 campagnes, en tout 33 ans et 8 mois. Il avait rang de capitaine depuis 1760 [3].

Il avait épousé le 22 décembre 1760 (contrat du 1er dé-

---

d'Angoulême ; marraine demoiselle Elisabeth Méhée d'Anqueville, sa tante. » (*Saint-Simeux.*)

1. Canton de Savignac-les-Eglises, arrondissement de Périgueux (Dordogne).

2. « Parrain messire Cyprien-Gabriel-Méhée d'Anqueville ; marraine Eléonore-Silénie Terrasson, dame de La Ligerie. » (*Saint-Simeux*).

3. *Pièces justif.*, nos XIX, XX, XXI ; titre de pension.

cembre, reçu Déroulède, notaire à Angoulême), THÉRÈSE-
ANNE ARNAULD, * qui lui donna plusieurs enfants. Elle-

---

* **Arnauld.** Pierre Arnauld, avocat du roi, descendant d'une ancienne
famille de magistrats de l'Angoumois (Voir *Vigier*, p. LXXXVI et suivantes),
eut trois fils qui firent trois branches :

1° HÉLIE ARNAULD, avocat du roi, conseiller de la Maison-de-Ville en 1653.
Jacques et Pierre Arnauld cités précédemment (p. 79, note) étaient ses descendants.

2° JEAN ARNAULD, élu maire d'Angoulême le 15 mars 1682, mourut le 9
novembre suivant. Il avait pour femme *Louise Valleteau*, et pour fils Jean
et François Arnauld.

Jean Arnauld, écuyer, seigneur de Bouex, Méré et autres lieux, remplaça son père à la mairie, et la garda jusqu'en 1686. Le 4 février 1683, il
épousa *Jeanne Dexmier*, fille de Noël Dexmier, propriétaire des messageries
d'Angoulême, Civray, etc., et d'Anne Bigot. Il ne laissa après lui que Noël
Arnauld, son aîné, seigneur de Bouex, conseiller au Parlement, puis maître
des requêtes, qui épousa Catherine-Angélique Guyot de Chesne, fille d'un
avocat au Parlement. Leur fils, Jean-Noël Arnauld de Chesne, épousa Thé-
rèse-Victoire Pulleu, à laquelle il survécut seulement une année, et mourut
à Angoulême, sans enfants, le 1er prairial an VIII. Son héritage passa aux
petits-enfants de sa sœur, Catherine Arnauld, dont il est question plus loin.

François Arnauld, second fils de Jean, fut président au Présidial, lieutenant général de police et aussi maire d'Angoulême en 1724. Il mourut le 7
août 1753, laissant deux fils de son mariage avec *Marie-Louise Birot*, fille
d'un avocat au Parlement : Louis-François Arnauld, seigneur de Champniers,
lieutenant général de police après son père, en 1738, marié avec Marie-Elisabeth Guillot de Goullard, et mort sans enfants en 1764 ; Noël Arnauld,
seigneur de Viville, lieutenant au régiment du roi, mort à la date du 29 octobre 1747. Il avait épousé Françoise-Marie-Catherine Arnauld, fille de Noël
Arnauld de Bouex et de Catherine Guyot de Chesne, dont étaient nés un fils
et une fille qu'il laissa en bas-âge. Le fils, Louis Arnauld de Viville, épousa
à Paris le 25 juillet 1782, Françoise-Julie de Lignac. La fille, Marie-Anne-
Jeanne Arnauld de Viville, fut mariée à François-Antoine de Jean de Jovelle,
d'où vinrent Jean-Noël, Marie-Françoise-Catherine, Marie-Victoire, Marie-
Joséphine de Jean de Jovelle. Mme de Viville, la mère, épousa en secondes
noces Pierre Regnauld de La Soudière, dont elle était veuve en 1783, et eut
deux filles : Françoise-Jeanne Regnauld, mariée le 6 janvier 1787, à Louis-
François-Joseph de Tryon-Montalembert, décédée peu d'années après, laissant
deux enfants en bas-âge, Jules-Louis-Pierre-Fortuné et Clémentine de
Tryon-Montalembert ; et Thérèse-Anne Regnauld de Goué, baptisée le 26
mai 1756.

3° JACQUES ARNAULD, troisième fils de Pierre, eut lui-même pour fils

mêmé va nous les faire connaître par une note écrite de sa main. Nous y ajouterons les détails complémentaires.

« *Mémoire de l'âge de mes filles.* 1º Le 11 février 1763, la petite d'Ardenne de Terrasson est née. C'est ma fille aînée. Parrain et marraine M. Claude Méhée et Mᵐᵉ Arnaud [1] ».

Elle s'appelait *Anne-Thérèse*, et fut mariée le 4 floréal an V (23 avril 1797), à M. *Stanislas-Gabriel Seuillet de Mon-tégon*, ancien capitaine au régiment de Hainaut, fils de M. Dominique Seuillet, ancien colonel d'infanterie, demeurant à Cognac, et de défunte dame Thérèse Martin. Mᵐᵉ de Mon-tégon mourut le 13 novembre 1833, et son mari le 16 décembre 1835. Ils avaient deux filles, 1º Anne-Thérèse, mariée en 1817 à M. Jean-François Matis, dont une fille, décédée à vingt ans en 1844, et trois fils, MM. Isidore et Léonce Matis, mariés à Calais avec Mˡˡᵉˢ Devot, leurs cousines, et M. Eugène Matis, qui a aussi épousé sa cousine, Mˡˡᵉ Marie

---

Pierre Arnauld, conseiller au Présidial, maire d'Angoulême en 1721, 1722, 1723, qui épousa à Paris en 1694, Marguerite-Catherine de Vouges, dont il eut André Arnauld, seigneur de Ronsenac, conseiller au Présidial, né en 1700, mort en 1782. Il épousa le 24 mars 1729 Anne Navarre du Cluzeau (voir page 85), dont il eut : 1º Pierre Arnauld, chevalier, seigneur de Ronsenac, Malberchie, Nanclas et autres lieux, conseiller du roi et son procureur au siège présidial d'Angoulême, qui épousa le 1ᵉʳ juillet 1760, Anne de Sarlandie, fille de Pierre de Sarlandie, écuyer, sieur de Nanclas, maître particulier des eaux et forêts, et de Marie Gervais. Il mourut à Angoulême le 9 novembre 1813 à 82 ans, et sa femme en 1827, à 93 ans. Un de leur fils, M. Arnauld de Nanclas, marié à Marie-Aimée-Eléonore de Plas, a laissé des descendants ; un autre, André Arnauld de Ronsenac épousa Elisabeth-Constance Navarre (voir p. 86). Leur fils, Guillaume-Augustin Arnauld fut baptisé à Angoulême le 28 décembre 1791. 2º François Arnauld, dit le chevalier de Ronsenac, capitaine au régiment d'Aunis, puis colonel au régiment de Bassigny, mort en 1813 ; 3º Thérèse-Anne, mariée à M. de Terrasson ; 4º Clément-Charles Arnauld, chanoine théologal et vicaire général d'Angoulême, mort en 1772.

1. « Parrain, messire Claude Méhée, chevalier, seigneur de Malvoisine et Lartige, oncle paternel ; marraine dame Anne Navarre, femme de messire André Arnauld, écuyer, conseiller au présidial de cette ville, aïeule maternelle. » (*Saint-André*).

Estourneau de La Tousche, et habite Angoulême, où Mme Matis mère est décédée le 25 mars 1882 ; 2° Marie-Rose-Georgina, mariée le 11 août 1828, à M. Charles-Frédéric Estourneau de La Touche, fils de M. Charles-Honoré Estournau, sieur de La Touche, et de dame Marie de Frétard, demeurant au lieu de la Touche-Ronde, commune de Macqueville, canton de Matha (Charente-Inférieure). De leurs deux filles, l'une a épousé M. Eugène Matis, nommé plus haut, l'autre M. Armand de Maillard, comte d'Hust.

« 2° Le 11 juillet 1764, est née *Madelaine de Terrasson.* Parrain et marraine M. Arnaud et Mme Malet [1] ».

Elle fut mariée le 26 juillet 1790 (contrat du 21 mai), à M. *Moïse-François du Mas de Chebrac,* officier au régiment de Hainaut-infanterie, fils de feu M. Alexandre-Louis du Mas de Chebrac, lieutenant particulier criminel et assesseur civil en la sénéchaussée d'Angoumois, et de défunte dame Marie-Adélaïde Robert de Guignebourg, de la paroisse de Saint-Antonin d'Angoulême. M. du Mas émigra l'année qui suivit son mariage, 1791. Rentré en France en 1802, il fut, sous la Restauration, décoré de la croix de chevalier de Saint-Louis, et nommé juge de paix du canton de Saint-Amant-de-Boixe qu'il habitait. Il mourut au logis de Scée, commune de Vars, le 13 novembre 1839, laissant un fils, Michel-François-Gustave du Mas, marié avec Mlle de Sampigny, et décédé à La Gibauderie, près Jarnac, le 24 décembre 1859. Après sa mort, ce domaine fut vendu par son fils, M. Moïse du Mas, qui alla habiter l'Anjou, pays de sa femme. ✳

---

1. « Parrain messire André Arnauld, conseiller du roi, juge magistrat au présidial d'Angoulême, seigneur de Ronsenac et autres lieux; marraine dame Jeanne-Elisabeth de Terrasson, épouse de messire François de Malet, chevalier, seigneur de La Garde. » (*Saint-Simeux*).

✳ **Du Mas.** *Moïse Du Mas,* né en 1705, conseiller du roi, assesseur civil et criminel au présidial d'Angoulême, fils de François et de Marie Florenceau de Boisbedeuil, acquit la noblesse avec la charge de secrétaire du roi, le 31 mars 1732. Il épousa Mlle *Thérèse Rambaud,* fille d'Henri

« 3º Le 14 mai 1766, est née *Anne de Terrasson*. Parrain et marraine M. de Montleau et Mme de Ronsenac [2]. »

Rambaud, chevalier, seigneur de Bourg-Charente, et de Madeleine Salomon, et fut maire d'Angoulême en 1766. Mort le 11 décembre 1767. Enfants : 1º Alexandre, qui suit ; 2º François-Clément, né en 1745, mort diacre; 3º Henri du Mas, écuyer, sieur de Pillac *, né le 14 octobre 1747, capitaine au régiment de Guyenne-infanterie, mort à Angoulême sans alliance, le 20 avril 1791 ; 4º Jeanne-Thérèse, mariée le 2 février 1765, à Jean de La Chaise, écuyer, seigneur de Nadelin, paroisse de Bonnes **, capitaine au régiment de Guyenne ; 5º Françoise, baptisée le 8 octobre 1738, religieuse de l'Union Chrétienne, à Angoulême; 6º Marie-Marguerite, née le 17 mars 1743, mariée en 1773 à Bernard Birot, écuyer, sieur de Brouzède *** et de La Foucaudie, capitaine au régiment de Bourgogne, chevalier de Saint-Louis.

Alexandre-Louis du Mas, écuyer, sieur de Chebrac, Salvert, La Prade ****, etc., né le 27 septembre 1737, lieutenant particulier criminel et assesseur civil en la sénéchaussée et siège présidial d'Angoulême, épousa le 27 avril 1767, *Marie-Adélaïde Robert*, fille de Michel Robert, écuyer, sieur de Guignebourg ***** et La Chaussée ******, et de Suzanne Dupont. Ils étaient l'un et l'autre défunts en 1790. Enfants : 1º Moïse, qui suit ; 2º Thérèse, née en 1769, morte en 1864, mariée le 18 mai 1790, à Jean-François de Crozant, chevalier, seigneur du Bois, officier au régiment Lyonnais; 3º Antoine, auteur de la branche de Salvert, qui suit ; 4º Marie-Adélaïde Chantal ; 5º Eugénie-Clémence, née le 5 décembre 1776; 6º Louis-Sébastien du Mas, dit M. de Scée *, né le 20 janvier 1773, fut maire de Vars et mourut à Peytouret, de cette commune, le 12 novembre 1858, sans laisser de postérité. Il avait épousé, en 1797, Marie-Elisabeth Méhée de L'Etang, mais peu après, cette dame, ayant voulu bénéficier des lois de l'époque sur le divorce, se remaria à Antoine-Florimond Juzeaud, dont il est question p. 287; 7º Jean-

2. « Parrain messire Jean de Terrasson, chevalier, seigneur de La Mothe-Montleau, son oncle paternel ; marraine dame Anne de la Sarlandie, épouse de messire Pierre Arnauld, chevalier, seigneur de Ronsenac, Malberchie et autres lieux, conseiller du roi et son procureur au siège présidial d'Angoulême, son oncle maternel. » (*Saint-Simeux.*)

* ** Pillac et Bonnes, communes du canton d'Aubeterre (Charente.)
*** Fief en Montignac d'où cette famille est sortie (*Vigier.*)
**** Chebrac, commune du canton de Saint-Amant-de-Boixe ; Salvert, commune de Chebrac; La Prade, commune de Vars.
***** Commune de Londigny, canton de Villefagnan.
****** Commune de Courcôme, même canton.
* Scée, commune de Vars, ancien patrimoine des Regnauld, fut acquis vers 1770, par M. Alexandre du Mas de Chebrac.

Elle mourut jeune, car il n'est plus question d'elle.

« 4° Le 23 avril 1767, est née *Marie-Julie de Terrasson*.

Laurent, né le 10 août 1775 ; 8° Thérèse-Adélaïde, née le 1er mars 1778 ; 9° Thérèse-Monique-Victoire, née le 4 mai 1779.

Moïse-François du Mas, chevalier, sieur de Chebrac, né le 7 mars 1768, sous-lieutenant au régiment de Hainaut, par brevet du 2 juin 1787, cadet gentilhomme au même corps le 10 novembre 1789 ; émigré le 27 novembre 1791, il fut nommé le 7 janvier 1792, lieutenant de cavalerie dans la compagnie des chevau-légers, servit à l'armée de Condé jusqu'au 15 novembre 1801, reçut en 1814 le grade de capitaine et la croix de Saint-Louis. Mort à Scée le 13 novembre 1839. De son mariage avec *Madeleine-Elisabeth de Terrasson*, il eut un fils,

Michel-François-Gustave du Mas, né à Angoulême le 12 avril 1792, qui servit dans les gardes du corps de Monsieur, comte d'Artois, de 1814 à 1817. Il épousa à Chaumont (Haute-Marne), le 22 novembre 1828, *Louise Husson de Sampigny*, fille d'Alexandre Husson de Sampigny, chevalier de Saint-Louis, et de dame Adélaïde de Gauville. Ils moururent à La Gibauderie, près Jarnac (Charente) ✳, le mari le 24 décembre 1859, la femme le 17 mai 1858. De leur mariage vinrent quatre enfants dont deux seulement survécurent, savoir : 1° Pierre-Moïse, qui suit ; 2° Thérèse-Marie du Mas, née le 26 janvier 1837, mariée le 22 avril 1857 à M. René-Auguste-Ferdinand Cassin de La Loge, fils d'Auguste Cassin de La Loge et de Louise Richard de Beauchamp ; morte le 10 décembre 1868, laissant plusieurs enfants dont deux mariés actuellement (1888).

Pierre-Moïse du Mas, né à Chaumont le 1er décembre 1830, marié à Angers, le 16 avril 1861, avec demoiselle *Mathilde-Marie-Eulalie de La Croix de Beaurepos*, fille de M. Henri de La Croix, comte de Beaurepos, et de dame Zénobie de Romain. De leur mariage, un fils qui suit, et une fille, Marie-Zénobie-Thérèse du Mas, mariée le 25 juillet 1888 à M. Xavier Le Tourneux de La Perraudière.

François-Marie-Henri du Mas, né le 24 mai 1862.

ANTOINE-CLÉMENT DU MAS, sieur de Salvert, second fils d'Alexandre-Louis du Mas, né le 7 mai 1770, était, en 1791, sous-lieutenant au régiment de

---

✳ **La Gibauderie.** Cette terre appartenait au xviie siècle à Jean Delafont, fils de François Delafont, sieur de Lantin (en Triac), conseiller du roi, président en l'élection de Cognac, et de Marie Fouchier (inventaire du 10 septembre 1671, Ph. Sicard, notaire à Angoulême). Elle passa à la famille Guillet, de Cognac. M. Louis Guillet du Plessis, fils de Joseph-Philippe Guillet de Saint-Martin, et de dame Marguerite Rambaud, sœur de Thérèse Rambaud épouse de Moïse du Mas, n'ayant eu de sa femme Marie-Thérèse Gandillaud du Chambon, qu'une fille morte à 18 ans, laissa *La Gibauderie* à M. du Mas, son parent, dont le petit-fils, M. Moïse du Mas, l'a vendue, il y a peu d'années, à M. Hennessy, de **Cognac.**

Parrain et marraine M. de Ronsenac et Mme de Monleau [1]».
Elle épousa le 6 prairial, an IV (25 mai 1796) *Adhémar-Marie-Nicolas Perrier de Bonnes*, né en 1778, à Angoulême, fils de Jean-Baptiste Perrier de Gurat, maire d'Angoulême en 1791, et de dame Gabrielle Valleteau de Chabrefy. Son mari s'expatria quelque temps après son mariage, et on ne sait ce qu'il est devenu. Retirée à Moulidars, chez son père, Mme de Bonnes y mourut le 16 octobre 1811. Elle n'avait pas d'enfants.

« 5° Le 5 juillet 1768, est née *Jacquette-Françoise-Eulalie de Terrasson*. Parrain et marraine le chevalier de Ronsenac et Mme Navarre la mère [2]. Celle-ci est morte le 17 février 1770 ».

M. de Terrasson désespérait sans doute d'avoir jamais de

Vexin. Emigré cette année-là, il rentra en France en 1802, et épousa en 1807 demoiselle *Jeanne Fé de Maumont*. La même année, il acquit de messieurs de Saint-Hermine la terre de La Barrière en Mosnac. Il mourut en 1852, laissant trois enfants : 1° Adèle du Mas de Salvert, qui ne s'est pas mariée ; 2° Elisabeth du Mas de Salvert, née en 1811, et mariée le 9 novembre 1852 à M. Alexandre de Mondion de Falaise, sans postérité ; et

Moïse-François-Gustave du Mas de Salvert, né le 7 juin 1814, lieutenant-colonel, a épousé en 1845 *Marie-Hortense-Zoé de Corlieu*, de l'ancienne famille des Corlieu de l'Angoumois. De ce mariage, deux fils : 1° Arthur, qui suit ; 2° Henri du Mas de Salvert, né le 29 novembre 1852, marié le 5 juillet 1881, avec Mlle Louise-Marie-Josèphe Tassin de Nonneville, de Tours, fille de M. Henri, vicomte de Nonneville, et de dame Mathilde Lecointre-Dupont, dont un fils,

Arthur du Mas de Salvert, né en 1846, a épousé le 18 juillet 1876 *Marguerite-Marie-Eugénie Desprez de Gésincourt*, fille de M. Eugène-Edouard de Gésincourt et de dame Adrienne Symonet de Coulmiers, de Châtillon-sur-Seine (Côte-d'Or), d'où un fils et deux filles.

1. « Parrain, messire Pierre Arnauld, chevalier, seigneur de Ronsenac, Malberchie, Nanclas et autres lieux ; marraine, dame Marie-Julie de Terrasson, tante par alliance du côté paternel, épouse de M. Jean de Terrasson, chevalier, seigneur de La Mothe-Montleau. » (*Ibidem*).

2. « Parrain, M. François Arnauld, chevalier de Ronsenac, capitaine au régiment d'Aunis ; marraine, dame Thérèse Bergerac, veuve de M. Navarre, trésorier au bureau de La Rochelle, oncle et tante du côté maternel. » (*Ibidem*).

fils. Aussi dût-il enregistrer avec satisfaction la note suivante :

« René-Cyprien-Gabriel de Terrasson, mon fils, est né
du 14 mai 1770[1]. C'est M. l'abbé Méhée d'Anqueville et Mme de
Plassac, qui sont parrain et marraine[2]. » Entré au collège
de Vendôme en 1781, il fut reçu le 23 septembre 1785,
dans la compagnie des Cadets gentilshommes de l'école
royale militaire, avec rang de sous-lieutenant, puis devint
sous-lieutenant de remplacement au régiment de Bassigny-
infanterie, en garnison à Sarrelouis, le 29 juin 1787. Il fit,
au service des princes émigrés, les campagnes de 1792, 93,
94, 95 et 96[3]. Il épousa, le 27 janvier 1806, demoiselle
Marie-Charlotte du Bouex de Villemort, fille de M. Marie-
Mémin du Bouex de Villemort et de dame Charlotte-Marie-
Dominique de Carvoisin, et mourut le 12 mars 1823, laissant trois enfants, savoir : 1º *Ernestine-Marie-Thérèse de Terrasson*, née le 15 novembre 1806, mariée le 20 juin 1836,
à M. Ulic-Olivier Hunault de La Chevallerie, demeurant au
château de La Chapelle, commune de Vouillé (Vienne). Ils
sont morts sans enfants, le mari le 21 novembre 1870, la
femme le 6 février 1882. 2º *Charles-Marie-Cyprien-Gabriel
de Terrasson*, qui suit ; 3º *Amédée-Joseph de Terrasson*, né le

---

1. A la date du 9 janvier 1778, nous trouvons le baptême d'*Anne-Thérèse de Terrasson*, fille de Cyprien-Gabriel et de Thérèse-Anne Arnaud,
qui eut pour parrain et marraine son frère René-Cyprien et sa sœur Anne-
Thérèse (*Registre de Saint-Antonin d'Angoulême*). Elle dut mourir jeune,
car il n'en n'est plus question.

2. « Parrain messire Cyprien-Gabriel Méhée d'Anqueville, chevalier,
seigneur de Moulidars, La Cour, Ardenne et autres lieux, conseiller de
Grande Chambre au Parlement de Paris, son oncle paternel ; marraine dame
Anne Regnauld, sa cousine du côté maternel, épouse de messire Plassac des
Ruaux, chevalier, seigneur de Moussac et autres lieux, ancien capitaine au
Régiment de Vaubecourt *.

3. *Pièces justificatives*, numéros XXII, XXIII, XXIV.

* Fils cadet de Jean-Elie des Ruaux, écuyer, seigneur de Moussac, et de Marie-
Thérèse Nadault de Nouhère.

25 février 1810. Le marquis de Villemort, son oncle maternel, le constitua son héritier, et lui donna cette terre. Après
de longues années passées au service en qualité d'officier
d'état-major, il épousa à Paris le 20 juin 1852, mademoiselle Lucie de Vergès, et habita avec elle le château de
Villemort, où il est décédé le 13 novembre 1876. Ses enfants furent : 1º Marguerite de Terrasson, morte en 1873;
2º Marie de Terrasson, mariée en 1874 à M. Olivier Dondel
de Kergonano, mort sans enfants le 12 juillet 1882; 3º René
de Terrasson, qui épousa, en 1884, mademoiselle Antoinette
de Villebois-Mareuil, et est mort à Paris le 4 mars 1887,
sans laisser non plus de postérité.

CHARLES-MARIE-CYPRIEN-GABRIEL DE TERRASSON, né le 11
mai 1808, épousa, le 7 septembre 1835, ADÉLAIDE-FRAN-
ÇOISE BORROS DE GAMANSON. De ce mariage étaient restées
trois filles: 1º *Marie-Joséphine-Adélaïde-Angèle de Terrasson*,
née à Moulidars le 21 juillet 1836, mariée le 22 novembre
1859, à M. Pierre-Henri Martin de La Bastide, et décédée
le 19 février 1869, laissant deux fils, MM. René et Roger de
La Bastide; 2º *Berthe-Joséphine-Marie-Caroline de Terrasson*,
née à Moulidars le 10 janvier 1840, mariée le 22 août 1871,
à M. Marie-Olivier-Emmanuel Hunault de La Chevallerie,
neveu de Mᵐᵉ de La Chevallerie, sœur de son père, décédé
sans enfants le 1ᵉʳ mars 1873; 3º *Alix-Delphine-Marie-
Thérèse de Terrasson*, née aussi à Moulidars le 9 juillet
1843, épousa, le 27 septembre 1869, M. le comte Conrad-
Romain-Marie Le François des Courtis de Montchal; ils ont
deux garçons et une fille.

M. de Terrasson est mort le 25 avril 1884, et Mᵐᵉ de
Terrasson le 10 avril 1887.

Voici, en résumé, l'état actuel (1889) de la famille de Ter-
rasson, issue de Jean-Louis Terrasson de La Faye et Anne-
Rose Méhée d'Anqueville. La branche aînée, descendue de
Cyprien-Gabriel de Terrasson, s'est éteinte par le décès de
M. Charles-Marie-Cyprien-Gabriel de Terrasson, de Mouli-

dars, en 1884, et par celui de M. René de Terrasson, de Villemort, en 1887. La branche cadette faite par Jean de Terrasson, seigneur de Monleau, subsiste aux Andreaux, commune de Saint-Estèphe (Charente), représentée par deux frères, MM. Albéric et Henri de Terrasson de Montleau (la famille écrit ainsi) mariés aux deux sœurs, demoiselles Mesneau de Saint-Paul. M. Henri de Montleau a seul des enfants : trois fils et une fille.

NOTA. — Le lecteur a dû remarquer très souvent, dans le cours de ce ouvrage, le même nom de famille écrit tantôt avec, tantôt sans la préposition *de*. Quelle que soit notre opinion personnelle sur l'usage, devant les noms patronymiques, de cette particule dite nobiliaire, nous l'avons employée chaque fois que nous l'avons trouvée, ni plus ni moins, et cela afin d'éviter toute difficulté ou réclamation.

ARMORIAL

NOTA. — La liste suivante contient les armes des familles nobles nommées dans les pages précédentes, moins quelques-unes que nous n'avons pu nous procurer. Ce signe (?) placé à la suite de certains noms exprime le doute sur l'identité de la famille dont nous donnons les armes avec celle de même nom qui figure dans le volume. Après chaque description d'armes, nous indiquons la source d'où elle est tirée au moyen d'une des abréviations ci-après :

Ang. — La Noblesse d'Angoumois en 1789, tableau d'après M. le baron de La Porte-aux-Loups, à l'évêché d'Angoulême.

Ans. — *Histoire généalogique des Grands Officiers de la Couronne*, par le Père Anselme, édition Potier de Courcy.

B. A. ou *M. d'Ag.* — *Procès-verbal de l'assemblée du ban et arrière-ban de la sénéchaussée d'Angoumois en 1635*, suivi de la *Table des nobles maintenus par d'Aguesseau, 1666-1667*, par M. Th. de B. A.

Cab. — *Cabinet des titres* à la bibliothèque nationale, renseignements dus à M. le vicomte O. de Poli, président du Conseil héraldique de France.

Courc. — *Histoire généalogique des pairs de France*, par le chevalier de Courcelles.

D'Hoz. — *Armorial général de France*, par d'Hozier.

Dug.-Mat. — *Etat du Poitou sous Louis XIV*, catalogue des nobles par Charles-Honoré Barentin, et autres documents publiés par Charles Dugast-Matifeux.

Eys. — *Histoire du blason*, par G. Eysenbach.

Fam. — Renseignements fournis directement par les familles vivantes.

Gourd. — *Recueil d'Armoiries des maisons nobles de France*, par H. Gourdon de Genouillac.

Grandm. — *Dictionnaire héraldique*, par Charles Grandmaison, Migne.

La Ch. — *Dictionnaire de la Noblesse*, par La Chesnaye-Desbois.

Laisné. — *Nobiliaire de la généralité de La Rochelle* extrait des *Archives de la Noblesse*, par Laisné.

Nad. — *Nobiliaire du diocèse et de la généralité de Limoges*, par l'abbé Joseph Nadaud, publié par l'abbé Lecler.

Pér. — *Armorial du Périgord*, par M. Alfred de Froidefond.

Poit. — *Armorial de la Noblesse du Poitou convoquée pour les Etats-Généraux en 1789*, par M. Armand de La Porte.

Preuves. — *Preuves de noblesse* pour l'admission à Saint-Cyr de demoiselle Elisabeth Méhée d'Anqueville, 1694,

Riets — *Armorial général*, par Rietstap, 2ᵉ édition.

Saint. — *La Noblesse de Saintonge et d'Aunis en 1789*, par M. le baron de La Morinerie.

Plus quelques blasons empruntés au P. Menestrier (*Principes du blason*); au marquis de Magny (*Sciences des armoiries*); à Beauchet-Filleau (*Anciennes familles du Poitou*); au Nobiliaire manuscrit de Saint-Jean d'Angély, dus aux recherches obligeantes de M. Maurice de Jarnac de Gardépée, Cognac ; et un très petit nombre tirés d'autres sources qui seront indiquées en leur lieu.

ACARIE *du Bourdet.* D'azur au chevron d'or, accompagné de 3 étoiles du même (*Archives Saint., t. I*).

AGES (DES) *de Maumont, Magnac*, etc. De... à un cygne d'argent, le cou passé dans une couronne de même (*Ang.*).

AIGRON *de Combizan, La Font*, etc. De sinop. à 3 pigeons d'argent les ailes déployées posés 2, 1. (*Nad.*).

AIGUIÈRES (D'), (*Provence*). De g. à 6 besants d'argent posés 5 en sautoir et 1 en pointe (*Grandm.*).

AISSE, (*Aunis* et *Saintonge*). De sable à 6 épées d'argent, la pointe en bas (*Grandm.*).

ALBERT-D'AILLY (D'), (*Comtat-Venaissin et Picardie*). Ecart.: au 1 et 4 d'or au lion de gueules cour. de même qui est d'*Albert* ; au 2 et 3 de gueules, l'écu diapré de 2 rinceaux de laurier d'argent passés en sautoir, au chef échiqueté d'argent et d'azur de 3 tires, qui est d'*Ailly* (*Ans.*).

ALBRET (D'). De gueules plein (*Courc.*).

ALLOUE (D') *des Adjots.* De gueules à 3 chevrons d'or (*Courc.*).

AMBLARD (?), (*Guyenne et Gascogne*). D'azur à une martre d'argent rampante contre un palmier terrassé de sinop., au chef cousu de sable chargé de 3 étoiles d'or (*Grandm.*).

AMBOISE (D'). Palé d'or et de gueules de 6 pièces (*Eys.*).

AMOURS (D')(?), (*Normandie*). D'argent à 3 clous de la Passion de sab. rangés en fasce, sous un porc de même surmonté d'un lambel de gueules (*Ans.*).

ANDIGNÉ (D'), (*Anjou*) D'argent à 3 aiglettes de gueules becquées et membrées d'azur (*Ans.*) ; couronne de marquis (*Fam.*).

ANGENNES (D'), *de Rambouillet*. De sable au sautoir d'argent (*d'Hoz.*).

ANGOULÊME (D'), (*Quercy* et *Angoumois*). D'azur à 2 étoiles d'or en pal (*Laisné*).

ANJOU-MÉZIÈRES (D'). De France au bâton péri en bande d'argent, à la bordure de gueules (*Ans.*).

APCHON (D'), (*Auvergne*). D'or semé de fleurs de lys d'azur (*Ans.*).

APPELVOISIN (D'), (*Poitou*). De gueules à une herse d'or de 3 traits (*Poit.*).

ARAGON (D'). D'or à 4 pals de gueules (*Ans.*).

ARCHIAC (D'), (*Saintonge*). De gueules à 2 pals de vair, au chef d'or (*Ans.*).

ARLOT *de Cumond*. D'azur à 3 étoiles d'argent en fasce, accompagné en chef d'un croissant de même et en pointe d'un *arlot* (grappe de raisin) aussi d'argent tigé et feuillé de même (*Pér.*).

ARMAGNAC (D'). D'argent au lion de gueules (*Ans.*).

ARNAULD *de Ronsenac*. D'azur chargé en chef d'une étoile d'argent et en pointe d'un croissant de même (*Fam.*).

ARNOUL *de Nieuil*, (*Saintonge*). D'argent à 7 losanges de gueules, 3, 3 en pal, et 1 en pointe (*Nad.*).

ARPAJON (D'), (*Rouergue*). De gueules à la harpe d'or (*Courc.*).

ARTOIS (D'). De France au lambel de gueules, chaque pendant chargé de 3 châteaux d'or (*Ans.*).

ASNIÈRES (D'), (*Saintonge* et *Angoumois*). D'argent à 3 croissants de gueules 2, 1 (*Ang.*).

AUBESPINE (DE L'). D'azur au sautoir alézé d'or, cantonné de 4 billettes de même (*Ang.*).

AUBIGNÉ (D'), (*Anjou*). De gueules au lion d'hermine armé, couronné et lampassé d'or (*Gourd.*).

AUGEARD (D') (?) *de Clérans*. Parti : au 1 d'azur à 3 molettes d'argent ; au 2 d'azur à un croissant d'argent sur une rivière du champ (*Pér.*).

AURAY (D') *de Brie*. Losangé d'or et d'azur (*Poit.*).

AYDIE (D'), (*Béarn* puis *Périgord*). De gueules à 4 lapins d'argent courant l'un sur l'autre, sur un écartelé de Cominges et d'Armagnac (*La Ch.*). (Voir ces mots).

AYMER *de Corniou*. D'argent à la fasce composée de sable et de gueules (*Dug.-Mat.*).

BABINET. D'azur au chevron d'or accompagné en chef de 2 étoiles de même et en pointe d'un croissant d'argent (*Ang.*).

BADY *de Dourlers*. D'azur à un lion d'or tenant de sa patte droite une clé à l'antique de même posée en pal. (*La Ch.* et *Badier*).

BALATHIER. De sable à la fasce d'or (*Ang.*).

BALLUE *de Mongaudier*. D'azur à 3 croissants d'argent enlacés ensemble (*M. d'Ag.*).

BAR (DE) (?),(*Lorraine*).D'azur à 2 bars adossés d'or, l'écu semé de croisettes recroisettées au pied fiché de même (*Ans.*).

BARBEZIÈRES (DE),(*Angoumois*). D'argent à 3 losanges et 2 demies de gueules accolées en fasce (*Courc*).

BARBEZIEUX (DE). D'or à un écusson d'azur en abîme (*Ans.*).

BARRE (DE LA), (*Poitou*). D'azur à 3 fasces d'argent (*Grandm.*).

BARRES (DES), (*Bourbonnais*). D'or à la croix ancrée de sinop. (*Ans.*).

BARREAU, (*Angoulême*). D'azur à 3 croissants d'argent 2 et 1 duquel sort une palme d'or en pal (*M. d'Ag.*).

BARBOT, (*La Rochelle*). D'or au barbeau de gueules posé en pal ; *aliàs*: au chevron accompagné de 3 crabes (*Arch. Saint.* XIV. 7) ; *aliàs* : d'or au chevron d'azur accompagné de 3 roses de gueules tigées et feuillées de sinop., au chef d'azur à 3 étoiles d'argent (*Ang.*).

BAUDEAN (DE),(*Gascogne*). Ecart.: au 1 et 4 d'or au pin arraché de sinop., qui est de *Baudéan* ; au 2 et 3 d'argent à 2 ours affrontés de sable, qui est de *Parabère* (*Grandm.*).

BAUDOUIN *de Fleurac*. De gueules à une croix besantée d'argent (*M. d'Ag*).

BAUDOUIN *de La Noue*. D'argent au chevron de gueules accompagné de 3 hures de sanglier de sab. défendues d'argent et armées de gueules (*Saint.*).

BEAU, LE BEAU (?),(*Poitou*).D'argent au cerf passant, au naturel, soutenu par deux aigles de sable (*Dictionnaire des anciennes familles du Poitou*, par Beauchet-Filleau).

BEAUPOIL (de). De gueules à 3 accouples de chien d'argent, les laisses ou liens d'azur tournés en fasce (*Laisné*).

BELHADE. D'argent au lion léopardé de gueules (*Ang.*).

BÉON *du Massez*. D'or à 2 vaches de gueules accornées, colletées et clarinées d'azur (*Ans.*); *aliàs* : Ecart.: au 1 et 4 d'azur à 2 lions d'or passants, l'un sur l'autre; au 2 et 3 d'argent à 3 fasces de gueules (*Nad.*).

BÉRAUDIÈRE (DE LA),(*Poitou*). D'azur à la croix fourchée d'argent (*Ans.*).

BERCIER. D'azur à la bande ondée d'or, accompagnée à senestre d'une comète d'argent. (*Ang.*).

BERNARD, (*Angoulême*). D'or au chêne de sinop. tigé et feuillé de même, au chef cousu d'argent chargé de 3 hermines de sable (*M. d'Ag.*)

BÉNARD *de Rézay*, évêque d'Angoulême. D'argent à 3 fasces ondées d'azur, au chef de sable chargé de 3 échecs d'or (*Michon*, Stat. mon. de la Char. p. 94).

BERTHELIN *de Montbrun*, (*Poitou*). D'argent au chevron d'azur accompagné en chef de 2 fleurs de lys de même, et en pointe d'une moucheture d'hermine de sable (*Beauch.-Fil.*).

BERTHELOT *du Couret*. De gueules au lion d'argent, au chef cousu d'azur chargé de 3 besants d'argent (*Laisné*).

BÉTHUNE (comtes de). D'agent à la fasce de gueules au lambel de même de 3 pendants *(Ans.)*.

BIDAULT, (*Poitou*). D'argent à un cerf de gueules sortant d'un bois de sinop. et blessé d'un dard de sable (*Poit.*).

BIROT, (*Angoumois*). D'argent à une bande d'azur chargée de 3 roses d'or, accompagnée d'une serre d'épervier de sable onglée de g., en chef, et une molette d'éperon de sable en pointe (*Nad.*).

BOIS *du Fresne* (DU). D'argent à l'aigle au vol abaissé de sable membré de gueules (*Lainé*).

BOIS *d'Esquerdes* (DU). D'argent au lion de sable à la bordure de gueules (*Ans.*).

BLOIS *de Roussillon* (DE). D'argent à la fasce d'azur chargée de 3 étoiles d'or (*Laisné*).

BOISSON de *Bussac*. D'or à 3 sapins terrassés de sinople (*Laisné*).

BOMPART (?),(*Dauphiné*). De gueules coupé sur argent au griffon de l'un en l'autre (*Grandm.*).

BONCHAMPS (DE), (*Poitou*). De gueules à 2 triangles d'or entrelacés l'un dans l'autre en forme d'étoile (*Grandm*).

BONNEVIN (DE). D'azur au chevron d'argent accompagné de 3 étoiles d'or (*Ans.*).

BONNIOT, (*Saintonge*). D'azur à 1 chevron d'or accompagné de 2 merlettes becquées et pattées de même en chef, et d'un lion rampant de même en pointe (*Nad.*).

BORROS *de Gamanson*. D'argent à une montagne de sinop. accomp. de 4 roses de gueules (*Fam.*)

BOUCHARD *d'Aubeterre*. Ecart. : au 1 et 4 de gueules à 3 léopards d'or, qui est *Bouchard* ; au 2 et 3 losangé d'or et d'azur au chef de gueules, qui est *Raymond d'Aubeterre* (*Ans.*).

Bouchet (du), (*Maine*). D'argent à 2 fasces de sable (*Ans.*).

Bourbon-Montpensier. De France, au bâton en bande de gueules brisé en chef d'or au dauphin d'azur (*Grandm.*).

Bourg (du), (*Saintonge*). D'azur à 3 tiges d'épines d'argent, au chef cousu de g. chargé du nom de *Jésus* d'or (*Laisné*).

Bouex (du) *de Villemort*. D'argent à 2 fasces de gueules (*Fam.*)

Boussac (de),(*Election de Tulle*). D'azur au sautoir denché d'or, accompagné de 4 croissants de même ; *aliàs* : d'azur au sautoir d'or contrebretessé de 5 créneaux de même, accompagné de 5 croissants d'argent (*Nobil. de Saint-Jean d'Angély*, manuscrit à la bibliothèque de Cognac).

Brabant (de). De sable au lion d'or armé et lampassé de gueules (*Ans.*).

Brémond *d'Ars*. D'azur à l'aigle éployé d'or (*Ans.*).

Briand *de Goué*. D'argent au chevron de gueules accompagné de 3 éperviers de sab. longés et grilletés de gueules (*M. d'Ag.*).

Brichanteau *de Nangis*. D'azur à 6 besants d'argent (*La Ch.*).

Brisard (?), (*Normandie*). Fascé d'azur et d'argent, les fasces d'azur chargées chacune de 3 médaillons avec leurs chaînes, et les fasces d'argent de 3 mouchetures de sable (*Grandm.*)

Brulart,(*Champagne*). De gueules à la bande d'or chargée d'une traînée de 5 barillets de sable (*Ans.*).

Buisson *d'Aussonne* (du). D'or à un arbre ou buisson de sinople (*La Ch.*).

Busson *de Coiffard*. D'azur à la bande d'argent chargée de 6 chevrons renversés de gueules, accompagnée d'un sénestrochère de carnation tenant 2 bouts de lance d'argent et en sautoir (*Nad.*).

Cailhaud (de). D'argent au lion de sable armé de gueules (*Jourdan*), manusc. à la bibliothèque de La Rochelle.

Caillères (de),(*Saintonge*). D'argent à 3 fasces contrebretessées de sable (*B. A.*).

Calluaud,(*Angoumois*). D'azur au croissant d'argent surmonté d'une étoile de même ; au chef cousu de gueules chargé d'un vol d'argent (*Ang.*).

Cartier, (*Orléanais*). D'azur à 1 chevron d'or, accompagné en chef de 2 étoiles, et en pointe d'une rose de même (Armor. aux archives du Loiret, comm. de M. J. Doisnel, archiviste).

CARVOISIN (DE), (*Picardie*) D'or à la bande de gueules, au chef d'azur; couronne ducale; tenants : 2 hercules ; cri : *Duce non erramus Olimpo* (*Fam.*).

CASSIN de La Loge. De sinop. à l'aigle d'argent accompagné de 2 croissants de même en chef (*Fam*).

CHABOT. D'or à 3 chabots de gueules en pal 2, 1. (*Ans.*). — Écart.: au 1 et 4, comme ci-dessus ; au 2 d'argent au lion de gueules armé, lamp. et cour. d'or, la queue fourchée et passée en sautoir, qui est *Luxembourg* ; au 3 de gueules à l'étoile de 16 rais d'argent, qui est de *Beaux* (*Ans.*, blason de Philippe Chabot, amiral de France).

CHAMBES (DE). D'azur semé de fleurs de lys d'argent, au lion de même armé, lamp. et cour. de gueules (*B. A.*).

CHAMILLART, (*Ile-de-France*). D'azur à la levrette passante d'argent colletée de gueules, au chef d'or chargé de 3 étoiles de sable (*Grandm.*).

CHARLONIE (DE LA), (*Angoum.*) D'azur coupé par une fasce d'or, chargé en chef et en pointe d'un chevron d'or accompagné de 3 étoiles de même (Blason de Philippe de La Charlonie, sieur de Nanclas, officier, mort en 1782. *Fam.*).

CHASTEIGNER de La Rocheposay, du Lindois, etc. (Voir *Preuves*).

CHASTEIGNER de Cramahé. Coupé d'argent et de sable, au chevron renversé de même, au croissant montant et 2 roses de même. (*Dug.-Mat.*).

CHASTELET (DU), (*Lorraine*). D'or à la bande de gueules chargée de 3 fleurs de lys d'argent (*Ans.*).

CHASTENET (?). D'or à une colombe d'azur, becquée et membrée de g. (*Cab.*, armorial gén., La Rochelle, page 353).

CHATEAUBRIANT (DE). De gueules semé de fleurs de lys d'or.(*Eys.*)

CHATEAUNEUF ou CASTELNAU (DE). De gueules au château donjonné de 3 pièces d'or (*Ans.*).

CHATILLON (DE), (*Champagne*). De gueules à 3 pals de vair, au chef d'or. (*Eys.*).

CHENIN, (*Poitou*). D'azur à la croix engrelée d'or, au lambel de gueules brochant (*Ans.*).

CHÉRADE de Montbron. D'azur à 3 losanges d'or, 2, 1. (*Ang.*).

CHESNE (DU) (?), (*Périgord*). D'azur à 3 pals d'or, au chef d'azur soutenu d'argent et chargé de 3 besants de même (*Courc.*).

CHESNEL, (*Saintonge*). D'argent à 3 bâtons écottés de sinop. (*Ang.*).

CHEVALLEAU de Boisragon, (*Poitou*). D'azur à 3 roses d'argent, au chef cousu de gueules (*Dug-Mat.*).

CHEVALIER, (*Saintonge*). D'azur à 3 étoiles d'argent rangées en chef, et un croissant de même en pointe (*Laisné*).

CHEVREUIL. D'azur au chevreuil d'argent, accompagné de 2 étoiles de même l'une en chef et l'autre en pointe (*M. d'Ag.*).

CLERMONT (DE). De gueules à 2 clefs d'argent en sautoir (*Ans*).

COETIVY (DE). Fascé d'or et de sable (*Courc.*).

COMINGES (DE), (*Gascogne*). D'argent à la croix pattée de gueules. (*Ans.*).

CORGNOL, (*Angoum.*) D'or à 2 chevrons de gueules (*Ang.*).

CORLIEU, (*Angoum.*) Écartelé de sinop. au chevron d'argent, accomp. de 3 quintefeuilles de gueules ; et d'argent au lion de gueules armé, lamp. et cour. d'or (*B. A.*).

COSSÉ (DE), (*Anjou.*) De sable à 3 fasces denchées par le bas, d'or (*Eys.*).

COTENTIN (DE), *comtes de Tourville*. De gueules à un senestrochère d'argent tenant une épée du même, surmonté d'un casque taré de profil aussi d'argent (*Riets*).

COUR (DE LA). D'azur à l'épervier d'or, becqué, langué et membré d'argent, grilleté d'or, perché du même (*Laisné.*).

COURAUD du *Maine-Charles, Birac*. D'azur à l'épervier perché d'or au vol abaissé, becqué et onglé d'argent (*B. A.*).

COURAUDIN. D'azur à l'arbre tigé et feuillé d'or et de sinop., accosté d'une fleur de lys de gueules (*M. d'Ag.*).

COURBON. D'azur à 3 fermeaux d'or, l'ardillon en pal (*La Ch.*).

COURCILLON (DE), (*Maine*). D'argent à la bande fuselée de gueules cantonnée à senestre d'un lion d'azur (*Ans.*).

COURTENAY (DE), (*Gâtinais*). D'or à trois tourteaux de gueules (*Eys.*).

COUTURE (DE LA)(?)Losangé d'or et de gueules ; *aliàs*, de gueules à la fasce d'argent fuselée de 5 pièces (*Mémoires de la société des Antiquaires de l'Ouest*, 1887, p. 405).

COUVIDOU de *Fleurac, Saint-Palais*. D'or à 3 trèfles de sinop. (*Saint.*).

CRAON (DE), (*Anjou*). Losangé d'or et de gueules (*Ans.*).

CREST (DE), (*Bourgogne*). D'azur à 3 bandes d'or, au chef d'argent chargé d'un lion issant de sab., lamp. et armé de gueules (*Courc.*).

CROIX (DE LA) de *Beaurepos*, (*Comt.-Ven.*). D'or à 3 fasces ondées d'azur, et un lion naissant de gueules en chef (*Fam.*).

CROIX (DE LA) de *Saint-Cyprien*. D'argent au lion de gueules posant une patte sur une croix pattée d'azur (*Fam.*).

CROPTE (DE LA) de *La Chassagne*. D'azur à la bande d'or accompagnée de 2 fleurs de lys de même une en chef, l'autre en pointe (*Pér.*).

CROZANT (DE). D'or à la bande de gueules (*Ang.*).

CRUSSOL *d'Uzès*. Ecart. : au 1 et 4 fascé d'or et de sinop., qui est *Crussol;* au 2 et 3 de g. à 3 bandes d'or, qui est *Uzès* (*Ans.*).

CULANT (DE). D'azur semé d'étoiles d'or au lion de même brochant (*Ang.*).

CURSAY (DE), (*Poitou*). D'argent au cœur enflammé de g. surmonté d'un croissant de même (*Ans.*)

DAGUERRE, (*Champagne*). D'or à 3 pies au naturel (*Ans.*)

DASSIER *des Brosses*. Burelé d'argent et de gueules, l'argent chargé de 9 merlettes, ni pattées, ni becquées (*Nad.*). — Aliàs: D'or à 3 bandes de gueules (*Fam.*).

DESBORDES de *Berguille*. D'azur à un chevron d'or accompagné de 3 arêtes de poisson (*d'Hoz.*).

DESMOULINS. D'azur à la croix ancrée de sab. chargée d'une coquille d'or en abîme (*Ang.*).

DESPREZ de *Gésincourt*. D'argent au chevron d'azur accompagné en pointe d'un lion de même, et 2 tulipes de sinop. et d'azur en chef (*Fam.*).

DEXMIER, (*Angoum.*). Ecart. d'azur et d'argent à 4 fleurs de lys de l'un en l'autre (*Ang.*).

DEXMIER de *La Groix*. D'argent à la croix ancrée de g. (Bulletin de la Société arch. de la Charente, 1882 : *La noblesse des maires de Cognac*, par M. de Jarnac de Gardépée[1]).

DONDEL de *Kergonano*, (*Bretagne*). D'azur au porc-épic d'or. (Manuscrit aux arch. du Morbihan: comm. de M. Ch. Estienne, archiviste).

DREUX (DE), (*Ile-de-France*). Echiqueté d'or et d'azur à la bordure de g. (*Ans.*).

DUBOIS, (*Angoum.*) D'argent à 3 arbres de sinop. 2, 1, au chef d'azur chargé de 3 étoiles d'or (*Ang.*).

---

1. L'estimable auteur donne ces armes d'après d'Hozier, *arm. gén.* 1698; un cachet des Dexmier de La Groix, du XVIII⁰ siècle, porte comme ci-dessus : *écartelé, etc.*

DURFORT (DE). Ecart. : au 1 et 4 d'argent à la bande d'azur, qui est *Durfort* ; au 2 et 3 de g. au lion d'argent, qui est *Duras.* (*Ans.*).

DUSSAULT *de Villars.* D'azur à l'aigle épl. d'argent, au vol abaissé, becquée et membrée d'or. (B. A.).

DUVERDIER, *doyen et év. d'Ang.* D'argent à un arbre de sinop. au chef d'azur chargé d'un croissant d'or (*Ang.*).

ESPARBÈS (D') *de Lussan.* D'argent à la fasce de g. sommée de 3 éperviers de sable (*Gourd.*).

ESPINASSE (DE L'), (*Bourgogne*). De g. à la bande d'arg. au lambel de même ; *alias* : écart. d'or au dauphin pâmé d'azur (*Ans.*)

ESPINAY (D') *de Durtal,*(*Bretagne*). D'argent au lion coupé de g. et de sinop. armé d'or. (*Ans.*)

ESTAMPES (D'), (*Berry*). D'azur à 2 girons d'or posés en chevron, au chef d'argent chargé de 5 couronnes ducales de g. (*Ans.*

ESTISSAC (D'),(*Périgord*). Palé d'argent et d'azur de 6 pièces (*Pér.*

ESTOURNEAU *de La Touche.* D'or à 3 chevrons de sab. accomp. de 3 étourneaux de même, 2 en chef et 1 en pointe (*Saint.*).

ESTRÉES (D'), (*Picardie*). D'argent fretté de sable, au chef d'or chargé de 3 merlettes de sable (*Ans.*).

EU (D'), (*Normandie*). D'azur à un lion d'or billeté de même (*Grandm.*)

EVREUX (D'). D'azur semé de fleurs de lys d'or, à la bande composée d'or et d'azur sur le tout (*Ans.*).

FALIGON *de Saint-Simeux, La Chapelle, etc.* D'argent à une rose de g. tigée et feuillée de sinop. surmontée de 2 étoiles d'azur en chef. (*M. d'Ag.*).

FAUCHER *de La Ligerie.* De g. à un faucheur (*sauterelle*) d'or (*Pér.*).

FAURE, (*Angoum.*). D'azur au lion léopardé d'or, ayant sur la tête un hibou d'argent (*M. d'Ag.*)

FAYARD *des Combes.* D'or à un arbre (*fayart*) de sinop (*Pér.*).

FÉ *de Ségeville.* D'azur au chevron d'or, chargé de 3 roses de g., accomp. de 3 étoiles d'or, 2 en chef, 1 en pointe (*La noblesse des maires de Cognac, par M. de Jarnac de Gardépée*).

FÉ *de Boisragon.* De g. à une croix d'arg. cantonnée en chef de deux molettes à cinq pointes de même (*D'Hoz.*).

FÉREIRE (DE). D'or au lion passant de sable armé et lamp. de gueules ; couronne de comte (*Fam.*).

FERRIÈRES (DE). D'argent au pal. de g. à la bordure denticulée de même (*Courc.* généal. de *Pons*). — *De Ferrières de Sauvebœuf*. De g. au pal d'or à la bordure dentelée de même (*Ans.*).

FERRY, (*Guyenne* et *Aunis*). D'or à un chevron d'az. accomp. de 3 roses de g. 2, 1. (*Cab.* armor. général, *Guyenne*).

FLORENCEAU de *Boisbedeuil*. D'arg. à un chêne arraché de sinop. (*Fam.*)

FOIX (DE). D'or à 3 pals de g. (*Courc.*).

FONSÈQUE (DE). D'or à 5 étoiles de g. à 8 rais en sautoir (*Courc.*)

FORGUES (DE) de *La Rochechandry*. D'argent à 3 corbeaux de sable (*M. d'Ag.*).

FOSSÉ (DU), (*Angoumois*). D'argent à un croissant de gueules (*Ans.* ; *Cab.* arm. gén., La Rochelle. p. 353).

FOUCAULT (?), (*Marche*). D'azur semé de fleurs de lys d'or (*Ans.*).

FRÉTARD (*Touraine*). De gueules fretté d'argent (*Ans.*; *M.d'Ag.*).

FRONSAC (DE),(*Guyenne*). D'azur à 3 demi-pals d'or mouvants du chef (*Ans.*).

FROTIER,(*Poitou*). D'argent au pal de gueules accosté de 10 losanges du même, 5 de chaque côté, posés 2, 1 et 2 (*Laisné*).

GAILLARD, (*Poit.* et *Saintonge*). Parti : au 1 d'azur à 4 chevrons d'or, le dernier brisé ; au 2 d'argent au lion de gueules couronné de sable (*Saint.*).

GALARD de *Béarn*. Ecart.: au 1 et 4 d'or à 3 corneilles de sable, becquées et memb. de gueules, qui est *Galard*; au 2 et 3 d'or à 3 vaches pass. de gueules accornées, accolées et clarinées d'azur, qui est de *Béarn* (*Ang.*).

GALLET du *Fief-Gallet*. D'or à 1 chevron de gueules accompagné de 3 coqs de sable pattés, becqués et crêtés d'or (*Nad.*).

GANDILLAUD de *Fontfroide*, *Fontguyon*, etc. D'azur à une tour d'argent maçonnée et crénelée de sable (*M. d'Ag.*).

GAUDIN du *Cluzeau*. D'argent à 3 chevrons de sable (*Dug.-Mat.*).

GAULTRON de *La Baste*. D'argent au pal d'azur accompagné de 2 aiglettes de sable (*Science des armoiries* par le marquis de Magny).

GAZEAU de *La Brandannière, La Boissière*. D'azur au chevron d'or accompagné de 3 trèfles de même (*Poit.*).

GELINARD de *Malaville*. D'azur à 3 palmes d'or (*Grandm.*).

GÉRAUD de *La Monjatrie, Frégeneuil*, etc. De gueules à la tour d'argent maçonnée de sable accompagnée de 3 molettes d'éperon aussi d'argent (*Ang.*).

GIBOUST *du Châtelux*. D'azur à la croix d'or cantonnée de 4 molettes d'éperon d'argent et chargée d'une molette de gueules en abîme. (*Ang.*; *d'Hoz.* donne cette dernière molette d'azur et les 4 autres *d'or*).

GILLIER, (*Poitou*). D'or au chevron d'azur accompagné de 3 mâcles de gueules (*Ans.*).

GILIBERT *de La Bourderie*. D'argent à 3 pyramides de gueules en fasce (*M. d'Ag.*).

GIRARD (DE) *de La Valade, de La Tour-Blanche, (Angoumois).* D'azur à 3 chevrons d'or (*Armorial du Poitou*, par A. Gouget ; *Dug.-Mat.*).

GIRAUD *de Bois-Charente, d'Anqueville*. D'azur fascé d'or à 3 coquilles de Saint-Michel de même, 2 en chef, 1 en pointe (*M. d'Ag.*).

GOMBAUD *de Chamfleury*. D'argent à 3 pals de gueules (*Courc.*). D'argent au lévrier de sable (*Ans.* qui écrit *Combault*).

GONZAGUE (DE), (*Italie*). D'or à 3 fasces de sable (*Ans.*).

GOUFFIER (?), (*Ile-de-France*). D'or à 3 jumelles de sable (*Grandm.; Ang.*).

GOULARD *de La Faye*. D'azur au lion d'or, armé, lamp. et cour. de gueules (*B. A.*).

GOUMARD *d'Echillais*. Fascé d'argent et de gueules, à la bande d'azur chargée de 3 molettes d'or brochante (*Bulletin Saint.* juillet 1888, p. 272).

GOURDIN *de Puygibaud*. D'azur au calice d'or dans lequel becquettent 2 oiseaux d'argent, à une croix de même en chef (*M. d'Ag.*).

GRAILLY (DE), (*Bresse*). D'argent à la croix de sable chargée de 5 coquilles d'argent (*Ans.*).

GRAND, (*Aunis* et *Saintonge*). D'azur au sautoir d'or cantonné de 4 étoiles d'argent (*Grandm.*).

GREEN *de Saint-Marsault*. Parti : au 1 de gueules à 3 demi-vols d'or, qui est *Green* ; au 2 de gueules à 3 M couronnées d'or, qui est *Saint-Marsault* (*Laisné*).

GUÉRIN, (*Poitou*). D'azur au sautoir d'argent accompagné de 4 flammes d'or (*Ans.*).

GUÉRIBALDE (DE). Coupé d'or et de gueules, à l'arbre arraché de sinop. sur le tout, et un lion de sab. couronné grimpant contre le tronc (*La Ch.*).

Guez de Balzac. De gueules à 2 bandes d'or (*Armorial de la gén. de Limoges*, 1695).

Guibert, (*Saintonge*).D'azur à 3 casques d'argent(*Laisné*), tarés de profil 2, 1 (*Comm. de M. Denys Joly d'Aussy*).

Guichard. D'argent à 3 têtes de lion couronnées et lamp. de gueules (*Ang.*).

Guillard de La Vacherie et de Convenant. De sable à 1 lion d'or (*Poit.*).

Guillaumeau de Ruelle, Flaville. D'or à un chêne tigé de feuilles de sinople, accosté de 2 étoiles de gueules (*M. d'Ag.*).

Guillet. D'argent au chevron de gueules chargé de besants d'or (*La noblesse des maires de Cognac*).

Guillot de Goulat (*Bretagne*). Coupé de gueules sur azur, à la bande d'or brochant sur le tout (*Riets*).

Guimard. Parti : à dextre d'argent à une branche de gui de sinople ; à senestre d'azur au lion couronné d'or lampassé de gueules (*Ang.*).

Guiton de Maulévrier. D'or au gui de chêne de sinop. chargé d'un taon de sab., au chef d'azur chargé de 3 étoiles d'argent (*Laisné*).

Guy de Ferrières, Ponlevin. D'argent à 3 fermeaux de gueules 2, 1, au chef d'azur (*B. A.*; *Laisné*).

Guyot de Lunesse, La Mirande, etc. D'or à 3 perroquets de sinop. becqués, membrés et colletés de gueules (*Poit.*).

Hamon, (*Touraine*). Bandé d'argent et de gueules de 6 pièces (*Ans.*).

Henry de Cheusses. D'azur à 3 épis de blé d'or (*Dug.-Mat.*).

Horric. D'azur à 3 fermeaux d'or, 2, 1 (*Laisné*; *M. d'Ag.*).

Houlier de La Pouyade. Ecart. : au 1 d'or à un chêne tigé et feuillé de sinop. ; au 4 d'azur à un chevron d'or et 3 poissons d'argent ; au 2 d'azur à 3 étoiles d'or 2, 1, et un croissant d'argent en pointe ; au 3 fascé de sable, à 3 molettes d'éperon de même (*sic*). (*M. d'Ag.*).

Hunault de La Chevallerie. Burelé d'argent et de gueules de 8 pièces ; l'écu sommé de la couronne de marquis ; supports : deux lévriers (*Fam.*).

Husson de Sampigny. D'argent au lion de sable portant sur l'épaule une croix de Jérusalem d'or, à la bordure dentelée de gueules chargée de 13 billettes d'argent (*Fam.*).

Husson (*La Rochelle*). D'or à la housse de cheval de gueules.

(*d'Hoz.*: renseignement fourni par M. G. Musset, bibliothécaire de La Rochelle).

Ingrandes (d'). D'azur à l'écusson coticé d'argent et d'azur de
10 pièces, à l'orle de 11 merlettes d'or (*Gourd.*).

Jaille (de la), (*Anjou*). D'argent à la bande fuselée de gueules
à la bordure de sable chargée de 3 besants d'or (*Ans.*).

Jallais (de), (*Poitou*). D'azur au soleil d'or (*Courc.*).

Jaubert *des Vallons.* D'azur fascé de gueules (*sic*) à 6 fl. de lys
d'or, 3 en chef et 3 en pointe (*M. d'Ag.*).

Jaucourt *de Villarnoul, La Forêt-sur-Sèvre.* De sable à deux
lions léopardés d'or (*Ans.*).

Jayet, (*Angoumois*). Ecart.: au 1 et 4 d'argent au buisson de sinop. ; au 2 et 3 de gueules à un oiseau (geai ?) d'argent ; sur
le tout, d'azur au bâton de gueules péri en bande accompagné
de 3 molettes d'argent (*Ang.*).

Jean *de Jovelle* (?) D'azur au chevron d'or accompagné en chef de
2 fleurs de lys de même et en pointe de 3 besants d'argent
(*Ang.*).

Joubert, (*Périgord*). D'azur à la fasce d'or accompagnée de 3
aliàs 6 fleurs de lys de même (*Ans.*).

Jussac *d'Ambleville.* D'argent à 4 fasces ondées de gueules, au
lambel de même à 5 pendants (*B. A.*).

Lageard (de). D'azur au lion d'argent armé et lampassé de
gueules, au franc-canton du champ chargé d'un croissant de
gueules (*Ang.*).

Laigle (de), (*Saintonge*). De gueules à une aigle éployée d'argent
(*Nad.*).

Laisné. D'argent à la fasce de sable, accompagné de 3 molettes
d'éperon de même 2, 1. (*M. d'Ag.*).

Lambert *des Andreaux.* Coupé émanché de 3 pièces de gueules
sur 2 et 2 demi-pièces d'argent (*Grandm.*). — *Lambert de
Cesseau*: d'argent à la bande ou barre d'azur accompagnée de 69
trèfles de sable posés en orle (Bibliothèque nationale, *Armorial
man. de la génér. de La Rochelle* cité dans le Bulletin de la
Société héraldique, 1880-81 : comm. de M. A. Callandreau).

Lameth *de Bussy.* De gueules à la bande d'argent accompagnée
de 6 croix recroisetées au pied fiché d'or (*Ans.*).

Lamy, (*Orléanais*). D'azur à la harpie d'or, le visage au naturel.
(*Ans.*).

LANES (DE). Fascé d'argent et de gueules (*Courc.*).

LANNOY (DE), (*Flandre*). D'argent à 3 lions de sinop. couronnés d'or (*Ans.*).

LE BOUTEILLER *de Senlis*. Ecart. d'or et de gueules (*Ans.*).

LE FRANÇOIS *des Courtis*. D'azur à la tour d'argent accostée de 2 fleurs de lys de même et accompagnée d'une croisette d'or en pointe (*Fam.*).

LEGRAND *de La Vallée*. De gueules à un lion rampant d'argent (*Nad.*).

LE JUMEL, (*Normandie*). De gueules à l'aigle à 2 têtes éployée d'argent, au chef de sinop. chargé de 3 molettes d'argent (*Armor. des conseillers au Parlement*, par M. de Merval ; comm. de M. de Beaurepaire, archiviste de la Seine-Inférieure).

LE MUSNIER, (*Angoumois*). D'azur à 3 meuniers d'argent posés en pal (*Preuves*).

LESTANG (de), (*Angoumois, Poitou*). D'argent à 7 losanges de gueules 4, 3. (*M. d'Ag.*).

LESTRANGES (de). De gueules à 2 lions d'or adossés en pointe, et un léopard de même en chef (*Pér.*).

LÉTOILE (de), (*Angoumois*). D'azur à 2 palmes d'or mouvantes d'un croissant d'argent, le tout surmonté d'une étoile aussi d'argent (*Cachet de famille*).

LE TOURNEUX *de La Perraudière*. D'azur à un chevron accompagné en chef de 2 têtes de licorne et d'un croissant, et en pointe d'une tour, le tout d'argent (*Fam.*).

LEVÊQUOT. D'azur à un rocher d'argent surmonté d'un coq de même crêté et gorgeté de gueules (*M. d'Ag.*).

LÉVIS-VENTADOUR (DE). *Lévis :* D'or à 3 chevrons de sable ; *Ventadour :* échiqueté d'or et de gueules (*Ans.*).

LIGNAC (DE). D'azur au chevron d'or accompagné de 3 grenades de mêmes ouvertes de gueules, feuillées et tigées d'or (*Gourd.*).

LIVENNE (DE). D'argent à la fasce de sable frettée d'or de 6 pièces, accompagnée de 3 étoiles de sab., 2 en chef et 1 en pointe (*B. A.*).

LOMÉNIE, (*Paris*). D'or à l'orme de sinop. posé sur un tourteau de sable, au chef d'azur chargé de 3 losanges d'argent. (*Ans.*).

LONGWY (DE), (*Franche-Comté*). D'azur à la bande d'or. (*Ans.*).

LORRAINE (DE). D'or à la bande de gueules chargée de 3 alérions d'argent dans le sens de la bande (*Eys.*).

LOYSEL, (*Ile-de-France*). D'argent à l'aigle essorante de profil de sable, la tête contournée, empiétant une palme de sinop. en bande, et portant au bec une couronne triomphale de même. (*Ans.*).

LUSIGNAN (DE). Burelé d'argent et d'azur. (*Ans.*).

LUXEMBOURG (DE). D'argent au lion de gueules couronné d'or, la queue fourchée, nouée et passée en sautoir (*Ans.*).

MAGNAC (DE). De gueules à 2 pals de vair au chef d'or (*Rietst.*), chargé d'un lambel d'azur de 5 pendants (*Armor. de la Noblesse de la Marche en 1789, par M. Arm. de La Porte*).

MAILLARD (DE). D'argent à la bande de gueules chargée de 3 lis d'argent et accompagnée de 6 merlettes de sable (*Gourd.*).

MAILLÉ (DE), (*Touraine*). D'or à 3 fasces ondées et nébulées de gueules (*Ans.*).

MAILLY (DE), (*Picardie*). D'or à 3 maillets de sinop (*Ans.*).

MALET de La Garde. De gueules à 3 fermeaux d'or (*Pér.*).

MAREUIL (DE) de Villebois. De gueules au chef d'argent, au lion d'azur lampassé, armé et cour. d'or brochant sur le tout (*Pér.; Nad.*).

MARCK (DE LA), (*Allemagne*). D'or à la fasce échiquetée d'argent et de gueules de 3 tires, au lion issant de gueules en chef. (*Ans.*).

MARCILLAC (DE), (*Angoumois*). D'azur à 3 besants d'or. (*Ang.*).

MARIN de Saint-Palais. De gueules à un lion rampant d'argent contourné, armé et lamp. de sable (*Nad*).

MARON. D'argent au chevron de gueules (*Ang.*).

MARTEL. D'or à 3 marteaux de gueules (*Ang.; Poit.*).

MARTIN de La Bastide. D'azur à une tour ouverte d'argent crénelée et maçonnée de sable (*Fam.*).

MARTINEAU de La Barrière. D'azur à une fasce d'or sous laquelle sort une demi-étoile, et deux étoiles au-dessus en pal (*sic*). (*M. d'Ag.*).

MAS (DU), (*Angoumois*). D'azur au mât d'or équipé d'argent en pal. (*Ang.; Fam.*).

MASCUREAU. Coupé de gueules fascé d'argent à 8 piles, et chargé de 3 étoiles d'argent, 2 et 1 (*sic*). (*M. d'Ag.*).

MATHA (DE), (*Saintonge*). Losangé d'or et d'azur (*Ans.*).

MÉHÉE d'Anqueville (Voir *Preuves*).

MEAUX (DE). D'argent à 5 couronnes d'épines de sables 2, 2, 1. (*La Ch.*).

MELLO (DE), (*Picardie*). D'or à 2 fasces de gueules, acccompagnées de 6 merlettes de même, 3, 2, 1. (*Ans.*).

MELUN (DE), *(Ile-de-France)*. D'azur à 7 besants d'or, au chef de même (*Ans.*).

MENDOSSE (DE) (Voir *Preuves*).

MESNEAU. De pourpre à 3 fusées d'argent en fasce (*M. d'Ag.*).

MIOSSENS (DE). Écart. de gueules et de France (*P. Menestrier*).

MONDION *de Falaise*. Fascé d'or et d'azur de 6 pièces, et 3 roses de gueules en chef (*Fam.*).

MONEREAU (*Voulgézac*). D'azur à 3 fasces d'argent surmontées de 2 glands d'or en chef (*M. d'Ag.*).

MONTALEMBERT (DE). D'argent à la croix ancrée de sable (*B. A.*).

MONTAUBAN (DE), (*Bretagne*). De gueules à 7 mâcles d'or, 3, 3, 1, au lambel de 4 pendants d'argent (*Ans.*).

MONTAULT (DE), (*Languedoc*). D'argent au chef émanché d'azur. (*Ans.*, qui donne ces mêmes armes à Rosine de Montault et à Philippe de Montault de Besnac).

MONTAUSIER (DE). Losangé d'or et d'azur (*Ans.*).

MONTBAZON (DE), (*Touraine*). De gueules au lion d'or (*Ans.*).

MONTBRON (DE), (*Angoumois*). Ecart. : au 1 et 4 burelé d'argent et d'azur, au 2 et 3 de gueules plein (*Ans.*).

MONTBRUN (DE) (?), (*Limousin*). D'or à la croix de gueules (*Nad.*).

MORTEMART (DE), (*Marche*). D'or à 2 pals de vair, au chef de gueules (*Ans.*).

MORTEMER (DE), (*Poitou*). Contrefascé d'or et d'azur ; en cœur un écusson d'argent à la bande gueules (*Courc.*).

MONSTIERS (DES) *de Mérinville*. De gueules à 3 fasces d'argent (*Ans.*).

MOYNE *de Chanclou*. D'or, à la rencontre de bufle de gueules bouclée de même (d'azur) et surmontée d'une étoile d'or (*d'Hoz.*, Armorial de la généralité de La Rochelle, publié par la Société héraldique de France, année 1880).

NADAULT *de Nouhère*. Palé et contrepalé d'or et de gueules de 6 pièces (*Nad.* qui cite les Archives de l'Hôtel de Ville d'Angoulême, *Blasons des anciens maires*).

NASSAU (DE), (*Pays-Bas*). D'azur semé de billettes d'or, au lion de même brochant (*Ans.*).

NAUVE (DE LA). De gueules à un navire équipé et habillé d'argent surmonté de 3 étoiles d'or (*Rietst*).

Navarre *du Cluzeau*. D'azur au lion d'or armé et lamp. de gueules, au chef de gueules chargé de 3 croissants d'argent (*Jourdan*, notes manuscr. à la bibliothèque de La Rochelle).

Nesle (de), (*Picardie*). De g. semé de trèfles d'or, à 2 bars adossés de même en pal. — *Autre* : Burclé d'arg. et d'az. de 10 pièces, brisé d'une bande de g. sur le tout (*Ans.*).

Nesmond. D'or à 3 cors de chasse enguichés, liés et virolés de gueules (*Ang.*).

Nogerée *de La Filière*. D'or à 3 pommiers de sinople feuillés d'or 2 et 1 (*M. d'Ag.*).

Normand *de La Tranchade*. D'azur à la bande d'or, accomp. en chef d'une croix de Malte d'argent, et en pointe de 3 glands effeuillés du second, posés en orle, les tiges en haut (*Bulletin Saint.* 1890 p. 102).

Nourrigier. D'or à une bande denchée de gueules accompagnée de 6 merlettes de sable ni pattées ni becquées, mises en orle (*Nad.*).

Orléans-Angoulême (d'). De France brisé d'un lambel d'argent à 3 pendants qui est d'*Orléans*, avec sous-brisure d'un croissant d'azur sur chacun des pendants, comme branche d'Angoulême (*Ans.*).

Orléans-Rothelin (d'). Ecart.: au 1 et 4 d'or à la bande de gueules ; au 2 et 3 d'argent au pal de gueules chargé de 3 chevrons d'argent ; sur le tout d'*Orléans-Longueville* (*Ans.*), qui est : de France au bâton de gueules péri en bande, au lambel d'argent à 3 pendants (*Id.*).

Pandin. D'azur à 3 pals d'argent, au chef cousu de gueules chargé de 2 fasces d'or, à la bande de même brochant (*Ang.*).

Paris (de). D'azur à 3 étoiles d'or posées 2, 1, chargé en pointe d'un croissant d'argent (*M. d'Ag.*).

Paris *de Montmartel*, (*Ile-de-France*). D'or à la fasce d'azur chargée d'une pomme d'or feuillée de sinop (*Ans.*).

Pasquet *de Piégu*. D'azur à une sphère d'or accoletée de 2 étoiles d'or, au croissant d'argent en chef (*M. d'Ag.*).

Paulte. D'or à un chevron d'azur accompagné de 3 griffes d'oiseau de même (*d'Ag. M.*).

Penohet (de), (*Bretagne*). D'or à la fasce de gueules (*Ans.*).

Péricard (François de), *évêque d'Angoulême*. D'or au chevron d'azur accompagné en pointe d'une ancre de sab. ; au chef d'azur chargé de 3 molettes d'or (*Ang.*).

PERRIER, (*Angoumois*). D'azur au chevron d'or accompagné en chef de 2 étoiles d'argent, et en pointe d'un arbre (chêne ?) de même (*Ang.*).

PETIT (?), (*Touraine et Poitou*). D'hermines à 3 tourteaux d'azur ; *Aliàs* d'or : au cœur de gueules accomp. de 3 croisettes pattées d'azur (*Ans.*).

PETIT *du Petit-Val*. De gueules à une gerbe d'or, au chef cousu d'azur chargé de 3 étoiles d'or (*Laisné*).

PHILIPPIER, (*Angoumois*). D'azur à 2 bourdons d'or en sautoir (*Ans.*).

PIC *de La Mirandole*. Ecart.: au 1 et 4 d'or à l'aigle de sab. couron. d'or, qui est *La Mirandole* ; au 2 et 3 échiqueté d'argent et d'azur, qui est *Pic* (*Ans.*).

PIERRE-BUFFIÈRE (DE), (*Limousin*). De sable au lion d'or (*Ans.*)

PINDRAY (DE). D'argent au sautoir de gueules (*Ang.*).

PITHOU, (*Champagne*). De vair à la bande d'argent côtoyée de 2 cotices de même (*Ans.*).

PLACE (DE LA) *de Torsac*. D'azur à 3 glands d'or tigés et feuillés de même (*M. d'Ag.*).

PLAS (DE), (*Limousin*). D'argent à 3 jumelles de gueules posées en bande (*La Ch.*).

PLESSIS-LIANCOURT (DU). D'argent à la croix engrelée de g. chargée de 5 coquilles d'or (*Courc.*).

POCQUAIRE (DE). D'argent à 5 fusées de gueules en fasce (*B. A.*).

POITEVIN *de L'Epinière*. De gueules à 3 haches d'armes d'argent emmanchées de sable posées 2, 1. (*Poit.*).

POLIGNAC (DE), (*Auvergne*). Fascé d'argent et de gueules de 6 pièces (*Courc.*).

POMPADOUR (DE). D'azur à 3 tours d'argent crénelées et maçonnées de sable (*Pér.*).

PONLEVIN (DE). D'azur à 3 fasces ondées d'or (*Nad.*).

PONS (DE). D'argent à la fasce coticée d'or et de gueules de 6 pièces (*Ans.*).

PONTENIER. D'azur au bourdon d'or en pal et une coquille de Saint-Michel ; à dextre un limaçon sortant de sa coquille d'argent ; à senestre un croissant d'argent ; en chef, un chevron et 3 molettes d'ép. (*sic*) (*M. d'Ag.*).

PORT (DU), (*Angoumois*). De sable à un lion d'argent et un chef d'or chargé de 3 tourteaux de g. (*d'Hoz.*).

PORTE (DE LA). D'azur à la fasce componée d'or et de gueules de 6 p., accomp. de 2 loups passants d'or (*A. A.*).

Poussard *de Fors*. D'azur à 3 soleils d'or (*Ang.*).

Prat (du), (*Auvergne*). D'or à la fasce de sable accompagnée de 3 trèfles de sinop (*Ans.*).

Pressac (de). D'azur au lion d'argent couronné d'or, lampassé de gueules, à 8 losanges d'or en pal, 4 à dextre, 4 à senestre (*B. A.*).

Prévéraud. D'azur au chevron d'or accompagné de 3 grenades ouvertes tigées et feuillées de même 2, 1. (*M. d'Ag.*).

Prévost *de La Fraignée*, (*Bas-Poitou*). D'or au lion de sinop. lampassé et couronné de gueules (*Annuaire de* la Société d'émulation de la Vendée, 1881, p. 18).

Puy du Fou (du), (*Poitou*). De gueules à 3 mâcles d'argent (*Courc.*).

Puyguyon (de). D'or à une tête de cheval effarouché, contournée, de sable (*Beauchet-Filleau*).

Puyrigault (de). D'azur à la croix d'or, cantonnée de 20 mouchetures d'hermines d'argent (P. de Lacroix *L'Ang Occid.* p. 117).

Queux (de), (*Aunis et Saintonge*). D'or à 3 hures de sanglier arrachées de sab. à la défense d'argent (*Grandm.*).

Rabaine (de). D'argent à la fasce de gueules accompagnée de 6 coquilles de même, 3 en chef et 3 en pointe, posées en fasce (*Ang.*).

Racaud. D'azur à 3 molettes d'éperon d'or, 2 et 1, et un croissant d'argent en pointe (*M. d'Ag*).

Raity *de Villeneuve*. De gueules au cygne d'argent nageant sur une rivière au naturel mouvant de la pointe de l'écu, accosté en chef à dextre d'une comète d'or (*Poitou*).

Rambaud, (*Angoumois*). D'argent au lion de sab. armé et lampassé de gueules tenant une torche d'or enflammée de gueules (*Fam.*).

Raoul *de Vouzan*. D'azur à un chevron d'or accompagné de 3 molettes d'éperon d'argent (*Nad.*).

Raymond *de Sallegourde*. Losangé d'or et d'azur, au chef de gueules (*Pér.*).

Redon *de Pranzac*. D'azur à 2 tours d'argent accostées (*Ans.*).

Regnauld, (*Angoumois*). D'azur à 3 pommes de pin d'or (*B. A.*).

Regnon, (*Poitou*) (Voir *Preuves*).

Renouard *d'Armelle, Servolle*, etc. D'argent à 3 fasces de gueules frettées d'or (*M. d'Ag.*).

Robert *de Lézardière*. D'argent à 3 quintaines de gueules (*Dug.-Mat.*); couronne de vicomte (*Fam.*).

Robert *de Guignebourg*. D'azur à 3 bombes d'or enflammées de gueules (*Fam.*).

Rochebeaucourt (de La). D'argent à 9 losanges de gueules, 3, 3 et 3 (*Ans.*).

Rochechandry (de La). Losangé d'argent et de gueules, chaque losange d'argent chargé de 2 fasces d'azur (*Ans.*).

Rochechouart (de). Fascé nébulé d'argent et de gueules de 6 pièces (*Ans.*).

Rochefoucauld (de La). Burelé d'argent et d'azur de 10 pièces, à 3 chevrons de gueules brochant sur le tout, le premier écimé (*Ang.*).

Rohan (de). De gueules à 9 mâcles d'or accolées 3, 3 et 3 (*Courc.*).

Roucy (de). D'or au lion d'azur (*Courc.*).

Rougemont (de), (*Poitou*). D'argent à un mont enflammé de gueules (*Ans.*).

Rougier, (*Aunis*). D'argent à 3 roses de gueules (*Ans.*).

Roulin. D'azur à 2 chevrons d'or, accompagnés de 3 molettes d'éperon de même 2, 1 (*Rooles Saint.* et Maintenue publ. par Th. de B.-A.).

Rouzières (des), (*Angoumois, Metz, Nancy*). Coupé d'or et d'argent par une fasce d'azur chargée de 3 roses d'or, accompagnée en chef d'une aigle de sable les ailes étendues, et en pointe d'une grappe de raisin pendante, la tige et les feuilles au nombre de 2, de sinop (*La Ch.*).

Roy *d'Angeac*. Ecart.: au 1 et 4 d'argent à une givre d'azur; au 2 et 3 d'azur à 3 abeilles d'or ; couronne de comte ; supports: 2 léopards (*Fam.*).

Roye (de), (*Picardie*). De gueules à la bande d'argent (*Ans.*).

Ruffier. D'azur semé de billettes d'argent, au lion de même brochant (*Ang.*).

Saint-Civier *de Montaut de Malartic* (*Auch.*). Ecart.: au 1 et 4 de gueules à 4 otèles d'argent ; au 2 et 3 de gueules à 2 mortiers d'or posés l'un sur l'autre ; et sur le tout de gueules à une croix pattée d'argent, soutenue par une main d'un gantelet de même (*d'Hoz.*).

Saint-Gelais *de Lusignan, Montchaude*. Ecart. : au 1 et 4 d'azur à la croix alésée d'argent, qui est *Saint-Gelais ;*

au 2 et 3 burelé d'argent et d'azur, qui est *Lusignan* (*Ans.*).

Saint-Hermine (de). D'hermines plein (*Ang. B. A.*); *aliàs*: d'argent à 6 hermines de sable 3, 3. (*M. d'Ag.*).

Saint-Laurent (de) *de Feuillade*. D'azur à 3 mains d'or. (*Laisné*).

Saint-Martin (de), (*Marche*). Bandé d'hermines et de gueules de 6 pièces (*Ans.*).

Saint-Mathieu (de). D'azur au croissant de gueules accompagné de 6 coquilles de pèlerin de même posées en fasce, 3 en chef, 3 en pointe (*Ang.*).

Sainte-Maure (de), (*Touraine*). D'argent à la fasce de gueules. (*B. A.*; *Ang.*).

Saint-Simon (de). Ecart. : au 1 et 4 échiqueté d'or et d'azur, au chef d'azur chargé de 3 fleurs de lys d'or, qui est *Vermandois*; au 2 et 3 de sable à la croix d'argent chargée de 5 coquilles de gueules, qui est *Rouvroy* (*Ans.*).

Salignac-Rochefort (de), (*Périgord*). D'or à 3 bandes de sinople (*Nad.*).

Salomon *de Bourg-Charente*. D'argent à la bande d'azur chargée de 3 étoiles d'or, accompagnée de 6 tourteaux de gueules en orle (*Ang.*).

Sanglier, (*Poitou*). D'or au sanglier de sable en furie défendu d'arg. (*Ans.*).

Sanguin (?) (*Paris*). D'azur à la bande d'argent accostée en chef de 3 glands d'or, et en pointe de 2 pattes de griffon de même (*Ans.*).

Savoie (Louise de). Parti: au 1 d'azur à 3 fleurs de lys d'or, qui est de *France*; au 2 de gueules à la croix d'argent, qui est de *Savoie*. Ecu sommé de la couronne ducale (*Sceau orig.* 1526).

Scarron, (*Ile-de-France*). D'azur à la bande bretessée et contre-bretessée d'or (*Ans.*).

Scépeaux, (*Maine*). Vairé d'argent et de gueules (*Ans.*).

Secondat, (*Guyenne et Gascogne*). D'azur à 2 coquilles d'or et un croissant d'argent bien ordonnés (*Grandm.*).

Seuillet *de Montégon*. D'azur au dextrochère de carnation tenant une épée d'argent en pal et mouvant du flanc senestre (*Fam.*).

Sollier (du) (?), (*Guyenne et Gascogne*). D'azur à la bande d'argent chargée de 3 roses de gueules et accompagnée de 2 étoiles d'or, au chef d'arg. (*Grandm.*).

SOREL (Agnès). D'argent à un sureau de sinop (*Armorial de Gilles Le Bouvier*, 1er roi d'armes de Charles VII, publié par Vallet de Viriville : communic. de M. le vicomte O. de Poli.).

SOUSMOULINS (DE) (Voir *Preuves*).

SUBLET *de Heudicourt*. D'azur au pal bretessé d'or, maçonné de sable, chargé d'une vergette de même (*Grandm.*).

SULLY (DE), (*Berry*). D'azur semé de molettes d'or, au lion de même sur le tout (*Ans.*).

TAILLEFER, (*Angoumois*). Losangé d'or et de g. (*Hôtel de Ville d'Angoulême*).

TASSIN *de Nonneville*. D'arg. au chevron de g. accomp. en chef de 2 étoiles d'az. et d'un lys de sable en pointe (*Fam.*).

TERRASSON. D'az. au monde d'or cintré et croisé de g. accomp. de 2 étoiles d'or en pointe (*Fam.*).

TEXIER *de La Pégerie*. D'az. au chevron d'or accomp. en chef de 2 coquilles, et en pointe d'un coq de même (*Fam.*).

THEVIN, (*Anjou*). D'or à 3 coquilles de sab., une étoile de même en abîme (*Ans.*).

THOMAS, (*Angoum*). D'or à un cœur de g., une étoile d'azur en chef et une croix raccourcie de même en pointe (*M. d'Ag.*),

TILLET (DU). D'or à la croix pattée et alaisée de g. (*Ang.*).

TISON. D'or à 2 lions léopardés de g. (*Ang.; Ans.*).

TOUR (DE LA) *de Geay*. D'az. à l'aigle éployée de g., au vol abaissé, becquée et membrée d'or, à la bordure d'az. chargée de 6 besants d'or (*Saint.*). — Tour-d'Auvergne (de La), voir *Turenne*.

TOUCHE (DE LA), (*Angoum*). D'az. au chevron d'or accomp. en chef de 2 étoiles de même et en pointe d'une tour d'arg.; *aliàs* : d'or au lion de sab. couron. de g. (*Ans.*).

TRÉMOILLE (DE LA). D'or au chevron de g. accomp. de 3 aiglettes d'az. becquées et membrées de g. (*Eys.; Ans.*).

TRYON-MONTALEMBERT (DE). Ecart. : au 1 et 4 d'or à 2 bandes de g., qui est *Tryon* ; au 2 et 3 d'arg. à la croix ancrée de sab., qui est *Montalembert* (*Fam.*).

TROTTI *de La Chétardie*. D'az. à 3 gerbes d'or, au chef d'or chargé de 3 pommes de pin de sinop., écartelé de sab. à 2 chats d'arg. l'un sur l'autre (*M. d'Ag.*).

TURENNE (Vicomte de). Ecart.: au 1 semé France à la tour d'arg., qui est de la *Tour*; au 2 d'or à 3 tourteaux de g., qui est de *Boulogne* ; au 3 coticé d'or et de g., qui est *Turenne* ; au 4 de g. à la fasce d'arg., qui est *Bouillon* ; et sur le tout d'or au gonfanon de g. frangé de sinop., qui est d'*Auvergne* (*Ans.*).

Tustal (de), (*Saintonge*). D'az. à 3 coquilles de Saint-Michel, 2 et 1, surmontées d'un chevron d'or et d'une étoile de même, avec un lézard aussi d'or traversant le chevron (*Nad.*).

Usaiges (d'), (*Maine* et *Poitou*). D'arg. à la fasce de g.; aliàs : contre-fascé d'or et d'argent au franc-canton de g. (*Ans.*).

Val (du), (*Poitou*). D'az. au chevron d'or accomp. de 3 fleurs de lys d'arg. (*Arm. du Poit.*, par A. Gouget).

Valleteau de Chabrefy. Parti d'argent; à dextre à l'aigle au vol abaissé de sable; à senestre à 3 monts de sinop. de 3 coupeaux, le plus haut surmonté d'un coq de g. (*Ang.*).

Valzergues (de), (*Auvergne*). De sab. au lion d'or, qui est *Albin* (*Ans.*).

Van Tongeren, (*Amsterdam*). D'arg. au lion de sab. tenant une plume d'autruche de sinop (*Rietst.*).

Vassal de La Tour, (*Guyenne* et *Gascogne*). D'az. à la bande d'or remplie de g. chargée de 3 besants d'or et accomp. de 2 étoiles de même (*Grandm*).

Vassoignes (de). D'or au lion couronné de sab. armé et lamp. de g. (*Pér.*; (*B. A.*).

Vaux (de). D'arg. à une montagne de sable surmontée d'un aigle de g. (*Grandm.*).

Verdier, (*Guyenne et Gasc.*). D'az. au palmier terrassé d'arg., sur lequel brochent 2 épées de même en sautoir, au léopard lionné coupé d'or et d'arg. sur le tout, chargé d'une croisette de g. (*Grandm.*).

Vidaud du Dognon. D'azur à la fasce d'or chargée d'un thyrse de... accomp. en chef de 3 fleurs de lys d'or, et en pointe d'un lion de même ; cour. de comte (*Fam.*).

Vigier, (*Angoum*). D'arg. à 3 fasces de g. (*Ang.*); aliàs: d'azur à 3 fasces d'arg. (*B. A.*).

Villars (de), (*Angoum*). Ecart. d'arg. et d'az., au lion de sable broch. sur le tout (*Ang.*).

Villedon (de), (*Angoum*). D'arg. fascé de g. en ondes à 7 piles (*M. d'Ag.*).

Vivans (de), (*Périgord*). D'or au lion couron, de g. (*Ans.*).

Vivonne (de). D'hermine au chef de g. (*Ans.*; *Grandm.*)

Volvire (de). Burelé d'or et de g. de 10 pièces (*B. A.*).

Vouges (de). D'az. au chevron d'or accomp. de 3 étoiles d'arg. (*Marquis de Magny*).

SUPPLÉMENT

Barbarin. De g. au barbarin (poisson) d'arg. posé en pal (*M. d'Ag.*).

Bourbon (de). D'az. à 3 fleurs de lys d'or, au bâton de g. péri en bande (*Eys.*).

Feydit (de). Burelé d'arg. et de sinop. de 10 pièces, chaque burèle d'arg. chargée d'une étoile de g. en pal ; *aliàs* : d'az. à 3 étoiles d'arg. (*Pér.*).

Fornel (de), (*Angoumois*). D'azur au vol d'or (*Nobil. de Saint-Jean d'Angély*).

Gauville (de), (*Normandie et Gâtinais*). De gueules au chef d'hermines (*Ans.*)

Geoffroy *des Bouchauds, de La Pile*. De gueules à 2 chevrons d'or (*B. A.*).

Pérusse *d'Escars*, (*Limousin*). De gueules au pal aiguisé de vair (*Ans.*).

Trecesson (de), (*Bretagne*). De gueules à 3 chevrons d'hermines (*Ans.*).

TROISIEME PARTIE

ARCHIVES

PIÈCES JUSTIFICATIVES

I

Transaction entre Richard de Montbrun et l'abbé de Saint-Cybard [1]. — 1117.

In nomine Domini. Ego Hugo indignus abbas Sancti Eparchii, notum fieri volo nostris presentibus atque futuris, placitum et concordiam quam feci cum Ricardo de Monte bruno, cum consilio nostri capituli, ut posterorum diligentiâ rei veritate perceptâ, in pace et bono fine indubitanter existat.

Ricardus igitur de Monte bruno edificavit turrem ad Montem liardi, in terrâ et alodio beati Eparchii ; et primum quidem consilio nostro et consilio Comitis Willelmi Taglefer, qui a nobis extorserat allodium illud ad faciendam domum illam, nesciente et absente capitulo nostro. Ego, inquam, in camerâ nostrâ dederam Comiti supradicto ad fabricam domûs terram illam, eo tenore ut Comes haberet a nobis et Ricardus haberet a Comite domum illam, et quantùm occuparet Ricardus de terrâ beati Eparchii ad faciendam domum illam, tantùm restitueret nobis Comes de terrâ suâ propriâ in villâ istâ. Sic in primis nos et Comes et Ricardus tractavimus, et pacto composito ad invicem dis-

---

1. *Archives de la Charente*, cartulaire de l'abbaye de Saint-Cybard.

posuimus. Postmodùm vero, turre illâ edificatâ, cùm Comitem de restitutione terre, secundùm pactum quod dictum est, moneremus, et iterum et multocies submoneremus, nullo modo nos ad hoc vellet audire ut faceret, tandem necessitate compulsi, maxime cùm aliam terram et vineas que erant circa turrem per occasionem domûs et frequentantium non parùm perderemus, cepimus pulsare et inquietare Ricardum de terrâ Sancti quam invaserat, compellentes eum omninò, videlicet, aut domum suam de terrâ nostrâ tolleret, aut bonum placitum faceret nobiscum.

Ego itaque Ricardus de Monte bruno, timens futurum Dei judicium, ne viderer hereditate possidere sanctuarium Dei, accessi ad abbatem Hugonem et fratres loci, et talem concordiam feci cum eis, ut darent mihi turrem prescriptam censualem, et terram que est circa turrem, scilicet a parte orientali id est parte superiori, sicut terram mansuariorum dividit, et sicut terra beati Eparchii a parte dextrâ descendit juxtà terram Alaonis presbiteri, quam habet a Sancto Eparchio, usque deorsum contrà Baciacum usque ad terram Gunterii de Vineis, et ab introitu turris et curiæ a sinistrâ parte, illam terrulam quam habet Sanctus Eparchius in dominicatu, immo quicquid habebat in illo loco Sanctus Eparchius in dominicatu, sicut per metas apertissime dividitur; quod totum existimavi ferme ad duas sextarias terre, aut si largiùs accipere volueris, non omnino ad tres sextarias pervenies. Hanc itaque turrem et terram que est circà turrem, sicut taxatum est, donavit michi Hugo abbas in capitulo Sancti Eparchii, consilio tocius capituli ipsius monasterii, censualiter et feualiter, ita ut per singulos annos reddam beato Eparchio quinque solidos censuales ad caput Jejunii, et ultra, ut hominium faciam abbati et fiducias, videlicet ut fideliter custodiam terram et homines beati Eparchii pro posse meum, et ita ut si homines Sancti Eparchii venerint ad me ut ad successores meos, propter turrem vel propter miliciam ant judicium ant justitiam nullum omnino sagramentage, neque districtum, neque exactionem, neque aliud quodlibet emolumentum nobis exibeant, quia in hominibus Sancti Eparchii ex jure neque ex districtione turris, nullum servitium habeo.

Ego itaque Hugo abbas, cum consilio nostri capituli, sicut Ricardus exposuit, ita ei concessimus et donavimus, non ex tristitiâ ant ex necessitate, sed cum Dei gratia, ex devotione et loci nostri utilitate. Cujus rei testes sunt et adstipulatores Acardus archidiaconus, Iterius Giraudus et filii ejus, Helias et Willelmus, et Johannes Rodillatus presbiter, et alii quámplures.

Actum est hoc anno incarnati Verbi millesimo centesimo septimo decimo, epactâ vicesimâ sextâ, lunâ undecimâ, indictione undecimâ, regnante Ludovico rege Francorum, Willelmo duce Aquitanorum, Willelmo Taglefer comite Engolismorum, Girardo episcopo ac sancte Romane Ecclesie legato presidente Engolisme.

II

Aveu et dénombrement de Pierre Amblard à l'abbé de Saint-Cybard [1] — 1303.

Ego PETRUS AMBLARDI, filius primogenitus Helie Amblardi de Molidarno, notum facio omnibus et singulis me et parsionarios meos infrascriptos ex me habere et tenere confiteor et publicè recognosco a venerabili et religioso viro, domino abbate Engolismensi, pro se et suis successoribus... (*Suit le dénombrement avec les confrontations*).

In quorum testimonium, do predicto domino Abbati pro se et successoribus suis presentes licteras sigillo Curie venerabilium virorum domini Johanis decani, et Capituli Engolisme, ad preces meas sigillatas.

Quibus litteris nos, Decanus, sigillum predictum, ad preces predicti Petri Amblardi, apponi fecimus in testimonium veritatis.

Datum die sabbati post carnis privium, anno Domini millesimo trescentesimo tertio...

Sic signatum : Raymundetus audivit.

Datum pro coppià die XXVIª mensis aprilis, anno millesimo CCCCº quadragesimo quarto.

Sic signatum : De Boscobriensi, pro coppià, et constat de sigillo.

Datum pro coppià sub signo manuali,
J. DELOMELET, pro dictà coppià.

III

Aveu et dénombrement de Pierre Amblard à l'abbé de Saint-Cybard. — 1327 (Copie sur papier).

Universis presentes litteras inspecturis, PETRUS AMBLARDI, filius Iterii Amblardi, parochianus de Molidarno, et dictus Iterius, salutem in Domino.

Noveritis quod ego dictus Petrus, cum anctoritate dicti patris mei, ante omnia mihi prestita et concessa confiteor, et per has presentes litteras publice recognosco me habere, tenere et advohare a religioso

---

1. *Archives de la Charente*, cartulaire de l'abbaye de Saint-Cybard.

viro et venerabili abbate monasterii Sancti Eparchii sub urbe Engolismensi, in feodum et homagium liggium, cum achaptamento quinque solidorum bone monete currentis, a me et meis solvendorum
prefato domino abbati, domino meo, et successoribus suis, in mutacione domini et vassali, vel alii habent a me et sub garimento meo
ea quæ inferiùs subscribuntur (*Dénombrement*).

Hæc autem omnia et singula prout superiùs sunt expressa, habeo,
teneo et advoho a predicto domino meo in feodum, homagium et
achaptamentum predictum, vel alii habent et tenent a me et sub
garimento meo. Supplicans eidem domino meo... (*Formule ordinaire*).

Et ego vero dictus Iterius Amblardi, premissa recognoscens esse
vera, predicto filio meo auctoritatem prebui et assensum faciendi
omnia et singula infrà scripta. Et promittimus insimul nos predicti
pater et filius, quod si, per nos vel per alium possumus scire aliquid
ampliùs quod in dicto feodo debeat esse, quàm citiùs ad nostram
notitiam pervenerit, eumdem dominum certificabimus, et super hoc
faciemus quod fuerit rationis, juramento ab nostrùm quolibet ad
sanctum Dei Evangelium prestito corporali.

Et in testimonium premissorum, damus nos predicti pater et filius
eidem domino Abbati et suis successoribus, has presentes literas,
sigillo Reverendi Patris in Xto et Domini Domini Galhardi, Dei gratiâ Engolisme episcopi, ad preces nostras et instancias sigillatas.

Quibus literis Nos, dictus episcopus, auditâ ipsorum confessione,
ad preces ipsorum sigillum nostrum apposuimus in testimonium veritatis, injungendo eisdem et omnibus eorum in solidum, ut premissa
teneant fideliter et observent.

Datum die Jovis ante festum Annunciationis beatæ Mariæ anno
Domini millesimo trecentesimo vigesimo septimo.

Helias de Barrâ, clericus, audivit.

Datum pro copiâ, collatione factâ cum originali proprio, die vige-
simâ quintâ mensis aprilis, anno Domini millesimo quadringentesimo quadragesimo quarto. Erat autem sigillum dicti Domini Episcopi his litteris appositum, ut primâ facie apparebat.

DE BOSCOBRIENSII, ità est pro copiâ.

IV

*Aveu et dénombrement d'Ardenne par Regnauld de Lousme
à l'abbé de Saint-Cybard. — 1446 (Copie sur papier).*

Universis presentes litteras inspecturis REGINALDUS DE ULMO, armi-
ger, heres quondam Guydonis de Ardenâ, mediantibus personis dic-

tis de Sancto Martino, dominis dicti loci de Ardenâ temporibus retroactis, salutem in Domino.

Noveritis quod ego dictus Reginaldus habeo, teneo, meque habere, tenere, advohare confiteor et publice recognosco a reverendo in Christo Patre et domino domino meo Raymundo, Dei gratiâ, humili abbate Sancti Eparchii, in suburbiis Engolisme, ad homagium litgium quod sibi feci et prestiti, et achaptamentum quinque solidorum, quod sibi persolvi, faciendum in mutatione dominorum,¦ omnia et singula quæ secuntur.

Et primùm Turrem meam seu fortalicium vocatum ab antiquo de Monteliardo, aliàs de Ardenâ, unà cum fossatis, clausuris, garenâ, viridariis, terris, vineis, domibus, pleyduris, arboribus et pertinenciis dicte Turris, quæ site sunt circumcircà dictam Turrim, scilicet a parte superiori seu orientali, versùs hospicium domini Curie de Molidarno, ità et a parte inferiori, a parte Baciaci, usque ad locum dictum La Feugne, prout dividitur per vicos et vias antiquas ab utrâque parte ;

Et quandam terrulam tenentem cum terris Rectoris seu ecclesiæ de Molidarno, a parte mancionariorum, vià per quam itur de Clusellis versùs dictam ecclesiam de Molidarno mediâ ; et generaliter omnia alia quæ habeo et tenco in dictâ parrochiâ de Molidarno, sive sint domos, prata, nemora, vineas, terras cultas et incultas, pleyduras, viridarios, quibuscumque exceptis rebus quas teneo a domino Comite Engolisme in predictam parrochiam.

Supplicans humiliter... (*Formule ordinaire*).

In cujus rei testimonium do et concedo eidem domino meo has presentes literas, sigillo apud Engolismam constituto ad contractus pro excellentissimo et inclito principe et Domino Domino Engolisme sigillatas.

Quibus literis nos Johannes Geraldus, clericus, custos dicti sigilli, ad fidelem relationem Auditoris presentium jurati dicti sigilli, qui premissorum confessionem audivit, dictum sigillum presentibus apposuimus et duximus apponendum.

Datum Engolismæ, die vigesimà mensis aprilis, anno Domini millesimo quadringentesimo quadragesimo sexto.

DE BOSCOBRIENTII, ita est ex advohatione dicti Reginaldi.

V

Aveu et dénombrement de Jean de Loume à l'abbé de Saint-Cybard. — 1459. (Copie sur papier).

De vous, révérend Père en Dieu et seigneur, Monseigneur Raymond, par la grâce de Dieu, humble abbé de Saint-Chibard lez les

murs de la cité d'Angoulesme, confesse à tenir homaigement, noble-'
ment, et affoy et à hommage litge et achaptement de cinq solz
tournois, à muance de seigneur et de vassal, ma Tour et fortillesce
de Montlyart, aliàs d'Ardayne, que jadis, par le moyen et congié de
jadis feu bonne mémoire Guilhaume Tailhefer, pour celui temps
comte d'Angoulesme, Regnaud de Montbrun, mon prédécesseur,
fist faire, édiffier, construyre et bastir, assise en la paroisse de
Molidar, avecques les coustz, masuraulz, vergiers, dosves, vallatz,
ousches, vignes et terres, et aultres appartenances, environné le
tout de chemins anciens tant à la part de orient que de occident,
entre les terres de l'église de Molidar, du seigneur de Mareuilh, de
la Court de Molidar, de l'abbaye de Bassac, de Bertrand Chastaigner
d'Auges, de messire Alain de Boisbriend, prestre, que dudit monastère de Saint-Chibard, d'une et aultre parties, lesdits chemins entre
deux; nul autre seigneur esdites choses advohant excepté seulement
vous, mondit seigneur direc et propriétaire, ainsi que mesdits prédécesseurs de toute ancienneté ont tenu des vostres chacun en son
temps.

En vous suppliant humblement (*formule ordinaire*)......

Et en témoign de ce, je vous en donne cestes présentes lettres de
aveheu et dénombrement signées, à ma requeste, de la main dudit
messire Alain, prestre, notaire public, et scellées du scel establi aux
contracts Engoulesme, pour très haut et très puissant prince Monseigneur le comte d'Angoulesme.

Et nous, Pierre de La Combe, bourgeois d'Angoulesme, clerc, garde
dudit scel, iceluy scel avons mis à cestes présentes, à la relation
dudit messire Alain, juré et auditeur de la court dudit scel, à la
requeste dudit escuyer, en témoign de vérité.

Ce fut faict et donné le quinziesme jour de janvier, l'an mil IIII c
cinquante et neuf.

    A. DE BOISBRIEND, pour aveû dudit escuyer.

VI

*Saisie féodale du château d'Ardenne, par Guy de Montbrun,
abbé de Saint-Cybard [1]. — 1476.*

RAYMOND, par la grâce de Dieu, évêque de Taures, vicaire de
Révérend Père en Dieu, monseigneur Guy, par icelle grâce évêque

---

1. *Archives de la Charente*, abbaye de Saint-Cybard : *Copies et extraits des
actes les plus précieux du trésor abbatial*, par *Berthé*. Art. MOULIDARS.

de Condom, ministrateur perpétuel de l'abbaïe de Saint-Cybart d'Angoulême, à frère Jean Nicolas et Jean Jousseleau, salut.

Comme l'ostel noble de la Tour d'Ardeynne, assise à Molidar, avec ses appartenances et dépendances, soient et aient accoutumé de toute ancienneté être tenus noblement par hommage et autrement de ladite abbaye ; pour la faïson duquel hommage et payement de devoirs sur ce dehus, De Lousme, détenteur desdittes chouses, ait été suffisamment sommé et requis par la publication générale desdits hommages de ladite abbaye, depuis le joyeux avénement de monseigneur de Condom, ministrateur susdit, et autrement duëment, tellement qu'icelui de Lousme ni autres vasseaulx et subgets d'icelui moustier n'en peuvent ou doivent prétendre juste cause d'ignorance.

Pour raison duquel hostel de la Tour d'Ardenne et sesdites appartenances et dépendances, mondit seigneur de Condom, administrateur. susdit, n'a de présent aucun homme de foi, ne vassal qui lui ait fait ne offert de faire ou payer les foys, hommages ou devoirs par eux dehus.

Savoir vous faisons que nous aujourd'huy, datte de ces présentes, à la requête et au pourchaux du procureur général de mondit seigneur et de sondit moustier et abbaye, avons prins, saisi et mis, prenons, saisissons et mectons à la main ledit hostel de la Tour d'Ardayne, sesdites appartenances et dépendances quelque qu'elles soient assises et situées, par deffaut d'homme, d'hommage non fait, fié non rendu, et devoir ou devoirs non payés, et par châcun d'iceux.

Et parce qu'il est besoin et nécessité pourvoir au régime et gouvernement desdites choses, vous et châcun 'de vous avons commis et commettons par ces présentes à traiter, agir et gouverner pour et sous ladite main, ledit hostel et ses appartenances et dépendances, et à en prendre et lever tous et châcuns les fruits, prouffits et émolumens, aux dépens de la chose et moindres frais que faire se pourra, pourveû que vous et châcun de vous soyés tenus à en rendre compte et payer le reliqua à mondit seigneur, ses commis et depputés, quand mestier sera de ce faire. Vous donnons plain pouvoir, autorité et commission spéciale ; mandons et commandons à tous et châcuns les officiers et sujets de mondit seigneur, prions et requérons tous aultres, que à vous en ce faisant soyt obéi.

Donné audit moustier, sous le scel de mondit seigneur, le dix-septième jour de septembre mil quatre cent soixante-seize.

Ainsi signé du commandement de mondit seigneur de Taure,

G. MASCUZELLI, avec paraphe.

VII -

Aveu et dénombrement de Georges Victor à l'abbé de Saint-Cybard. — 1480. (Copie sur papier).

Sachent tous que je, GEORGES VICTOR, escuyer, seigneur de Mashostes, ay et tiens, cognoys et confesse moy advouher et tenir par ces présentes, à cause de Marguerite De Losme, damoiselle, ma femme, et les prédécesseurs de madite femme ont accoustumé avoir, tenir et advouher d'ancienneté de révérend Père en Dieu, monseigneur Guy de Montbrun, par la grâce de Dieu, évesque de Condom, abbé et administrateur perpétuel du monastère et abbaye de Sainct-Chibart lez Engolesme, à cause de sadite abbaye de Sainct-Chibart, et de ses prédécesseurs, en foy et hommage ligge au devoir de cinq sols tournois à muance de seigneur et de vassal, ma Tour et forteresse de Montlyart, aliàs de Ardeyne, avecques... *(Même énumération que précédemment)*.

En tesmoing de ce, j'ay fait signer ces présentes du seign manuel du notaire cy-desoubz escript, et fait sceller du scel estably aux contractz à Angoulesme, pour très hault et puissant prince monseigneur le comte dudit lieu.

Auxquelles lettres nous, Jehan Richard, clerc et garde dudit scel, icellui, à la requeste dudit escuier, et à la féal relacion du notaire cy-desoubz escript, à sesdites présentes avons mis et apposé en tesmoign de vérité.

Donné le *(blanc)*, jour de *(blanc)* l'an mil cccc quatre-vingts.

DUPRÉ, à la requeste dudit escuier advouhant.

VIII

Aveu et dénombrement de Claud Nourrigier à l'abbé de Saint-Cybard. — 1482. (Copie sur papier).

Sachent tous présens et advenir, et qui ces présentes lectres verront et orront, que je, CLAU NOURRIGIER, seigneur de Molidar, comme ayant droit et cause de George Victor, escuier, et de Marguerite de Lousme, damoiselle, sa femme, aiant droit de Guy Chesnel, escuier, et de Jeanne de Lousme, sa femme, et seur de ladite Marguerite, filhes et héritières de feu Jehan de Lousme, filz de feu Regnaud de Lousme, escuier, héritier de Guy de Ardenne, en son vivant seigneur de Masottes et dud. lieu de Ardenne, tiens, advouhe, et publiquement recongnois moy advouher et tenir de révérend Père en Dieu, Guy de Montbrun, par la grâce de Dieu, évesque de Condom, abbé commendataire et perpétuel administrateur du monastère et abbaye de Saint-Cybart, hors les murs d'Engoulesme, et à cause d'iceluy moustier, à homaige lige et à l'achaptement de cinq sols tournois à paier à muance de seigneur tant seulement, les chouses présentes et chacunes qui s'ensuyvent.

Et premièrement, ma tour et fortillesse anciennement appelée la tour de Montlyart, aliàs de Ardenne, avec les foussez, claustures, garennes, vergiers, terres, vignes, maisons, playdures, arbres et autres appartenances appartenant à ladite tour et fortillesse, tenant à la partie de pardessus au chemin par où l'on va de l'église dudit lieu de Molidar à mon houstel et court de Molidar ; d'autre à ung chemin par où l'on va de Lignolles à ladite église et à l'oustel de Fontailler ; d'autre à la partie du Lac, en tirant jusques au lieu appelé La Faigne, ainsi que les terriers, chemins et voyes anciennes le divisent et départent d'une part et d'autre ; d'autre à une terre, vigne ou treille de l'église dudit lieu de Molidar, à la partie des *mansionariorum,* le chemin par où l'on va de Clouzeaux vers ladite église entre deux.

Item, plu tiens et advouhe à tenir de mondit seigneur, soubz l'homaige et devoirs dessusdits, toutes et chacunes les autres choses quelconques que j'ay et que mes prédécesseurs, ou ceux dont j'ay cause, ont acoustumé de avoir et tenir en ladite paroisse de Molidar, à cause que dessus, soient maisons, maynes, terres, prés, boys, vignes, terres labourées et non labourées, playdures, vergiers et autres choses quelxconques, que j'ay en nom et à cause de madite tour et fortillesse, et que ceux dont j'ay droit ou cause ont acoustumé de avoir et tenir de mondit seigneur et de ses prédécesseurs, en toute ladite parroisse de Molidar ; excepté et réservé les choses que j'ay, et que ceux dont j'ay droit ont acoustumé de avoir et tenir, de très hault et puissant prince Monseigneur le comte d'Engoulesme, en lad. paroisse de Molidar.

Suppliant... *(formule ordinaire).*

Et en tesmoing de ce, je en ay sur ce fait faire, escrire, présigner et sceller ces présentes et unes autres originellement doubles d'une mesme forme et teneur, les unes pour mondit seigneur, et les autres pour moy, des seaulx establiz aux contractz en la ville, baronie, chastel et chastellenie de Barbezieux, pour trèsnoble et puissant seigneur dudit lieu.

Et nous, le garde dudit scel, à la supplication et requeste dudit advouhant, qui pour tenir, garder et entérigner les chouses susdites et icelles recognues et confessées estre vrayes, à ces présentes lettres ledit scel que nous gardons avons mis et appousé en tesmoing de vérité.

Ce fut fait et donné audit lieu de Barbezieux, le dixiesme jour de juin, l'an mil CCCC quatre-vingt deux.

P. Noyraut, à la requeste dudit advouhant.

IX

Accord entre Jean Gervais, doyen du chapitre d'Angouléme, et Jean Dexmier, seigneur de Moulidars. — 1438. (Copie vidimée sur parchemin, 1489).

In nomine Domini, amen. Anno ab Incarnacione ejusdem Domini millesimo quadringentesimo tricesimo octavo, indictione primâ et die vicesimâterciâ mensis aprilis, in mei, notarii publici, et testium infrascriptorum ad hec specialiter vocatorum et rogatorum presenciâ, personnaliter constitutus nobilis vir Johannes Decimarii, de Molidarno, Engolismensis diocesis, heres donatarius ac causam habens nobilis Johannis Vigerii, ejusdem consobrini, dicti loci de Molidarno.

Volens et considerans sue et suorum predecessorum cum quibus causam habuit animarum providere saluti, omne et totum jus quod habuit et sui predecessores, atque Johannes Vigerii predictus, habuerunt et habere consueverunt in perceptione quorumcumque decimarum seu fructuum earum, in totâ parochiâ dicti loci de Molidarno, quovismodo, ac earum possessionem gratis, sponte et libere, bonam fidem agnoscendo, eidem parochiali ecclesie dicti loci de Molidarno, atque venerabili viro circumspecto domino domino Johanni Gervasii, licenciato in decretis, Decano ecclesie Engolismensis, ad quem Decanatum dicta parochialis ecclesia de Molidarno annexata et incorporata noscitur pertinere, presenti ac pro se et dictâ parochiali ecclesiâ solemniter stipulanti et recipienti, in perpetuum remisit, restituit, cessitque et donavit pro se et suis successoribus quibuscumque, dans, ceddens ex nunc eidem parochiali ecclesie, omnes actiones quascumque sibi compectentes in eisdem, ac constituit ipsam parochialem ecclesiam et prefatum dominum Decanum, rectorem ipsius, et per ipsam, verum dominum et possessorem ipsarum.

Fuit autem dictum et prolocutum ante easdem grates, quod idem Johannes Decimarii et sui, dùm eos migrare ab hoc seculo contigerit, in ecclesiâ parochiali predictâ, ante majus altare ubi elegit sepulturam, speliantur ; quodque Rector seu Vicarius dicte ecclesie parochialis, annis singulis, bis in anno, videlicet in crastinum beati Vincencii, martiris, et beate Catherine, nisi aliàs legitimè impeditus fuerit, et tunc proximâ die sequenti, cessante impedimento canonico, faciant unum anniversarium cum duobus presbyteris, in quo tres

misse, in cantu una de mortuis, et alie due legendo, una de beatâ
Maria et alia de Spiritu Sancto, ibidem celebrentur pro animabus
ipsius Johannis Decimarii et suorum predecessorum predictorum et
benefactorum atque successorum quorumcumque.

Quodque singulis diebus Dominicis, dum Rector seu Vicarius ejusdem parochialis ecclesie faciet processionem per cimeterium ejusdem ecclesie, quod suprà sepulturas Johannis Vigerii et Johannis
Decimarii predictorum ibidem teneantur facere absoluciones et recordancias speciales.

Item, quod Margarita, uxor quondam dicti Johannis Vigerii, debeat
habere, solummodò ejus vità durante, duas pipas frumenti, duas
pipas mixture, dimidiam pipam siliginis et dimidiam avene, ac duo
scuta dumtaxat singulis annis, nisi aliàs per ipsum dominum Decanum, rectorem, cum eà potuerit accordari.

Fuit ectiam dictum quod dictus Johannes Decimarii, racione do-
mùs sue ibidem de Molidarno, et sui in eàdem successores, de hiis
que excolent ant excolli faciant absque fraude in terris suis propriis
ibidem, et suis propriis expensis, atque de agreriis terrarum suarum
propriarum, erunt immunes a solucione decimarum quarumcumque,
et non aliàs neque alio modo.

Que omnia et singula premissa tenere, servare, complere et nun-
quam contrà venire quovismodo partes ipse promiserunt, et ità ad
sancta Dei Evangelia, tactis scripturis corporaliter et sponte jurave-
runt.

Pro quibus omnibus et singulis tuendis, complendis et inviolabili-
ter observandis, dicte partes et earum quelibet, pro ut quamlibet
earum tangit et tangere potest, pro se et suis successoribus quibuscumque obligaverunt, et earum quælibet obligavit, atque ipse dominus Decanus parochialis ecclesie predicte, et dictus Johannes Decimarii, sua propria omnia et singula bona mobilia, presencia et
futura, jurisdictioni, cohercioni, et compulsioni quarumcumque cu-
riarum sibi superiorum, ecclesiasticarum et secularium. Renuncian-
tes hinc indè quibuscumque juri et facti exceptionibus, per que pos-
sent contrà premissa venire vel aliquid premissorum.

De quibus omnibus et singulis predicte partes pecierunt et sibi
invicem concesserunt fieri unum et plura, publicum et publica, instrumentum et instrumenta, per me notarium publicum infrascrip-
tum.

Acta fuerunt hec Engolisme, in claustris ecclesie cathedralis, presentibus ibidem venerabilibus viris domino Petro Ybble, canonico,
et Arnaldo Mati, majori ac civi Engolismensi, testibus ad premissa
vocatis specialiter et rogatis.

Et ego, Guillelmus de Ruppe forti, presbyter, Engolisme publicus,
auctoritate imperiali, notarius, qui premissis omnibus et singulis
(*mot enlevé*) sic ut premictitur agerentur et fierent, unà cum prenomi-

natis testibus presens fui, ea que sic fieri vidi et audivi, et in *(mot enlevé)* hoc presens publicum instrumentum, ad requestam dictorum dominorum, retinui et recepi quod per alium, me aliis occupato negociis, scribi feci, et hic me fideliter subscripsi, ac in hanc publicam redigendo formam redegi, signoque meo solito signavi, requisitus et rogatus, in testimonium premissorum.

Et ego, Guillelmus Bonnet, presbyter, publicus, auctoritatibus imperiali et venerabilis curie ecclesiastice Xanctonensis, notarius, quia hanc copiam per me instrumentatam cum vero originali non viciato, non cancellato, nec in aliquâ suî parte suspecto, ut primâ facie apparebat, instante nobili viro Heliâ Decimarii, defuncti Johannis Decimarii in eodem originali principaliter memorati filio, qui per manum alienam scriptam dictam copiam extrahi fecit a dicto originali, collationavi de verbo ad verbum. Ideo huic copie signum meum apposui die decimâ mensis aprilis anno Domini millesimo quadringentesimo octuagesimo nono, in testimonio premissorum, requisitus et rogatus.   G. BONNET, notarius.

X

Réception par Jacques de Saint-Gelais, évêque d'Uzès et doyen d'Angoulême, de l'hommage à lui rendu par Gabriel Dexmier, seigneur de Moulidars. (Original sur parchemin). — 1518.

JACOBUS DE SANCTO GELASIO, Dei et Sancte Sedis Apostolice graciâ, Uticensis Episcopus ac Decanus ecclesie Engolismensis, universis presentes litteras inspecturis, salutem.

Notum facimus, cognoscimus, et publicè confitemur recepisse a nobili viro Gabriele Decimarii, scutifero, domino Curtis de Molidarno, herede et causam habente a defunctis nobilibus viris Johanne Vigerii et Johanne Decimarii, suis antecessoribus, dùm viverent dominis Curtis predicte, homagium ligium, cum juramento fidelitatis prestito, et deverio cirothecarum albarum nobis per eumdem, ad causam nostre dignitatis Decanatûs Engolismensis, debitum, racione et ad causam certarum Domorum nobilium dicti loci de Molidarno, de directo dominio ecclesie nostre ejusdem loci de Molidarno moventium, in eodemque existentium, vulgariter appellatorum de Fontenilhes Ludovici Vigerii; et alterius domûs ubi nunc est, saltem olim fuit molendinum olei, cum eorum retrò viridariis et mazeriis inclusis et confrontatis ex unâ parte cum itinere per quod itur a dictâ nostrâ ecclesiâ de Molidarno versùs dictam Curtam dicti loci de Molidarno, et ab aliâ cum cimiterio dicte ecclesie, et ab aliâ parte et de retrò cum parvo itinere inter ipsas domos et Turrim Dardaine ; necnon certorum parvorum parietum inter La Forga, cum certâ peciâ terre dicte nostre ecclesie sibi contiguâ et clausi Dardaine ; etiamque fructuum decimarum solùm infrà domos et viridaria dicte Curtis, muris ab antico circumdatis, excrescentium, et etiam terrarum suarum quas ipse excoli fecerit suis propriis sumptibus sine fraude ; necnon duorum parvorum viridariorum situatorum, unum inter Curtem de Molidarno et puteum Datier, et aliud situatum a Lignolles inter suas terras et mazerias ibidem circumquaque tentas ; predictis omnibus per dictum Gabrielem Dexmier et suos perpetuo in feodum ad dictum homagium ligium, et sub dicto fidelitatis juramento cirothecarumque deverio nobis et successoribus nostris decanis Engolismensibus, in mutacione domini et vaxali prestandis et solvendis, prout idem Gabriel nobis prestitit et solvit, ac que debuit occasione premissorum fecit et adimplevit.

Quocircà, eumdem Gabrielem remisimus et remictimus, et in quantùm in nobis est, de eisdem, totà aliâ decimâ nobis et dicte nostre ecclesie, et omni alio jure nostro et quolibet alieno salvis, investivimus et investimus. Necnon volumus et consentimus, prout predecessores nostri decani Engolismenses voluerunt et conscencierunt, quod idem Gabriel Decimarii et sui in dictâ ecclesiâ, ante majus altare, habeant eorum sepulturam ; et quod Vicarius noster ibidem, annis singulis, in crastinum beati Vincentii et sancte Catherine, seu aliâ die actâ inde sequenti, celebret anniversarium trium missarum, videlicet de sanctâ Mariâ, de Sancto Spiritu, et de mortuis, pro animabus ipsius Gabrielis, Helie, Johannis Decimariis, et Johannis Vigerii ac ceterorum parentum, amicorum et benefactorum deffunctorum et vivorum ; et faciat diebus dominicis recordancias speciales pro eisdem fieri consuetas.

Datum et actum in castro loci Castrinovi, sub sigillo nostro in talibus usitato, die septimâ mensis Novembris, anno Domini milesimo quingentesimo XVIII⁰, presentibus ibidem venerabili viro domino Jacobo de Thinnery, rectore de Guerrigues, dicte Uticensis diocesis, et Petro Hebert, testibus vocatis et rogatis.

De mandato,
DE VOYON.

XI

Lettre de Henri, roi de Navarre, à David Méhée, écuyer, sieur de L'Etang [1] *. — 1589.*

Monsieur de Lestang, c'est à ce coup qu'il fault que chaquun s'esvertue de bien faire. Le roy se veult servir de nous contre ceulx qui

1. Cette lettre et la suivante ont été publiées autrefois avec d'autres du même prince, par M. Eusèbe Castaigne, bibliothécaire d'Angoulême, sur la communi-

despuis tant d'années troublent son estat, et pource il nous a accordé un passaige sur la rivière de Loyre [1]. Je luy ay promis de Le
bien et fidellement servir avec mes amis. Je vous tiens du nombre, et
m'assure qu'à une si belle occasion vous ne vouldrez faillir. Je vous
prie donc incontinent me venir treuver avec vos armes et chevaulx
droict au pont de Sel ; car de demeurer au logis tandis que nous
serions aux mains avec ces messieurs et qu'il y a une trefve géné-
ralle accordée entre Luy et nous, je ne le puis croire. Assurez-vous
que vous serez le très bien venu et reçeu.

« C'est à ce coup qu'il faut venyr, m'assure que vous ne me man-
queres pas, puys que je vous an prye ».

« HENRY » [2].

A Bressuyre, ce VIIIe jour d'avril 1589.

XI bis.

*Lettre de Henri IV, roi de France et de Navarre, à David
Méhée, écuyer, sieur de L'Etang. — 1592.*

Monsieur de Lestang, j'ay sceu par le sieur vicomte d'Aubeterre [3],
les bons services que vous m'avez faictz près de luy depuis son retour en Guyenne, dont j'ay reçeu beaucoup de contentement, lequel je
vous ay voulu tesmoigner par la présente, et vous prie de continuer
aux occasions qui s'en présenteront avec la mesme affection que
vous avez faict par le passé ; vous asseurant que les services que
vous me ferez auprès dudit sieur viscomte me seront aussy agréa-

---

cation que lui en a faite feu M. de Terrasson. Quant à la troisième, indiquée
parmi les pièces produites par Josias Méhée, lors de l'enquête de d'Aguesseau
en 1666-1667, M. de Terrasson nous a dit l'avoir aussi prêtée, mais elle a
été perdue, et n'est point imprimée dans la petite plaquette qui contient les
autres.

1. La faction des Seize avait établi le duc de Mayenne lieutenant général du
royaume. Henri III ne se trouvant plus en sûreté, se retira de Blois à Tours où
il se rapprocha du roi de Navarre, qui était en deçà de la Loire. Par un traité
du 3 avril, il lui accorda un passage qui devait être aux Ponts-de-Cé, mais qui
fut ensuite à Saumur. De là cette lettre écrite par le roi de Navarre à quelques
uns de ses compagnons d'armes, dont était le sieur de L'Etang (*Note de M. Castaigne*).

2. Les dernières lignes entre guillemets, ainsi que la signature, sont de la
main même du roi de Navarre.

3. David Bouchard, vicomte d'Aubeterre, sénéchal et gouverneur du Périgord.

bles que si vous me les aviez faictz auprès de moy, pour les recongnoistre par toutes les gratiffications que vous sçauriez justement désirer de vostre roy qui prie Dieu qu'il vous ayt, Monsieur de Lestang, en sa sainte et digne garde.

Escrit à Aumalle, le IIIe jour de février 1592.

« HENRY » [1].
Ruzé [2].

XII

*Congé de mousquetaire, pour Pierre Méhée d'Ardenne. —
1702.*

MAUPERTUIS [3], capitaine-lieutenant de la première compagnie des mousquetaires à cheval de la garde du Roy, lieutenant général des armées de Sa Majesté, et gouverneur et lieutenant général des ville, pays, comté et évesché de Toul,

Certifions à tous ceux qu'il appartiendra, que le sieur Dardenne a bien servy dans ladite compagnie pendant cinq ans six mois, et désirant se retirer, nous luy avons accordé son congé.

Fait à Paris, le 22e décembre mil sept cent deux.

MAUPERTUIS.

XIII

*Certificats de service dans les gendarmes, pour le même. —
1711-1737.*

Nous, HERCULES MEREADEC, prince de ROHAN et de Maubuisson, marquis d'Annonay et de Sainte-Marie du Mont, comte de La Voulte, Tournon, Albon et Saint-Géran, baron de Préaux, Vigny, Longuesse et autres terres, capitaine-lieutenant de la compagnie des gendarmes de la garde du Roy, lieutenant général de ses armées, gouverneur et lieutenant général pour Sa Majesté, des provinces de Champagne et de Brie,

---

1. Signature de la main du roi.
2. Martin Ruzé, seigneur de Beaulieu, Chilly et Longjumeau, remplissait la charge de secrétaire d'Etat ; mort en 1613. (*Note de M. Castaigne*).
3. Louis de Melun, marquis de Maupertuis, gouverneur de Toul (1631-1721).

Certifions à tous qu'il apartiendra, que *le sieur Dardenne est l'un des gendarmes de la deuxième compagnie, lequel se mettra incessamment en esquipage pour joindre la cornette d'icelle.*

En foy de quoy luy avons fait expédier le présent certificat signé de notre main, scellé du cachet de nos armes, et contresigné par notre secrétaire.

Donné à *l'armée de Flandres*, le *premier juillet* mil sept cens *onze.*

HERCULES DE ROHAN.

Par Son Altesse,

Joncheray. (?)

(*Cachet intact*).

XIII *bis.*

HERCULES DE ROHAN, prince de Soubize, duc de Rohan-Rohan, pair de France, gouverneur de Champagne et Brie, commandant la compagnie des gendarmes de la garde du Roy,

Certifions à tous qu'il apartiendra, que *le sieur Méhée Dardenne sert dans la compaynie des gendarmes de la garde du roy depuis vingt sept années.*

En foy de quoy nous lui avons fait expédier le présent certificat signé de notre main, scellé du cachet de nos armes, et contresigné par notre secrétaire.

Donné à *Versailles*, le *29 may* mil sept cens *trente-sept.*

HERCULES DE ROHAN.

Par Monseigneur,

Dauvillié.

(*Cachet intact*).

XIV

Provisions de chevalier de l'ordre militaire de Saint-Louis pour le même. — 1736.

Louis, par la grâce de Dieu, etc.

..... Comme Nous avons une satisfaction particulière des bons et fidels services que le sieur *de Méhée d'Ardenne, l'un des deux cents hommes d'armes de Nos Ordonnances, servant à la garde ordinaire de Notre personne*, a rendus au feu Roy Notre très honoré seigneur et bisayeul, de glorieuse mémoire, dans les divers employs de guerre qui luy ont esté confiez, et de ceux qu'il continue de Nous rendre ; que Nous sommes dailleurs informez de ses bonnes vies et mœurs, religion catholique, apostolique et romaine, ainsy qu'il parroit par les certificats cy attachez, sous le contre-scel de ces présentes, qui justifient aussy de sesdits services; A CES CAUSES et autres à ce Nous mouvans, Nous avons ledit sieur *de Méhée d'Ardenne* fait, constitué, ordonné et estably, faisons, constituons, ordonnons et establissons par ces présentes signées de Notre main, chevalier dudit Ordre militaire de St-Louis.....

Donné à *Versailles*, le vingt-septiesme jour de juin, l'an de grâce mil sept cens *trente-six*, et de Notre règne le *vingtuniesme*.

« LOUIS. »

(Sur le repli est écrit): *Par le Roy,*

Ch..... (?)

(Grand sceau de l'Ordre).

XV

Certificat de chevalier de Saint-Louis.

Nous, JOSEPH DE MARNAYS DE SAINT-ANDRÉ, maréchal des camp ès armées du roy, commandeur de l'ordre militaire de Saint-Louis, gouverneur de Die et de l'hôtel royal des Invalides,

Certifions avoir connoissance que feu M. de Ganges, mon prédécesseur, en exécution des ordres du roy, à luy adressés le six juin de l'année dernière, a conféré le huit dudit mois la croix de l'ordre militaire de Saint-Louis, *au sieur Methée* (pour Méhée, faute du secrétaire) *Dardennes, gensdarme de la garde ordinaire de Sa Majesté* ; en foy de quoy nous avons délivré le présent, signé de notre main et cacheté de nos armes, pour servir et valoir en tout ce que de raison.

Fait à Paris, dans l'hôtel royal des Invalides, le *neuf aoust mil sept cent trente-huit.*

« SAINT-ANDRÉ ».

(*Cachet intact*).

XVI

Certificat de catholicisme.

Nous, aumônier des gendarmes de la garde ordinaire de Sa Majesté, certiffions à tous qu'il apartiendra, que messire Pierre Mehée, écuyer, seigneur d'Ardenne, gendarme de la dite compagnie, professe la religion catholique, apostolique et romaine. En foy de quoi nous lui avons délivré le présent, pour lui valoir et servir ce que de raison. A Paris, le premier aoust 1736.

« C. LE BIGOT ».

Nous, vicaire général de Msr l'archevêque de Paris, certifions que le sieur Le Bigot, qui a signé l'acte cy-dessus, est tel qu'il se qualifie, que foy doit être ajoutée à son seing où besoin sera. Donné à Paris, ce vingt-six d'aoust mil sept cens trente-huit.

« L. DE ROMIGNY, *vicaire général* ».
Par mandement,
Martin.

(*Timbre de l'archevêché*).

XVII [1]

Lettre du roi Louis XIV *nommant lieutenant M. Jean-Louis Terrasson. — 1697.*

Monsieur le marquis de Maulévrier,

Ayant donné à Terrasson la charge de lieutenant en la compagnie de Dorcel, dans mon régiment de Navarre que vous commendez, vacante par le délaissement de Desbarières, je vous escris cette lettre pour vous dire que vous ayez à le recevoir et faire reconnoître en ladite charge, de tous ceux et ainsy qu'il apartiendra. Et la présente n'estant pour autre fin, je prie Dieu qu'il vous ayt, monsieur le marquis de Maulévrier, en sa sainte garde.

Escrit à Versailles, le vingt-sixième mars 1697.

« LOUIS ».

A monsieur le marquis de Maulévrier, colonel de mon régiment de Navarre, et en son absence à celuy qui commande la compagnie de Dorcel, sur l'Escaut, à Vallenciennes.

XVIII

Congé de Jean-Louis Terrasson, sieur de La Faye. — 1716.

Le sieur *Jean-Louis Terrasson,* escuyer, âgé de *quarante-trois* ans, natif de *Verteuil,* baillage d'*Angoulesme,* généralité de *Limoges,* ser-

---

1. ERRATUM. — Voir plus loin, trois pièces indiquées par erreur sous les nos XVII, XVIII et L.

vant depuis l'année *1693*, sçavoir, pendant *deux* ans en qualité de *garde marine*, et de *deux* ans en qualité de *volontaire de la compagnie du sieur de Terrasson, frère, cappitaine* dans le régiment de *Navarre*, et depuis, pendant *sept* ans, en qualité de *lieutenant audit régiment.* — *En 1702 il fut fait lieutenant des grenadiers au régiment de Trescesson, en 1703 il fut fait cappitaine au même régiment.* — A présent *cappitaine* réformé à la suite du régiment de *Limousin*, a déclaré se reti- rer à *Angoulesme*, élection de *la même ville*, généralité de *Limoges* ; ses lettres doivent estre adressées à *Angoulesme*.

Je certiffie le contenu cy dessus véritable. Fait à Angoulesme, ce troi- zième février 1716.

Signature illisible.

XIX

Nomination de M. Cyprien-Gabriel de Terrasson, comme chevalier de Saint-Louis.

Versailles, le 27 septembre 1771.

Le roy a bien voulû vous accorder, Monsieur, la croix de chevalier de Saint-Loüis. Je suis charmé de m'être trouvé dans le cas de con- tribuer à vous faire obtenir cette preuve de la satisfaction que Sa Majesté a de vos services.

Je suis, Monsieur, votre très humble et très obéissant serviteur.

« Le Duc d'Aiguillon » [1].

XX

Commission de capitaine pour M. Cyprien-Gabriel de Terrasson.

Versailles, le 31 décembre 1772.

Le roy a bien voulu, Monsieur, vous accorder la commission de capitaine de cavalerie en considération de vos services. Je suis charmé

---

1. Emmanuel-Armand de Vignerot du Plessis-Richelieu, duc d'Agénois puis d'Aiguillon, prince de Portien, comte de Saint-Florentin, lieutenant général des armées du roi, ministre des affaires étrangères et de la guerre sous Louis XV, disgracié par Louis XVI en 1775 (1720-1780).

de m'être trouvé à portée de les faire valoir auprès de Sa Majesté, et de vous témoigner dans cette circonstance combien je suis, Monsieur, votre très humble et très obéissant serviteur.

« LE DUC D'AIGUILLON ».

XXI

Lettre de convocation de chevau-légers.

A Paris, le 12 février 1775.

Monsieur mon compagnon, je vous fais cette lettre pour vous dire que l'intention du roi est que vous vous rendiez à Versailles le quinze du mois d'avril prochain, jour de l'assemblée générale de la compagnie, qui doit ensuite passer en revue devant Sa Majesté le jour qu'il lui plaira de fixer. Je ne doute point que vous ne vous soyez conformé à ce que je vous ai mandé précédemment à ce sujet, et je serai fort aise que vous me mettiez à portée de rendre compte à Sa Majesté de votre zèle et des efforts que vous aurez faits pour paroître convenablement devant elle. A quoi m'assurant que vous ne manquerés, je suis, Monsieur mon compagnon,

Votre affectionné serviteur,

« LE DUC D'AIGUILLON »

XXII

États de service de M. René-Cyprien-Gabriel de Terrasson antérieurs à la Révolution.

MINISTÈRE
DE LA GUERRE

—

Division

—

Bureau
des Archives

—

Enreg. n° 191

—

Par ordre de Son Excellence le ministre de la guerre,

Le secrétaire général du ministre,

Certifie à tous qu'il appartiendra que, d'après un contrôle déposé aux archives de la guerre, les services de M. René-Cyprien-Gabriel de Terrasson, né le 15 mai 1770, sont constatés ainsi qu'il suit, sçavoir :

Cadet gentilhomme en la compagnie des cadets gentilshommes de l'école royale militaire, avec rang de sous-lieutenant, le 23 septembre 1785.

Sous-lieutenant de remplacement au régiment de Bassigny, infanterie, le 29 juin 1787.

L'époque de la cessation de ses services n'est pas constatée aux archives.

En foi de quoi il a délivré le présent certificat, pour servir et valoir ce que de raison.

Fait à Paris, le trente-un octobre mille huit cent quatorze.

Le maréchal de camp,
LEGENDRE,
Baron d'Harvesse.

XXIII

Certificat de service à l'armée des Princes.

Je certifie que M. René-Cyprien-Gabriel de Terrasson a servi la campagne de l'an 1792, au corps des mousquetaires, seconde compagnie noble d'ordonnance, que j'avois l'honneur de commander sous les ordres de Leurs Altesses Royales, à l'armée ; qu'il s'y est conduit avec honneur et distinction ; en foi de quoi je lui ai délivré le présent, pour lui servir au besoin.

Fait à Paris, le 3 de novembre 1814.

Du HALLAY COELQUEN.

XXIV

Certificat de service à l'armée de Condé.

Nous, LOUIS-JOSEPH DE BOURBON, prince de Condé, prince du sang, pair et grand-maître de France, lieutenant général des armées du roi, chevalier de ses ordres et de l'ordre de Saint-André de Russie, colonel général de l'infanterie françoise, duc d'Enghien, de Guise et du Bourbonnois, etc., etc.,

Certifions que M. René-Cyprien-Gabriel de Terrasson, ancien officier au régiment de Bassigny, a émigré en 1791 ; qu'après avoir fait la campagne de 1792 à l'armée des princes, frères du roi Louis Seize, il nous a joint au commencement de 1793, et a fait sous nos ordres, dans la cavalerie noble, les campagnes de 1793, 1794, 1795 et 1796 ; s'est trouvé aux affaires qui ont eu lieu pendant ce temps, et s'est conduit avec honneur, zèle et courage.

En foi de quoi nous lui avons fait expédier le présent certificat

signé de notre main, contresigné par le secrétaire de nos comman-
demens, et auquel nous avons fait apposer le sceau de nos armes.

Fait en notre palais Bourbon, le 12 décembre 1815.

« LOUIS-JOSEPH DE BOURBON ».

Par Son Altesse Sérénissime,
Le chevalier de Febvrel.

NOTA. — Les pièces suivantes sont des titres de la famille Méhée visés pour
la plupart dans la généalogie, et classés ici par ordre chronologique.

XXV

Testament de Jean Méhée, chevalier, seigneur d'Estray.
1344. (Original sur parchemin).

En nom du Père et du Filz et du Saint-Esprit, amen.

Je, JEHAN MÉHÉ, chevalier, seigneur d'Estray, fais assavoir à touz
qui cest présent escript verront, que je, estans en mon bon sens et
en mon bon mémoire et entendement, combien que je soye malade
de mon corps, sain en pencée et en remembrence, par la grâce de
Notre-Seigneur Jhésus-Christ...; entendant au salut et sauvement de
mon âme, fays et ordonne mon derrer testament, ma derrère voulenté... par la manière qui s'ensuit :

Et premièrement, je recommans mon âme à Nostre Seigneur
Jhésus-Christ, mon créateur, et à la benoyte glorieuse vierge Marie,
sa très sainte mère, et mon corps à la sépulture de saincte Eglise,
laquelle je eslis en l'église de sainct Françoys, en ladicte ville Saint-
Jehan, en la chapelle de la segrestanerie des frères cordelers de
ladicte ville.

Item, donne et laisse ausdiz frères cordelers pour ma sépulture,
vingt soulz une foiz paiez, et autres vingt soulz pour acompaigner
mon corps de mon houstel-jusques à ladicte église, une foiz paiez.

Item, donne et laisse aus chapellains et compaignons Dieu servans
en l'église de monseigneur Saint-Jehan, pour estre à acompaigner
mon corps depuis mondit houstel jusques à ma sépulture, vingt soulz
une foiz paiez.

Item, donne et laisse aus chapellains et compaignons Dieu servans
en l'église de Nostre-Dame des Alles de ladicte ville Saint-Jehan, pour
acompaigner mon corps depuis mondit houstel jusques à madite
sépulture, dix soulz une foiz paiez.

Item, donne et laisse aus povres ladres de saint Ladre, pourquoy
ilz soyent tenuz prier Dieu pour moy et pour mes feuz parens tres-
passez, dix soulz une foiz paiez.

Item, veulx et ordonne à mon enterrement et à ma sequence, estre dictes et célébrées en ladicte église desdits frères cordelers, quarante messes ;

Item, et à mon service du bout de l'an autres quarante messes.

Item, fay mon vrai héritier seul et en tout, Loys Méhé, mon filz et de feue Jehanne de La Roche, jadis ma femme.

Item, donne et laisse à ma très chière et amée femme Phelippe Brecholle, ma femme, touz et chascuns mes biens meubles et acquests, et la terce partie de mon héritage, à sa vie seulement. Et on cas que ledit Loys Méhé, mon filz, sourvesquist amprès ladite Brecholle, et qu'il alast de vie à trespassement sanz hoirs descendus de sa cher, que les hériters de ladite Phelipe Brecholle auront et prendront iceux diz biens, meubles, acquests, et terce partie de mondit héritage aperpétuité ; et aussi la maison de ladicte ville Saint-Jehan, avecques ses appartenances et appendences.

Item, veulx et ordonne que si toust que ledit Loys Méhé, mon filz, et Françoyse Duchaygne, fille de ladicte Phelippe, seront en aage de faire et acomplir le mariage sur ce encomancé (?) par manière de fienssailles, soit fait et acomply.

Item, veulx et ordonne que ladite Phelippe Brecholle, ma femme, tant qu'elle demourra de soy marier, et Pierre Duchesne, son filz, Jehan Duchesne frères, et Jacques Brechou, pour ce qu'il est prouchain lignager à cause de Colecte Ramonde, sa femme, touchant le branchage [de] Gierevaise Méhé, mère de feu Jehan Ravart, ayolle des enfans dudit Jehan Ravart et de ladicte Colecte Raymonde, femme dudit Jacques Brechou, soyent tuteurs et administreurs de mondit filz, comme dessus est dit.

Item, veulx et ordonne que pour acomplir, enteriner et mectre à fin l'ordonnance et exécution de cestuy mon testament et derrère voulenté, je fays et eslis mes aumosners et exécuteurs lesdits Phelippe Brecholle, ma femme, Pierre Duchesne, Jehan Duchesne, frères, et Jacques Brechou, ausquelz et à chascun d'eulx j'ay donné plain pouvoir et espécial comandement...

Et à plus grant fermeté des choses dessusdictes, je pry et suppli à honeste homme Guillaume Rolland, garde du scel royal establly aus contraiz en la ville de Saint-Jehan d'Angély, pour le roy nostre sire, que à ce présent testament lui plaise mectre et appouser ledit scel.

Et nous, ledit garde, à la supplicacion et requeste dudit testateur, et à la féal rellacion de Arnault Langlois, notaire et juré de la court dudit scel....., à cest présent testament avons mis et apousé ledit scel royal, que nous gardons, en tesmoing de vérité.

Ce fu fait et passé présens tesmoings messire Guillaume Pancerea, prestre, Simon Vernon, Guillaume Viaut, Michea Legart, Jehan Morea, Bertrant Goudegaut, Jehan Bertrant, Parnelle Bouquerte, et Colecte Vigière, le derrenier jour de décembre l'an mil IIIᶜ quarante et quatre.   A. LANGLOIS.

XXVI

Contrat de mariage
de Jean Méhée, chevalier, seigneur d'Estray, et de Jeanne de
La Roche. — *1433.* (Original sur parchemin).

A touz ceulz qui ces présentes lectres verront et orront, Nicolas Gaultier, garde du scel royal establi aux contraiz en la ville de Saint-Jehan d'Angéli pour le roy nostre sire, salut en Nostre-Seigneur par-durable.

Savoir faisons, que par devant Ytier Espaygnoul, cler, notaire juré et auditeur de la court dudit scel, les parolles et convenances du traicté de mariage parlé et accordé à faire au plaisir de Dieu, en face de saincte mère Eglise, entre noble homme messire Jehan Méhé, chevalier, seigneur d'Estray, et Jehanne de La Roche, damoiselle, fille de feu Jehan de La Roche, escuier, et de Jehanne Ermemonne, damoiselle, dame de Limor [1], sa femme, par le temps qu'il vivoit, et vefue à présent de feu Jehan de La Personne, escuier, seigneur de Varèze, par le temps qu'il vivoit, sont parlées, traictées et accordées entre ledit chevalier d'une part, et ladite dame de Limor et ladite Jehanne de La Roche, sa fille, d'autre part, en la forme et manière qui s'ensuit :

C'est assavoir que ledit chevalier a promis et promet à prendre ladite Jehanne de La Roche à femme expose, à l'onnour de Dieu et de saincte mère Eglise, toutesfois et quantesfoiz que par ladite Jehanne il en sera requis, ou par aucuns de ses parens et amis. Et pareillement icelle Jehanne de La Roche a promis et promet à prendre à seigneur espoux, ledit chevalier, toustefoiz et quantesfoiz que requise en sera par ledit chevalier, ou par aucuns de ses parens et amiz. Et ladite dame de Limor, sadite mère, a promis à la lui bailler soulte, quicte et délivre de touz liains quant au contract de mariage.

Et en faveur dudit mariage et en icellui faisant et acomplissant, ladite dame de Limor a donné et donne par ces présentes, desjà et dès maintenant, perpétuellement, pour lie et les siens, à ladite Jehanne de La Roche, sa fille, et audit chevalier, son seigneur à estre, et à leurs hoirs, successeurs, et ceulz qui d'eulz auront cause, la terre et seigneurie qui lie puet et doit compecter et appartenir es parroisses de Saint-Constans, de Lezay [2], de Saincte-Souline et de

---

1. Commune de Clussais, canton de Sauzé, arrondissement de Melle (Deux-Sèvres).

2. Chef-lieu de canton de l'arrondissement de Melle (Deux-Sèvres).

Saint-Vincent, avec deux hommages qui sont tenuz du seigneur de
Saint-George et de chappitre de Sainte-Ragont de Poictiers, soyent
maisons, herbergemens, cens, rentes, terrages, complans, terres,
prez, boys, garennez, moulins, hommages soyes liges ou plains, et
autres choses quelzcomques, sauve et excepté ce qui est en la parroisse Clussay ; pour laquelle chose ladite dame de Limor sera tenue
audit chevalier d'un ayde de douze deniers pour faire hommage. Et
désja et dèsmaintenant, ladite dame de Limor a baillé et baille par
ces présentes à ladite Jehanne de La Roche, sadite fille, et audit chevalier, son seigneur à estre, la saisine et possession desdites choses,
en leur transportant icelles par tant qu'il est mestier, et en faisant
d'icelles leur propre domaine et héritage, en faveur et contemplacion
dudit mariage, et aussi pour les bons et agréables services que ladite Jehanne et ledit chevalier, son seigneur à estre, lui ont fait, desquelz elle s'est tenue et tient par toute contente et apaiée. Et de la
preuve et déclaracion d'iceulz elle les en a relevé et relève par la
teneur de ces présentes lettres. Par my ce que ladite Jehanne de La
Roche a renoncié et renoncie à toute la succession et eschoicte de
sadite mère, et aussi à touz les acquestz que ladite dame de Limor
et ledit Jehan de La Roche, son feu seigneur, ont peu acquester ensemble en toute la terre de Limor, tant qu'il y ait hoirs descendans
de sa char.....

Ce fut fait et passé audit lieu de Varèze, présens nobles homes
Jehan Couppedoye, escuier, Jacques de La Brousse, escuier, seigneur
de la Brousse, Guillaume du Reffuge, escuier, seigneur du Boys ;
Pierre de La Tour, escuier ; Guillaume Montagu, Jehan Montagu, et
Jehan d'Oisson, escuiers, le seiziesme jour de may, l'an mil quatre
cens trente et troys.

Pour collationn. et doubl. : Espaygnoul.

(Queue du sceau).

XXVII

*Contrat de mariage : 1° de Pierre Méhée, écuyer, seigneur des
Barreaux, avec Catherine Aisse, veuve de Guillaume de
La Guirande, écuyer, seigneur de L'Etang ; 2° de
François Méhée, son fils aîné, et de Renée Beau,
avec Claire de La Guirande. — 1512. (Ori-
ginal sur parchemin.*

A tous ceulx qui ces présentes lettres verront et orront, les gardes
des seelz establiz aux contraitz à Berbezieulx, pour Monseigneur dudit lieu et pour Monseigneur l'archidiacre de Xainctonge.

Sçavoir faisons que, par devant les notaires cy soubz scriptz, au-
.dicteurs et juretz desdites courtz, ont été présens et personnellement
establiz en droit, Pierre Méhé, escuyer, seigneur de Barraulx, et
Françoys Méhé, filz aysné dudit Pierre Méhé et de feue Regnée Beau,
damoiselle sa femme, par le temps qu'elle vivoit; ledit Françoys, o l'autorité dudit Pierre Méhé, son père, qui l'a sur ce bien duement autorisé, quant à faire et passer le contenu en ces présentes, d'une part;

Et Katherine Aisse, damoiselle, vefve de feu Guillaume de La Guyrande, escuyer, en son vivant seigneur de Lestang, près Berbezieulx,
d'autre part.

Lesquelles parties et chascunes d'elles ont faict, convenancé, et
actordé entre elles les pactz, convenances, et actords qui s'ensuyvent.

C'est asçavoir, que ledit Pierre Méhé, escuyer susdit, et ladicte
Katherine Aisse, damoiselle, ont promys et seront tenuz prandre
l'ung d'eulx l'aultre à mary et femme expoux, en face de nostre
saincte mère Eglise, touttesfoys et quantes que l'ung d'eulx en re-
querra l'aultre, et que nostre saincte mère Eglise si actordera. Et aura
et prendra ledit Pierre Méhée ladicte Aisse avecques tous ses biens,
droitz, et chouses qu'elle a et luy appartienent en quelques pars
qu'ilz soyent situez et assis, pour tout droit de dot et douaire. Et en
faveur duquel mariage, lequel autrement ne se fust faict, ledit Françoys Méhé, o l'autorité que dessus, a promis et sera tenu prandre à
femme expouze, en face de saincte mère Eglise, Clere de La Guyrande,
fille dudit feu Guillaume de La Guyrande et de ladite Katherine Aisse,
toutesfoys et quantes que par elle ou ladicte Katherine Aisse, sa dite
mère, sommé et requis en sera, et que nostre saincte mère Eglise
si actordera...

Et en faveur duquel mariage à faire dudit Françoys et de ladite
Clere, ledit Pierre Méhé a donné, ceddé, transporté, et délaissé, et
par ces présentes donnet, ceddet, transportet, et délaisset à jamaiz,
et à perpétuyté audict Françoys Méhé, sondit filz, présent et stippullant, o l'auctorité susdicte, tous et chascuns ses biens meubles et
acquestz immeubles, qu'il a et luy appartiennent ès pays et comté
de Poythou, et duchié d'Anjou, quelque part qu'ilz soyent esdict comté
et duchié ; sans aulcune chouse y réserver ne retenir, fors l'usus-
fruyt en iceulx, qu'il a réservé et constitué, réservet et constituet à
luy et à ladicte Aisse, par les susdits, présente et stippulante, et
au survivant d'eulx deux...

Et aussi en faveur dudit mariage lesdits Pierre et Françoys Méhés et
ladicte Katherine Aisse, tant pour eulx et en leurs noms, que en nom
de ladicte de La Guyrande, absente, pour laquelle quant ad ce ilz se
sont faictz fors et promis luy faire avoir agréable, quant requis en
seront, ont actordé et consanti que damoyselle Marye de La Rochef-
foucauld, ayeulle de ladicte Clerc, absente, lesdits notaires stippullans
pour elle, qu'elle joisse de tous et chescuns les biens demeuretz du

desceps et trespas dudit feu Guillaume de La Guirande, son filz, et père de ladicte Clere, tout ainsi qu'il est couché par la lectre du mariage dudit feu de La Guirande et Katherine Aisse, sa femme par le temps qu'il vivoit....

Ce fut faict et passé au lieu et maison noble de Lestang, le dixiesme jour du moys de juilhet l'an mil cinq cens et douze.

N. Raymond.   J. Du Rieu.

XXVIII

Contrat de mariage de Didier Méhée, écuyer, seigneur de L'Etang, avec Marguerite de Mendosse, dame de Monleau. — 1556. (Copie sur papier).

Sachent tous présens et advenir, que aujourd'huy plus baz escript, pardevant moy Pierre Moynard, notaire royal habitant de la paroisse et bourg de Branne, seigneurie de Bleignac, en Bazadoys, et en présence des tesmoings soubz noumez, a esté présente et personnellement establye, damoiselle Margueritte de Mandosse, filhe de feu Bertrand de Mandosse, escuyer, soy vivant seigneur du chasteau de Monlau[1], et de damoiselle Jehanne de Cossé, dame dud. Monlau et de Pierrelongue ; laquelle, de son bon gré et franche vollonté, en loctoritté, congé et licence de lad. de Cossé, sadite mère, ilecq presente, quy l'a bien et deuhement octorizée et presté tout son consantement et vollonté, a convenu et promis, par ses présantes, prandre pour mary expoux par parolle de futur, Didier Méhée, escuyer, seigneur des maisons, terres et seigneuries du Vergierbeau et des Fontaines, et aveq luy sollenpnizer le saint sacremant de mariage en face de sainte mère Eglise, toutes heures et quantes que requize elle en sera par ledit Méhée et autre pour et au nom de luy.

Et samblablemant, ledit Didier Méhée, seigneur dudit Vergierbeau et des Fontaines, ilecq présent, a convenu et promis par cesdites présentes, prandre pour femme expouze, par parolle de futur, laditte damoiselle Margueritte de Mandosse, et aveçq elle solenpnizer le saint sacremant de mariage en face de sainte mère Eglise, toutes heures et quantes qu'il en sera requis par lad. de Mandosse et autres ses parans et amys, sans aucun contredit.

En faveur et contemplacion duquel dit mariage, et affin qu'il se

1. Commune de Moulon-sur-Dordogne, canton de Branne, arrondissement de Libourne (Gironde).

accomplisse, Giraud Dussaud, escuier, seigneur de Birac, et Guilhaume Dibonneau, aussy escuyer, seigneur de La Barde, ilecq présans au nom et comme procureurs deheumant fondés de damoiselle Claire de La Guirande, dame de Lestang, mère dud. Didier Méhée, comme de lad. procuracion et puissance pour faire et contratter le contenu au présent instrument, lesd. Dussaud et Dibonneau ont fait apparoir de laquelle la teneur s'ensuit.

Sachent tous présans et advenyr que pardevant moy notaire soubz script et signé, juré de la cour du scel estably aux contratz à Xaintes pour le Roy nostre sire, et présens les tesmoings debas escriptz et noumez, a esté présante en sa personne establye en droict Claire de La Guirande, damoiselle, dame de Lestang, vefue et relicte de feu François Méhée, escuier, son seigneur de mary, quand vivoit seigneur de Vergerbeau en Poictou, et des Fontaines, au ressort de Saint-Jehan d'Angelly, demeurante aud. lieu de Lestang, près Barbezieux; laquelle, de son bon gré, a créé, constitué et ordonné ses procureurs généraulx et spéciaux Géraud Dussault, escuier, seigneur de Birac, son gendre, et Guilhaume Dibonneau, seigneur de La Barde en Archiac, et ung chescun d'eux, et ung seul pour le tout, ausqueulx et chascun d'eux elle a donné et donne par ses présentes puissance de poursuyvre ses affaires et négosses, et par espécial de faire et acorder, et d'assister à faire le contrat de mariage de Didier Méhée, escuier, filz esné de lad. constituante et dudit feu sond. seigneur de mary, avecques damoiselle Margueritte de Mandosse, filhe dud. feu sieur de Monlau...

Fait et passé au lieu et maison noble de Lestang, présens tesmoings ace appellés et requis : Pierre Chauvyn, demeurant en la paroisse de Saint-Bonnet, et Collas Goujon, de la paroisse de Saint-Seurin, le second jour de may l'an mil cinq cens cinquante six. Ainsy signé : Cotheron, notaire susd., et sellé en queue de sère verte.

Iceulxd. Dussaud et Dibonneau, au nom et comme procureurs susd., et en vertu de la susdite puissance, ont donné et donnent par cesd. présantes, audit Didier Méhée, les choses contenues en ladite procuracion ; et là et au cas que icelle procuracion fust tenue en bigue et doubteuse aux pointz quy s'ensuyvent, ilz ont déclaré et déclarent le voulloir et intantion de lad. de La Guirande avoir esté et estre qu'elle veult que ledit Didier, sond. filz esné, ayt les droitz d'enesse et primogéniture, tout ainsy qu'il eust heu et peu avoir, sy feu François Méhée, escuier, en son vivant sieur dud. Vergierbeau et des Fontaines, son père, et mary de lad. de La Guirande, n'eust faict testamant et donné la tierce partie de son patrimoine ; le tout, pour le regard dud. patrimoine et dud. Didier, sans déroger aux autres choses contenues en lad. donnacion, savoir est des meubles, acquestz et partz quy eust peu appartenyr aux autres enffans de lad. de La Guirande.

Aussy ont déclaré les susditz procureurs quelle a donné et donne en faveur dud. mariage, à sond. filz aysné, les meubles quy sont en la maison noble dud. Vergierbeau...

Ce quy a esté stippullé et acepté tant par ledit Méhéo que par lad. Jehanne de Cossé, damoiselle, dame dud. Monlau et de Pierrelongue, mère de lad. de Mandosse, ensemble tout le contenu en lad. procuracion consernant les autres chefz et avantages de lad. de La Guirande faite à sond. filz en faveur dud. mariage en ses biens...

Et en faveur d'icelluy dit mariage, icelle de Cossé a convenu et promis donner aux susd. conjointz futurs la somme de trois mil francs bourdellay... Laquelled. soume de trois mil frans bourdellois dud. dopt et mariage, ledit Méhée a convenu et promis recongnoistre à ladite de Mandosse, sadite femme future, sur tous et chescuns ses biens et choses meubles et immeubles présans et advenyr quelsconques, lorsqu'il les recepvra, et mesmemant sur la maison, terre et seigneurye des Fontaines, size en ressort de Xaintonge, au siège de Saint-Jehan d'Angelly, et sur ceux quy sont en ressort de parlemant de Bourdeaux.

Et en tout advènemant, a esté accordé que les biens esquelz sera employé ledit dopt, sera affecté et ypotecqué audit payemant et restitucion d'icelle, là et au cas que les susdits biens ny suffiroient. Et moyennant ladite soume ainsy constituée en dot par ladite de Cossé, lesdictz futurs conjointz, et mesme ladite de Mandosse seront tenus, comme ilz ont promis, quitter à la redicion de compte et prestacion de relicqua des biens et fruitz, qui eust pu competter et appartenir à ladite de Mandosse, par les déceps de ses feuz père et frère, en leur vivant sieur dudit Monlau.

Et en oultre icelle de Cossé demeura uzuffruictière et paisible jouissante du chasteau de Monlau, meubles d'icelluy, des centz, rantes, teris et aultre revenu et biens despandans d'icelluy, suyvant le testamant et dernière vollonté dudit feu Adam de Mandosse, son filz, en son vivant sieur dudit Monlau, en aura les choses à elle léguées et lessées par ledit testament, moyennant ce que ladite de Cossé bailhera ausditz futurs conjointz chescun an durant leurdit mariage et vie de ladite de Cossé, cent livres tournois de rante en argent, ennuellemant payée au bout de l'an apprès la bénédiction nuptialle...

Et a esté dit et acordé entre lesdites parties, que desdits trois mil francs bourdellay ainsy assignés pour dopt, le tiers sera sancé et réputté pour meubles, et les autres deux partz pour immeubles. Et au cas que ledit Méhée survyve ladite de Mandosse, sans hoirs de eux deux provenans, audit cas, icelluy dit Méhée gaignera ledit tiers sancé et réputté pour meubles, et sera tenu randre à ladite de Cossé ou aussiens anprès elle, lesdits deux mil francs bourdellay ; et s'yl y a enffans dudit mariaige, le demeura ausditz enffans. Et au cas que ledit Méhée prédécedde ladite de Mandosse, audit cas, ladite de Mandosse répettera et recouvrera ledit dopt, duquel luy sera fait assiette sur la terre et seigneurie des Fontaines ou autres biens, comme dit est dessus, de soixante et dix livres tournois de rante en assiette, sellon les uz et coustume du païs de Xainctonge, de proche en proche, rachaptable, s'yl y a enffans dudit mariage, pour ladite soume de trois mil francs bourdellay, dans trois ans ; et s'yl n'y a d'enffans, dans deux ans emprès ledit déceps dudit Méhée.

Et pour douayre, icelluy Méhée donnera à ladite de Mandosse la tierce partie de son héritage duquel elle jouira sa vie durant, ou aura la soume de mil livres tournois une fois payée, au chois et élection de ladite de Mandosse ; laquelle dite soume de mil livres tournois seroit perpétuellement à elle et aux siens, touteffois retourneront aux enffans dudit mariage, sy aucuns en y a, emprès le déceps de ladite de Mandosse, laquelle, oultre ledit dopt et douayre, sera logée et meublée, tant qu'elle demeura en viduitté, en ladite maison des Fontaines ou autre maison commode et raisonnable, sy ladite maison des Fontaines ne demeure audit Méhée.

Aussy a esté dit et arresté que les acquestz quy se feront dudit dopt, après l'an de la réception et dernier payement desdites soumes ne viendront en la communitté, ains demeuront audit Méhée, sans que ladite de Mandosse y prenne aucune chose. Et se sont associés et associent lesdits conjoinctz futurs en tous et chescuns les meubles et acquestz immeubles que Dieu leur donnera guaigner et acquérir pandant leurdit mariage ; lesquelz, emprès ledit déceps, retourneront aux enffans dudit mariage d'ung ou plusieurs à leur choix et obtion, sy autrement ils n'en auroient dispozé...

Ce fut fait et passé au chasteau de Monlau, ez présances de Jehan de Sainct-Jehan, escuyer, sieur de la maison noble de Taris, et Mᵉ Jehan Cornuaud, tesmoings a ce appellés et requis, le troisiesme du mois de may mil cinq cens cinquante-six.

Ainsy signé : P. Moynard, notaire et tabellion royal.

Plus bas est écrit :

La coppie sy dessus transcripte a esté extraitte, vidimée et collationnée à un semblable estant en parchemyn, signé et datté comme dessus, non vicié, ne raturé, par nous notaires soubz signés, ce requérant damoiselle Jacquette de Soubzmoullins, vefve de feu Davyd Mehée, en son vivant, escuyer, sieur de Lestang, pour luy valloir et servir en temps et lieu, ce que de raison. L'original de ses présentes demeure par devers ladite de Soubzmoullins.

Fait à Barbezieux, en la maison dudit Locquet, l'ung desdits notaires, avant midy, le quinziesme jour du mois de febvrier, mil cinq cens quatre-vingt-dix-neuf. Ainsy signé : De Soubzmoullins, Locquet, notaire royal en Xaintonge, et Poictevyn, notaire à Barbezieux.

XXIX

Contrat de mariage de Georges Méhée, écuyer, seigneur
de L'Etang, avec demoiselle Marguerite
Hubert. — 1565. (Copie sur papier).

Saichent tous présent et advenir, que on traicté et prolocution de mariaige à faire, au plaisir Dieu, de Georges Méhé, escuyer, filz natu-rel et légitime de feu Françoys Méhé, escuyer, seigneur de Lestang, du Vergier Beau et des Fontaynes, et de damoyselle Claire de La Guirande, d'une part ; avecques damoiselle Margueritte Hubert, aussi fille naturelle et légitime de feuz Pierre Hubert, escuyer, et de Yza-beau de Bonnevin, damoiselle, d'autre part ; ont esté faictz, dictz et accordez les pactz, articles et convenances qui s'ensuyvent.

Et pour ce faire, ont esté présens et personnellement establyz en droit ledict Georges Méhée, à l'advis, vouloir, et consentement de Didier Méhé, escuyer, son frère aisné, à ce présent, au nom et comme procureur de ladicte Claire de La Guyrande, leur mère, portant charge et procuration spécialle pour consentir le présent mariaige (la teneur de laquelle procuration est cy debas incérée, en datte du dix-neufviesme de septembre dernier passé, signée Nadault, notaire royal), demourans audict lieu de Lestang près Barbezieulx, d'une part ;

Et ladicte Margueritte Hubert, damoiselle, et à l'advis de Jehan Hubert, escuyer, son ayeul paternel, François Hubert, aussi escuyer, son oncle, et Jehan Pepin, escuyer, seigneur de Ballodes, mary de Leurine Hubert, damoiselle, tante de ladicte Margueritte, et de Guy de Caillières, escuyer, seigneur dudict lieu, son cousin, tous à ce présens, demourans sçavoir lesdicts Hubertz au lieu de La Leigne, en Saincte-Leurine, ledict Pepin à Archiac, et ledict de Caillières audict lieu, paroisse de Clérac, chastellanie de Montguyon, d'autre part ;

Sçavoir est, que lesdictz préparlez à marier, ont promis et pro-mectent respectivement soy prendre en tous et chascuns leurs droictz, à femme et mary espoux, touteffois et quantes que l'ung par l'autre en sera requis, les solempnitez acoustumées gardées...

Ce fut faict et passé audict lieu de La Leigne, présens tesmoings à ce appelez et requis : Marc Davril, escuyer, seigneur de La Moreau d'Asnières [1], Pierre de La Fite, escuyer, seigneur de Louppe entre Deux-Mers [2], et maistre Jacques Bouteillier, greffier d'Archiac, le

---

1. Asnières, canton de Saint-Jean d'Angély (Charente-Inférieure).
2. Loupes, canton de Créon, arrondissement de Bordeaux (Gironde).

second jour d'octobre mil cinq cens soixante et cinq. Et a déclairé ladicte Margueritte ne sçavoir signer.

S'ensuyt la teneur de ladicte procuration.

Pardevant le notaire royal en Xainctonge soubz signé, et présens les tesmoings debas nommez, a esté personnellement establye damoiselle Claire de La Guirande, dame de la terre et seigneurie de Lestang, vefve de feu·François Méhé, escuyer, son mary, quant vivoit seigneur de Vergier Beau, en Poictou, et des Fontaynes, en ressort de Sainct-Jehan d'Angély, demourant ladicte damoiselle audict lieu de Lestang, en la chastellenie de Barbezieux ;

Laquelle, de son bon vouloir, a faict, nommé et constitué par ces présentes, son procureur général et spécial, Didier Méhé, escuyer, son filz aisné, à ce présent, auquel elle a donné et donne tout pouvoir, plaine puissance et auctorité, par cesdictes présentes, d'ester et comparoir pour elle, et sa personne représenter en jugement et dehors, pardevant tous juges et comissaires quelzconques ; et par espécial d'assister pour et au nom de ladicte de La Guirande, au traicté de mariaige de Georges Méhé, escuyer, aussi son filz puisné et dudict feu, avecques damoiselle Margueritte Hubert, fille naturelle et légitime de feu Pierre Hubert, escuyer, et damoiselle Ysabeau de Bonnevyn, ses père et mère, seigneur et dame, quant vivoient, du lieu noble de La Leigne et de L'Escardye ou aultres...

Faict et passé audict lieu de Lestang, parroisse de Sainct-Seurin, ès présence de Anthoine Jarnaud, de Sainct-Bonnet, et Anthoine de Joye, de Sainct-Seurin, le dixneufiesme jour de septembre mil cinq cens soixante-cinq. Et ont déclairé lesdicts témoings ne sçavoir escripre ne signer. Ainsi signé en l'original des présentes : D. Méhé, comme procureur. Ainsi signé Nadault, notaire royal.

Et au dessoubz de ladicte mynute sont signez : G. Méhé, D. Méhé, comme procureur. De Caillières, J. Hubert, François Hubert, Davril, Pierre de La Fitte, de Ballodes, et J. Bouteillier, pour avoir esté présent.

Extraict du registre et sans préjudice d'icelluy.

BERNARD,
Notaire royal à Xainctes.

XXX

Contrat de mariage de Georges Méhée, écuyer, seigneur de La Giraud, avec demoiselle Sapho de La Jaille. — 1568.
(Original sur parchemin).

A tous ceulx qui ces présentes lectres verront et orront, le garde du seel estably aux contractz en la ville Sainct-Jehan d'Angély, pour le Roy nostre sire, salut.

Sçavoir faisons que par devant le notaire, en présence des tesmoings cy dessoubz nommez et escriptz, pour traicter du mariage duquel en nom desdicts est parlé, ont estez présans et personnellement establyz en droict Georges Méhé, escuyer, seigneur de La Girault, des Fontaynes, et de Lestang, demourant audict lieu de La Girault, parroisse d'Asnyères, d'une part ; et damoiselle Sapho de La Jaille, fille naturelle et légitime de Regné de La Jaille, escuyer, seigneur de Vaillébrézé [1], ressort d'Angiers, et de damoiselle Jehanne Bouchard, son expouse, demourans à La Leu, parroisse dudict Asnyères ; et ladicte Jehanne Bouchard, damoiselle, Regné Sanglier, escuyer, seigneur du Fresne, Estrade, et La Grange ; et Pierre de Chouppes, escuyer, seigneur dudict lieu de Chouppes, es noms et comme procureurs et ayans charge spécialle dudict seigneur de Vaillé, en vertu de la procuracion dattée du premier jour du présent moys de septembre et an, signée de La Jaille, Gaulay et Frappereau, notaires à Passavant [2], laquelle procuracion, escripte en parchemyn, est demeurée es mains de ladicte Bouchard, damoiselle, après que la teneur d'ycelle a esté escript au pied de ces présentes ; demourans sçavoir ledict Sanglier audict lieu et maison noble du Fresne en Xainctonge, et ledict de Chouppes audict lieu de Chouppes, en Enjou [3].

Lesquels Méhé et Sapho de La Jaille se sont prins et prennent respectivement à femme et mary expoux, soubz le congié et auctorité desdictz de La Jaille et Bouchard, père et mère de ladicte Sapho de la Jaille, en vertu de ladicte procuracion.

Et en faveur et contemplation duquel mariage, lesdictz Jehanne Bouchard, damoiselle, seigneurs du Fresne et de Chouppes, en vertu de leur dicte procuracion, et audict nom dudict de La Jaille, et auquel ilz ont promys faire ratiffier et avoir agréable le contenu en cesdictes présentes, touteffoiz et quantes, ont promys et seront tenuz bailler pour la dot et mariage de ladicte de La Jaille, audict de La Girault, la somme de six mil livres tournois, laquelle dicte somme de six mil livres tournois ilz ne seront tenuz de payer que après la succession de père (?) escheue à ladicte damoiselle Jehanne Bouchard...

Ce fut faict et passé audict lieu et maison noble de La Leu, es présences de honnorable homme maistre Mathurin Boursycot, procureur du roy nostre sire en l'élection de Saintonge, demourant à Xainctes, et Françoys Sulyen [4], escuyer, demourant audict lieu de La

---

1. Vaillé-Brézé, commune de Nueil-sous-Passavant, canton de Vihiers, arrondissement de Saumur (Maine-et-Loire).

2. Commune du canton de Vihiers, arrondissement de Saumur (Maine-et-Loire).

3. Commune du canton de Monts, arrondissement de Loudun (Vienne).

4. Le rédacteur des preuves de noblesse de Paul Méhée, du 13 mars 1599, a écrit *Julien*. Il est impossible de voir autre chose qu'un *S* dans la première lettre de ce nom. Voir plus bas, à la fin.

Leu, le neufiesme jour de septembre mil cinq cens soixante huict. S'ensuyt la teneur de ladicte procuracion.

Sachent tous présans et advenir, que en notre court, à Passavant, en droict pardevant nous présant, et personnellement establý endroict, et duhement soubmiz avecques tous et chascuns ses biens, noble homme Regné de La Jaille, seigneur de Vaillébrézé, et y demeurant, ressort d'Angiers ; lequel confesse de son bon gré avoir faict, constitué, et establý, et ordonné sa chère et bien amée damoiselle Jehanne Bouchard, son expouse, Regné Sanglier, escuyer, seigneur du Fresgne, et Pierre de Chouppes, escuyer, seigneur dudict lieu, ses procureurs généraulx et messagiers spéciaulx, et chascun d'eulx seul et pour le tout, en toutes et chascunes ses causes, négoces et affaires ; et d'eslire domicille suyvant l'ordonnance royale ; et par espécial, de consentir et accorder le mariage fuctur entre noble homme Georges Méhé, seigneur de La Girault, et damoiselle Sapho de La Jaille, fille dudict seigneur constituant et de ladicte Bouchard, à telles pactions, convenances, et accords qu'il plaira à ses davandictz procureurs ou l'un d'eulx.

Faict et passé en l'hostel et maison noble dudict Vaillé, ès présence de maistre Jacques Gaulay, et Jehan Gavy, tailleur, demourans à Vezins [1], tesmoings à ce requis et appellez, le premier jour de septambre l'an mil cinq cens soixente huict. Ainsi signé : Regné de La Jaille, Gaulay, et Frappereau, et est scellé de cire verd. Ainsi signé la mynute du présent contract : Jehanne Bouchard, Georges Méhé, Sapho de La Jaille, Regné Sanglier, de Chouppes, Boursicot, Sulien, Guellet, et Pasquier. J. Valin, notaire royal.

XXXI

Testament de Didier Méhée et de Marguerite de Mendosse, seigneur et dame de L'Etang. — Vers 1575.
(Original sur papier).

Au nom du Père, du Filz et du Sainct-Esperit, amen.

Nous, DIDIER MÉHÉE, escuier, et damoiselle MARGUERITE DE MANDOCE, conjoinctz, seigneur et dame de Lestang, du Vergier Beau en Poictou, près Bressuire, en partie de la seigneurie de Monlaudz, et de la moictié de la seigneurie de La Mothe [2] ; estans en bonne dispo-

---

1. Vezins, commune de Vezins-près-Cholet, canton de Cholet (Maine-et-Loire).
2. La Mothe ou La Mothe-Miguerde ou Malmigarde, appelée plus tard Monleau ou La Mothe-Monleau, à cause de Monleau en Moulon qui, comme on le voit en cette pièce et dans le contrat du 3 mai 1556, venait de la famille de Mendosse.

sition tant du corps que de l'esperit... avons faict et faisons, par les présantes, nostre testamant et ordonnances de dernière volonté en la manière que s'ensuyt.....

Premièrement, nous recommandons noz âmes à Dieu, le père, créateur de toutes chouses, le priant icelles recepvoir en son paradis céleste, quand il luy plaira en faire séparation davecques le corps. Et au regard de noz sépultures, nous voulons estre enterrés es sépultures de nos prédessesseurs, sieurs et dame de Lestang, on cimetière de Sainct-Seurin.....

Item, nous donnons à David Méhée, escuier, nostre filz aisné, pour son partage de tous et chascuns nosd. biens, la nostre maison noble dud. lieu de Lestang, avecques les précloustures d'icelle, et toutes et chascunes ses appartenances, appandances et deppandances de fuye, gareyne, cens, rantes, agriers, complanctz, prés, boys, vignes, terres labourables et non labourables, mestairies deppandantz d'icelle, et tous autres biens qui sont assis et situés en et audedans la chastellanye de Barbezieulx, ressord de Xainctonge, à nous apartenantz. Et oultre ce, nous donnons audict David, nostre dict filz, nostre maison noble dud. Vergier Beau, assize en Poictou, avecques les précloustures d'icelle, et toutes et chescunes ses autres apartenances ; et oultre ce, certayne aultre maison noble quavons et nous apartient en la ville de Thouardz [1], o toutes et chescunes les apartenances desd. maisons, ensamble tous autres biens quelconques à nous apartenant on ressort de Poictou. A ce et moienant, que led. David, notred. filz aisné, sera tenu bailher en dot et mariage à Anne, Martre, Elizabel Méhées, damoiselles, noz filhes, et à chescunes d'elles, lhors quelles auront a tainct l'eage de dix-huict ans, et qu'il se trouvera party convenable pour elles et sellon leur quallité, la somme de troys mil livres tournois, et deulx centz livres tournois pour leurs habilhemens nuptiaux, à chescune d'icelles.....

Item, nous voullons et ordonnons que Jehanne Méhée, damoiselle, nostre filhe aisnée, aiet pour son partage de nosd. biens, la somme de quatre mil livres tournois, lhors quelle sera en aage de dix-huict ans, et quelle aura trouvé party raisonnable. Laquelled. somme de quatre mil livres tournois nous avons emploiée à l'achapt des biens et droictz que avoit Anthoine Méhée, escuier, sieur des Fontaines, frère de nous led. Didier, en la terre et seigneurie de Lestang, coume apart par le contraict dud. achapt, receu par moy, notaire soubz signé....

Item, nous donnons à Jozias Méhée, ausi escuyer, nostre filz second, pour tout son droict de légitime et partage de nosd. biens, tous et chascuns les biens à nous apartenantz, à cause de nous lad.

1. Chef-lieu de canton de l'arrondissement de Bressuire (Deux-Sèvres).

de Mandoce, en la maison noble de Monlaudz, size en la parroisse de Moulons en Bourdeloys, soient que lesd. biens consistent en maison, cens, rantes, agriers, complanctz prés, boys, vignes, terres labourables et autres quelxconques, lesquelsd. biens sont une tierce partie de tous et chascuns les biens et autres choses de lad. maison noble de Monlaudz ; o la charge que led. Jozias sera tenu bailher et paier à Yzac Méhée, escuyer, aussy nostre filz, la soume de quatre mil livres tournois pour tout son droict et partage de nosd. biens, lhors qu'il sera on susd. eage de dix-huict ans, et non plus tost....

Item, nous donnons à Ezechiel Méhée, ausy escuyer, nostre autre filz, la moictié entièremant de la maison noble de La Mothe-Miguerde size en la parroisse de Sainct-Pé-de-Castel, jurisdiction de Civral, en Bazadoys [1], avecques toutes et chascunes les apartenances d'icelle, et tout ce que est assis et nous apartient directemant ond. ressord de Bazadoys, soient cens, rantes, complanctz et autres droictz ; à la charge aussi qu'il sera tenu bailher et payer à Salmon Méhée, escuyer, ausy nostre filz, la soume de quatre mille livres tournois, pour son droict de partage qu'il pouroict aussy avoir et prétandre en nosd. biens, amprès noz décès et trespas, et ce touteffoys et quantes que led. Salmon aura attainct l'eage de dix-huict ans.....

Et pour ce que institution d'héritier est tous chief et fondemant de bon testamant, nous, testateurs susd., avons institué et instituons nos vrays héritiers et successeurs, lesd. David, Jehanne, Jozias, Ezéchiel, Yzac, Salomon, Anne, Martre et Elizabel Méhées, escuiers et damoiselles susd., noz enffans et filhes.....

Dont, de noz consentemans et volontés, en avons voulu estres jugés et condampnés ; ce que a esté faict par led. notaire royal juré soubz la court du seel estably aux contraictz à Xainctes, pour le roy nostre sire, à la jurisdiction et contraincte de laquelle nous soubzmectons et nosd. biens quelconques ; lequelz seel nous, le garde d'icelle, avons à ces présentes mis et apposé pour vérité.

Faict et passé..... [2]

M. DE MENDOSSE.   D. MÉHÉE.

M. MÉHÉE, pour avoir entendu du prézent le contenu par les deux parties.

1er Codicille du même. — 1578. (Copie sur papier).

Au nom du Père, du Filz et du Sainct-Esprit, amen. Je, DIDIER MÉHÉE, escuier, seigneur de Lestang et du Vergier Beau en Poictou,

1. Civrac-de-Dordogne, canton de Pujols, arrondissement de Libourne (Gironde).
2. Voir le codicille qui suit.

estant de présant détenu mallade de mon corps gissant en mon lict, touteffois en bon sens et entendemant.... ; amprès avoir recoumandé mon âme à Dieu, le créateur, le priant, au nom de son filz Jésus-Crist, *couvrir tous mes péchés de son manteau de Justice devant la fasse de son père...,* [1] je veux et entans que le testamant quy cydevant avoit esté rédigé par escript, à ma requeste et de damoizelle Margueritte de Mandosse, ma première femme quand vivoit, escript en cinq feuilhetz de papier, de moy et de ladicte de Mandosse signé, ensamble de Mondot Méhée, escuier, sieur de Roussilhe, mon frère, combien quil naye esté mis en forme auttanticque, ne receu pardevant notayre et tesmoings, ce nonobstant, je veulx et entans que icelluy tel qu'il est escript et signé de nous, demeurent à perpétuitté et sorte en son plain et entier effaict.....

Item, aussy je veulx et antans que le contract de mariage faict entre moy et damoizelle Anne de Pressac, à présant ma femme, sortent aussy en tous ses pointz, clauses et articles, son plain et entier effaict, et que par mes enfans et filhes il ne soict aulcunement contrevenu au contenu en icelluy....., car ainsy l'ay voullu, le veulx et antans.

Item, je donne à David Méhée, mon filz, la part et portion des biens qui me sont escheuz et obvenus par le déceds de deffunt Jozias Méhée, mon filz quand vivoit, pour luy aider à subvenir aux charges et impos contenus et portés tant par cestuy présant codicille, que testamant de moy et de ladicte feu de Mandosse, dont cydessus est faict mantion, et mesmemant pour satisfaire à la somme de six centz soixante-six escus deulx tiers, par moy donnez par uzusfruict à ladicte de Pressac, madicte femme, en fabveur de mondict mariage, comme est porté par icelluy.....

Faict et passé audict lieu et maison noble de Lestang, ez présance de noble homme Louys de La Porte, escuier, sieur de Florac, demeurant au lieu noble de Luchet [2], en Angoulmois ; maistre Hieromes Lepetit, ministre de la parolle de Dieu ; maistre Mathurin Chaillou, docteur en médecine ; Jehan Clément, appocticquaire, demeurant audict Barbezieulx ; Guilhaume Chauvin le jeune, laboureur à bras, et Anthoine Jarnaud, texier en linge, demeurantz en la parroisse de Sainct-Bonnet, tesmoingtz ace appellés et requis, le huictiesme jour du mois de septembre mil cinq centz soixante-dix-huict. Lesquelz Chauvin et Jarnaud ont déclairé ne sçavoir signer.

Ainsy signé en l'original des présantes : D. Méhée ; de **La Porte** ;

---

1. Formule protestante que nous retrouvons dans la suite ; Didier **Méhée** avait embrassé les nouvelles doctrines.

2. Commune de Criteuil-la-Magdeleine, canton de Segonzac, arrondissement de Cognac (Charente).

H. Lepetit ; M. Chaillou ; J. Clémens ; et Poictevin, notayre à Barbe-zieulx, à la requeste dudict Didier Méhée, testateur.

2ᵉ Codicille du même. — 1579. (Copie sur papier).

(Il reprend et confirme le précédent, sauf en ce qui suit) :

..... Item, je veus et entend qu'Anne de Pressac, damoiselle, ma femme, présante et acceptante, et procédante o mon otorité, ayent et prenent, par forme d'usufruict, le cours de sa vie, ma métérie nommée de La Barde, comme elle s'estent et comporte....., lequel usufruict et jouissance ladite de Pressac aura et prendra durant son vivant, au lieu de la métérie de La Couronne....., et moiesnant ce, o la dite autorité, elle a quité et renoncé à l'usufruict de la dite métérie de La Couronne portée par le contract de mariage de moy, dit sieur de Lestang, et de ladite de Pressac.....

Faict et passé audit lieu de Lestang....., le dix-septiesme jour du mois de septembre mil cinq cent soixante et dix-neuf.....

Insi signé : D. Méhée, M. Drouillard, et Poict evin, notere à Barbesieus

XXXII

Contrat de mariage de David Méhée, écuyer, seigneur de L'Etang, avec demoiselle Jacquette de Sousmoulins. — 1581. (Copie sur parchemin).

Sachent tous, que pardevant le notaire royal en Angoulmois soubz signé, et présens les tesmoingtz y nommez, ont esté personnelle-mant establys en droict, David Méhée, escuyer, sieur de Lestang et Vergier Beau, filz naturel et légitime de deffunct Didier Méhée, es-cuier, sieur desdictz lieulx, et damoizelle Marguerite de Mandosse, demeurant audit lieu noble de Lestang, parroisse Sainct-Seurin les Barbezieulx, en Xainctonge ; o l'octorité de Georges Méhée, escuier, sieur de La Laigne et de La Couronne, partage dudict lieu de Les-tang, son oncle et curateur présent, lequel pour l'effect de ces pré-sentes, l'a bien et duhemant auctorizé, comme de droict est requis, d'une part ;

Et damoizelle Loyse Giraud, dame d'Anqueville et d'Estaules, vefve de feu Charles de Soubzmoullins, escuier, sieur de Vibrac en Xainc-tonge, quand vivoit ; et damoizelle Jacquette de Soubzmoullins, sa filhe naturelle et légitime et dudict feu, demeurantes audict lieu noble d'Anqueville, parroisse de Saint-Mesmes, d'aultre part ; entre lesquelles parties, de leurs bonnes et libéralles volluntez, on traitté et acord du mariage dudict Méhée et de ladicte Jacquette de Soubz-moullins, a esté convenu et acordé ce qui sansuyt :

Sçavoir est que ledict David Méhée, duhemant auctorizé dudict Georges Méhée, son oncle et curateur, et par l'advis d'icelluy et de Anthoine Méhée, escuier, sieur des Fontaines, aussy son oncle présent, et aultres ses parans et amis cy après nommez, pour cet effet assemblés, a promis, et par ces présentes promet prandre à femme expouze ladicte Jacquette de Soubzmoullins, touteffois et quantes; et pareillement ladicte Jacquette, du consantement de ladicte Giraud, sa mère, et Jehan de Soubzmoullins, escuier, sieur de Vibrac en Xainctonge, son frère, aussy présant, et par l'advis d'iceulx et aultres ses parans soubznommez, a promis et promet par ses présentes, prendre à mary expous ledict David Méhée, aussy touteffois et quantes qu'il sera par les parans et amis commungs advizé, les solempnités de l'Eguelize crestienne observées.

En fabveur duquel mariage, et pour tous les droictz à ladicte Jacquette de Soubzmoullins escheus et appartenans, tant à cause des biens et successions dudict feu Charles de Soubzmoullins, son père, feu Nicollas de Soubzmoullins, escuier, son frère, que aultres successions colatéralles eschues, societté quelle pourroit prétandre avoir faict et continuée, après les décès de son père, avec ladicte Girault, sa mère, ou redition de ses meubles et fruictz quelle heust requérir à ladicte Girault, sa mère ; et aussy pour le droict, part et portion que ladicte Jacquette de Soubzmoullins pourroit avoir et prétandre es biens, hérédité, et succession de ladicte Girault, sa mère, amprès son déceps ; ladicte Girault a promis et sera tenu bailher et paier audict David Méhée, auctorizé comme dessus, la soume de quatre mille trois cens trante-trois escuz et ung tiers, sçavoir est la soume de deulx mille escuz contant dedans le jour de la bénédiction nuptialle, la soume de mille trois centz trante-trois escuz et ung tiers dedans le jour de mardigras ensuivant, et la soume de mille escuz restant et faict fin de paiemant, lhors que ledict David Méhée sera venu à majorité. Et seront lesdictes soumes de deulx mille escuz d'une part, et mille trois cens trante-trois escuz et ung tiers d'aultre, employées tant au paiemant du mariage des sœurs dudict David Méhée, que des debtes dicelluy, sans que pourtant ladicte Jacquette puisse prétandre aucune part ez portions desdictes sœurs et renontiations quelles feront pour et au proffit de leurdict frères ; et notammant est acordé que ladicte soume de mille troys cens trante trois escuz et ung tiers due audict jour du mardigras, sera bailhée à damoizelle Jehanne Méhée, sœur dudict David, pour retirer d'elle la moitié de la mestairie de La Couronne a elle engagée pour son dot, s'il se trouve ondit temps party convenable pour ladicte Jehanne, et partant qu'il ne se trouvast sitost party pour elle, ladicte Girault, mettra ladicte soume entre mains de personnes solvables, que ladicte Jehanne noumera pour luy en faire intérest; et ce faizant, se dézistera ladicte Jehanne de ladicte moytié de maistairie au 'proffit dudict David, son frère, suyvant le testamant de leur père...

Et pour la coumodité de ladicte Jacquette, et héritiers dudict David, on cas de prédécés dicelluy, le doire de la dicte Jacquette luy sera bailhé et délivré de proche en proche, joignant ladicte assiette de son dict dot, sur la dicte terre et seigneurie de Lestang, tant pour les biens de Poictou que dailheurs, jusques à la valleur, coume dict est cy dessus, de la tierce partie des biens nobles et moitié des routuriers dudict David. Et moienant la susdicte soume de quatre mille trois cens trante-trois escuz et ung tiers, et aultres choses susdictes, ladicte Jacquette de Soubzmoullins a quitté et renoncé et par ces prézantes quitte et renonce à tous lesdictz biens et droictz susdictz, pour et au proffit dudict Jehan de Soubzmoullins, escuier, son frère, et de ses enfans procréés en légitime mariage, du consantement de ladicte Girault, sa mère, ce stippullant et acceptant ledict Jehan de Soubzmoullins présant.

Et partant que ledict Jehan de Soubzmoullins dessederoict sans enffans légitimes du vivant de ladicte Girault, sa mère, la dicte renonciation sera et reviendra au proffit de ladicte Girault, à laquelle, on susdict cas que le dict Jehan de Soubzmoullins décède sans enffans légitimes, ladicte Jacquette pourra succéder, sy bon luy semble, avecques ses aultres cohéritiers, en raportant ou précomptant ce qui sera subject à raport ou précompte.....

Faict, receu, et passé audict lieu noble d'Anqueville, parroisse susdicte, prézans Jehan de Lestang, escuier, sieur de Richemond, Gabriel de Fédic, escuier, sieur de La Grimorderye, Jacques Dussault, escuier, sieur de Birac et de Morsac, André Arnoul de Sainct-Symon, escuier, sieur dudict lieu, Jehan de Sainct-Gelais, escuier, sieur de La Garenne, Jehan Girault, escuier, sieur du Bois et de Graves sur Charante, Michel de Pressac, escuier, sieur de La Chèze, et maistre Jehan Lesné, procureur au siège prézidial d'Angoulmois, le dernier jour de may mil cinq cens quatre vingtz ung, environ l'heure de midy.

Ainsi signé en l'original : L. Girault, J. Dessoubzmoulins. D. Méhée, Jacquette Dessoubmoulins, Delestang, G. Méhé, Sainct-Hermine, Charles de Villeroy, de Sainct-Gelays, Dussault, de Sainct-Symon, Gabriel de Fédyc, Girault, A. Méhé, de Pressac, René Clémens, et Laisné.   P. AUGIER, notaire royal.

XXXII bis

Contrat de mariage de Pons de Pons, seigneur de Brousse, avec Cécile de Durfort. — 1592. (Copie sur papier).

Du lundy après midy, vingt-deuxiesme de jung mil cinq centz nonante deux.

Sachent tous prézant et advenir que pardevant nous, Bertran Boisse, notaire et tabellion royal en la ville et citté de Bourdeaux, et sénéchaussée de Guienne, prézants les tesmoings bas nommés, ont estés personnellement establis noble Pond de Pond, seigneur de Brousse et d'Urnicques, fils naturel et légitime de feu noble Charles de Pond, en son vivant seigneur desdits lieux de Brosse et d'Urnicques, et Bonnes de Martel, ses pères et mères d'une part ;

Et noble Cécille de Durefort, damoizelle, filhe naturelle et légitisme de feu noble Jehan-Claude de Durefort, quand vivoit seigneur et baron de Civrac, et de noble Magdelaine d'Aidye, dame de Civrac, d'aultre;

Lesquelles partyes de leurs bons grés, libres et agréables vollontez, mesme laditte damoiselle de Durefort non séduitte ne contrainctes, mais parce que très bien luy a pleu et plaist, bien que la ditte noble Magdelaine d'Aidye, damoizelle, sa ditte mère, ne soit prézante pour l'octorizer, ains de tamps qu'elle a declairé en prézance de nous, notaire et témoings, avoir atteingts l'aage de trante ans, par consecquand, suivant la disposition du droit de coustume du prézant peys de Bourdeaux et peys de Bourdelloyx, estre en puissance de contracter ; et ledit sieur de Pont, ô le voulloir, consantement et adcistance de laditte Martel, damoizelle, saditte mère illecq prézante, qui a bien et duhemant octorizé ledit sieur susdit fils, quand à faire et passer le contenu en ses prézantes, ont déclaré en nosdittes prézanses, avoir fait rédiguer par escrit les articles, pactes et convenances de mariaige, desquelles ils m'ont respectivemant requis l'atteneur sensuivres, et d'en voulloir faire lecture de mot à mot du contenu en iceux.

PACATS accordés entre nobles Pond de Pond, seigneur dè Brosses et d'Urnicques d'une part, et noble Cécille de Durefort, damoizelle, filhe à feu noble Jehan-Claude de Durefort, quant vivoit seigneur et baron de Civrac, et de noble Magdelaine d'Aidye, dame de Civrac, d'aultre.

Premièremant est accordé et convenu que ledit sieur de Pond expousera et prandra à femme laditte damoizelle de Durefort, et pareillemant laditte damoiselle prandra à mary et expousera ledit sieur de Pond ; et sera ledit mariage fait et cellébré en la fasse de l'Eglise catholique, et consommé lhors que une partye requéra l'aultre, cessant tout légistisme empeschemant.

En faveur et contamplation duquel mariage, noble Bonne de Martel, damoizelle, mère dudit sieur de Pond, a fait donnation yrévocquable pure et simple entre vifs audit sieur son fils de la moityé de tous et chascungs ses biens prézant et advenir, tant meubles que immeubles, qu'elle a es pays de Cuercy, Rouergue, s'en rézervant neanlmoings l'uzufruit sa vye durand, et le droit de réversion de la proprietté, en cas de prédécés dudit sieur de Pond et de ses enfans sans enfans, à laditte damoizelle Bonne de Martel.

Item, laditte damoizelle de Durefort, future expouse, a porte audit sieur de Pond la somme de vingt et deux mille livres tant en deniers comptans, cédulles, obligations, bagues, joiaulx, qu'en comprenant la donnation de dix mille livres par la Raine de Navare a prézant raignante. De laquelle somme ledit sieur de Pond a recongneu et confessé avoir receu la somme de douze mille livres, comprenant les susdites cédulle, obligations, ensembles les bagues, joiaulx et pierryes estimés à la somme de quinze centz escus, qu'il a recongneu et assigné à laditte damoizelle de Durefort, tant sur la donnation à luy faitte par laditte damoizelle de Martel, sa mère, que sur lesditte plasses de Brosses et d'Urnicques, situez au pays de Rouergue, ensembles sur les droits de légistismes de feu nobles Charles de Pond, son père, et droits des deux tierses partyes de huit légitisme, à lui advenu par le depcès de ses oncles et tantes.

Item, sur l'institution d'héritier à luy faitte par dame Barbe de Pond, femme de messire Jacques de Monferrand, seigneur de Cancon, sa tante, et pour le regard de la somme de dix mille livres comprinze en laditte donnation, sera tenu ledit sieur de Pond la recongnoistre à laditte damoizelle de Durefort, lhors qu'elle luy sera baillée et dellivrée, ensembles toutes aultres sommes qui luy pourroient estre aportée par elles cy après, tant de succession advenues qu'avenir.

Ce fust fait et passé audit Bourdeaux, dans le domicille dudit sieur futeur expoux, situé ès ruhe des Aydes, paroisse Xainte Coulonbes, le lundy après midy, vingt-deuxiesme du mois de jung, mil cinq centz quatrevingts douze, es prezense de messieurs maistre Jehan Morgue, advocat en la court de parlemant, natif de Castenaud de Montratier en Carcy, et Esmanuel de La Ville, aussy advocat en la court, natif de Fumel en Augenois, et monsieur maistre Gabriel de Fourtenier, docteur en médesinne, natif de Castelgenois, de prézant estant en la prézante ville, demeurant en la paroisse de Xainte Coulonbes, tesmoings à ce apellés et requis.

Ainsy signé à la cedde : Bonne de Martel, Pond de Pond, Cécille de Durefort, Fortenier, prézant, Morgue, prézant, de La Ville, prézant, et Boisse, notaire et tabellion royal.

XXXIII

Maintenue de la noblesse de Paul Méhée, écuyer, sieur de La Giraud. — 1599. (Original sur parchemin).

Pardevant vous, messieurs maistres Robert de Blois et Ollivier Razin, conseillers du roy, présidans et lieutenant en l'élection de

Sainct Jehan d'Angély, commissaires subdellégués par messieurs les commissaires députez par Sa Majesté pour la réformation et regallement des tailhes en la générallité de Limoges, et pour congnoistre ceux qui sont vrayement nobles, Paul Méhé, escuier, sieur de La Giraud et d'Estrez, demeurant au dit lieu de La Giraud, obéissant et satisfaisant aux édits et ordonnances du roy, et faire congnoistre qu'il est vrayment noble et issu de noble lignée;

Dictz qu'il est filz et descendu de loyal mariage de Georges Méhé, escuier, sieur dudit lieu de La Giraud et d'Estray, quand vivoit, et de damoiselle Sapho de La Jaille, ses père et mère ; ledit Georges issu de François Méhé, escuier, et François issu de Guillaume Méhé, aussy escuier, et Guillaume issu de Jouachain Méhé, escuier, et Jouachain filz de Louis Méhé, escuier, et Louys Méhé, escuier, aussy issu de Jehan Méhé, chevallier, et ledict Jehan issu de Pierre Méhé, aussy chevallier ; et pour le faire paroistre a exibé les pièces cy amprès invantariées.

Premièrement, produit ledit Paul Méhé le testament de feu Jehan Méhé, chevallier, sieur d'Estray, trisayeul dudict grand-père dudict Paul comparant, par lequel il faict son vray héritier seul et en tout, Louys Méhé son filz et de feue Jehanne de La Roche, jadis sa femme; ledict testament escript en parchemin, datté du dernier jour de décembre l'an mil trois cent quarante et quatre, signé Langlois, et scellé.

Plus produit ung contract de partage faict entre noble homme messire Jehan Méhé, chevallier, seigneur d'Estray, demandeur d'une part, et Guillaume Méhé, bizayeul dudict Paul Méhé, deffendeur d'autre part, pour raison de la succession de feu Pierre Méhé, escuier, sieur de La Leigne et de ses appartenances ; par lequel partage il demeuroit audict messire Jehan Méhé, sieur d'Estray, le lieu de La Giraud avecq ses appartenances, et autres choses mentionnées audict contract ; et audict messire Guillaume, ledict lieu de La Leigne, et autres choses aussy mentionnées par ledict contract, qui est datté du vingt sixiesme jour de jung l'an mil quatre cens, signé Alby, escript en parchemin.

Item produit le contract de mariage de noble homme messire Jehan Méhé, chevallier, seigneur d'Estray, avecq damoizelle Jehanne de La Roche, fille de feu Jehan de La Roche, escuier, datté du seiziesme may l'an mil quatre cens trante-trois, signé Espagnoul, escript en parchemin, fait en présence de nobles hommes Jehan de Coupedoye, escuier, Jacques de La Brousse, escuier, seigneur de La Brousse, Guillaume du Refuge, escuier, sieur du Bois, Pierre de La Tour, escuier, Guillaume Montagu, Jehan Montagu, et Jehan d'Oisson, escuiers.

Plus produict ledit Paul Méhé ung contract d'amortiment de trante solz, d'une part, et quatre livres d'autre, de rante, faict entre Louys

Méhé, escuier, filz desditz feus noble homme messire Jehan Méhé, chevallier, en son vivant seigneur d'Estray et de La Giraud, et de feue dame Jehanne de La Roche, sa femme, d'une part, et Pierre Verdon, d'autre ; ledict contract datté du dix-huictiesme d'octobre l'an mil quatre cens cinquante, signé Apvreil, escript en parchemin.

Item produit ledict Paul Méhé, escuier susdict, ung contract faict entre noble homme Louys Méhé, escuier, seigneur d'Estray et de La Giraud, Jouachain Méhé, escuier, son filz, et Marguerite de La Tour, sa femme, d'une part, et Guillaume du Val et Souveraine Méhé, damoizelle, sa femme, d'autre part, portant ratiffication faicte par lesditz Jouachain Méhé et de La Tour, sa femme, du contract de mariage desdits du Val et Souveraine Méhé, sa femme ; ledict contract datté du dix-neufyesme jour d'apvreil, l'an mil quatre cens quatre vingtz, signé Apvreil, escript en parchemin.

Item produict ung contract de partage faict entre Jouachain Méhé, escuier, sieur de La Giraud, d'une part, et Pierre Méhé, escuier, sieur du Vergier Beau, d'autre, pour raison de la succession de feu noble homme Louys Méhé, escuier, leur père ; par lequel partage est demeuré audict Jouachim les fiefz et hostelz noble de La Giraud et d'Estray, et autres choses mentionnées par led. contract, datté du vingt-sixiesme jour d'apvreil, mil cinq cens douze, signé Léau et Lamare, notaire royal, faict en présence de maistre Guillaume Garloppeau, et noble homme Antoine du Chesne, escuier, sieur de Roumefort.

Item produict le testament faict par noble damoizelle Marguerite de La Tour, dame de La Giraud, d'Estray, et Rommettes, à noble homme Bertrand Méhé, frère du bisayeul dud. Paul Méhé, filz de lad. de La Tour et de feu Jouachain Méhé, escuier, sieur de La Giraud, datté du dernier jour du mois de septembre, l'an mil cinq cens vingt et deux, signé Bonneau, notaire royal, escript en parchemin.

Plus produict ung autre contract faict entre damoizelle Margueritte de La Tour, vefve de feu Jouachain Méhé, escuier, en son vivant seigneur d'Estray et de La Giraud, d'une part, et Bertrand de Pipois, escuier, et damoizelle Françoize Méhé, sa femme ; par lequel contract appert, que lad. de La Tour délaisse à la dicte Méhé, sa fille, tout le droict, action, tiltre, succession, dommaine et seigneurye que lad. de La Tour avoit et pouvoit competter et appartenir ès terres et seigneuryes de Rommettes, Rommegou, Gay, Sainct-Georges, Escurat, Les Houslières, et autres lieux[1] ; obce que lad. Françoize a renoncé à tout

---

1. Il résulte du contrat ici visé et autres pièces authentiques, que ces terres venaient de la famille *des Guerres*. En octobre 1399, le mardi après la Saint-Luc, Jean des Guerres, écuyer, seigneur de Roumettes, Romegoux, Geay, etc., reçut aveu et dénombrement à lui rendu par Guillaume Ardelhon, chevalier, fils et unique héritier de sa mère Gente Chevalier, fille de feu Pierre Chevalier, de Saint-Jean d'Angle. Françoise des Guerres, fille de Jean, épousa Jean de La

le droict, succession et eschoit qui luy pouvoit et debvoit competter et appartenir, tant en seigneurye d'Estray, La Giraud et autres droictz, à cause des successions de feu Jouachain Méhé, son feu père, trizayeul dud. Paul Méhé, comparant ; ledit contract datté du dixiesme jour de may, l'an mil cinq cens vingt huict, signé Cousturier, escript en parchemin, faict en présence de maistre Guillaume Bégond, licentyé es loix, et Anthoine du Chesne, sieur de Roumefort.

Item produict ledict Paul Méhé le contract de mariage de Guy Goumard, escuier, sieur d'Agonnay, avecq damoiselle Marye Méhé, dame en partye de La Giraud et d'Estray, fille naturelle et seulle héritière de feu Bertrand Méhé, aussy escuier, et Marye Girard, portant partage faict entre François Méhé, ayeul dudict Paul, et ladicte Marye, comme héritière dudict Bertrand, et ledict François, comme héritier de feu Guillaume Méhé ; par lequel partage est demeuré audict François, pour droict d'aînesse, les seigneuryes de La Giraud, d'Estray et autres, le logis noble et précloustures entiennes d'icelluy dit lieu de La Giraud, ensemble la garenne telle qu'elle est, avec le quint ou quinte partye de tous et chascuns les fruictz, proffitz, revenus et esmollumens quelconques desdictes seigneuryes. Item est dict que la faction de l'ommage deu pour raison desditz lieux et seigneuryes de La Giraud et d'Estray, est, demeure, sera et demeura à perpétuité audict François Méhé, en représentation de feu Guillaume Méhé, son père, frère aisné dudict feu Bertrand Méhé. Ledict contract, datté du vingt-quatriesme jour de jung, l'an mil cinq cens quarante et trois, signé Festiveau, notaire du compté de Taillebourg, escript en parchemin, faict en présence de Anthoine de Beaumont, escuier, sieur Duceau, Louys de Montis et Mathurin du Val, aussy escuiers.

Plus produict ledict Paul Méhé, l'acte de curatelle de feu Georges Méhé, son père, et de Claude Méhé, son oncle, enfens de feu François Méhé, escuier, sieur de La Giraud, ayeul dudict Paul, quand vivoit, en datte du vingt-cinquiesme jour de febvrier, l'an mil cinq cens cinquante-cinq, signé de Lousme, et Chaunay, greffier du conté de Taillebourg ; par lequel appert que ledict feu Georges Méhé est issu et filz de feu François Méhé, escuier, sieur de La Giraud, quand vivoit.

Plus produict ung acquict datté du sixiesme jour d'apvreil, l'an mil cinq cens cinquante-huict, signé Deconis, et Marye, notaire royal, à la requeste dudict Deconys, portant que ledict Deconis, en nom et comme curateur ordonné aux personnes de Georges et Claude Méhés, mineurs, enfens de feu François Méhé, en son vivant escuier, sieur

Tour, écuyer, à qui elle porta ces biens ; et Marguerite de La Tour, leur fille ici nommée, était dès 1480, femme de Joachim Méhée. Plus tard nous trouvons encore l'alliance de Moïse de La Tour, écuyer, sieur de Marnay, paroisse de Saint-Martin-de-la-Coudre, avec Elisabeth, fille de Didier Méhée.

de La Giraud, confesse avoir reçeu de honneste femme Marthe Bour-
gaud, la somme de six cens quarante livres, à cause de la ferme à
elle faicte de ladicte seigneurye de La Giraud ; ledict contract faict
en présence de Charles de Cursay, escuier, seigneur de Parsay, et
Anthoine des Moutis, escuier, sieur de L'Isle.

Plus produict ledict Paul Méhé, escuier susdict, le contract de mariage de feu Georges Méhée, escuier, seigneur de La Giraud, des
Fontaines, de Lestang, avecq damoizelle Sapho de La Jaille, ses
père et mère quand vivoient, datté du neufvyesme jour de septembre
mille cinq cens soixante-huict, signé Vallin, notaire royal, escript
en parchemin, faict en présence de honorable homme maistre
Mathurin Boursycot, procureur du roy en l'élection de Xainctonge, et
François Jullien, escuier.

Aujourd'huy, treiziesme jour de mars mil cinq cens quatre vingt dix
neuf, pardevant nous Robert de Blois et Ollivier Razin, conseillers du
roy, présidant et lieutenant en l'élection de Sainct-Jehan d'Angély,
commis et subdélégués de messieurs les commissaires députés par Sa
Majesté pour le régallement des tailles et réformation des abuz, comme au faict des finances ; estant en nostre bureau, est comparu en sa
personne Paul Méhé, escuier, sieur de La Giraud, qui nous auroit
remonstré, que ayant esté adverty de nostre commission, et obéissant
à icelle, et pour faire paroistre de son extraction de noblesse, requis
voulloir vériffier les contratz et tiltres mentionnés en l'extraict cy dessus. Sur quoy aurions, en présence du procureur du roy en lad. élection, vériffyé lesdictz contractz et tiltres sur lesd. extraictz, que aurions trouvé estre véritable, et ordonné que coppye d'icelluy demeure
au Greffe de la court de céans, pour estre par nous envoyée ausdictz
sieurs commissaires, suivant et ainsy qu'il est mandé par nostre commission. Dont led. sieur de La Giraud a requis et heu acte pour luy
valloir et servir en temps et lieu, et que de raison. Faict comme dessus.

DEBLOYS, O. RAZIN, GRIFFON, *procureur du roy.*
TESTAUD, *greffier.*

XXXIV

*Contrat de mariage de Gédéon Méhée, écuyer, seigneur de
L'Etang, avec Renée Regnon, dame de La Braconnière.
1610. (Original sur papier).*

Sur le traicté et proloquution de mariaige à faire et accomplir, par
la grâce de Dieu, en sa saincte Eglize, entre Gédéon Méhée, escuyer,
sieur de Lestang, Bareau et du Verger Beau, filz esné et principal hé-

ritier du deffunct David Méhée, escuyer quand vivayt, aussy sieur de Lestang et dudict Vergerbeau, et de damoyselle Jaquette de Soumoulin, veufve dudict deffunct David Méhée, ses père et mère ; et damoyselle Renée Regnon, segonde fille de Jehan Regnon, escuyer, sieur de La Braconnière et de deffuncte damoyselle Anthoinette Prévost, quand vivayt, son espouze ;

Ont esté présents et personnellement establis en droict, et deuement soubmis, par devant nous Jacques Cousturier et Jehan Festiveau, notaires, jurés et institués en la court de la chastellenie de La Merlatière [1], Jarie et Ralière [2], Jehan Regnon, escuyer, sieur de La Braconnière, et ladite Renée Reignon, sa filhe, demeurant au lieu noble de ladite Braconnière, en la paroisse de Dompierre-sur-Yon [3], d'une part ;

Et ledit Gédéon Méhée, escuyer, sieur de Lestang et dudict Vergerbeau, et y demeurant, en la parroisse de Sainct-Porchaire, d'autre part ;

Lesquelles parties ont faict, consenty, et accordé les factions et convenances matrimoniales quy s'ensuyvent.

C'est assçavoir que ledict Gédéon Méhée, par l'advis et consentement de Jehan Bidaut, escuyer, sieur d'Anville et de La Garenne, son oncle paternel, à cauze de deffuncte damoyselle Jehanne Méhée, quand vivayt, sa femme, et de Jozias, Henry, et Benjamin Méhées, escuyers, sieurs de La Ferrière, de La Barde, et d'Estaules, ses frères soubsignez ; et ladicte damoyselle Renée Regnon au l'authorité et consentement exprès dud. Jehan Reignon, son père, et par le conseil et advis de ses parents et amys soubsignés ; se sont promis et promettent prendre l'un l'autre à femme et mary espoux touttefois et quantes que l'un par l'autre ou leurs parens et amys en sera sommé et requis, les cérémonies de l'églize de Dieu sur ce préalablement observées.....

Et en oultre, led. Regnon a promis et sera tenu de laisser ausdicts futurs conjoincts, et ce par advancement d'hoyrie, et en la mesme faveur que dessus, tant pour sa succession à venir que pour la succession desja advenue à ladite Regnon, sa fille, par le décès et trespas de ladite deffuncte Prévost, sa mère, la jouissance de la maison noble et seigneurie de l'Isle de Sousmoran, ses appartenances et despendances, assize et située en la paroisse de Cyré, en pays d'Aulnis, tout ainsy qu'il en jouist à présent, et qu'elle est tenue par hommage du sieur dudit Cyré. La quelle dite maison noble et seigneurie de l'Isle de Sousmoran, qui appartenoyt à ladite deffuncte Prévost..... Et aquiteront durant le temps

---

1. Commune du canton des Essarts, arrondissement de La Roche-sur-Yon, (Vendée).

2. Commune de La Merlatière.

3. Commune du canton des Essarts.

de ladite jouissance, la rante de huict livres tournoys, qui est dheue par chascun an, et en chascun terme de Noël, à cause de ladite maison noble de Sousmoran, à la seigneurie du Plomb, près La Rochelle. Et ce moyennant, led. Regnon demeure quitte de la reddition de compte des meubles de ladite Renée Regnon, ensemble des fruits de ses immeubles, despuis le temps de sa majorité et droict de continuation de communité, et encor des parts et portions qui à la dite Regnon pouvoient compéter et appartenir, et qu'elle eust peu prétendre en la somme de neuf cents trente-six livres tournoys, de la vendition qu'a faict led. Regnon d'un droict de fief et teragerie appellé Roze, et encor en l'arrentement par luy faict d'un jardin situé en la ville de La Rochelle, et joignant les murailles d'icelle, vis à vis le logis qui fut à ladite deffuncte Prévost, mère de ladite Regnon, rhue de Sainct-Léonard entre deux....

Faict et passé en l'hostel noble de la Haute-Braconnière, le vingt et troysiesme jour du mois de febvrier l'an mille six cents dix, après midy. Ainsy signé : G. Méhée ; Renée Regnon ; Jehan Regnon ; Eusèbe Du Puy du Fou ; Bidauld ; J. Méhée ; H. Méhée ; B. Méhée ; Eusèbe du Puy du Fou ; Charles Bonnevyn ; Daniel Garreau ; Devenport ; Charle Devenport ; Rolland de Lescorce ; Jehan de Jodouin ; Hélie de Goullainnes ; Gédéon d'Auzy ; Loys du Cambont ; Loys Aymer ; René Gourdeau ; Pierre Bussière ; La Croix ; Jacques Guérin ; Pierre Bretin ; L. Manceau ; Catherine Regnon ; Anthoinette Regnon ; Marthe Regnon ; Susanne Regnon ; Anne Hillaret ; Macdelaine Robert ; Fransoise Guaseau ; Anne de Lescorce ; Léa Aubert ; Caterine Espinaceau.

J. Cousturier, notaire,
pour registre.

J. Festiveau,
pour registre.

XXXV

*Testament de Gédéon Méhée, écuyer, seigneur de L'Étang.
1613. (Copie sur papier).*

Au nom du Père, et du Filz et du Sainct-Esprit, amen.

Je, Gédéon Méhée, escuyer, sieur de L'Estang et du Vergerbeau, et y demourant, en la paroisse de Sainct-Porchaire, prez Bressuyre, en Poictou..., estant de présent détenu au lict mallade de corps, et touteffois sain d'esprit et d'entendement, grâce à Dieu, j'ay fait mon testament et ordonnance de dernière vollunté....., scelon qu'il est cy apprès déclaré.....

Premièrement, je recommande mon âme à Dieu..... Je veulx et ordonne, quand il luy plaira m'appeler hors de ce monde, que mon corps soit ensépulturé scelon l'institucion de la relligion refformée de la quelle je fais profession, au lieu de Sainct-Surin, parroisse de Barbezieux en Angoumois, près celluy de deffunct mon père.

Et pour l'acquict de ma conscience, et pour les bons et aggréables plaisirs, courtoisies et services, que m'a faict damoyselle Renée Reignon, ma femme et loyalle espouze, et que j'espère qu'elle me fera à l'advenir..., je luy ay donné et légué, donne et lègue par cestuy présent mon testament et ordonnance] de dernière vollunté, tous et chascuns mes biens meubles, et choses censées et repputées pour meubles, présentz et futurs quelconques, sans aulcuns excepter, réserver, ne retenir, en quelque part, fief, justice et jurisdiction qu'ilz soyent et puissent estre, pour en jouir par elle et les siens à perpétuité.....

Veulx et entens qu'apprès mon décès, elle soit et demeure garde et tutrice naturelle de mes enffans et des siens, scelon la coutume de ce païs de Poictou.

Item, je donne et lègue à l'églize de Vaudoré, la somme de cent livres tournois, une fois payée apprès mon décès, pour estre employée aux affaires et nécessitez de ladicte églize.....

Item, je veulx et entens qu'il soit distribué aux pauvres et nécessiteux d'icy, en tout, le nombre de quinze charges de bled seille, mesure de Bressuyre, aussy une fois payé.....

Et pour exécuter cestuy présent mon testament et ordonnance de dernière vollunté, j'ay esleu et nommé Jehan Reignon, escuyer, sieur de La Braconnière, mon beau-père, le priant d'en voulloir prendre le faix et charge.....

Et pour rédiger par escript cestuy présent mon testament et dernière vollunté, j'ay mandé quérir les notaires soubsignez, et pour m'en juger et condampner ; pour ce est-il que, par devant maistres René Briallot et Françoys Vrignauld, notaires jurez et refformez de la ville et baronnye de Bressuyre, pour monseigneur le baron dudict lieu, venuz au mendement dudict sieur Méhée, a esté icelluy Méhée présent pardevant nous, et establly en droict, lequel de son consentement, requeste et vollunté, a esté jugé et condampné, en jugement et condampnation de ladicte court, de tout ce que dessus ; au pouvoir de la quelle il s'est supposé et soubmis, et sesdictz biens quand ad ce.

Faict et passé audict lieu noble de Vergerbeau, en la parroisse de Sainct-Porchaire, nostre teritoire, apprès midy, le seiziesme jour du mois de septembre mil six cens et treize. Et pour approbation de ce que dessus, s'est ledict testateur soubsigné.

Ainsy signé en la minutte des présentes : G. Méhée, G. Méhée, R. Briallot, notaire refformé audict Bressuyre, pour grosse ; et F. Vrignauld, notaire susdict, pour grosse. J'ay la minutte receue avec R. Briallot.

XXXVI

Testament de Jacquette de Sousmoulins, dame d'Anqueville.
1637. — (Copie notariée sur papier).

Au nom du Père, du Filz et du Sainct-Esprit, amen.

Je, damoyselle JACQUETTE DE SOUBZMOULLINS, dame d'Anqueville et d'Estaulle, estant dans mon lict maladde de mon corptz, mais sayne de mon esprit....., ay voulleu faire mon testament et dernière vollunté, en la meilheure forme qu'il se pourra.

Premièrement, je recommande mon âme à Dieu.....

Et en catz que la séparation advienne de maditte âme avecq mon corptz, je veulx et ordonne que mondict corptz soit ensepvelly en les entiennes sépultures de mes prédécesseurs, au lieu de Sainct-Mesme. Et veulx que lhors de mon enterrement, soit donné aux paulvres dudict lieu de Sainct-Mesme, une pippe de mesture convertye en pain, et à chescun des paulvres qui se trouverront, ung douzin, le tout payé par ceulx que je chargeray cy emprès.

Item, considérant les bons et agréables services que m'a rendus de tout temps Jozias Méhée, escuyer, sieur de La Ferrière, mon filz, et que j'espère qu'il me rendra cy emprès, de la preuve desquelz je l'en ay rellevé et relève par ses prézantes, et pour descharger mon âme de la lézion qu'il a souferte en la reddition de conte de ses meubles et biens propres, j'ay par cettuy cy mon prézant testamant, donné et donne à mondict filz, tous mes meubles et acquetz, conquestz immeubles, avecq la thierce partye de mon patrimoine, estant en Xaintonge, oultre et par dessus sa légitime part et portion qu'il peult et que j'entend qu'il ayt emprès mon décedz, en tous mes biens ; sans que la tranzaction passée entre luy et moy puisse lui préjudicier, laquelle je veulx estre cassée, l'ayant rappellé, comme de faict je le rappelle à maditte succession, sans que aulchune choze luy puisse estre imputtée en aulchune manière que ce soit ; le priant ne fayre examyner le conte par moy cydevant randu pardevant nos seigneurs du parlemant à Pariz, mais se contempter de ses prézantes. Et de laquelle donnation je veux et entandz qu'il délaisse à Jacquette Méhée, ma petite-filhe et sa filhe, tous mesdictz meubles, sans qu'ilz luy soyent imputtez en partage sur les biens de mondict filz ; le tout pour les bons et agréables services qu'elle m'a randus et rand journellemant, laditte Jacquette, ma petite filhe et filheulle, et que j'espère qu'elle me randra à l'advenir....

Et pour exécuteurs de mon prézant testamant et dernière vollunté, j'ay esleu mes chers et bien aimés Jehan Monjon, escuyer, sieur de

Chedeville, et Cristofle Giraud, escuyer, sieur du Bois-Charante, mon couzin, ausquelz j'ay donné charge et poulvoir de mettre mondict testamant et dernière vollunté en exécution....., voullant que celluy-cy soit ma dernière vollunté, et que tous autres testamantz, donnations, codicilles, qui se treuveroient cy emprès, soient de nul effect et valleur, sy ses motz n'y sont couchez :

« *Si ta rigueur expresse*
» *En nos péchez tu tiens,*
» *Seigneur, Seigneur, qui est-ce*
» *Qui demeura des tiens ?* »

.... Faict et passé au lieu noble de Ardenne, au bourg de Moulidars, le dixiesme jour d'apuril mil six cenz trante sept, emprès midy, es prezances de Mes Louis et Pierre Cauroys, père et fllz, ledict Louis, archer de la mareschaussée d'Angoulmois, et ledict Pierre, huissier ; Guilhaume Condan, mestre chirurgien ; Pierre Vacille, marchand, et Hélies Carré, maistre charpantier, demeurantz dans la parroisse dudict Moulidars, tesmoingtz congnuz adce appellez. Ledit Carré a déclayré ne sçavoir signer. La minutte de ses prézantes est signée : J. de Soubzmoullins ; Cauroy, prézant ; G. Condan, prézant ; P. Cauroy, l'enné ; Pierre Vacille ; et G. Condan, notaire royal héréditaire.

J. CONDAN, *notaire royal héréditaire.*

XXXVII

Contrat de mariage de René Méhée, chevalier, seigneur
d'Anqueville, avec Claude Chasteigner, dame
du Lindois. — 1652. (Copie notariée
sur parchemin).

Sachent tous, que pardevant le notaire soubz signé, juré soubz la court du seel estably aux contratz à Engoullesme, pour le roy nostre sire, et en la présance des tesmoings bas noumés, ont esté présans et personnellement establis endroict coume en vray jugement, messire Regné Méhée, chevallier, seigneur d'Anqueville, Lestang, Le Vergerbeau et autres plasses, filz naturel et légitime de deffunctz messire Gédéon Méhée, chevallier, seigneur desditz lieux, et de dame Regnée Regnon, demeurant en son château dudict Anqueville, parroisse de Sainct Mesme, d'une part ;
Et damoizelle Claude Chastaignier, aussy fille naturelle et légitime de messire Yzaac Chastaignier, chevallier, barron de Laindoix, et de

dame Magdellaine de Pons, demeurant au château dudict Laindoix, parroisse dudict lieu, estant de présant en la parroisse de Grave, d'autre part ;

Entre lesquelles parties, de leurs bonnes vollontés, a esté convenu et arresté les accordz et convenances de leur mariage, en la forme et manière sy après déclairée, suivant et en exécution des promesses entreux passées, pardevant Boutillier, notaire à Sainct-Mesme, du cinquiesme du présant mois et an, et jugement randu par messieurs les juges présidiaux d'Angoulmois, en la cause où ladicte damoyselle estoyt demandresse en requeste, contre ledict sieur du Lindois, son père, le vingt sixiesme dudict présant mois et an ; estent pour cest effet dhuement conseillés et otorizés de part et d'autre de leurs parans et amis soubz signés pour ce assemblés, et par leur esprès voulloir et consantement, onct promis soy prendre à mary et femme expoux, toustesfois et quantes quilz s'en requéront ou feront requérir, les solannités de l'Eglize préalablement gardées et observées.....

Faict et passé au logis noble du Bois, parroisse de Grave, le vingt huictiesme jour de janvier, mil six cens cinquante-deux, apprès midy es présance de Jehan de Chollet, sieur du Treuilh, demeurant en la parroisse de Saint-Amand, et maistre Abraam Dudognon, sieur de Javrezac, juge séneschal de Sainct-Mesme, demeurant en ladite parroisse de Grave, tesmoings requis ; et ont tous, fors la soubz signée, déclairé ne sçavoir signer. Ainsy signé en la minutte de ses présantes : Regné Méhée, Claude Chastaignier, J. Méhée, Margueritte de Blois, Charles Durousseau, Regné Durousseau, C. Giraud, Louize de Livaine, Jaquette Méhée, Exter d'Opisin, Jehanne Voix, J. Boutillier, H. Roy, Marye Boutillier, Boutillier, J. de Chollet, A. Dudognon, Fr. Boutillier, notaire **royal.**

BOUTILLIER, *notaire royal.*

XXXVIII

Contrat de mariage de Henri Méhée, chevalier, seigneur
de Saint-Hilaire, avec Claude Chasteignier, veuve
de René Méhée, seigneur d'Anqueville.
1660. (Original sur papier).

Sachent tous que aujourd'huy troisiesme jour de mars mil six cenz soixante, pardevent les notaires royaux en Angoumois soubz signez, et présentz les tesmoings bas nommez, ont esté présent et personnellement establis endroit coume en vray jugement, messire Henry Méhée, chevallier, seigneur de Saint-Hilaire, filz naturel et légitime de

Messire Josias Méhée, chevallier, seigneur de La Ferrière et d'Anqueville, et de dame Marie de Lestang, sa mère, demeurant ledit seigneur
de Saint-Hilaire au logis noble des Courades en Angoulmois, d'une
part ; et dame Claude Chasteigner, fllhe naturelle et légitime de Messire Izacq de Chasteigner, chevallier, seigneur du Lindois, et de dame
Magdelaine de Pons, ses père et mère, vefve de Messire René Méhée,
chevallier, seigneur d'Anqueville, demeurant au chasteau d'Anqueville,
d'autre part ; lesquellesd. parties, savoir ledit seigneur de Sainct-
Hilaire, par l'advis et consantement de Messire Josias Méhée, chevalier, seigneur de La Ferrière, son père, et Messire Ezaïe Méhée, chevallier, seigneur des Courades, son frère ; et laditte dame Chasteigner,
par l'advis des parans et amis commungs des ditz seigneur et dame
proparlés soubs signez, se sont respectivement promis se prandre à
femme et mary espoux, et solenpnizer leur mariage touttez fois et
quantez qu'ilz en seront requis, les solenpnitez de l'églize[prétendue] [1]
réformée gardées.

En fabveur duquel mariage lesditz proparlés se sont prins en tous
et chalcungs leurs droitz mobilliers et immobiliers escheus, savoir :
de la part dudit seigneur de Sainct-Hilaire, par le déceps de dame Marie de Lestang, sa mère; et ceux de laditte dame, par celluy de dame
Magdelaine de Pons, sa mère, et ceux à eschoir par le déceps des seigneurs de La Ferrière et du Lindois, pères dud.seigneur de Saint-Hilaire et de laditte dame de Chasteigner, lesquelsd. droitz maternels
d'icelle ditte dame luy sont deubz sur la terre et seigneurie de Bourg-
Charante.

Et d'aultent que laditte dame a renonsé à la societté et coumunaulté
dudit feu seigneur d'Anqueville, et néanlmoings s'est déclairée tutrisse
naturelle de leurs enfans commungs ; attendu que dans ladite tutelle
il y a plusieurs affaires et droitz contentieux, mesmes procès intentés
du vivant dudit seigneur d'Anqueville, encore indécix et pandant en la
chambre de l'Edit du parlement de Paris et ailheurs, entre les enfans
de laditte dame et ledit sieur de La Ferrière, père dudit seigneur de
Saint-Hilaire, et qu'il en peult subvenir d'autres de nouveau, laditte
tutelle ne tombera dans la coumunaulté desditz seigneur et dame proparlés, et n'en poura iceluy seigneur de Saint-Hilaire estre tenu ne
convenu pour raison d'ycelle en fasson quelconque, ains lad. dame en
continura la gestion et administration à son gré et vollonté, tent en
jugement que dehors, sans qu'il soit besoing, ne que iceluy seigneur
de Saint-Hilaire soit tenu luy prester son othoritté. Et néanlmoings
sera tenu ledit seigneur de Saint-Hilaire de randre compte conjointement avecq lad. dame, des jouissances de lad. tutelle qui pourront
avoir entré en lad. coumunaulté. Ce qui a esté de cette sorte stipullé
entre les parties, sans que led. seigneur de Saint-Hilaire soit tenu

---

1. Ce mot est écrit en interligne et de la même main.

d'autre chose pour lad. tutelle. Et en oultre pourra ladite dame faire clore et parachever l'arbitrage commancé entre ledit feu seigneur d'Anqueville et ledit seigneur de La Ferrière, et qui a esté renvoyé, par arrest de laditte chambre de l'Edit, tent pardevent les advocatz ordinaires desd. parties que autres noumés et coumis par led. arrest, pour terminer tous les différants et procès pandant en laditte court de parlement et chambre de l'Edit.....

Et en réservant par ledit seigneur de Saint-Hilaire les droitz maternelz de laditte dame, il sera tenu les asigner sur tous et chalcungs ses biens présentz et futurs, et spéciallement sur la terre et seigneurie du Ris, en la chastelanie de Barbezieux en Xaintonge, à luy délaissés par ledit seigneur de La Ferrière, son père, par le contrat de son premier mariage, et sans préjudisse des clauses portées par iceluy, et la seigneurie du Debat, que ledit seigneur de La Ferrière luy donne par ces présentes.

Fait, receu et passé au chasteau dudit Anqueville, en laditte paroisse de Saint-Mesme, les jours et an susditz, ès présance des seigneurs et dames soubzsignés ; ausy ès présance de Nicolas Perseau, pratisien, et Jehan Delorme, marchant, demeurant à présent en la paroisse de Vibrac, tesmoings qui ont tous signé.

Henry Méhée, J. Méhée, E. Méhée, C. Chasteignier, Josias Chesnel, J. Roche, Callières de Clérac, C. Girhauld, Isaac de Livene, Hélie de Saintermine, Louisse de Livene, A. Faligon, Jacquette Méhée, Elisabeth Méhée, Anne Girauld, Léon Girhauld, Jean de Lorme, Nicollas Perceau, J. Roy, G. Bitaudeau, J. Bitaudeau.

J. Verdeau, notaire royal héréditaire, n'ayant l'original entremains.
D. Feuilhet, notaire royal héréditaire, ayant la minutte.

XXXIX

Maintenue de la noblesse de Josias Méhée, chevalier, sieur de La Ferrière. — 1667. (Copie sur parchemin).

Extraict des registres du conseil d'Estat.

Veu au conseil du roy les arrests rendus en iceluy les XXII mars et XIIII octobre 1666 ; lettres patentes sur iceux expédiées aux sieurs commissaires généraux dudit conseil, députtez par Sa Majesté pour la recherche des usurpateurs du tiltre de noblesse et de la qualité d'escuier, et au sieur Foucault, procureur général de lad. commission, les XIIII may, XXII septembre et XIIII octobre aud. an, et autres lettres patentes et arrests donnez pour l'exécution des déclarations de Sa Majesté, des VIII febvrier 1661, XXII juin 1664, et autres précédentes ; le procès verbal du sieur d'Aguesseau, commissaire départy pour l'exécution des ordres de Sa Majesté dans la généralité de Limoges, et pour la vériffication des tiltres de noblesse dans lad. généralité, et des eslections de Xainctes et Cognat, contenant les comparutions, dires et réquisitions faictes pardevant luy par Josias Méhée, escuier, sieur de La Ferrière, demeurant en la parroisse de Vibrat, eslection de Cognac, deffendeur, d'une part, et M° Catherin du Cléray, commis par Sa Majesté pour lad. recherche en lad. généralité et esd. eslections, demandeur, d'autre part.....

Attendu...... l'inventaire de production dudict deffendeur, par lequel il soustient estre noble et issu de noble race, et comme tel debvoir estre maintenu luy et sa postérité dans tous les privillèges, honneurs et exemptions dont jouissent les gentilshommes du royaume..... (Les pièces produites sont en partie les mêmes qui figurent à la maintenue de 1599 (n° XXXIII), et dans le document ciaprès ; nous y remarquons les trois lettres dont il a été question pages 345-346, note).

..... Conclusions du procureur général du roy en la commission ; ouy le rapport du sieur de Novion, commissaire à ce députté, qui en a communiqué aux sieurs commissaires généraux ; et tout considéré, LE ROY EN SON CONSEIL, faisant droict sur l'instance, a maintenu et gardé, maintient et garde led. Josias Méhée, sieur de La Ferrière, ses enfans, successeurs et postérité, nez et à naistre en légitime mariage, en la qualité de noble et d'escuier ; a ordonné et ordonne qu'ils jouiront des privillèges, honneurs et exemptions dont jouissent les gentilshommes de ce royaulme ; faisant Sa Majesté deffences à touttes personnes de les y troubler tant et si longuement qu'ils vivront noblement et ne feront acte de desrogence ; et que pour cet effect led. Josias Méhée sera inscript dans le catalogue des gentilshommes qui sera arresté au conseil et envoyé dans les bailliages et eslections dud. royaume, en conséquence de l'arrest du conseil du vingt-deuxiesme mars mil six cens soixante-six, sans despens. Faict au conseil d'Estat du roy tenu à Paris, le vingt-neufviesme jour de septembre mil six cens soixante-sept.

Collationné, BERRYER.

XL

Preuves de noblesse pour l'admission à Saint-Cyr de demoiselle Elisabeth Méhée d'Anqueville.
(Tableau original collé sur toile, et signé de la main de Charles d'Hozier).

ELISABETH MÉHÉE D'ANQUEVILLE. — *1685.*
De gueules à trois aigles d'argent bequés et membrés de sable, posés 2 et 1.

Extrait des registres de baptême de la paroisse de Saint-André

d'Angoulesme, portant que demoiselle Elisabet, née le 6ᶜ de février
de l'an mil six cent quatre-vingt cinq, du mariage de messire René
Mehée, chevalier, seigneur d'Anqueville, et de dame Anne Le Musnier,
son épouse, fut baptisée le 9ᵉ suivant du mesme mois. Cet extrait
signé Dreuille, vicaire de l'église de Saint-André d'Angoulesme, délivré le 17 de janvier de l'an 1693, et légalisé.

1ᵉʳ degré : père et mère.

RENÉ MÉHÉE, seigneur d'Anqueville,
ANNE LE MUSNIER, son épouze. — <i>1684.</i>

D'azur à 3 meuniers[1] d'argent pozés en pal 2 et 1.

Contrat de mariage de messire René Méhée, chevalier, seigneur
d'Anqueville, fils de messire René Méhée, chevalier, et de dame
Claude Chateigner, accordé le 29ᵉ de mars de l'an 1684, avec dame
Anne Le Musnier, veuve de messire Ysaye Mehée, chevalier, seigneur
des Courades, et fille de messire Louis Le Musnier, chevalier, seigneur de Moulidars, et de dame Marie Cartier, son épouse. Ce contrat
resseu par Le Vasseur, notaire au Châtelet de Paris.

Aquisition de la part que dame Madelaine Mehée de Fontaulière[2]
avoit dans la seigneurie de Malvoizine, faitte le 23ᵉ de janvier de l'an
1692, par messire René Méhée, chevalier, seigneur d'Anqueville et
des Courades en Angoulmois. Cet acte ressu par Gorron, notaire au
bourg de Chandolant[3].

2ᵉ degré : ayeul et ayeule

RENÉ MEHÉE premier, seigneur d'Anqueville,
CLAUDE CHATEIGNER DE LA ROCHE-POZAI, son épouse. — <i>1652.</i>

D'or à un lion léopardé de sinople.

Contrat de mariage de messire René Mehée, chevalier, seigneur
d'Anqueville, fils de messire Gédéon Mehée, chevalier, seigneur de
Létang, et de dame Renée Regnon, sa veuve, accordé le 28ᵉ de jan-
vier de l'an 1652, avec demoiselle Claude Chateigner, fille de messire
Ysaac Chateigner, chevalier, seigneur baron du Lindois, et dame
Magdelaine de Pons de La Caze, son épouze. Ce contract ressu par
Boutillier, notaire à Angoulesme.

---

1. *Meunier,* autre nom du poisson appelé *Chabot*: armes parlantes.
2. Madeleine Méhée, sœur de René Méhée, seigneur de Moulidars, avait
épousé Henri de Pocquaire, écuyer, seigneur de Fontaulière.
3. Champdolent, commune du canton de Saint-Savinien, arrondissement de
Saint-Jean d'Angély (Charente-Inférieure).

Invantaire des biens et des meubles apartenans à dame Claude Chateigner, veuve de messire René Mehée, chevalier, seigneur d'Anqueville, fait le 4ᵉ de septembre de l'an 1665, par Fleuriot, notaire à Bouteville.

Sentence arbitralle rendue le 12ᵉ de septembre de l'an 1665, par Barthelémy Auzanet et par Germain Billard, avocats au parlement de Paris, sur les différents qu'avoient entre eux messire Josias Mehée, chevalier, seigneur de Ferrières (*sic*), dame Claude Chateigner, veuve de messire René Mehée, chevalier, seigneur d'Anqueville, Benjamin Mehée, écuyer, seigneur d'Estaules, et damoiselle Madelaine Damours, veuve d'Henri Mehée, écuyer, seigneur de La Barde, à cauze du partage des biens de David Mehée, seigneur de Létang, et de damoiselle Jaquette de Soumoulins, son épouze, père et mère de Josias, d'Henri et de Benjamin Mehée, et ayeuls de René Mehée, qui estoit fils de Gédéon Mehée, leur fils aîné. Cet acte signé Ausanet et Billard.

3ᵉ degré : bisayeul et bisayeulle.

GÉDÉON MEHÉE, seigneur de Létang,
RENÉE REGNON, son épouze. — *1610.*

D'azur à 3 taons d'argent pozés 2 et 1.

Contrat de mariage de Gédéon Mehée, écuyer, seigneur de Lestang et du Vergerbeau, fils aîné et principal héritier de David Mehée, écuyer, et de damoiselle Jaquette de Sousmoulins, sa veuve, acordé le 23ᵉ de février de l'an 1610 avec damoiselle Renée Regnon, fille de Jean Regnon, écuyer, seigneur de La Braconnière en Poitou, et de damoiselle Antoinette Prévost, son épouze. Ce contract receu par Couturier, notaire à La Merlatière en Poitou.

Testamant de Gédéon Mehée, écuyer, seigneur de Lestang, fait le 16ᵉ de septembre de l'an 1613, par lequel il donne tous ses biens à damoiselle Renée Regnon, son épouze, et il veut qu'elle soit tutrisse de ses enfans. Cet acte ressu par Brialot, notaire à Bressuire.

Sentence rendue au présidial de Saintes le 23ᵉ d'octobre de l'an 1603, par laquelle damoiselle Jaquette de Soumoulins, veuve de David Mehée, écuyer, seigneur de Létang en Saintonge, et femme de Pierre Demier, écuyer, seigneur du Breüil, est condamnée de randre compte à Gédéon Mehée son fils, écuyer, seigneur de Lestang, de l'administration qu'elle avoit eue de son bien. Cet acte signé Renaud.

4ᵉ degré : trisayeul et trisayeulle

DAVID MEHÉE, seigneur de Létang,
JACQUETTE DE SOUMOULINS, son épouze. — *1581*

D'or à un aigle à deux testes de sable, les ailles déployées.

Contract de mariage de David Mehée, écuyer, seigneur de Lestang, fils aîné de Didier Mehée, écuyer, et de damoiselle Margueritte de Mendosse, son épouse, acordé le 31 de mars de l'an 1581, avec damoiselle Jaquette de Soumoulins, fille de Charles de Soumoulins, écuyer, seigneur de Vibrac en Angoumois [1], et de damoiselle Louise Girault, sa veuve, dame d'Anqueville et d'Estaules. Ce contract ressu par Arrézieu [2], notaire à Anqueville.

Renonciation à la succession de David Mehée, écuyer, seigneur de Lestang, enseigne de la compagnie d'ordonance du seigneur d'Aubeterre, et mort le 3e de juin de l'an 1592, au siège de Chalus, faitte le 20e d'aoust de la même année, par damoiselle Jaquette de Soumoulins, sa veuve, devant le lieutenant de la justice de Civrac en Basadois. Cet acte signé Carpe.

5e degré : 4e ayeul et ayeule

DIDIER MEHÉE, seigneur de Lestang,

MARGUERITTE DE MANDOSSE, son épouse, dame de Monlaut. — *1556.*

Ecartelé en sautoir. Le chef et la pointe du sinople à une bande d'or chargée d'une cotice de gueules ; et le flanc dextre d'or chargé et coté des mots Ave Maria écrits en lettres d'azur, couchées le long du flanc de l'écu, et commensant par l'angle de la pointe ; le flanc senextre aussi d'or chargé des mots gratia plena escrits de mesme en lettres d'azur, couchées le long du flanc de l'écu, et comensant par l'angle du chef.

Codicile fait le 8e de septembre de l'an 1578, par Didier Mehée, écuyer, seigneur de Lestang, par lequel il confirme les dispositions que luy et Margueritte de Mandosse, sa première femme, avoient autrefois faittes en faveur de leurs enfans, et il donne encore à David Mehée, son fils, la part des biens qu'il avoit donnés à Josias Mehée, son frère. Cet acte ressu par Poitevin, notaire à Barbezieux.

Transaction faitte le 28e d'aoust de l'an 1576, entre Jean de Lescourt, écuyer, seigneur de La Loubière, fils de Geofroy de Lescourt, et de damoiselle Jeanne de Mandosse, son épouse ; Bertrand Arnoul, écuyer, seigneur de Nieul-le-Biron en Xaintonge, conseiller au parlement de Bourdeaux, tant en son nom que comme tuteur de ses anfans et de damoiselle Jeanne de Mandosse, son épouze ; et Didier Mehée, écuyer, seigneur de Lestang, aussi en son nom et comme tuteur de ses anfans et de damoiselle Margueritte de Mandosse, son épouze ; sur les diférends qu'ils avoient à cause du partage des suc-

---

1. C'est Vibrac en Saintonge.

2. Il y a ici erreur de lecture : c'est *Augier*, notaire à Châteauneuf ; il n'y avait point de notaire au château d'Anqueville.

cessions de Bertrand de Mandosse, écuyer, seigneur de Monlaut, et de damoiselle Jeanne Cossé, son épouze, dame de Peirelongue, leur père et leur mère. Cet acte ressu par Guai, notaire à Bourdeaux.

Contract de mariage de George Mehée, écuyer, seigneur de Lestang, fils de François Mehée, écuyer, seigneur du Vergerbeau en Poitou, et assisté de Didier Mehée, son, frère aîné, écuyer, comme procureur de damoiselle Claire de La Guirande, leur mère, dame de Lestang, acordé le 2ᵒ d'octobre de l'an 1565, avec damoiselle Margueritte Hubert, fille de Pierre Hubert, écuyer, seigneur de La Leigne, et de damoiselle Isabeau de Bonevin, son épouze. Ce contract ressu par Bernard, notaire à La Leigne en Saintonge.

6ᵉ degré : 5ᵉ ayeul et ayeule

FRANÇOIS MEHÉE, seigneur du Vergerbeau,
CLAIRE DE LA GUIRANDE, son épouze, dame de Lestang. — *1512.*

Contract de mariage de François Mehée, fils aîné de Pierre Mehée, écuyer, seigneur de Baraut, et de Renée Beau, son épouze, acordé le dixième de juillet de l'an 1512, avec damoiselle Claire de La Guirande, fille de Guillaume de La Guirande, écuyer, seigneur de Lestang, et de damoiselle Caterine Aisse, sa veuve. Ce contract ressu par Durieu, notaire à Barbezieux en Saintonge.

Vente des droits qui apartenoient à demoiselle Jeanne Mehée, femme de Benoist de La Roche, écuyer, seigneur de Salignac en Saintonge, dans la succession de damoiselle Louise Beau, sa tante, faitte le 7ᵉ de juillet de l'an 1524, à François Mehée, écuyer, seigneur de Létang et de Baraut. Cet acte ressu par Roy, notaire à Barbezieux.

7ᵒ degré : 6ᵉ ayeul et ayeule

PIERRE MEHÉE II, seigneur de Baraut,
RENÉE BELLE, son épouze, dame du Vergerbeau. — *1480.*

Partage de la métérie du Vergerbeau, fait le dixieme de juillet de l'an 1504, entre damoiselle Renée Belle, femme de Pierre Mehée, écuyer, et damoiselles Iseux et Louise Belles, ses sœurs. Cet acte signé Phelipon, notaire à Poitiers.

Partage des biens de noble homme Louis Méhée, écuyer, seigneur d'Estrai et de La Giraut, fait le 26ᵉ d'avril de l'an 1512, entre Joachim Mehée, écuyer, seigneur de l'hôtel noble de La Giraut, et Pierre Mehée, écuyer, seigneur du Vergerbeau, ses enfans.

8ᵉ degré : 7ᵉ ayeul et ayeule.
LOUIS MEHÉE, seigneur d'Estrai. — *1450.*

Ratification faitte le 19ᵉ d'avril de l'an 1480, par Joachim Mehée, écuyer, et par damoiselle Margueritte de La Tour, son épouze, du contract de mariage de Souveraine Mehée, sa sœur, qui avoit esté acordé par noble home Louis Mehée, son père, écuyer, seigneur d'Estrai et de La Giraud, avec noble Guillaume du Val, écuyer.

Amortissement fait le 18 d'octobre de l'an 1450, par Louis Mehée, écuyer, seigneur d'Estrai et de La Giraud, d'une rente qui avoit esté créée par noble home messire Jean Mehée, chevalier, et par dame Jeanne de La Roche, son épouze, son père et sa mère.

9e degré : 8º ayeul et ayeule.

JEAN MEHÉE II, seigneur d'Estrai,
JEANNE DE LA ROCHE, son épouse. — *1433.*

Contract de mariage de messire Jean Mehée, chevalier, seigneur d'Estrai, accordé le 16e de may de l'an 1433, avec damoiselle Jeanne de La Roche, fille de Jean de La Roche, écuyer, et de damoiselle Jeanne Ermemonne, sa veuve, damme de Limor.

10e degré : 9e ayeul et ayeule.

PIERRE MEHÉE Iᵉʳ, seigneur d'Estrai. — *1390.*

Partage de la succession de noble home Pierre Mehée, écuyer, seigneur de La Leigne et de La Giraut, fait le 26e de juin de l'an 1400, entre messire Jean Mehée, son fils aîné, chevalier, seigneur d'Estrai, et messire Guillaume Mehée, son frère, chevalier, seigneur de La Leigne.

11e et 12e degré : 10e et 11e ayeuls et ayeules.

LOUIS MEHÉE Iᵉʳ, seigneur d'Estrai, fils de messire Jean Mehée et de dame Jeanne de La Roche, son épouze ;
FRANÇOISE DU CHESNE, sa femme. — *1340.*

Testament de Jean Mehée, chevalier, seigneur d'Estrai, fait le 31e de dessembre de l'an 1344, par lequel il ordonne que son corps soit enterré dans l'églize des Cordeliers de Saint-Jean d'Angeli, et institue son héritier universel Louis Mehée, son fils et de Jeanne de La Roche, sa première femme. Et il ordonne qu'aussitost qu'il serat en âge, son mariage s'acomplisse avec damoiselle Françoize du Chesne. Il donne à Philipe Brechole, lors sa femme et mère de Françoise du Chesne, le tiers de ses biens, et il la nomme tutrice de ses enfans.

Nous, Charles d'Hosier, conseiller du roy, généalogiste de sa maison, juge général des armes et des blasons de France, et chevalier de la relligion et des Ordres militaires de Saint-Maurice et de Saint-Lazare de Savoie ; certifions au roy que demoiselle Elisabet Mehée d'Anqueville a la noblesse nécessaire pour estre resseue dans la communauté des filles demoiselles, que Sa Majesté fait élever dans la maison royale de Saint-Louis, fondée à Saint-Cyr, dans le parc de Versailles, suivant qu'il est justifié par les actes qui sont énoncés dans cette preuve, laquelle nous avons vérifiée et dressée à Paris ce 23ᵉ de may 1694.   *Signé* : D'HOZIER.

XLI

A Moulidars, chambre de la commune, le 26 septembre 1790.

Monsieur,

La municipalité, commandée par la loi, me charge, par une délibération de ce jour, de vous faire connaître combien elle est jalouze de remplir les vues de l'Assemblée Nationale, en vous priant de mettre à exécution l'un de ses décrets, sanctionné du roi, et enregistré au greffe de la municipalité; décret en datte du 19 juin, portant par l'article 2, que nulle personne ne pourra avoir d'armoiries et autres marques distinctives, dans aucuns lieux publics; article 3, que toutes personnes, habitans les provinces, mettront à exécution les dispositions dudit décret, avant trois mois du jour où il est rendu.

Il existe, dans l'église, un cordon décoré des armoiries de vos auteurs, duquel une plus longue existence donneroit les preuves certaines d'une négligence répréhensible, et qui passeroit pour un incivisme marqué de votre part et de celle de la municipalité; évitez à vous et à elle des reproches immérités, en faisant disparoître ce cordon comme vous le jugerez convenable.

Je suis avec un civisme marqué, Monsieur,

Votre très humble et obéissant serviteur,

TABUTEAU PIERRE,
Procureur de la commune.

A Monsieur, Monsieur Terrasson, commandant en chef la garde nationale de Moulidars, à Moulidars.

XLII

Châteauneuf, 26 frimaire, l'an 2ᵐᵉ de la République française, une et indivisible.

Citoyen,

Richard, avoué au tribunal du district de Cognac, ayant travaillé pour vous dans l'affaire que vous aviez avec les citoyens Guillot et Normandin, va vous trouver pour estre payé de ses droits, il est juste. Je luy ay donné le mémoire des miens, et des avances que j'ay faittes pour vous à Normandin et aux autres, pour quoy il y a traité ; vous pourez luy payer et il vous remetra mon mémoire quittancé.

Je vous désire bien de la santé, et suis avec fraternité,

Votre concitoyen,

LEDOUX.

Je suis à la porte et j'attend réponce. Ce 26 frimaire, 2ᵉ année.

RICHARD.

Au citoyen Terrasson l'aîné, de présent détenu en la maison de Baulieu (Angoulême).

Vu au comité, laissez passer,

DUMOULIN, secrétaire.

XLIII

Nomination de M. René de Terrasson comme maire de Moulidars.

Préfecture
de
la Charente.

Bureau
du
Secrétariat.

—

Angoulême, le 4 septembre 1817.

Monsieur,

Le décès de M. le chevalier de Jaubert, laissant vacante la place de maire de la commune de Moulidars, je ne saurais, sous tous les rapports, faire un meilleur choix, qu'en jettant les yeux sur vous pour le remplacer.

Je viens en conséquence de vous nommer, et je m'empresse de vous adresser votre commission.

Persuadé de votre acceptation comme de votre continuel dévouement pour le service du roi, et pour la chose publique, je vous prie de vous rendre le plutôt possible au secrétariat de la préfecture, pour prêter entre mes mains le serment requis, et pour être installé. Cette formalité préalable est de rigueur avant votre entrée en fonctions.

J'ai l'honneur, Monsieur, de vous saluer avec une considération très distinguée.

Le doyen des conseillers de préfecture, chevalier de Saint-Loüis, préfet par intérim,

De Laporte.

A Monsieur de Terrasson, chevalier de Saint-Loüis, propriétaire à Moulidars.

(Cette lettre est accompagnée de la commission du même jour, et de la prestation de serment du 8 septembre).

LISTE SUPPLÉMENTAIRE

—

Nota. — Nous donnons ci-après, par ordre alphabétique, les noms de quelques personnages importants qui paraissent dans les archives d'Ardenne et n'ont pas trouvé place dans notre travail, avec l'indication et la date des pièces où ils figurent.

ARNAUDET (Jean), avocat en la cour et au siège royal de Niort, échevin de cette ville ; Arnaudet (Louis), substitut du procureur général audit siège, et procureur de la cour royale, aussi échevin ; Arnaudet (Pierre), sieur de Mairé ; Arnaudet (Claude), sieur du Fourneau : tous frères, paraissent comme créanciers dans la sentence touchant la vente des Adjots et de La Thibaudière (28 février 1695).

AUTEFAYE (Mathurin d'), écuyer, sieur de Jauvelle, seigneur en partie de la terre de Touvérac, et Jean d'Autefaye, écuyer, sieur de La Montagne, y demeurant, paroisse de Saint-Ciers-Champagne, paraissent dans l'acquisition, par Isaac Méhée, de la seigneurie de Touvérac (14 avril 1614).

BARENTIN (Charles), messire, conseiller du roi en ses conseils d'Etat et privé, assiste au mariage de Claude Cartier et'Anne Ferry (4 mars 1623).

BELLIARD (Michel), écuyer, sieur de Beaupré, capitaine du château et duché-pairie de La Valette, commissaire député pour la réception des hommages dus à cause des seigneuries de Vibrac et Angeac, reçoit celui de Guillaume Faligon de Tourteron (9 janvier 1655).

BOIXIÈRE (Jean), écuyer, sieur de Gadebors (Achat de la seigneurie de Touvérac, 14 avril 1614).

BONNEVIN (Antoinette de), fille de Charles de Bonnevin, chevalier, seigneur de La Restelière, et de Catherine Regnon, paraît avec son mari, Charles Merveillaud, chevalier, seigneur de L'Audonnière, paroisse de Courlay, en Bas-Poitou, dans une quittance du 22 décembre 1655.

BOUYER (Charles), chevalier, seigneur de La Vérie, La Braconnière et autres lieux, paraît dans un exploit du 7 mai 1714.

BRÉMONT (François de), chevalier, seigneur de Ciré, paraît avec Marie Lonneau, sa femme, dans la vente des Adjots (28 février 1695).

BUFFETEAU (Arthus), noble homme, témoin de la baillette d'arrentement du fief d'Etaule en Angeac, par Jean Gastaud (5 octobre 1486).

BUOR (Alexandre), chevalier, seigneur de La Jousselinière, Léraudière, etc., achète de Claude Méhée la métairie du Beignon-Basset, paroisse du Poiré, près La Roche-sur-Yon (24 octobre 1716). — Buor (de), chevau-léger de la garde, écrit du château de Léraudière, paroisse de Dompierre-sur-Yon, à M. Cyprien-Gabriel de Terrasson, son ancien camarade de corps, pour acheter les domaines que celui-ci possède dans ladite paroisse (5 août 1786).

BURGUET (Charles du), écuyer, seigneur du Repère et du Fraisse, demeurant au lieu noble du Fraisse, au Bourg-du-Bost, comté de Ribérac, et son frère, Jean du Burguet, écuyer, prêtre, curé du Bourg-de-Maisons, cèdent pour 300 livres chacun, à l'abbé Méhée, leur portion dans la seigneurie d'Etaule (6 février 1761).

CALTEAU (Olivier), sieur de La Sauvinière, licencié en droit, sénéchal de la principauté de La Roche-sur-Yon (pièce du 26 juillet 1649).

CALLUAUD (Jean), écuyer, sieur de L'Oisellerie, cousin, par sa femme, de Jean-Louis Le Musnier, assiste à son mariage (6 mai 1646).

CHAMPS (Mondot des), écuyer, paraît dans l'arrentement de deux moulins sur la Charente, à Châteauneuf, par Claud Nourrigier, comme en ayant été le seigneur avant lui (8 juillet 1470).

CHAULMONT (Antoine), écuyer, sieur de La Touche, demeurant en la paroisse de Soyaux, témoin d'une baillette, par Pierre Géraud, sieur de Frégeneuil (25 octobre 1550).

CHEVALLEAU (Jean), chevalier, seigneur de Boisragon, demeurant à La Mothe-Jarriette, paroisse de Saint-Martin-du-Fouilloux (canton de Ménigoute, arrondissement de Parthenay, Deux-Sèvres), arrente une part à lui appartenant des métairies de La Ferrette, paroisse de La Ferrière, et du Beignon-Basset, paroisse du Poiré, le tout en Bas-Poitou, à René Sorin, écuyer, sieur de La Trottinière, paroisse de La Ferrière (15 septembre 1701). — Catherine de Marconnais, sa veuve, demeurant au logis noble de La Chenaie, paroisse de Sainte-Néomaye (Deux-Sèvres), renouvelle ledit acte (21 novembre 1702).

CORLIEU (Robert), honorable homme et sage maître, écuyer, licencié ès-lois, seigneur de Rocheraud et de La Fenêtre, reçoit en cette qualité, de Jean du Bordeau, écuyer, sieur de La Jeauffrie, aveu et dénombrement de ladite terre (7 février 1532) ; Corlieu (François de), maître, écuyer, demeurant à Angoulême, témoin d'un contrat à Châteauneuf (13 avril 1554) ; Corlieu (François), écuyer, conseiller du roi et président à Angoulême, seigneur de Recheraud et de La Fenêtre, transige avec l'abbé de La Couronne (11 novembre 1557) ; Corlieu (Marc-Antoine de), sieur de Beauséjour, demeurant au village des Rouhauds, paroisse de Bécheresse, témoin d'un contrat d'arrentement de Marie Cartier à Arthémy Lambert, sieur du Parc de Cesseau (15 mai 1651).

COULONGES (Martial-Hélie de), écuyer, sieur de Belleville en Périgord, y demeurant, et sa sœur, Marguerite de Coulonges, veuve de Jacques de Devezeau, écuyer, sieur de Rancogne et de Chillac, demeurant à Rancogne, font un contrat d'échange, le 7 mai 1596. Cette dernière remariée à la date du 3 avril 1598, à Jean Morin, écuyer, sieur de Signac (quittance du 21 mai 1630).

DEBRANDES (Pierre), écuyer, sieur du Petit-Vouillat, fils du notaire Mathurin Debrandes, d'Angoulême, représente pour en prendre copie, l'original de la vente de Moulidars (27 février 1661).

DEGASCQ (Pierre), chevalier, seigneur baron de Cocumont, conseiller du roi, président et lieutenant général en la sénéchaussée de Saintonge et siège présidial de Saintes, certifie l'enregistrement du contrat de mariage d'Isaïe Méhée avec Anne Le Musnier (17 décembre 1672) ; Degascq (Blaise), chevalier, seigneur de Perguillac, Mazotte, etc., mêmes charges (Mandement du 13 novembre 1702).

DEZILLEDIN (Gilbert), écuyer, sieur de La Marche, et Charlotte de Saint-Martin, sa femme, vendent à Isaac Méhée une métairie au village des Quartiers, paroisse de Condéon (5 décembre 1612).

Douzac (Jean de), noble homme, témoin d'un arrentement de maison et terre dans la ville de Châteauneuf (1er mai 1450).

Dubois (Louis), messire, écuyer, seigneur de Boisnard, et Marthe Méhée, son épouse, demeurant au village de Chez-Baron, paroisse de Saint-Seurin, près Barbezieux, cèdent pour 300 livres, à l'abbé Méhée, leur part dans la seigneurie d'Etaule (16 novembre 1760).

Dubois (Antoine), sieur de Bellegarde, « commandant en chef la troupe patriotique d'Angoulême », donne quittance d'amortissement d'une rente (14 mai 1790).

Dumas (Arnaud), chevalier, conseiller du roi en ses conseils d'Etat et privé, lieutenant général en la sénéchaussée de Libourne, certifie l'enregistrement du contrat de mariage d'Isaïe Méhée (15 novembre 1672).

Fédic (Pierre de), écuyer, sieur de Charmant, témoin d'une baillette par Françoise de Fédic, dame d'Anqueville (4 novembre 1537) ; Fédic de Charmant (Marie-Louise de), dame de La Barde, Salles, Vaux et Gurat, femme de messire Annet Salomon de Bardon, chevalier, seigneur comte de Segonzac (pièce du 22 février 1730).

Ferrand (Charles), écuyer, sieur des Roches, conseiller du roi, lieutenant particulier et assesseur civil et criminel au siège présidial d'Angoulême (Sentence du 26 janvier 1645).

Fiesque (Scipion, comte de), chevalier des Ordres du roi et commandeur de celui du Saint-Esprit, conseiller au conseil d'Etat et privé, chevalier d'honneur et chef du conseil de la reine douairière de France, comte de La Vaigne, marquis de Carizel, seigneur de Pont-Trémolly et de Callestan, baron des baronnies de Bressuire, Leuroux et Honnecourt, reçoit aveu et dénombrement de Jacquette de Sousmoulins, pour ses terres près Bressuire (28 mai 1598).

Fleury (François), chevalier, seigneur de Bersé, défunt ; sa veuve, Gabrielle Maron ; Fleury (Gabriel de), écuyer, sieur de La Villenouvelle, et son épouse, Marie Tillé, veuve en premières noces de Jacques Desmoulins (Vente des Adjots, 28 février 1695).

Foreau (Jean), honorable homme, bourgeois et échevin d'Angoulême, et sa femme, Marguerite Baffart, fille de maître Robert Baffart, de Châteauneuf, arrentent une maison audit lieu (9 mars 1492).

Fou (messire Yves du), chevalier, seigneur du Fou, conseiller et chambellan du roi, gouverneur du comte d'Angoulême, figure dans plusieurs pièces entre 1472 et 1483.

Foussard (François), prêtre, curé de Dompierre-sur-Yon, témoin d'un bail de métayers pour La Basse-Braconnière (12 décembre 1734).

Gallet (Nicolas), écuyer, sieur du Fief-Gallet, mort à la date du 10 juin 1655. (Transaction de ce jour où figure sa veuve).

Gazeau (Charles), chevalier, seigneur de La Grosselière, et David Gazeau, chevalier, seigneur de Saint-André et du Bois-Saint-Martin, consentent au mariage de leur nièce, Marie Gazeau, avec Philippe de Jaucourt (30 mars 1665).

Geoffroy (Jean), noble homme, seigneur des Bouchauds, témoin d'une baillette donnée par Jean Gastaud (15 janvier 1476).

Géraud (Jean), écuyer, seigneur de La Monjatrie, demeurant à Voulgézac, fils de défunts Jean Géraud, écuyer, sieur de La Monjatrie et de Frégeneuil, et de Catherine de Michesez, épouse par contrat du 4 août 1556, Anne Méhée, fille de François et de Claire de La Guirande ; Géraud (Joachim), écuyer, sieur de La Mothe-Charente, y demeurant, témoin d'une quittance du précédent (7 sept. 1556) ; Géraud (Benjamin), écuyer, sieur de La Mothe-Charente, Roullet et Rocheraud, et Anne Géraud, sa sœur, femme d'Yrieix Gentils, écuyer, sieur de Langallerie, enfants de défunts Thomas Géraud, écuyer, sieur de La Mothe-Charente, et Catherine de Rabaine, donnent à rente le moulin de Ventouzeau, à noble homme maître Hélie Glatinon, sieur de La Jeauffrie et de Pierre-Dure, avocat au siège présidial d'Angoulême (21 février 1604).

Girardon (Hélie-Jacques), écuyer, vice-sénéchal de La Rochelle, fils et héritier de Jacques Girardon, maître particulier de la forêt de Chizé (Vente des Adjots, 28 février 1695).

Goullard (Jacques), noble homme, sieur du Breuil de Noyre, témoin d'une procuration de Jean Gastaud (4 mai 1477).

Guénégaud (Henry de), chevalier, seigneur de Beauvoir-sur-Mer, conseiller du roi en tous ses conseils, secrétaire des commandements de S. M., et de ses finances, etc., reçoit de René Méhée d'Anqueville reconnaissance pour les marais salants de Beauvoir (1er décembre 1647).

GUERRY (Jacques-Pierre), chevalier, seigneur de Beauregard, La Goupillière, etc., demeurant en sa maison noble de La Goupillière, paroisse de Saint-Martin-des-Noyers (Sommation du 28 juillet 1723).

HANNEQUIN (Claude), messire, curé du Breuil-Chizé (Vente des Adjots, 28 février 1695).

HARDY DE LA HAYE-MOMBAULT, chevalier, seigneur du Châtellier et autres lieux, châtelain de La Merlatière, Jarrie et Les Gasts, demeurant à La Gaudinière, paroisse de Saint-Vincent-sur-Graon, requiert l'aveu et dénombrement de Malvoisine (6 septembre 1712).

HORRIC (Jacques), chevalier, seigneur du Raby et du Burguet, demeurant au lieu du Raby, paroisse de Bouteville, reconnaît de Pierre Méhée d'Ardenne le pré de la Fougerate en Saint-Amant-de-Graves (26 juillet 1743).

ISLE-DU-GAST (Louis de L'), chevalier, seigneur d'Allou, procureur de Philippe de Jaucourt, pour consentir au mariage de son fils avec Marie Gazeau (30 mars 1665).

JAUCOURT (Marguerite de), dame de la Haute-Braconnière (Exploit du 7 mai 1714).

JOUBERT (Antoine), noble homme, sieur des Gilberts, conseiller du roi et premier élu en l'élection de Cognac, demeurant au lieu des Gilberts, paroisse de Birac, reconnaît d'Henri Méhée des terres relevant d'Etaule (7 décembre 1661).

JOUSLARD (Joseph), conseiller du roi, président et lieutenant général au siège royal de Niort (Vente des Adjots, 28 février 1695).

LABROUSSE (Jean de), écuyer, sieur des Chapoulies, demeurant à Nontron, fils de feu Hélie de Labrousse, seigneur desdits lieux, et de Jeanne de Cauvain, sa femme vivante, épouse Marie de Pressac, fille de Roch de Pressac, écuyer, sieur de La Forêt, et d'Isabeau de Chasteigner, demeurant au lieu noble de La Forêt, paroisse de Saint-Gervais, vicomté de Rochechouart (Contrat du 21 mai 1630). Labrousse (Antoinette de), demoiselle, femme de Blaise Desdys, chevalier, seigneur de Vaugombert, Champagnac, Saint-Laurent, etc. (Acte de famille à la suite, 15 mai 1665).

LADIVILLE (Eléonord de), prieure des Ursulines d'Angoulême,

donne quittance de la pension annuelle de demoiselle Marguerite Guy de Ponlevin (23 décembre 1656).

LAGEARD (Raphaël de), seigneur de La Touche, demeurant à Angoulême, paraît dans la requête contre Marguerite Chérade (8 juin 1769).

LAIGLE (Regnauld de), écuyer, seigneur de Touvérac, frère défunt de Renée de Laigle, dame de Fargues. (Achat de Touvérac, 14 avril 1614).

LA PLACE (Bertrand de), écuyer, prêtre, chanoine d'Angoulême, défunt à la date ci-après, avait testé en faveur d'Hippolyte de La Place, qui y renonce au bénéfice de son frère (7 août 1608); La Place (Hélie de), écuyer, sieur de Tour-Garnier, témoin à Moulidars d'une quittance d'Isaac Méhée (16 janvier 1614) ; La Place (Pierre de), écuyer, sieur de Javerlhac, fondé de pouvoir d'Hélie du Tillet (14 juin 1518).

LA PORTE (Itier de), noble homme, témoin d'une baillette de Jean Gastaud (15 janvier 1476).

LA ROCHEBEAUCOURT (François de), chevalier, seigneur de Varaize et de Lasne-Ponthure, conseiller du roi et sénéchal d'Angoumois (Mandement du 30 juin 1528).

LAVERDIN (Louis), messire, prêtre, curé des Adjots (Vente du 28 février 1695).

LE RAGOIS (Claude), noble homme, seigneur de Bretonvilliers, conseiller du roi et receveur général des finances à Limoges, assiste au contrat de mariage de Claude Cartier avec Anne Ferry (4 mars 1623).

LE RICHE (Jean), écuyer, sieur des Trois-Cours, défunt ; ses héritiers possèdent en Mosnac un pré de sa succession (Acte du 7 octobre 1599).

LEROY (Jean), seigneur des Forges, échevin de Niort ; Leroy (Claude), sieur de Saint-Florent, défunt, sa veuve Magdeleine Aymond (Vente des Adjots), 28 avril 1695.

LESMERIE (Jacques de), écuyer, sieur du Boisvert, fondé de procuration d'Hélie du Tillet, président des Comptes d'Angoulême (14 juin 1518).

LESNIER (Louis de), écuyer, demeurant en la paroisse de Pillac, en Angoumois, diocèse de Périgueux, consent au contrat de mariage de François de Malet avec Elisabeth Terrasson, comme beau-frère de l'époux (17 novembre 1756).

LESTANG (François de), écuyer, seigneur de Rulle et Sigogne, demeurant en son logis, au bourg de Sigogne, et François de

Lestang, écuyer, seigneur de Rulle et Sigogne, demeurant en son logis noble de Rulle, paroisse de Sigogne, paraissent comme cousins du côté paternel, à l'acte d'émancipation de Pierre Méhée d'Ardenne (12 octobre 1696).

Létoile (François de), écuyer, seigneur de La Croix, paroisse de Nonac, juge sénéchal de la baronnie de Blanzac (Sentences du 22 novembre 1721 et du 10 janvier 1722).

Levéquot (Michel), noble homme, conseiller du roi, élu à Saintes, demeurant à Barbezieux, témoin du testament d'Isaïe Méhée (2 juillet 1677).

Lhostange (Henry de), chevalier, seigneur de Paillet, et Magdeleine Chevallier, sa femme, fille de Claude Chevallier, sieur de La Courtaudière, et de Magdeleine Bouchard (Vente des Adjots, 28 février 1695).

Lion (François du), écuyer, sieur de La Chaume, nommé comme ayant été tenancier du seigneur de Rocheraud (Transaction entre Rocheraud et La Couronne, 11 novembre 1557).

Lonneau (Jacques), éc., sieur de Mairé, défunt échevin de Niort; ses enfants : Lonneau (Emmanuel), écuyer, sieur de Mairé et de Ligné ; Lonneau (Jean), écuyer, sieur de L'Isle, conseiller du roi, lieutenant criminel au siège de Niort ; Lonneau (Françoise, femme d'Antoine de Villières, écuyer, sieur de Chantemerle, conseiller du roi et élu en l'élection de Niort, paraissent dans la vente des Adjots (28 février 1695).

Lubersac (Etienne de, écuyer, sieur de La Foucaudie, assiste au mariage de Jean-Louis Le Musnier (6 mai 1646) ; Lubersac (Henry-François de), prieur de Saint-Mary, témoin d'une baillette d'arrentement par Jean Regnauld de Pondeville, sieur de Tourteron (22 novembre 1679).

Masgésir ou Maugeser (Marguerite de), dame de (*blanc*) Anqueville (?), nommée comme vivante dans une transaction entre Guillon de Lestang, sieur de Verruys, et André Trigueau, au sujet de l'hébergement de Plassac (19 juin 1452). La même est dite défunte mère de Pierre Giraud, dans un dénombrement fait par ce seigneur des terres à lui appartenant en Châteauneuf, Bouteville, Saint-Amant, etc. (2 mars 1489) ; Masgésir (Raymond de), messire, nommé comme défunt avec héritiers alors vivants, dans la pièce du 19 juin 1452, est le père ou un frère de la précédente. Voir *Plassac*.

Massougne (François de), écuyer, sieur de Saint-Romain, teste

le 15 mars 1771, et est mort à la date ci-après ; Massougne
(René de) écuyer, seigneur de La Tour en Gimeux, et y demeurant, son héritier, transige avec Marie Nègre, femme de
Toussaint Bracher, constituée par le testament précédent,
légataire de tous les meubles du testateur ; ladite transaction
passée au lieu noble des Fontaines, paroisse de Bonneville,
en présence de Jean de Massougne, écuyer, seigneur dudit
lieu, et y demeurant (12 mars 1773).

Maurienne (Antoine-Barnabé de), écuyer, seigneur d'Escoué (?)
héritier de son père, Pierre de Maurienne, conseiller du roi
et (son vice-sénéchal à Fontenay-le-Comte, paraît dans la
vente des Adjots (28 février 1695).

Mirande (Jean de), écuyer, sieur du Treuil, lieutenant général
de l'amirauté de La Rochelle (Vente des Adjots, 28 février
1695).

Monchapeau (Jean de), écuyer, sieur dudit lieu, demeurant en
la paroisse de Chevanceaux, témoin de la ratification par Marie
du Nourrigier, de la vente de la seigneurie de Moulidars
(10 octobre 1612).

Monseran (Louis de), écuyer, sieur de La Bourderie et du Mes-
nieux, y demeurant, paroisse d'Edon en Angoumois, témoin
d'une quittance donnée par Hippolyte de La Place, à ses parents, le sieur et la dame de Torsac (7 août 1608) ; le même
constitue une rente à Jacques Le Musnier (6 janvier 1612) ;
Monseran (François de), éc., sieur de Govallet, y demeurant,
paroisse de Beaulieu, châtellenie de Cellefrouin, témoin d'une
baillette par Marie Cartier (15 mai 1651) ; Monseran (Louis
de), écuyer, sieur de La Bourderie et de Govallet, y demeurant, témoin de l'approbation dudit acte par Jean-Louis Le
Musnier ; Monseran (Jean de), écuyer, sieur de Govallet,
demeurant au lieu noble de Coups, paroisse de Beaulieu, témoin d'une baillette par Marie Cartier (2 janvier 1665).

Moulin (Jean), écuyer, sieur de Mérigots, donne quittance à
Josias Méhée (12 juin 1654).

Mousser (Clément), écuyer, sieur de Fontenille, témoin d'un
acte de ferme en Roullet, par Hippolyte de La Place (15 juin
1630).

Nesmond (François), conseiller du roi, lieutenant général d'Angoulême, prononce une sentence dans la cause de Louise
Giraud, dame d'Anqueville, contre Pierre du Nourrigier,

sieur de Moulidars (10 juin 1583). Nesmond (Philippe de), monsieur maître, écuyer, sieur de Brie et de La Jouvigière, conseiller du roi et lieutenant général d'Angoulême, nommé le 24 septembre 1612 pour recevoir les déclarations des tenanciers de Sa Majesté, reçoit celle de François Gelinard de Malaville (29 septembre 1618).

Nogerée (François), écuyer, sieur de La Filière en Hiersac, paraît comme créancier de Jean Valleteau, sieur des Jardins (Sentence du 20 juillet 1668); sa veuve Anne Thomas (12 avril 1695) ; sa sœur, Marie Nogerée, veuve (20 juillet 1668) de Jean Morisson, écuyer, sieur de Grennes.

Nouaille (Moïse de La), noble homme, écuyer, sieur de Gizac, demeurant paroisse de Frontenac, comté de Rozan, sénéchaussée de Libourne, ratifie une transaction avec René Méhée d'Anqueville. (17 mars 1696).

Oriou (Louis d'), noble homme, sieur de La Roullière, fermier général du temporel de l'abbaye royale de l'Isle-Chauvet, y demeurant, paroisse du Bois-de-Cené, prend à ferme les marais salants de Beauvoir (2 novembre 1683).

Pindray (François de), écuyer, seigneur de La Vallade, défunt; sa veuve, Marie Aisse, demeurant aux Mercerons, paroisse de Saint-Bonnet, cède, pour 300 livres, à l'abbé Méhée, son droit dans la terre d'Etaule (26 mars 1761).

Plassac (Héliot de), défunt à la date ci-après, nommé avec Penote de Bar, son héritière, dans une transaction du 19 juin 1452, touchant l'hébergement de Plassac.

Regnauld (Anne), veuve de Jean-Elie des Ruaux, chevalier, seigneur de Plassac, paraît dans un acte de constitution de rente à son profit par M. et Mme de Terrasson (15 septembre 1786). Elle était décédée à la date du 2 mai 1788, laissant pour héritière en partie, demoiselle Françoise Regnauld, qui devint femme de M. Jean-Baptiste David du Portail, avec qui elle paraît à l'amortissement de ladite rente, le 1er juin 1792.

Reneau (Martin), écuyer, seigneur de La Sirière, conseiller du roi, lieutenant particulier en la sénéchaussée de Poitou et siège présidial de Poitiers, ordonne diverses saisies sur la terre de Malvoisine (1648).

Renouhard (Bonaventure), sieur de La Jouvigière, acquiert de Guy, seigneur du Breuil de Champniers (7 mai 1536).

RESNIER (Henry-Josué), écuyer, sieur du Pin, et Charles-Auguste Resnier, écuyer, sieur des Essarts, enfants d'Henri Resnier, sieur du Pin, et de Jeanne Jau. (Vente des Adjots, 28 février 1695).

ROBERT DE MONTBRON, évêque d'Angoulême, nommé dans une baillette donnée par-devant le notaire de sa cour épiscopale, au sujet d'une terre proche de l'église de Saint-Surin (près Châteauneuf), par Raymond des Champs, de Villebois, à Hélie Pailler, de Saint-Surin (dernier février 1455).

ROYRAND (René), écuyer, sieur des Clouzeaux, y demeurant, paroisse du Bois-de-Céné, donne à ferme, comme procureur de René Méhée d'Anqueville, les marais salants de Beauvoir (2 novembre 1683).

RUFFIN (Jean-Louis), chevalier, sieur d'Auterive, et Arthémise de Nesmond, sa femme, veuve d'Aubin Avril, écuyer, sieur de Mongon (id.).

SAINT-GELAIS (Jacques de), et Marie Banquette, sa femme, nobles gens, figurent comme possédant des terres en Pradières (Angeac), dans une baillette du 2 février 1482.

SAULNIER (François), écuyer, seigneur de Francillac, avocat en Parlement, arbitre choisi entre Pierre Guy de Ponlevin et François Guy, chanoine, son tuteur (30 avril 1681).

TAMISIER (Jean), écuyer, sieur de Beauregard, demeurant au village des Achins, paroisse de Sousmoulins, baronnie de Montendre, témoin de l'acte d'achat de La Tour-Blanche par Jacques Le Musnier (7 novembre 1624).

THUDERT (Claude de), seigneur de La Bourvalière, conseiller du roi en son conseil d'Etat, et son lieutenant général en la sénéchaussée et siège présidial de Poitiers (Pièce de procès entre René Méhée d'Anqueville et Catherine Regnon, 7 avril 1649).

THIBAUD DE LA CARTE (Marguerite), prieure des Ursulines d'Angoulême, signe une quittance pour la pension annuelle de demoiselle Marguerite Guy de Ponlevin (4 novembre 1654) ; Thibaud de La Carte (François), chevalier, seigneur de Chastenier et autres lieux (Vente des Adjots, 28 février 1695).

TOSCANE (Henri de), écuyer, sieur de La Pérelle, paroisse de Nieuil (Charente), souscrit une obligation à François Guy, chanoine d'Angoulême (15 septembre 1654).

TOUTEVILLE (Jean de), chevalier, seigneur de Torcy, tuteur de François de La Rochefoucauld, seigneur de La Rochefoucauld et de Blanzac (Procuration de Jean Gastaud à Pierre Bazagier, 4 mai 1477).

TURPIN (Henri-Charles), seigneur comte de Vihiers, et Magdeleine de Laurent, sa femme, unique héritière de François de Laurent, chevalier, seigneur de Beaulieu, président au siège royal de Niort (Vente des Adjots, 28 février 1695).

VALLOIS (Benjamin de), écuyer, seigneur de Vallois, défunt à la date ci-après ; Anne-Edmée de Vallois, sa fille, et son gendre Joseph Jouslard, conseiller du roi, président et lieutenant général au siège royal de Niort (Vente des Adjots, 28 février 1695).

VIEUVILLE (le marquis de La), paraît comme créancier acquitté de René Méhée et de MM. de Culant (28 juillet 1692).

VIGIER DE SAINT-MATHIEU (Charles), écuyer, seigneur de Châteaurocher, et Anne Dexandrieux, sa femme, reçoivent une déclaration de tenanciers pour terre en Châteauneuf (11 juin 1580).

VILLOUTREYS (Bernard de), chevalier de Saint-Louis, major au régiment de Gervesais (Obligation à lui souscrite par les demoiselles Méhée, du Maine-Michaud, 7 septembre 1720) ; Villoutreys (Jeanne de), sa fille, femme de Pierre de Bonnevin, écuyer, seigneur de Jussat, paraît dans une pièce concernant la même obligation, après la mort de son père (29 mai 1749).

VILLIÈRES (Antoine de), écuyer, seigneur de Chantemerle ; Villières (François de), écuyer, sieur de Montbreuil (Vente des Adjots, 28 février 1695).

VOYON (Etienne de), noble homme, avocat au siège présidial d'Angoulême, y demeurant, témoin de l'arrentement du Moulin de Ventouzeau par les Géraud de La Mothe-Charente à Hélie Glatinon (21 février 1604).

ADDITIONS

___

Page 58. *Les Jeauffries* ou *La Jeauffrie*. Ce fief dépendait de la seigneurie de Rocheraud qui appartenait, au xvi⁶ siècle, à François de Corlieu, président en la sénéchaussée d'Angoumois. Il fut anobli par son neveu, François de Ferrières, écuyer, seigneur en partie de Rocheraud, en faveur de François Glatinon, avocat, pour reconnaître ses bons services envers son oncle défunt. Le 8 juillet 1623, Hélie Glatinon, écuyer, sieur de La Jeauffrie, vendit cette terre, avec les métairies du Meurouge et de La Fouillouse, à Jacques Le Musnier, seigneur de Moulidars. (Contrat reçu Fauconnier, notaire royal).

Page 78, ligne 7. Après lui la terre du Boisderet, etc... Anne de La Porte l'avait portée par son mariage dans la famille de Morel. René de Morel, sieur du Boisderet, étant mort sans enfants avant 1677, (*Arch. de la Char.*, Guill. Jeheu, not., transaction du 6 mars 1677), le Boisderet avait été vendu.

Page 196, ligne 9. Le nouveau château qui donna son nom à la ville *était beaucoup plus rapproché que l'autre de la Charente*, etc... C'est une conjecture, car nous n'avons sur l'ancien château que le texte de Corlieu. M. Marvaud (*Géogr. de la Char.*, p. 184), affirme, nous ne savons sur quelle autorité, qu'il était situé « dans une île de la Charente ».

Page 206. *Gademoulins*. Nous serions porté à croire que Gademoulins, en l'ancienne paroisse de La Pallue, près Cognac, appartenait autrefois à cette famille de Villars. Une demoiselle de Villars dut épouser Jean Portier l'aîné, notaire des châtellenies de Cognac et Merpins (p. 151, note 3), qui prit le titre de sieur de Villars[1], et maria sa fille Marguerite (P. de Lacroix,

___

1. Très probablement Villars-les-Bois, canton de Burie (Charente-Inférieure).

L'Ang. Occid., p. 233), avec un fils de Colas Dexandrieux que nous trouvons tenant « les grandes assises » de Châteauneuf, le 29 octobre 1446. Ces Dexandrieux possédèrent Gademoulins au XVIᵉ siècle, et François Dexandrieux, ici nommé, avait pour curateur, le 13 août 1556, Louis du Tillet, archidiacre d'Angoulême (*Reconn. à Etaule*). Il épousa plus tard Marguerite Flament, qui était sa veuve en 1619 (H. Chérade, not. à Ang.). C'est sous lui que fut vendu Gademoulins : la seigneurie, près de Cognac, aux Green de Saint-Marsault ; et ses dépendances en Châteauneuf à Jean Gelinard, qui possédait déjà plusieurs terres aux environs.

Page 282, note 1. Nous devons le document dont il s'agit à l'obligeante communication de M. Lemaire, archiviste de Seine-et-Marne.

CORRECTIONS

Page 17, ligne 10, lisez : fief *des* Bouchauds.
— 18, note 2, lisez : *Claud* Nourrigier.
— 26, ligne 15, lisez : sieur de *L'Etang*.
— 27, ligne 22, lisez : (Voir page *90*).
— 41, note *, lisez : fils de *Louis* de Saint-Hermine, chevalier, **seigneur de** Chenon, et de *Marie de Livenne*.
— 42, note 4, lisez : (Voir page *286*).
— 45, note 2, lisez : Voir *Preuves*, page *388*.
— 46, note 1, ligne 6, lisez : *E. Guitton*, curé d'Angeac-Charente.
— 59, ligne 10, lisez : les *parties*.
— 103, ligne 6, lisez : *Pierre* Delavy.
— 105, Nota, ligne 5, lisez : (Voir page *156*).
— 106, ligne *23*, lisez : *Berquille*.
— Ib., ligne 27, lisez : p. *193*.
— 117, ligne 12. lisez : sieur *des Fontenelles*.
— 125, note 3, ligne 2, lisez : *le fonds* d'Anqueville.
— 128, ligne 2, lisez : *Saint-Seurin*.
— 135, ligne 13, lisez : sieur de La *Pommerade*.
— 144, ligne 21, lisez : *1675*.
— 148, ligne 20, lisez : *Claud* de Saint-Hermine.
— 150, note 3, lisez : (Voir p. *223*).
— 151, note ***, lisez : *Barbezieux*.
— 152, ligne 4, lisez : Marguerite *de* La Rochechandry.
— 153, note 3, lisez : canton de *Saint-Amant-de-Boixe*.
— 172, ligne 26, lisez : *Beaucaire*.
— 195, ligne 8, lisez : Raoul *de Nesle*.
— 219, note ☀, ligne 9, lisez : Pierre *Jeheu*.
— 281, ligne 16, lisez : *Salomon*.
— 284, ligne 18, lisez : *1570?*
— 285, ligne 5, lisez : *Marie* Faligon.
— 298, ligne 1, lisez : Estourneau de La *Touche*.
— Ib., ligne 4, lisez : *Estourneau*.
— 320, ligne 39, lisez : de *sable*.
— 323, ligne 41, lisez : (*B. A.*).

TABLE ONOMASTIQUE

Nota. — 1° Afin d'abréger, nous avons laissé en dehors de cette table l'*Armorial*, p. 305-329, et la *Liste Supplémentaire*, p. 396-407, où l'ordre alphabétique rend les recherches très faciles.

2° Les chiffres en caractères GRAS indiquent les pages dans lesquelles les noms sont en note ou le sujet d'une note.

31

— 432 —

La *Chapelle* (Vienne), 302.
La Charlonie (famille de), **75** ; — (Jean-François-Annet de), 81 ; — (Martial de), 168 ; — (Gabriel de), **110, 271** ; — (Marie-Eulalie de); (François de), **178** ; — (Agathe-Eustelle de), 235 ; — (Mlle de), 94.
La Chassaigne(Etienne de), curé de Vibrac, **185** ; de Saint-Martial d'Ang., **239** ; —(Blaise de), curé de St-Martial, **239**.
La Chastaigneraye, fief, **277**.
La Chaussée en Courcôme, **299**.
La Chesnaye-Desbois, généalogiste, **15**, 134, **140**.
La Chevallerie (Mme de), 303.
La Chèze pour *La Chaise* (Char.), 372.
La Clavellerie en Nonaville, 125.
La Combe (Pierre de), clerc, 338.
Laconfrette (Jean de), **214**.
La Côte, fief, **118**, 160.
La Cour (Gabriel de), **117** ; — (Gabrielle de), 286.
La Cour St-Maurice-des-Lions, 157.
La Cour de Moulidars, 13, 19, 20, 21, 22, **30**, 31, 36, 37, 57, 68, 74, 95, 96, 99, 100, 105, **302**, 337, 338, 341, 343, 344, 345 ; — (le bois de), 62.
La Cour de Champmillon, 221, 226.
La Courade pour *Les Courades*, **230**.
La Courrière en Torsac, 218, **219**.
La Couronne, abbaye et paroisse, 64, 74, **92**, **119**, 291.
La Couronne (métairie de), **131**, 370, 371.
La Couture en Chérac, **113**, **175**.
La Couture (Louise de), 90.
La Couture-Renon (Renée de), **288**.
La Croisade, mas, **92**.
Lacroix (P. de), bibliothécaire de Cognac, **125**, **268**, 410.
La Croix, 380.
La Croix (Charlotte de), **77** ; — (Marie-Anne de) ; (Jean de), **177**; — de Beaurepos (Mathilde-Marie-Eulalie de) ; (Henri de), **300** ; — de St-Cyprien (famille) ; (Jean-Baptiste-Hector de) ; (Marc de), **201**.
La Crupte de La Chassagne (Elisabeth de), 48.
La Descenderie ou *Dexandrie*, 116, **117, 118, 119, 152**, 198, 235.

La Dourville (Char.), **164**.
Ladre pour Lazare (saint), 354.
La Duch (Marguerite de), **120**.
La Dublière, fief, **280**.
La Faigne, 341 ; — (Jean de) dit Pillorget, 73.
Lafaye (M. de), **286**.
La Faye en Deviat, **129, 276**, 277, 278, 279, 280.
La Faye (Marie de), **127**.
La Faye en Mouthiers, 46, 166, 291, 292, 293, 294, 303, 350.
La Faye-Terrasson, 293.
La Fenêtre, fief, 116.
La Ferrière (Poitou), **40**.
La Ferrière (Angoum.), ou *La Ferrière d'Anqueville*, **40**, 54, 58, 60, 131, 144, 168, 189, 192, **193, 230**, 236, **262**, 268, 269, 271, 277, 278, 280, 285, 382, 385, 386, 387.
La Filière en Hiersac, **154**.
La Fitte (Pierre de), éc., 363, 364.
La Font (François de), vicaire de Moulidars, **103**, **134**.
La Font en Pérignac (Char.), **127** ; — en Mérignac, 78, **79**, **80**, 106, 170, **173, 249**.
La Font-Vigier en Moulidars, **17**.
Laforce (Dordogne), **89**.
La Forêt, fief, **137**.
La Forêt en Douzat, **84**.
La Forêt de Tessé (Charente), **104**.
La Forga, La Forge en Moulidars, 344.
La Fouillouse en Roullet, 409.
La Foucaudie, fief, **299**.
La Galacherie en Birac, **173**.
La Garde, fief, **164**, **165** ; — du *Châtenet* (Périgord), 295.
La Garenne, fief, **113**, 236 ; — id., 372 ; — id., 379.
La Gaubretière (Poitou), **127**.
Lage, fief, 286.
Lageard (Jean de), 261.
La Genouillé, fief, **137**.
La Gibauderie (Charente), 298, **300**.
La Girault pour *Giraud*, **263, 264**, 364, 365, 366, 374, 375, 376, 377, 378, 391, 392.
La Grange, fief, 365.
Lagrange (Mlle de), 261.
La Grelière, fief, **259**.
La Grimoderye, fief, 372.
La Groix en Nercillac, **113**, **175**, 234, 237.
La Guirande (Claire de), **76**, 265, **266**, 271, 275, 276, 277, 280, 357,

P

V

Vacher pour Le Vacher, **85**.
Vacille (Pierre), marchand, 383.
Vaillé-Brézé (Maine-et-Loire), **365**, 366.
Val (Guillaume du), écuyer, 264, 376, 392; — (Mathurin du), écuyer, 377.
Valenciennes (Nord), 350.
Valin (J.), notaire, 366, 378.
Valladon d'Arcy (Paul de), 258.
Valleteau (André) ; (Jean), **171** ; — (Jean) ; (Gabrielle), **219** ; — (Magdeleine), 222 ; — (famille), 226, 227 ; — (Pierre), 226, 227 ; — (Jérôme), 226 ; — (François) ; (Marie), 227 ; — (Louise), **296** ; — de Chabrefy (Jean) ; (Jacques), 86 ; — (Gabrielle), **301**.
Valliet (Catherine-Laure), 224.
Valois (Charles de) ; (Isabelle de), **282**; — (Marie ou Marguerite de), **283**.
Valzergues (Louise de), **279**.
Varèze pour *Varaize*.
Varaize (Charente-Inférieure), **130**, **137**, **151**, **152**, 356, 357.
Vars (Charente), **104**, **153**, **240**, **292**, 298, 299.
Vassal de Saint-Sernin (Etienne de), 86.
Vassoigne (Marie-Julie de), **121**, **122** ; — (René-Elie de), 260.
Vaubecourt (régiment de), **302**.
Vaudoré (église protestante de),381.
Vauthier (Emile), fondeur, **110**.
Vaux (Rouillac), **113**, 171.
Vaux (Geoffroy de), 113, 114.
Vaux (Etiennette de), **136**.
Veillon (Louise), 93.
Venaud (Jean), curé de Vibrac et de Saint-Martial d'Ang., **239**.
Vendée, département , **123** ; — (guerres de), **59**.
Vendôme (collège de), 302.
Ventongeren (Pierre), écuyer, 260.
Ventouse (Charente), 224.
Verdeau (J.), notaire, 386.
Verdille (Charente), **152**.
Verdier (Daniel) ; (Pierre), 27.
Verdon (Pierre), 376.
Verdun (Louis), curé de Moulidars et de Jurignac, **105**.
Vergereau (François), 160.
Vergès (Lucie de), 303.
Verneuil en Roullet, 293.

Vernon (Simon), 355.
Verrières (Charente), 124, **130**.
Versailles (Seine-et-Oise), 167, 348, 349, 350, 351, 352, 393.
Verteillac (Dordogne), **48**.
Verteuil (Charente), **265**, 271, 273, 292, 294, 350.
Vervant, prieuré, 257.
Verzabelle (Marc-Pierre), 191.
Vêture (Hamet de), 206.
Vexin (régiment de), **30**, 293.
Vezins près Chollet(Maine-et-Loire), 366.
Viaut (Guillaume), 355.
Vibrac (Charente), **40**, **41**, 45, **46**, **47**, 56, 58, 72, **79**, 84, **85**, **86**, 92, **93**, **103**, 105, 124, 141, 144, 146, 148, 149, 153, 167, 168, **169**, 170, 171, 173, **175**, **185**, **214**, 217, 218, 229, **230**, **231**, 232, 234, **235**, **236**, 237, **238**, **239**, 240, 241, 386, 387 ; — (curés de), 238-240 ; — (chapelle de), 43, 237 ; — (château de), 168, 170, **175**, 233, 234.
Vibrac (Guillaume de) ; (Hélie de), 202.
Vibrac (Charente-Inférieure), **125**, 126, 143, **268**, 370, 371, **390**.
Vibray-dragons (régiment de), **123**.
Victor (Georges), 22, 24, 70, 340.
Vidaud du Dognon (Mathieu); (Jean); (Jean), 259.
Vigier (frère Foucques), 247, **249** ;— (frère Roger), 247.
Vigier (Françoise), **281**.
Vigier (Pierre), 224, 290.
Vigier de Moulidars, **17**. — (Jean), **12**, 18, 19, 20, 342, 343, 344, 345. — (Pierre), 17. — (Guillaume) ; Mesnard, 17, 18. — (Guillien), 20. — (Louis), 71, 244.
Vigier de Rouffiac (Pierre), 28. — (Julie), **82**.
Vigier de La Pile (famille), généalogie, 224-225 ; — (Philippe), **219** ;— (Léonord), **225**, **226** ; — (Jacques), **225** ; — (François), jurisc. et hist., **28**, **32**, **33**, **34**, 37, 38, 46, **151**, **152**, **154**, **155**, **173**, **187**, 207, 224, **225**, **226**, **231**, 255, **258**, 289, **290**, **296**, **299**.
Vigier des Brions (B.), **226**.
Vigier de Beaucaire et de Planson (famille), 216, 217. — (Pierre), 216. — (Godefroy), 216, 217 ; prêtre, **85** ; curé de Birac, **99**, 217.

TABLE DES MATIÈRES

IIᵉ PARTIE : RECHERCHES GÉNÉALOGIQUES ET HÉRALDIQUES.

GÉNÉALOGIES.

IIIᵉ PARTIE : ARCHIVES.

Rectifications — *Page 80, ligne 4 de la note, lisez :*... M. Guyot de la Croix du Repaire, et en secondes noces M. Théodore Robin Beauregard, dont le fils M. Jules Robin Beauregard, *etc*...

ARMORIAL : *Robert de Lézardière*...; couronne de marquis *(Fam.)*.

www.ingramcontent.com/pod-product-compliance
Lightning Source LLC
Chambersburg PA
CBHW070748030726
47504CB00003B/476